哲学与社会发展文丛

李永杰　著

唯物史观
核心概念研究

Research on the Important
Concepts of Historical Materialism

社会科学文献出版社
SOCIAL SCIENCES ACADEMIC PRESS (CHINA)

总　序

在美丽的榕城白马河畔，有一个由中青年哲学学者组成的学术团队，他们以理性的激情，把哲学反思的视野投向当代社会发展，试图以"哲学与社会发展文丛"为题陆续推出他们的研究成果。在与他们深入交谈中，我深深地被他们的哲学学养和睿识以及他们对哲学与时代的那份眷注、担当的情怀所打动，欣然应邀为该文丛作序。

改革开放三十多年造就了中国社会实践的辉煌，也极大地推动了哲学研究的发展。从历史反思到实践观念，从体系创新到问题意识，从经典诠释到话语建构，哲学在把握时代的同时也被时代所涵养化育，呈现多样化的研究面相。在中国社会由传统社会向现代社会的变革转型过程中，哲学发展面临着机遇和挑战。哲学不应该以思辨的精神贵族自期自许，而应该回归生活世界。诚如维特根斯坦所言的"贴在地面行走，而不在云端跳舞"，哲学应当"接地气"——在时代变革与发展的实践中获得鲜活厚实的"地气"。社会发展是我们这个时代的一个主题，哲学必须也能够以其理性的力量在反思、把握社会发展的规律、特点、趋势中获得自身发展的生机活力，拓展出新的问题域。

当代中国社会正面临着一个全面而又深刻的变革、转型和发展的历史进程，改革与发展给中国社会带来巨大进步的同时，也日益显现、暴露出发展中存在的问题和矛盾。发展的现代性问题在当代中国并非一个遥远的"他者"，而是有了其出场的语境。诸如：社会阶层的分化，利益结构的重组，经济社会结构的转型，公平正义问题，社会失范问题，发展可持续性问题，以及资源、环境、生态问题等，社会发展以问题集呈现在世人面前。问题表明发展对理论需求的迫切性。当代社会发展的整体性、复杂性、长期性、风险性需要克服单线性的进化论发展观，对社会发展的把握也不能停留在具体的经验实证的认识层面上，全新的社会发展需要全新的发展理念来烛引，对发展的具体的经验的把握必须上升到哲学的总体性的层面上来。因为，在对社会发展的不同学科、不同视角、不同维度、不同层次的研究中，哲学的视角具有总体性、根本性、基础性、前提性、方向性的特点，它是以理性的反思和后思的方式对社会发展的前提、根据、本质、价值、动力、过程、规律、趋势、模式和方法等作出整体性的观照。这种反思使我们能够超越和突破对社会发展的经验的、狭隘的眼界，在总体性、规律性、价值性和方向性意义上获得对当代社会发展的理性的自觉性和预见性。在这个意义上，唯有哲学，才能够对当代社会发展既在后思的意义上充当黄昏后才起飞的"密纳发的猫头鹰"，又在前引的意义上充当报晓的"高卢雄鸡"。

福建省委党校、福建行政学院哲学部的中青年哲学学者正是在上述的意义上试图以哲学的多视角的反思性方式介入对当代社会发展问题的研究，在社会发展的元理论研究与问题研究、反思性研究与规范性研究、社会发展的一般规律与特殊规律、本质与价值、方法与模式、历史与逻辑、比较与反思以及社会发展的世界经验与中国经验等方面拓辟哲学观照当代社会发展的问题域。他们有着共同的学术愿景：立足于当代中国社会发展的实践，在理论与实践、思想与学术之间形成互动的张力，对时代实践的要求作出哲学的回应，从中寻找哲学自身的生长点，造就一个哲学研究的学术团队，形成自己的研究方向和特点。

在一个急功近利、浮躁虚华的年代，他们以一种哲学的淡定和从容来反思时代，充当哲学"麦田的守望者"。我祝愿他们，并相信通过他们的努力有更多的哲学学术成果问世。就像白马河畔那根深叶茂的榕树一样，有他们哲学思考的一片榕荫绿地。

李景源，
2014.5.6

目 录
Contents

第一编　唯物史观重要概念的诠释与阐发

第一编

唯物史观重要概念的诠释与阐发

第一章 共同体与个体：马克思观察 人类历史的一对重要范畴

　　个体与共同体是马克思经常使用的一对范畴，尤其是他用这对范畴观察人类历史，描绘出了视角新颖的历史图景。但我国学术界长期以来忽视了对这对范畴的研究，而对这对范畴的研究对丰富历史唯物主义，对现代化理论研究，对处理个人和组织的关系，乃至于对我国治理体系和治理能力现代化的研究都具有重要意义。基于上述认识，本章试图探讨马克思如何运用这对范畴关注人类历史的发展。

一　古代社会是共同体本位的社会

　　个体和共同体是辩证统一的。个体离不开共同体，人的本质"在其现实性上"是"一切社会关系的总和"①，离开共同体，个体的人也就不能成其为人；共同体也离不开个体，没有一个个具体的个体，共同体就是抽象的、虚假的。现实的人生活在个体与共同体的张力之中，他既需要共同体又需要个体，共同体为个人提供归属感和精神寄托，个体让人充分张扬主体性和个人自由；现实的个人不能只有共同体或只有个体，因为前者将个体强力吸附在共同体上而抹杀了个体的个性与私人自由，后者则缺乏应有的凝聚力和向心力，这样的一盘散沙式的状态也不能成其为社会。既有共

---

① 《马克思恩格斯选集》第1卷，人民出版社，2012，第139页。

同体又有个体才是现实的人类，只是在不同的历史阶段，现实的人可能偏向于共同体一方，也可能偏向于个体一方，个体与共同体之间的政治哲学光谱涵盖了积极自由、消极自由，也涵盖了古典共和主义、当代自由主义等政治哲学流派。古代社会就是偏向于共同体的社会形态。

越往古代追溯，共同体本位的社会特征就表现得越明显。马克思指出："我们越往前追溯历史，个人，从而也是进行生产的个人，就越表现为不独立，从属于一个较大的整体：最初还是十分自然地在家庭和扩大成为氏族的家庭中；后来是在由氏族间的冲突和融合而产生的各种形式的公社中。"① 古代的个人依附于共同体，而且越是古代，这种依附性就越强。古代的人们之所以必须依附于共同体，是因为在远古时代，人类改造自然、从自然界获取物质生活资料的能力比较低下，单个的人无法独自抵御大自然的灾害，只有"以群的联合力量和集体行动来弥补个体自卫能力的不足"②，个人才能够生存下去。"每一个单个的人，只有作为这个共同体的一个肢体，作为这个共同体的成员，才能把自己看成所有者或占有者。"③ 在原始社会，生产资料归共同体共有，个体只有牺牲自己的个性而依附于共同体（作为共同体的一个"肢体"），才能够成为物质资料的拥有者和使用者，进而才能够生存下去。这样的社会是共同体本位的社会，在共同体与个体的天平上，社会明显偏重于共同体，或者说，共同体淹没了个体，共同体的公共利益是人们追求的第一价值。阿伦特所赞扬的古代城邦就是以这样的理念为核心价值的，在城邦时代，人们认为能够表现人的本质特性的领域不是私人领域，而是公共领域，因为在私人领域，人受需要的支配，也就是受着必然性的支配，这样的人不可能是自由的，只有公共领域才是自由的领域，真正的人应该走向公共领域，在公共领域中表现自己的德性，追求伟大的荣誉，这里的公共领域就是探讨共同体利益的场所。阿伦特所探讨的这种参与公共事务的"自由"就是贡斯当的"积极自由"，这是参与政治的自由，"古代人的自由在于以集体的方式直接行使完整主权的若干部分：诸如在广场协商战争与和平问题，与外国政府缔结联盟，投票表决法律并作出判决，审查执政官的财务、法案及管理，宣召

---

① 《马克思恩格斯选集》第2卷，人民出版社，2012，第684页。
② 《马克思恩格斯选集》第4卷，人民出版社，2012，第42页。
③ 《马克思恩格斯选集》第2卷，人民出版社，2012，第726页。

执政官出席人民的集会，对他们进行批评、谴责或豁免"。古代人几乎无法享受到现代人的私人自由，"所有私人行动都受到严厉的监视。个人相对于舆论、劳动、特别是宗教的独立性未得到丝毫重视。我们今天视为弥足珍贵的个人选择自己宗教信仰的自由，在古代人看来简直是犯罪与亵渎"。"年轻的斯巴达人不能自由地看望他的新娘"，"在古代人那里，个人在公共事务中永远是主权者，但在所有私人关系中却是奴隶"。① 这是古代社会共同体本位的集中体现，而现代人的自由则是一种消极自由，是一种私人领域的自由，现代人"在其私人生活中是独立的，但即使在最自由的国家中，他也仅仅在表面上是主权者"②。古代的积极自由是古代共同体本位社会状态的反映，而现代的消极自由是个体本位社会状态的反映。

"自然形成的共同体"是人类最原始的共同体形态，人类历史的发展是一个逐渐远离"自然形成的共同体"的过程。所谓"自然形成的共同体"即"自然形成的部落共同体，或者也可以说群体——血缘、语言、习惯等等的共同性"③，在这种共同体中，个体对共同体有很强的依附性，共同体就是个体人格的集体象征，个体缺乏独立意识，共同体对个体有很强的控制性。自然形成的共同体主要表现为部落，而家庭则是部落的前身，或者说部落就是扩大了的家庭，因此家庭是最原始、最"自然"的共同体，其共同体本位特征明显。在家庭中，个体和共同体是高度同一的，家庭成员之间休戚与共，家庭的整体利益就是个体的利益，个体的利益同时也是家庭的利益，家庭整体和个体高度重合，家庭的整体人格就是个体的人格，个体成员也完全服从于家庭的整体人格。部落共同体是从家庭共同体演化而来的，其共同体本位特征较家庭稍逊一筹，人类历史越向前发展，其共同体本位特征就越不明显。马克思晚年有关人类学的笔记也印证了这一点。在人类历史上，母系氏族先于父系氏族出现，因为母系氏族的社会状态更加接近于家庭，母系氏族刚刚脱胎于家庭，或者说本身就是扩大了的家庭，越往后发展，社会的家庭色彩（或者说自然共同体色彩）就

---

① 〔法〕邦雅曼·贡斯当：《古代人的自由与现代人的自由：贡斯当政治论文选》，阎克文、刘满贵译，商务印书馆，1999，第26、27页。

② 〔法〕邦雅曼·贡斯当：《古代人的自由与现代人的自由：贡斯当政治论文选》，阎克文、刘满贵译，商务印书馆，1999，第26页。

③ 《马克思恩格斯选集》第2卷，人民出版社，2012，第725~726页。

越退化，人类社会的历史发展就是一个逐渐远离家庭状态的过程。

马克思以亚细亚的社会形态为例阐释了共同体本位的社会特征。在早期的共同体中，马克思对亚细亚社会给予了高度的关注，亚细亚的所有制形式是古代共同体本位社会状态的典型表现。其实马克思所探讨的"古代的所有制形式""日耳曼的所有制形式"也是共同体本位社会状态的体现，但在这三种生产方式中，亚细亚的所有制形式是共同体本位社会的典型，而在古代的所有制形式和日耳曼的所有制形式的社会状态中，个体的独立性相对比较高，尤其在日耳曼的所有制形式中，共同体（即马克思所说的公社）已经近乎流于形式了。马克思说："在日耳曼人那里，各个家长住在森林之中，彼此相隔很远的距离，即使从外表来看，公社也只有通过公社成员的每次集会才存在，虽然他们的自在的统一体包含在他们的亲缘关系、语言、共同的过去和历史等等之中。"① 而在亚细亚的所有制形式中，"共同体是实体，而个人则只不过是实体的偶然因素，或者是实体的纯粹自然形成的组成部分"②。个体依附于共同体、土地公有、人们共同劳动、集权专制等共同体本位特征明显。在马克思那里，亚细亚的所有制形式中共同体本位特征（集中表现在集权专制上）主要体现在如下几个方面。

首先，社会存在强有力的集权专制统治机构，这个机构是所有者，它不仅强有力地控制着所辖的小共同体，还通过小共同体控制个人。马克思指出，在亚细亚的所有制形式中，"因为这种统一体是实际的所有者，并且是公共财产的实际前提，所以统一体本身能够表现为一种凌驾于这许多实际的单个共同体之上的特殊东西，而在这些单个的共同体中，各个个别的人事实上失去了财产"③。单独的个人不是财产的所有者，共同体才是财产的直接所有者。作为物质生活资料的财产是人类生存的前提，集权专制机构掌握了财产也就控制了个体生存的资源，同时也就控制了个体。"个体通过共同体而占有财产"就意味着，为了获取物质生活资料，个体必须依附于共同体，仰赖于集权专制机构的恩赐，因此亚细亚的所有制形式决定了个体必须依赖于共同体。

其次，完成重大工程的需要决定了个体必须依附于共同体。马克思以

① 《马克思恩格斯选集》第 2 卷，人民出版社，2012，第 733~734 页。
② 《马克思恩格斯选集》第 2 卷，人民出版社，2012，第 728 页。
③ 《马克思恩格斯选集》第 2 卷，人民出版社，2012，第 726 页。

治水为例来说明亚细亚社会共同体本位的成因，他指出，包括中国、印度在内的被称为亚细亚的所有制形式的地方多为平原，是农业国，且处在黄河、印度河、恒河等大河流域，要想完成灌溉和治理大河泛滥等任务，就需要修建很多重大的水利工程，这样的工程靠一家一户、一村一县是不可能完成的，需要集中全国的人力物力才能做到，[①] 比如中国的都江堰就无法靠一家一户来修建，这就需要强有力的中央政府来推进，所以马克思说："在东方，由于文明程度太低，幅员太大，不能产生自愿的联合，因而需要中央集权的政府进行干预。"[②] 现实的需求是东方专制主义的基础，而专制主义又强化了亚细亚的共同体本位特征。中国古代社会的"溥天之下，莫非王土；率土之滨，莫非王臣"、"三纲五常"、家族观念、官本位意识等文化观念就是这种共同体本位文化的表现，它反过来又支持和维系着传统社会的共同体本位特征。

最后，亚细亚社会农村的分散性和孤立性客观上也需要有强力的集权政府。"农村公社的孤立性、公社与公社之间的生活缺乏联系，这种与世隔绝的小天地，并不到处都是这种最后的原始类型的内在特征，但是，在有这一特征的任何地方，它总是把集权的专制制度矗立在公社的上面。"[③] 社会的分散性和孤立性是集权专制社会的文化土壤，处在"不开化的人的利己性"状态下的个人，只关心自己的眼前生活，对国家政权漠不关心，古代的中国人认为，政治乃是"肉食者"的事情，与普通老百姓没有关系，这种典型的臣民文化为东方社会的集权专制提供了坚实的社会基础。亚细亚社会的集权专制是共同体本位最直接、最集中的表现。

二 资本主义社会是个体本位的社会

生产力是社会中最革命、最活跃的因素，生产力的积累最终决定了社会从低级向高级、从野蛮向文明的发展。随着生产力的发展，古代共同体

---

① 孙承叔：《资本与历史唯物主义：〈资本论〉及其手稿当代解读》，复旦大学出版社，2013，第 108 页。

② 《马克思恩格斯选集》第 1 卷，人民出版社，2012，第 850~851 页。

③ 《马克思恩格斯全集》第 25 卷，人民出版社，2001，第 473 页。

本位的社会逐渐解体，以个体本位为文化特征的资本主义社会逐渐发展了起来。

近代以来市场经济的利益意识孕育了人的主体性。在马克思看来，现代资本主义就是一个物化的、利己主义的社会，"实际需要、利己主义是市民社会的原则"①，而市民社会就是古代共同体解体之后的社会状态，从古代共同体到近代市民社会的历史演进是一个个体主体意识逐渐觉醒的过程。在古代社会中，个体相对于共同体是消极的，个体做出自主选择的余地非常小，人们也习惯于消极、被动地服从共同体。近代以来，随着生产力的发展，尤其是随着市场经济和资本主义生产方式的萌芽与发展，个体的主体意识逐渐觉醒。在市场领域，市场主体自主经营、自负盈亏，盈利了自己享受，而亏本了则自己承担责任，每个人都需要自主地做出抉择，所以市场经济的一个重要社会功能就是培育了人的自主意识。黑格尔有关市民社会的论述就是市场领域个体自主意识觉醒的典型表现，他认为："市民社会是个人私利的战场，是一切人反对一切人的战场，同样，市民社会也是私人利益跟特殊公共事务冲突的舞台，并且是它们二者共同跟国家的最高观点和制度冲突的舞台。"② 这里的市民社会就是市场领域，在这个领域，每个人只顾自我私利，不顾他人利益和公共利益，把自我看成目的、看作主体，而把他者看成工具和手段，他者就是实现自我私利的工具。这是古典政治经济学"理性人"的典型表现，每个"理性人"都以实现自我利益最大化为目的，而利益意识的觉醒又催生了人的主体意识、个性意识。

从古代共同体本位的社会向资本主义个体本位社会的转变，除了上述市场经济的推动之外，还有就是启蒙运动的推动。"启蒙"就是让人们从蒙昧走向光明，实际上就是摆脱束缚、获得自由，尤其是要脱离那种共同体为个体做主的人类"不成熟"状态，公民个体要做自己的主人。康德说，不成熟是安逸的，"如果我有一部书能替我有理解，有一位牧师能替我有良心，有一位医生能替我规定食谱，等等；那么我自己就用不着操心了"③。但这种安逸培育出来的是顺从的羔羊，而不是现代公民，所以启蒙

---

① 《马克思恩格斯全集》第 3 卷，人民出版社，2002，第 194 页。
② 〔德〕黑格尔：《法哲学原理》，范扬、张企泰译，商务印书馆，1961，第 289 页。
③ 〔德〕康德：《历史理性批判文集》，何兆武译，商务印书馆，1990，第 22~23 页。

的口号是"公开运用自己的理性"，自主做出自己的判断。启蒙的目的就是使人从共同体的"肢体"变为具有主体性的现代人。市场经济和启蒙运动相互呼应，唤醒了人们的主体意识，主体意识的觉醒为个体本位社会提供了思想基础。

马克思认为主体意识的觉醒是人类的一次重大解放。他在《论犹太人问题》中指出，近代政治革命解构了共同体本位的一元化社会结构，完成了政治国家与市民社会的分离，消除了市民社会的政治因素，这场革命催生了社会的个体本位特征。人的主体意识随着利益意识的觉醒和市场经济的普遍化而逐渐成为社会的基本意识，这是人类思想的一次解放。自我利益的算计几乎是每个人的本能，只要这种算计没有违背社会法律和道德，就不应该被制止。但是在前资本主义时代，自给自足的自然经济孕育出蔑视物质利益的文化特性，将那些追求物质利益的行为看作为道德人士所不齿的行为，比如古代中国商人的地位很低，中国如此，西方也有这种倾向。受这种观念支配的人们满足于自给自足、田园牧歌式的生存状态，社会生产力发展的空间有限，人们的生产欲望被社会生产方式所抑制。近代的来临逐渐消解了传统社会鄙视利益的观念，正如马克思所说，政治革命在"摆脱政治桎梏同时也就是摆脱束缚住市民社会利己精神的枷锁"①，束缚市民社会利己精神的枷锁就是传统社会自给自足的观念，人们的利己精神在市场中被充分释放，这一释放使得社会的生产力获得了巨大的发展，人们不再为了满足自己的需求而生产，而是为了满足市场需求而生产，市场是广阔的，这激发了人们的逐利欲望和生产欲望。逐利的欲望就是现代社会发展的强大精神动力，曼德维尔曾指出："如果你想使一个人类社会变得强大，你就必须触发他们的激情。分配土地……对土地的占有会使人们变得贪婪：用激情把他们从懒惰中唤醒，骄傲会驱使他们认真工作，教会他们贸易和手艺。这样，你就会在他们中培养出嫉妒和竞赛……"② 而嫉妒和竞赛则是人类进步的动力。嫉妒、虚荣都因利益而产生，利益意识伴随着竞争意识而觉醒，而竞争则是发展的动力，康德说，竞争是一种非社会性的品质，但"没有这种非社会性的而且其本身确实是并不可爱的性质"，

① 《马克思恩格斯全集》第3卷，人民出版社，2002，第187页。
② 〔荷〕伯纳德·曼德维尔：《蜜蜂的寓言：私人的恶德 公众的利益》，肖聿译，中国社会科学出版社，2002，中译本序言第10~11页。

"人类的全部才智就会在一种美满的和睦、安逸与互亲互爱的阿迦底亚式的牧歌生活之中，永远被埋没在它们的胚胎里。人类若是也像他们所畜牧的羊群那样温驯，就难以为自己的生存创造出比自己的家畜所具有的更大的价值来了；他们便会填补不起来造化作为有理性的大自然为他们的目的而留下的空白。因此，让我们感谢大自然之有这种不合群性，有这种竞相猜忌的虚荣心，有这种贪得无厌的占有欲和统治欲吧！没有这些东西，人道之中的全部优越的自然秉赋就会永远沉睡而得不到发展"。① 曼德维尔所谓的嫉妒与虚荣，康德所谓的竞争都是市民社会利己精神的体现，市民社会利己精神的发展极大地推动了资本主义生产力的发展，也涵养了个体本位的社会文化。

在马克思那里，资本主义的个体本位还表现在其共同体的虚假性上。资本主义固然凸显了个体的地位，但它并没有抛弃共同体，共同体与个体是一对矛盾，任何一方都以另一方的存在为前提，人类是共同体中的存在物，不可能抛弃共同体，只不过在共同体和个体之间，资本主义社会更偏重于个体，共同体存在的目的仅仅是实现个体利益的最大化，共同体近乎流于形式而已。马克思曾经以"虚幻的共同体""货币共同体""资本共同体"等概念指称资本主义社会的共同体形态，但这些所谓的"共同体"仅仅保留了共同体的形式，共同体的存在价值仅仅是为了个体更加方便地追求自我私利而已。

在马克思看来，资本主义的个体本位社会相对于古代共同体本位的社会而言，无疑是进步的和文明的，但是这种进步和文明仍然存在问题。资本主义个体本位的社会问题集中体现在以下几个方面。

第一，个体的自由是虚假的。资本主义的个人从古代坚实的共同体中解放出来，把追求个体自由作为基本价值诉求，但这种个体自由是表面的、虚假的。资本主义确实消除了前资本主义的人身依附关系，使所有人都享有资产阶级法律所规定的人身自由，但事实上工人却没有多少自由可言。为了生存，工人阶级必须出卖劳动力给资本家，表面上人们是自由的，可以自由地选择把劳动力出卖给哪个资本家，但实质上，在资产阶级的统治下，个人没有自由可言，必须把劳动力出卖给整个资产阶级，否则

---

① 〔德〕康德：《历史理性批判文集》，何兆武译，商务印书馆，1990，第7~8页。

就无法活下去，这就是资本主义个体自由的虚伪性和局限性所在。

第二，社会的普遍物化导致个体实际上的不自由。资本主义是普遍物化的社会，是物统治人的社会。资本主义就是一个"货币共同体"，马克思曾说过"货币本身就是共同体"①，它消解了个体对共同体的依赖关系，使人成为孤立的个体，但这些孤立的个体都以货币为追求目标，因货币而交往，货币使各地的陌生人产生联系，甚至世界历史、世界共同体也因货币而形成，在这个意义上资本主义就是一个货币观念支配的共同体。② 资本的逻辑驱使着人追求"一般劳动产品"（即货币），人把物作为唯一目标也就意味着人被物所控制。在以"物的依赖性为基础"的社会中，人只是物的奴隶。

第三，虚幻的共同体。马克思认为资本主义的发展使共同体逐渐演变成为虚幻的共同体，"随着分工的发展也产生了单个人的利益或单个家庭的利益与所有互相交往的个人的共同利益之间的矛盾……"，"正是由于特殊利益和共同利益之间的这种矛盾，共同利益才采取国家这种与实际的单个利益和全体利益相脱离的独立形式，同时采取虚幻的共同体的形式……"③共同体的利益和个体利益脱节，这使得整个资本主义社会变成一个与个体利益相分离的，统治人的虚幻的共同体，一个冒充的共同体。④ 在形式上，国家（共同体的象征）代表整个共同体的利益，使自身成为"表面上凌驾于社会之上的力量"⑤，但这种共同体是虚假的，它只是打着共同体利益的旗号来维护资产阶级的利益，或者说资产阶级把自己的利益说成共同体的利益。

当然，资本主义的根本矛盾并不都是个体本位所造成的，但个体本位在资本主义社会发展到了极端，其问题是十分严重的。当代社群主义、共和主义政治哲学的复兴在一定程度上就是对个体本位之极端发展的回应，极端的个体主义将导致社会认同度下降，人与人关系的疏离，社会向心力、凝聚力的下降等问题，问题是进步和发展的突破点，未来的理想社会

---

① 《马克思恩格斯全集》第 30 卷，人民出版社，1995，第 175 页。
② 马俊峰：《马克思社会共同体理论研究》，中国社会科学出版社，2011，第 204 页。
③ 《马克思恩格斯选集》第 1 卷，人民出版社，2012，第 163~164 页。
④ 王小章：《从"自由或共同体"到"自由的共同体"：马克思的现代性批判与重构》，中国人民大学出版社，2014，第 56 页。
⑤ 《马克思恩格斯选集》第 4 卷，人民出版社，2012，第 187 页。

将会扬弃个体本位的不足。

三 自由人联合体中的共同体与个体关系

自由人联合体是对共同体本位和个体本位的扬弃。资本主义无法克服自身的矛盾，人类社会必将扬弃资本主义而走向更加合理的共产主义。对共产主义的理解，理论界偏重于从生产力高度发达、个人自由充分实现、社会占有生产资料等方面来理解，很少有人从共同体与个体关系的维度来理解，但在马克思那里，这个维度是有的，而且很明显。

在马克思看来，古代社会是共同体本位的社会，在这样的社会状态下，人的个体意识没有得到充分张扬，这样的社会虽然没有剥削，人的发展也比较全面（原始的全面），却是落后的。"在发展的早期阶段，单个人显得比较全面，那正是因为他还没有造成自己丰富的关系，并且还没有使这种关系作为独立于他自身之外的社会权力和社会关系同他自己相对立。留恋那种原始的丰富，是可笑的，相信必须停留在那种完全的空虚化之中，也是可笑的。"① 随着近代的来临，古代坚实的共同体被消解，个体的主体意识开始觉醒，但在共同体和个体之间的光谱中，资本主义与古代社会相反，从共同体这一极走向了个体这一极，个体本位的极端发展也导致诸多社会问题，比如人与人之间关系的全面物化，人际关系的疏离与冷漠，社会凝聚力的下降，社会呈现为一盘散沙状态等。共产主义则扬弃了资本主义的原子式个人主义，但也不是简单地复归于原始共产主义，毋宁说，它是古代共同体本位和近现代个体本位的合题，既否弃了共同体本位和个体本位的不足，又吸收了二者的优点，是人类的理想社会状态。"代替那存在着阶级和阶级对立的资产阶级旧社会的，将是这样一个联合体，在那里，每个人的自由发展是一切人的自由发展的条件。"② 共产主义是自由人联合体，这样的社会状态既有个体性的充分张扬，又有共同体的社会联系。

---

① 《马克思恩格斯文集》第8卷，人民出版社，2009，第56~57页。
② 《马克思恩格斯选集》第1卷，人民出版社，2012，第422页。

首先，自由人联合体扬弃了资本主义的个人自由。在这样的联合体中，个人的个体性得到了充分的张扬。人的个体性和自由相联系，虽然资本主义以个人自由为核心价值观，但资本主义社会的自由却是虚假的，表面上前资本主义的人身依附关系被解构，人不再依附于别人，但"物的依赖状态"决定人不可能充分享受自由。这可以从两个层面来理解。

第一个层面是，表面上的个体自由掩盖了实质上的不自由。工人虽然表面上可以选择受雇于哪个资本家，甚至也有不选择受雇于资本家的可能性，但是由于工人需要生存，所以他只能选择受雇于资产阶级，否则就无法生存，从这个意义上来说，工人表面的自由掩盖了实质的不自由，这一层不自由主要体现在工人阶级中，资产阶级不存在这种不自由。

第二个层面是，每个人所从事的职业还仅仅是谋生的手段。马克思在《1844年经济学哲学手稿》中指出："对工人来说，维持工人的个人生存表现为他的活动的目的，而他的现实的行动只具有手段的意义；他活着只是为了谋取生活资料。"[①] 如果一个人从事某种职业仅仅是为了谋生，那么这个人就是不自由的，因为谋生意味着自己必须从事这个职业，否则就无法生存，这样的人受必然性支配，没有自由可言。这个层面的不自由不仅体现在工人阶级身上，也体现在资本家身上。

第一层不自由是由资本主义社会的阶级属性所决定的，第二层不自由是由资本主义生产力发展的状况决定。资本主义虽然以张扬个人自由为价值标榜，但其所宣扬的自由存在无法回避的局限性。共产主义所主张的自由比资本主义的自由更加进步和文明，是真正的自由。它消除了阶级压迫，不但消除了第一个层次的不自由，也消除了第二个层次的不自由，马克思恩格斯在《德意志意识形态》中指出："在共产主义社会里，任何人都没有特殊的活动范围，而是都可以在任何部门内发展，社会调节着整个生产，因而使我有可能随自己的兴趣今天干这事，明天干那事，上午打猎，下午捕鱼，傍晚从事畜牧，晚饭后从事批判，这样就不会使我老是一个猎人、渔夫、牧人或批判者。"[②] 共产主义社会的生产力高度发达，社会占有生产资料，消除了旧式分工，一个人从事某一职业完全是出于自己的

---

① 〔德〕马克思：《1844年经济学哲学手稿》，人民出版社，2000，第175页。
② 《马克思恩格斯选集》第1卷，人民出版社，2012，第165页。

兴趣，出于寻求自我实现，而不是为了谋生。这种社会状态实现了人的全面而自由的发展，"根据共产主义原则组织起来的社会，将使自己的成员能够全面发挥他们的得到全面发展的才能"①。全面发展的人实现了人尽其才，也获得了自我实现。自由本质上就是依照自己的意志行动（但不得侵犯他人权利，违背社会的法律与道德），共产主义的自由超越了资本主义自由的局限性，是人类真正的自由状态，共产主义的人是真正自由、自主和自觉的人，是真正"有个性的人"②。

其次，自由人联合体使个体和共同体保持了合理的张力。从古代社会发展到近代社会，人类历史的钟摆从共同体这一极摆向了个体这一极，但共产主义并非对古代共同体本位社会的简单复归，它是人类历史发展的否定之否定。它保留了资本主义个体本位的精华，在自由人联合体中，"每个人的自由发展是一切人的自由发展的条件"③，这是对个体自由的充分张扬，个人自由是共产主义的基本原则，而且这里的个人自由是真正的自由，这种自由是以物质资料的极大丰富为基础的，人们不用为了谋生而参加某项工作，参加工作就是为了兴趣和自我实现。同时，自由人联合体又充分彰显了共同体的重要性，因为个体自由离不开共同体，"只有在共同体中，个人才能获得全面发展其才能的手段，也就是说，只有在共同体中才可能有个人自由"④。在前资本主义的坚实共同体中，共同体对个体干涉过多，个体必须无条件地服从共同体的意志，缺乏私人自由空间；资本主义的虚幻的共同体虽然消解了共同体对个体的强制，但又"矫枉过正"，导致了原子式个人主义，架空了共同体，这样的个体自由也无法得到充分的保障。自由人联合体作为一种共同体，既强调个体的充分自由，又避免了资本主义极端化个人主义所导致的虚幻的共同体；既强调共同体（即联合体），又避免共同体对个体的强制性干预。共同体和个体保持了合理的张力，既有个体私人自由的充分实现，又有公共生活、集体生活。自由人联合体消除了国家（共同体的象征）的统治职能，社会的管理职能也多由人们在自愿、自由基础上联合起来的共同体来承担，这样的联合体不存在

① 《马克思恩格斯选集》第1卷，人民出版社，2012，第308页。
② 聂锦芳：《批判与建构：〈德意志意识形态〉文本学研究》，人民出版社，2012，第478页。
③ 《马克思恩格斯选集》第1卷，人民出版社，2012，第422页。
④ 《马克思恩格斯选集》第1卷，人民出版社，2012，第199页。

强制性的权威，个人没有必要绝对服从于某一权威。自由人联合体使人类在个体和共同体之间找到了合适的位置，是人类理想的共同体状态，是真正的共同体，这种共同体是最适合人性的社会状态，也是实现人的自由而全面发展的社会状态。

第二章　马克思社会有机体概念的
特征与意蕴

　　概念是人类认识世界的结晶，也是人类进一步认识世界的工具，它不仅表现为语词指称，更是观察世界的一种范式。马克思的社会有机体概念就是认识人类社会的一种新范式，但这一概念在马克思那里更多地被当作一个工具性的概念，被用来解释社会现象，而没有规范性的界定。马克思主义哲学研究尤其应该把那些马克思已经明确提出，但由于种种原因而没有做深入、系统的阐释的理论内容阐释出来。虽然马克思社会有机体理论近年来得到学界的一定关注，但既有的研究总体上还很不足，尤其是对社会有机体概念本身的辨析更少。笔者不揣浅陋，试图在分析马克思有关论述的基础上对社会有机体概念进行辨析与建构，以求教于方家。

一　有机体与社会有机体概念

　　有机体是生物学用语，也称机体，主要是对动物、植物等有生命的机体的统称。生物有机体表现出其他物体所不具有的一系列特征：有机体是一个系统，它把系统内和环境分开；有机体自发生长，不断地进行自我更新；有机体的生长是一个从低级到高级、从简单到复杂的过程；有机体还呈现出整体性、系统性、复杂性等特征。按照康德的说法，有机体（a living organism）不同于机械体（mechanism），组成有机体的诸要素以特殊的方式紧密联系在一起，其要素都是器官，要素之间相互依赖，各要素之间

16

不仅相互依赖、不可分离，而且相互生成；机械体的各要素则是可以分离的。① 有机体之所以是"有机"的，就在于诸"器官"之间的相互依赖、不可分离且相互生成。

社会有机体概念借用了生物学的有机体概念，意指社会具有某些有机体的特征，在马克思之前，很多思想家已经注意到了社会的"有机体"特征。柏拉图认为，就像人体分为很多器官一样，城邦也由不同的人群构成，他认为，城邦由统治者或者叫治国者、军人护卫者、农工等劳动者和商人及其他服务人员这三类人员组成。这三类人各司其职，构成了城邦这个有机体。而明确探讨了社会有机体概念的是孔德，他把"社会有机体分别分解成家庭、阶级或种族以及城市和社区。其中家庭是社会真正的要素或称之为细胞，阶级或种族是社会的组织，城市和社区是社会的器官"②。斯宾塞则更加明确地将有机体概念引入社会学，他说，"社会就是一个有机体，也有营养器官、循环器官、协调器官和生殖器官"，"社会有机体在以下几个方面体现了与个体有机体相似的基本特征：社会有机体在不断生长；愈生长变得愈复杂；在总体日趋复杂的同时，其组成部分之间的相互依赖性也随之不断增长；总体寿命较之各构成单位寿命要长得多……无论是总体还是组成部分都有一个不断集结的过程，并伴之以异质状态的不断增强过程"。③ 但社会有机体也有诸多不同于生命有机体的地方："（1）生物有机体的各部分构成一个具体的整体，而社会有机体的各部分构成一个抽象的整体；（2）生物有机体的活体单位固结在一起、联系紧密，而社会有机体的成员是自由的，或多或少是分散的；（3）生物有机体的中枢神经功能通过身体传送的刺激来实现，社会有机体的中枢神经功能则通过情感语言和思想语言来实现；（4）生物有机体的意识集中于整体的神经系统，社会有机体的意识则分散于整个社会，各社会成员都具有感知苦乐的能力。"④ 德国古典哲学家，尤其是康德、黑格尔也都存在着有关社会有机体的思想闪光点。至此，社会有机体概念越来越明晰，虽然没有明确的证据证明马

① 曾红宇：《马克思社会有机体思想研究》，中国社会科学出版社，2013，第36页。
② 转引自〔美〕乔纳森·H. 特纳《社会学理论的结构》，吴曲辉等译，浙江人民出版社，1987，第44~45页。
③ 〔美〕威尔·杜兰特：《探索的思想》下卷，朱安等译，文化艺术出版社，1991，第381页。
④ 转引自皮后锋《严复评传》，南京大学出版社，2006，第449页下注。

克思的社会有机体思想借鉴了斯宾塞等人的社会有机体思想，但对斯宾塞等人的社会有机体思想的梳理对我们理解和构建马克思的社会有机体概念具有重要的启发意义。

二 马克思社会有机体概念的一般特征

马克思早在《莱茵报》时期就提到过"国家生活的有机体"①，在以后的著作中也多次提到社会有机体，比如"现在的社会不是坚实的结晶体，而是一个能够变化并且经常处于变化过程中的有机体"②，"一切关系同时存在而又互相依存的社会机体"③，等等。但就总体而言，社会有机体概念在马克思那里是一个自明的不需要做界定的工具性概念，它主要是用来表述社会基本特征的。马克思有关社会有机体的论述较为零散，缺乏系统性和全面性，但从这些论述中，我们可以看到社会有机体具有丰富的内涵，笔者在这里不打算对其下规范性的定义，而是归纳其特征，在特征的呈现中构建其内涵。

过程性。社会有机体不是一个一成不变的"坚实的结晶体"，而是一个生成过程，一旦这一生成过程终止了，社会也就不再是有机体了。社会有机体的生成过程具有多种特性。其一，这一生成过程一刻也不停息，有机体就是生命的绵延过程，只是有时候发展变化较为明显，能够为人们所感知，而更多的时候则发展缓慢，缓慢到人感知不到发展的存在。其二，这一生成过程是一个从简单到复杂、从低级到高级的发展变化过程。早期的人类社会比较简单，内部结构也不复杂，随着社会的发展与进步，社会逐渐创生出诸多原来所没有的"器官"，逐渐发生分化，产生多种多样的群体、机构、职能，分化越细，社会就越复杂，发展程度就越高。其三，生成过程既具有遗传性，也具有变异性。每一代人都是在前一代文明的基础上把人类历史往前推动的，都会继承上一代人的文明遗产，但人类社会在发展过程中也有"变异"，创生出前一代所没有的因素，越是到现代社

---

① 《马克思恩格斯全集》第 1 卷，人民出版社，1995，第 333 页。
② 《马克思恩格斯文集》第 5 卷，人民出版社，2009，第 11~13 页。
③ 《马克思恩格斯全集》第 4 卷，人民出版社，1958，第 145 页。

会，这种创生性就越明显，社会有这种"变异"才会有进步与发展。其四，这一生成过程表现在微观上就是大量人口的繁衍、发育、成长、衰亡，而表现在宏观上则是社会逐步走向进步与文明。

整体性。社会的某个局部不能算有机体，只有社会整体才能称为有机体。社会有机体的整体"使社会的一切要素从属于自己，或者把自己还缺乏的器官从社会中创造出来。有机体制在历史上就是这样生成为总体的"①。每一个因素，每一个环节都要从整体上看待，而不能孤立地看待，"粗率和无知之处正在于把有机地联系着的东西看成是彼此偶然发生关系的、纯粹反思联系中的东西"②。社会有机体的整体性包括横向上的整体性和纵向上的整体性。"社会形态"概念主要是从横向上讲社会的整体性，所以它不能和社会有机体画等号，而"社会有机体"概念则不仅包含横向上的整体性，还包括纵向上的整体性，是社会整体的丰富和发展的过程。从横向上看，社会有机体概念侧重于社会各个部分之间的协调性、互补性以及整体性；而从纵向上看，社会有机体概念则是指社会发展的自组织性、规律性、和谐性。

系统性。社会有机体的系统性主要是指社会有机体整体上是一个复杂的系统，在这一系统中，各个子系统内部具有很高的复杂性，而子系统之间又具有密切的关系和相互依赖性，子系统与整体之间也有着密切的关联和相互依赖性。社会系统内部具有复杂的结构，社会整体具有较高的有序性、协调性，局部从属于整体，而整体则又大于局部之和。社会有机体不仅自身具有高度的精密性与和谐性，还与周围的环境进行着有序的能量交换，社会有机体从环境吸收能量并内化到自己的机体中，同时释放自身的一些废物，而这些废物则又被环境所吸收、消化。环境与社会有机体进行着诸多的刺激—反应活动，在长期的刺激—反应过程中，社会有机体逐渐适应环境，也改变环境，而被改变的环境又促使社会有机体进行新的适应过程，社会有机体与环境之间进行的互动也促进了社会有机体的变迁。当这一互动处于良性状态时，社会有机体就会健康发展，而当这一互动处于恶性状态时，比如社会有机体过度向环境索取，那么社会有机体就得不到

---

① 《马克思恩格斯全集》第30卷，人民出版社，1995，第237页。
② 《马克思恩格斯全集》第30卷，人民出版社，1995，第29页。

健康的发展，有可能衰退，甚至灭亡。

自组织性。人类社会的发展可以分为两种样态：自生自发的发展，人为控制着的发展。社会是由一个一个的人组成的，人类的历史是由人创造的，从表面上看，人类社会好像是由人自觉地控制着发展起来的，但实际上人类历史的发展却是一个自生自发的过程，人类之所以能"创造"历史，就是因为人类顺应了历史发展的规律。马克思主义哲学认为，人的自觉性和历史规律的客观性是辩证统一的，不符合历史规律的"自觉"不能创造历史，所以社会有机体的发展具有一定的自组织性，它的内部结构复杂而精巧，看上去好像是某个超现实的力量的杰作，但实际上这只是社会自我组织、自我发展的结果。

平衡性。社会有机体是一个平衡的系统，"在社会有机体内部，各要素之间的关系，是一种有机的耦合关系，它既输出、作用于其他要素，同时，它也必须不断地输入，吸收其他要素提供给它的营养，并力求达到平衡，一旦失去平衡，要素的存在和功能的发挥就成问题"①。在历史上，各种战争、动荡是社会失衡的应激反应，而且这些动荡本身也是为了让社会再次回到平衡状态。在社会有机体中，平衡状态由多种因素构成，"各种关系有机耦合，形成一个统一的整体，任何一种关系的缺失都会引起整个机体内在平衡的失调。因此，为了整体的进步，各种因素必须互相配合，淘汰过时的要素、器官，创造出社会需要的器官来，这是一个永不停息的过程，既是社会发展为一个整体的原因，也是社会有机体生命长于个体生命的原因"②。失衡是为了淘汰过时的要素和器官，平衡则是社会的"常态"，整个人类历史总是处于平衡—失衡—再平衡……的发展过程，在这一过程中，社会有机体实现了张力中的动态平衡。

自我修复性。就像生物有机体的某个部位被损伤后，该有机体能够自我修复一样，社会有机体也有这一功能。孙承叔先生指出："这种有机体具有自身不断更新和再生的能力。"③ 在人类历史上，战争曾经使一些国家

① 孙承叔：《资本与历史唯物主义：〈资本论〉及其手稿当代解读》，复旦大学出版社，2013，第229页。
② 孙承叔：《资本与历史唯物主义：〈资本论〉及其手稿当代解读》，复旦大学出版社，2013，第228~229页。
③ 孙承叔：《资本与历史唯物主义：〈资本论〉及其手稿当代解读》，复旦大学出版社，2013，第227页。

的人口、经济、社会结构等遭到重创，但是这些重创很快就会得到恢复。当然，这种修复能力也是有限度的，当创伤达到致命的程度、超出修复能力范围的时候，社会有机体也会死亡，或者发生社会形态的变迁。

三　唯物史观视野中的社会有机体

社会有机体概念内涵极其丰富，上述特征只能算是一般特征，马克思的唯物史观中还存在对社会有机体的诸多论述，虽然这些论述不一定都冠以"社会有机体"的字样，却是对社会有机体的深层次呈现。

第一，从有机体与个体的关系看待社会有机体的发展。前文已明确，社会有机体的整体性意味着局部服从整体，那么作为有自觉的独立意识的个体在社会有机体中发挥什么作用，他与社会有机体之间的关系是怎样的呢？个体是否永远都要抹杀自我个性而服从于整体呢？在马克思看来，个体与整个社会有机体之间的关系是随着社会有机体的发展而有所变化的。在远古时代，个体独立生存的能力比较低下，只有"以群的联合力量和集体行动来弥补个体自卫能力的不足"[1]，作为个体的人才能够生存下来。个体依赖于整体，这根源于人们改造自然、从自然界获取物质生活资料的能力低下。而且"我们越往前追溯历史，个人，从而也是进行生产的个人，就越表现为不独立，从属于一个较大的整体：最初还是十分自然地在家庭和扩大成为氏族的家庭中；后来是在由氏族间的冲突和融合而产生的各种形式的公社中"[2]。这个时候，社会有机体的整体性很明显，个体必须无条件地服从整体，没有自觉的、独立的主体意识。而随着人类历史发展到了近代，资产阶级的启蒙运动和资产阶级革命启迪了人的独立个性的觉醒，"公开运用自己的理性"成为启蒙运动的座右铭，在启蒙运动的影响下，人们重视自我理性的评判，不接受别人的越俎代庖。如果说古代社会是一个整体本位社会的话，那么近代资本主义社会则是一个个体本位的社会，古代的"人的依赖关系"被近代的"以物的依赖性为基础的人的独立性"

---

① 《马克思恩格斯选集》第 4 卷，人民出版社，2012，第 42 页。
② 《马克思恩格斯全集》第 30 卷，人民出版社，1995，第 25 页。

所代替，个体不再无条件地服从社会有机体的整体，社会整体呈现为"虚幻的共同体"状态，但这并不意味着社会有机体已经解体。所谓"虚幻的共同体"只是社会有机体发展演变的一种形态，是一种整体不过多地干预个体私人自由的社会状态，这是现代社会有机体不同于前现代社会有机体的地方。"社会有机体"并不意味着社会整体都像古代社会那样宰制个体，既给个体充分自由，又保持一定的整体状态就是社会有机体的一种状态，但资本主义还没有达到这种状态，资本主义的个体架空了整体，原子式的个人主义也会造成诸多问题，呈现出个体与整体之间的不协调，只有到了"自由人联合体"状态，社会有机体才能真正实现个体与整体的平衡，个体的人才会获得彻底的解放和自由，社会有机体也才会逐渐发展到高级状态。

第二，社会有机体具有复杂的结构。所谓结构就是系统内部诸要素（或者子系统）之间的关系，生物有机体的各器官各司其职、相互耦合，形成一定的结构，维持生命现象的存续。社会有机体也有相应的结构，马克思的社会有机体概念实际上就是对整个人类社会的统称，其结构在马克思看来主要是由生产力与生产关系、经济基础与上层建筑所构成的整体社会框架，这实际上就是唯物史观的核心内容。马克思在《〈政治经济学批判〉序言》中指出："人们在自己生活的社会生产中发生一定的、必然的、不以他们的意志为转移的关系，即同他们的物质生产力的一定发展阶段相适合的生产关系。这些生产关系的总和构成社会的经济结构，即有法律的和政治的上层建筑竖立其上并有一定的社会意识形式与之相适应的现实基础。"① 这就是唯物史观最精练也是最经典的表达。结合马克思恩格斯后期的补充与阐发，唯物史观的基本原理就是：生产力决定生产关系，生产关系反作用于生产力；一个社会中占主导地位的生产关系构成该社会的经济基础，经济基础决定上层建筑，上层建筑反作用于经济基础。这一基本原理反映了社会的一般性结构，结构是对系统内部关系的高度抽象和概括，也只有站在结构的高度，我们才能够把握一个复杂系统。社会有机体的这一结构可以从横向和纵向两个维度来看，从横向维度来看，社会有机体的结构就是生产力与生产关系、经济基础与上层建筑之间的关系状态；而从

---

① 《马克思恩格斯选集》第2卷，人民出版社，2012，第2页。

动态发展的纵向维度来看，社会有机体就是由生产力与生产关系、经济基础与上层建筑之间的矛盾推动着往前发展着的绵延过程。这一结构推动了社会有机体从低级向高级、从简单到复杂的发展，也推动着社会有机体发生分化，创生出原来所没有的成分，推动着社会有机体走向自我完善、自我组织、自我调节、自我平衡、自我和谐。

第三，资本主义是迄今最为复杂、最为精巧的社会有机体。历史越是往后发展，社会有机体就越复杂，其整个社会构造就越精巧。生物有机体中还有很多现象是人类所无法解释的，社会有机体中也有很多现象还处于人类知识范围之外，科学研究正在试图探寻这些未解之谜。在马克思时代，资本主义是人类历史发展的最新阶段，也是社会有机体最为复杂的形态。马克思在《资本论》中以从抽象到抽象的具体的方式全面呈现了资本主义社会的运行情况。资本主义的市场是一个自组织的系统，价格围绕着价值上下波动这一规律调节着市场供求，使得供求呈现为大体平衡状态，在价格信号的刺激下，市场实现了对资源的大致合理配置。在生产领域，劳动创造价值，也创造了剩余价值，剩余价值在整个资产阶级进行分配，形成了商业利润、金融利息、土地地租等，整个资本主义社会的运行基础就是劳动者所创造的价值。整个市场经济中的生产、分配、交换、消费等诸环节是社会有机体的内部器官，推动着社会有机体健康运转。资本主义生产方式大大促进了生产力的发展，使资本主义社会在短短的不到一百年的统治时期内创造的生产力"比过去一切世代创造的全部生产力还要多，还要大"①，这是人类发展的一次重大解放，也是人类的文明的一大进步。资本主义的社会有机体虽然实现了人的一次大解放，但它毕竟只是"用一种局限性代替另一种局限性"的社会，在资本主义社会，劳动者创造的剩余价值被资产阶级所剥夺，这是工人阶级与资产阶级斗争的根源，也是资本主义社会必然为更加高级的社会所代替的原因，这一历史必然趋势当然是建立在生产力与生产关系的矛盾之上的。生产力与生产关系之间的矛盾是历史发展的根本动力，工人阶级与资产阶级之间的斗争则是推动历史发展的直接动力。只有到了"自由人联合体"阶段，人的自由而全面的发展才能成为现实，社会有机体也才能发展成最高级的形态。

---

① 《马克思恩格斯选集》第 1 卷，人民出版社，2012，第 405 页。

四　马克思社会有机体概念的理论意蕴

重要的概念总是蕴含着丰富的理论内涵，我们探讨一个概念就应该展现这一个概念所蕴含的理论内涵及意义，马克思的社会有机体概念包含着丰富的理论内涵及重要意义。

社会有机体以人的自由而全面的发展为目的。生物有机体的发展是纯粹自发的，不存在意识，也不会有自觉。社会有机体由有意识的人组成，它的发展包含着更多的自觉因素，虽然整个社会有机体的发展存在不以人的意志为转移的客观规律，但这些一般规律却是通过一个个具体的有自觉意识的特殊的人表现出来，社会有机体的发展就是以人的发展为目的的。人的自由而全面发展的程度是社会有机体进步与发展的尺度，马克思在《1857—1858 年经济学手稿》中把人类社会有机体的发展分为"人的依赖关系""以物的依赖性为基础的人的独立性""建立在个人全面发展和他们共同的、社会的生产能力成为从属于他们的社会财富这一基础上的自由个性"① 三个阶段，这三个阶段的划分就是以人的发展程度为标准的，人总是自觉地追寻自我解放，由人组成的社会有机体也自然会以人的自由解放为目标。所谓的"发展""进步""文明"等衡量社会有机体发展的标准也都是以人的发展为目的的，这些标准与"解放""自由"等价值存在密切的关系，甚至较多的重叠。社会有机体是人的组织，按照近代自然法则，人之所以要组成社会、构建政府，就是为了让个体更加便利地享受自我私人自由，所以人的自由与解放是社会有机体追求的目标。社会有机体之所以还要发展，就是因为人类的自由而全面的发展还没有彻底实现，从这个意义上来说，现存的资本主义社会虽然已经是一个极其精巧的社会有机体了，但它还不是人类"历史的终结"，人类历史还会走向更加文明的自由人联合体。

社会有机体概念体现了一种新的理论范式。概念是人类认识世界的结果，同时也是人类把握客观世界的工具。社会有机体概念的"有机"性就

---

① 《马克思恩格斯全集》第 30 卷，人民出版社，1995，第 107~108 页。

表现为社会中的各个部分都不是孤立存在的，我们思考问题的时候切忌"头疼医头，脚疼医脚"，只有经过全面系统的研究，我们才能找到问题的解决思路。它体现了要用整体性、平衡性、系统性、复杂性思维来认识人类社会的思维方式。所谓整体性思维，就是要把对象作为一个整体来看待。所谓平衡性思维意即，健康的社会有机体都处于大致平衡状态，社会有机体的问题或者危机根源于社会平衡被打破，而人类社会的发展实际上就是生产力与生产关系、经济基础与上层建筑之间平衡—失衡—重构平衡（革命）—再平衡……的过程。当无产阶级和资产阶级处于平衡状态的时候，社会就不可能爆发革命，或者说革命条件不成熟，而当二者处于严重失衡状态的时候，革命就不可避免了。所谓系统性思维，就是把对象整体看作一个系统，要在明确整个系统的前提下关注某个局部，系统思维和整体思维存在很多相同点。所谓复杂性思维就是说，对于复杂的系统，尤其像社会有机体这样的复杂系统，简单的线性思维很难发挥作用，要用非线性的思维，充分考虑到事物变化过程中诸多变量的影响，而且这些变量之间又会相互影响，甚至有些细微的变化还会影响整个系统，这些因素使得复杂系统的发展几乎不具有可逆性，只有充分考虑到事物的复杂性，才能真正认识复杂系统。社会有机体概念所体现的思维方式是一种复杂的思维方式，它是人类认识世界的一个新工具。

社会有机体创生出新的功能是一种重要现象。在生物有机体中，其器官、组织等都是有限的，但当这些有限的局部结合成有机体的时候，就会创生出原有器官所没有的功能。动物有机体的所有局部结合成有机体的活体就创生出了生命现象，只要有必备的供给，其心脏就能够跳动，心脏的跳动支撑着整个生命体的运转，为生命提供营养和动力。高等动物的大脑还创生出意识、观念、思想，使得高等动物具有记忆、思考、想象的能力，这方面很多奇妙的现象至今对人类来说还是未解之谜。社会有机体也有创生性，社会在由个体整合为整体的过程中，创生出单个的人之和所不具有的功能。当然，这种创生出的功能不总是"正"的，有可能是对人的一种压迫。马克思指出，在资本主义社会，工人阶级用自己的劳动为资产阶级创造了巨大的财富，但是这些财富、劳动产品，甚至劳动本身对于工人来说却变成了一种异己的力量，"劳动对工人来说是外在的东西，也就是说，不属于他的本质；因此，他在自己的劳动中不是肯定自己，而是否定自己,不是感到幸福,而是感到不幸,不是自由地发挥自己的体力和智力,而是使自己的肉体受折磨、精神遭摧残"①。个体是自由自觉的人,但为什么会创生出"异化"这种社会现象呢?根本原因就在于从个体到社会整体的整合过程发生了有利于资产阶级的创生现象。马克思指出,生产资料私有制是异化的根源,资产阶级占有生产资料,而工人阶级一无所有,是"无产"阶级,他们只能出卖自己的劳动给资产阶级,这是"异化"的根源。但异化是人类走向自由和解放的必经阶段,也是社会有机体发展的必经阶段,随着生产力的发展,人类的"异化"阶段必将被扬弃,真正的"自由人联合体"就会建立起来,那将是社会有机体的高级阶段,这个时候,由个体整合成的社会整体就会创生出"正"功能,积极肯定人的自由自觉的劳动,让人在劳动中感到"幸福","自由地发挥自己的体力和智力"。

结　语

马克思没有对社会有机体概念作专门的论述和探讨,他更多的是把社会有机体作为自明的概念用来表述社会的特征,但在马克思的有关论述中却蕴含着丰富的思想生长点。总结、建构马克思社会有机体概念的特征及其理论内涵对于我们进一步认识社会、改造社会具有重要的启迪意义。中国特色社会主义的发展是一个有机的协调发展过程,根据马克思的社会有机体理论,我们应该更加注重发展的系统性、全面性、整体性、协调性、平衡性、自组织性,要在以经济建设为中心的基础上,协调推进"五位一体"的发展,坚持"四个全面",推进整个社会系统、和谐、协调发展。

---

① 《马克思恩格斯选集》第 1 卷,人民出版社,2012,第 53 页。

第三章 《哲学的贫困》中的
社会有机体思想研究

《哲学的贫困》的出版是马克思唯物史观的"第一次公开问世",也是在这部著作中,马克思用唯物辩证的方法和唯物史观理论分析了社会有机体的一些特征。本章就是要探讨马克思《哲学的贫困》一书中的社会有机体思想。

一 批判蒲鲁东的社会有机体思想

有机体原本是指生物有机体,社会有机体概念所表达的意思是社会具有与生物有机体相类似的特征,把社会看作有机体的思想可以追溯到古希腊,[①] 但对社会有机体思想进行较为直接而深入探讨的则是近代的实证主义社会学家。孔德就是通过社会有机体概念来把握社会的,斯宾塞则用社会达尔文主义看待人类社会,把社会看作一个有机体,这种认识是有见地的。社会进化论源于生物进化论,生物进化论是近代自然科学发展的一大成果,这一成果后来被引入社会科学领域形成了社会进化论,社会进化论是当时的先进理论,严复把这一理论引入中国,在我国近代产生了重大影响。社会进化论强调人类社会存在诸多与生物机体相似的特征,成为近代社会有机体理论的基础。

---

① 曾红宇:《马克思社会有机体思想研究》,中国社会科学出版社,2013,第20页。

用唯物史观研究社会，这是马克思超越近代社会学家之处。马克思恩格斯在《德意志意识形态》中初步阐述了唯物史观，但这部著作长时间"留给了老鼠的牙齿去批判"，在马克思恩格斯生前没有出版。而在被称为"新世界观第一次公开问世"的著作《哲学的贫困》中，马克思已经开始用新形成的唯物史观批判蒲鲁东、分析社会问题。

马克思的《哲学的贫困》主要是为了批判蒲鲁东《贫困的哲学》而写的，蒲鲁东在《贫困的哲学》一书中对社会系统的阐述实际上是用黑格尔的方法演绎整个社会。《贫困的哲学》的主体部分是该书的第三章到第十三章，这十一章中除了插入的第八章"人和上帝在矛盾规律下的责任，或天命问题的解答"之外，都是在探讨人类社会的"黑格尔式"演变。黑格尔的哲学体系是一个发展的过程，是一个从"逻辑学"到"自然哲学"，再到"精神哲学"的演变过程，其每一个环节都由更为丰富的小环节构成，其演变的模式就是"正反和"。蒲鲁东继承了黑格尔的方法，不过他把自己的方法命名为"二律背反"，蒲鲁东的理论体系就是在"二律背反"的指导下实现了从"分工"到"人口"的共十个环节的演绎。蒲鲁东认为，人类社会的发展就是用新的"二律背反"代替旧的"二律背反"，"分工"经过"二律背反"的发展就会进展到下一个环节"机器"，"机器"经过"二律背反"的演变发展到"竞争"，按照同样的演绎，"竞争"之后的依次是"垄断""警察或捐税""贸易的平衡""信用""所有权""共有制""人口"，总共十个环节。而在"人口"环节上，蒲鲁东认为，"财富的增长将始终落后于人口的增长"[1]，这样人类始终无法解决贫困问题，最终蒲鲁东提出了反人类的解决方案，将饥荒、瘟疫和战争作为消除过剩人口的"刽子手"。[2] 蒲鲁东最终得出结论："为了达到看来是我们地球上人类命运的最终的组织状态，唯一应该做的事情就是使我们的一切矛盾获得普遍的平衡。"[3] 蒲鲁东的结论有点接近于马尔萨斯的人口论，我们这里暂且不论蒲鲁东所得出的结论的反动性，因为这是另一个话题，本章的主题是探讨社会有机体思想。实际上蒲鲁东心目中的社会就是一个过程，一个演变的过程，这在一定程度上就是有机体。

---

① 〔法〕蒲鲁东:《贫困的哲学》下卷，余叔通、王雪华译，商务印书馆，2010，第852页。

② 韩东、孙厚权编著《〈哲学的贫困〉导读》，中国民主法制出版社，2017，第14页。

③ 〔法〕蒲鲁东:《贫困的哲学》下卷，余叔通、王雪华译，商务印书馆，2010，第932页。

但蒲鲁东对社会有机体的理解是错误的。马克思在《哲学的贫困》中指出，蒲鲁东的错误之处在于，"把种种经济关系看做同等数量的社会阶段，这些阶段互相产生，像反题来自正题一样一个来自一个，并在自己的逻辑顺序中实现着无人身的人类理性"，这实际上是"把社会体系的各个环节割裂开来"，"把社会的各个环节变成同等数量的依次出现的单个社会"，而社会是一个统一的整体，是一个"一切关系在其中同时存在而又互相依存的社会机体"。① 在蒲鲁东那里，各种社会关系（即蒲鲁东所谓的十个范畴）是按照逻辑顺序前后依次出现的，它们不是同时存在的，一个范畴的存在是前一个范畴发展的结果，又是后一个范畴的基础，但社会有机体是一切社会关系"同时存在而又相互依存"的社会状态。应该说蒲鲁东对社会有机体的理解是不对的，其错误的根源就在于他创造他的理论体系的时候"毫不犹豫地穿上了黑格尔哲学的唯心主义外衣"②。蒲鲁东用黑格尔的方法所阐述的社会体系把社会系统分割成了一段一段的，这样的"体系"很难说是一个体系，这样的阐释很难说是真正将社会看作一个有机体。

二　马克思对社会有机体特征的总结

在马克思看来，蒲鲁东的黑格尔式的社会体系是对社会有机体的误解，有机体既有共时性特征，也有历时性特征，但即便是历时性，也不应该是蒲鲁东在《贫困的哲学》中所展现的历时性，蒲鲁东把社会的发展抽象地概括为十个范畴，也就是说人类社会依次经历了十个时期，这分明就是黑格尔逻辑体系的拷贝，这种逻辑不是对社会有机体历时性的概括，而是蒲鲁东自己的主观建构。结合马克思对蒲鲁东的批判，我们可以概括出马克思《哲学的贫困》中社会有机体理论的核心观点。

社会有机体的共时性特征。马克思批评蒲鲁东："单凭运动、顺序和时间的唯一逻辑公式怎能向我们说明一切关系在其中同时存在而又互相依

---

① 《马克思恩格斯选集》第 1 卷，人民出版社，2012，第 222~223 页。
② 余源培、付畅一：《新世界观的第一次公开问世：〈哲学的贫困〉当代解读》，复旦大学出版社，2012，第 91 页。

存的社会机体呢?"① 也就是说,蒲鲁东用概念演绎这样的"逻辑公式"不可能科学说明社会有机体的特征,而社会有机体的重要特征是"一切关系在其中同时存在而又相互依存",社会有机体的诸关系是同时存在又相互依存的。蒲鲁东把反映社会关系的诸多概念视为前后相继出现的逻辑范畴,把社会有机体的共时关系抽象地转化成了历时性范畴,这是他研究社会有机体的致命错误。实际上蒲鲁东的模式就是抄袭了黑格尔的逻辑模式,只不过他用分工、机器、竞争、垄断、警察或捐税、贸易的平衡、信用、所有权、共有制、人口等范畴代替了黑格尔的范畴。这些范畴反映了一定的社会关系,但这些关系不是历时性的,而是共时性存在的。在社会有机体中,社会关系把各种社会要素联结起来,众多的社会关系相互依存、相互耦合,这些特征很像生物有机体。社会有机体概念只是借用生物有机体的概念来说明社会的某些特征,社会有机体与生物有机体之间的区别还是很明显的,"(1)生物有机体的各部分构成一个具体的整体,而社会有机体的各部分构成一个抽象的整体;(2)生物有机体的活体单位固结在一起、联系紧密,而社会有机体的成员是自由的,或多或少是分散的;(3)生物有机体的中枢神经功能通过身体传送的刺激来实现,社会有机体的中枢神经功能则通过情感语言和思想语言来实现;(4)生物有机体的意识集中于整体的神经系统,社会有机体的意识则分散于整个社会,各社会成员都具有感知苦乐的能力"②。在社会有机体与生物有机体特征的比较中,我们也可以明确社会有机体的特征。各种社会关系之间的相互依存与耦合构成了社会结构,社会结构是社会关系之间的关联状态。生产力与生产关系之间的关系、经济基础与上层建筑之间的关系是主要的社会关系,主要社会关系之间的存在状态就是社会结构,社会结构是社会的主体框架,决定着社会有机体的发展方向。在社会结构中,相互影响、相互依存的社会关系之间的状态决定了社会有机体的状态,如果一个社会有机体的结构状态是平衡的,各种关系之间在能量吸收、能量输出等方面是相互耦合的,这样的社会是健康的、和谐。如果社会结构中,各种关系之间的张力比较大,比如生产关系已经无法容纳生产力的发展了,上层建筑也与

---

① 《马克思恩格斯选集》第 1 卷,人民出版社,2012,第 223 页。
② 崔载阳:《近世六大家社会学》,民智书局,1930,第 66 页,转引自皮后锋《严复评传》,南京大学出版社,2006,第 449 页下注。

经济基础之间产生了较大的矛盾，这样的社会就是一个即将发生社会革命，即将被一个新的社会形态所代替的社会。而如果生产力在一种社会关系中还有较大的发展空间，二者的张力有利于推动生产力的发展，那么这样的社会就是一个新的、处于上升时期的社会。总之，从共时性角度来看，社会有机体中诸多社会关系相互依存、相互耦合，各要素之间之所以能够构成有机体是因为有各种关系的同时存在，而各种关系之间又存在密切的联系，这些联系构成一个有机体系统，这就是社会有机体。

社会有机体的历时性特征。所谓历时性特征主要是指社会有机体的动态性，蒲鲁东《贫困的哲学》就凸显了社会有机体的历时性，他是从动态发展的过程来关注社会的，但蒲鲁东的历时性却抽象地表现为若干范畴的前后相继出现，把社会有机体的历时性割裂为若干阶段，其实蒲鲁东《贫困的哲学》中所展示的诸范畴都是共时存在的，而不是前后相继出现的，虽然在不同的社会阶段不同范畴的重要性有所不同，但它们都是同时存在的。社会有机体的历时性表现在社会诸要素之间关系的演变上，生物有机体是有生命的，其生命的表现就在于有时间的延续和绵延，社会有机体也有这一特征。列宁指出："马克思和恩格斯称之为辩证方法（它与形而上学方法相反）的，不是别的，正是社会学中的科学方法，这个方法把社会看做处在不断发展中的活的机体（而不是机械地结合起来因而可以把各种社会要素随便配搭起来的一种什么东西），要研究这个机体，就必须客观地分析组成该社会形态的生产关系，研究该社会形态的活动规律和发展规律。"[①] 社会有机体是"活"的，意思就是说社会有机体一直处于发展变化之中，虽然有的时候这种发展变化很小，小到社会中的人感受不到这种变化，但这种变化确实是客观存在的。社会中的人有一部分会随着时代的发展而淹没于历史的黑洞，同时也会有一部分新生命的诞生，社会有机体就是这样每时每刻都在进行着新陈代谢。社会有机体的发展是一个从低级到高级、从简单到复杂的过程，随着社会的发展，社会的分化程度越来越高，会逐渐生长出具有一定功能的组织，同时也会更新一些组织的功能，或者增加其新功能，或者减少其功能。总之，整个社会是处于发展演变过程中的有机体，它的"有机"的一个重要表现就是时间的绵延。

---

① 《列宁选集》第1卷，人民出版社，2012，第32页。

共时性特征主要表现了社会有机体的系统性、整体性、协调性、平衡性，而历时性特征则表现了社会有机体从低级到高级、从简单到复杂的发展演变性。前者是从横向视角来说的，后者则是从纵向视角来说的，这两个视角有助于我们进一步深入理解马克思的社会有机体理论。

三　马克思关注社会有机体的方法

不管是从共时性来看还是从历时性来看，社会有机体都是一个社会关系的系统、是一个发展变化着的整体。社会有机体的性质决定了要想真正把握社会有机体理论的主要特征，必须要有辩证的方法。列宁曾指出，"辩证方法要我们把社会看做活动着和发展着的活的机体"[①]。

要把社会看作一个有机体系统。辩证法强调以普遍联系永恒发展的观点看问题，而普遍联系的一个重要方面就是系统论的观点。虽然马克思所处的那个时代，系统论并没有发展起来，但马克思恩格斯文本中的辩证法实际上蕴含着系统的观点。有机体就是一个系统，它虽然也需要从外界输入能量，但它并不直接为外界支配，它具有自组织性，自成一个有机系统；这个系统内部呈现一种动态的平衡状态；这个系统由相互关联、相互依赖的诸多器官组成，这些器官有机结合在一起产生了一定的功能，这些功能整合在一起共同为机体服务；这个系统具有自我完善、自我发展的能力，同时也具有整体性、结构性等特征。社会有机体具有与生物有机体相类似的特征，对于这些特征我们只有用辩证的、系统的理论工具才能准确把握，用静止的、片面的形而上学观点无法把握社会有机体。系统具有整体性、结构有序性、结构优化的趋势等特征，[②] 从系统的观点来看，社会具有如下特征。第一，整体性。社会具有整体性，它是诸要素相互依赖、相互联系的整体，它的每个要素既有相对独立性，但又不是完全孤立的，每个要素都是社会系统的一部分，各自承担着社会的部分功能。整体性的一个表现就是能对外来因素做出反应。第二，结构有序性。社会有机体有

① 《列宁选集》第 1 卷，人民出版社，2012，第 55 页。
② 肖前主编《马克思主义哲学原理》，中国人民大学出版社，2008，第 106~107 页。

一定的结构，社会的结构有多重性，有阶级结构、政治结构、社会结构、经济结构等，还有显性社会结构和内在的精神结构，但不管表现为什么样的结构，社会结构都具有有序性特征。系统中的诸要素，或者子系统守护着自己特殊的位置，发挥着特殊的职能，这些职能通过社会结构整合成社会整体。第三，结构具有优化的趋势。社会有机体的结构是动态的，其发展的方向是趋于优化，随着社会的发展，社会结构越来越合理和优化，社会的联系性和相互依赖性得到强化。第四，社会有机体系统具有松散性。它不是生物有机体，社会的个体都有自己的独立性，而不是机器上的零件，其系统性是就整个社会而言的。社会有机体的系统性和发展性本身就是辩证的，这种发展的辩证性属于客观辩证法范畴，主观辩证法是对客观辩证法的能动反映，要想真正认识社会有机体，就离不开辩证的方法。

要用发展的眼光看待社会有机体。辩证法不仅强调普遍联系，也非常重视永恒发展，如果说系统性是从横向的维度来看待社会有机体，那么发展性则是从纵向的时间维度来看待社会有机体。马克思在《资本论》中指出："我的观点是把经济的社会形态的发展理解为一种自然史的过程。不管个人在主观上怎样超脱各种关系，他在社会意义上总是这些关系的产物。"① 人类历史就是一个自然过程，它处在变化之中，我们要从发展的角度看待社会。"社会不是坚实的结晶体，而是一个能够变化并且经常处于变化过程中的有机体。"② 社会有机体之所以是"活"的有机体，就在于它的发展变化。社会有机体的发展体现在以下方面。第一，开放性。系统性和发展性本来就是分不开的，只有理论的抽象才能将二者分开，社会有机体的发展性体现在它的系统的开放性上，其开放性表现为：从外界吸收能量，纳入自身，同时社会有机体也会新陈代谢，向外界排放一些废物；社会有机体也会接受外来的刺激并做出反应，甚至是接受外来的伤害，但社会有机体具有修复能力。第二，过程性。有机体本身就有时间维度，"活着"就意味着时间的绵延，时间的中断就意味着有机体的死亡，社会有机体也是这样，它处于变化发展过程中。第三，发展性。社会有机体的过程性不是单纯的原地踏步，它处在一个从低级向高级、从简单向复杂的发展

---

① 《马克思恩格斯选集》第 2 卷，人民出版社，2012，第 84 页。
② 《马克思恩格斯选集》第 2 卷，人民出版社，2012，第 84 页。

过程，生物有机体在其胚胎时期内部结构十分简单，甚至就是一个细胞，随着时间的推移，生物有机体逐渐成长为一个复杂的存在。社会有机体也有这样的特征，远古时代的社会有机体相对简单，随着人类社会的发展和进步，社会有机体越来越复杂，越来越高级，社会有机体的变化过程体现着社会的发展进步。第四，规律性。列宁曾指出："按照马克思的理论，每一种这样的生产关系体系都是特殊的社会机体，它有自己的产生、活动和向更高形式过渡即转化为另一种社会机体的特殊规律。"① 这里的"生产关系体系"就是社会形态。显然，蒲鲁东的方法虽然凸显了时间维度，但它却是抽象地凸显的，它割裂了整个社会。马克思的唯物史观就是要认识人类社会的发展规律，并以此指导人类实践。由此可知，只有用辩证的发展观才能准确把握社会有机体。

系统性和发展性是辩证法的两大特征，这两大特征使辩证法既是社会有机体的客观辩证法，也是人们的主观辩证法，人类要正确认识社会就要自觉学会用主观辩证法去把握社会，因此辩证法是把握社会有机体的根本方法。

四　当代启示

人类社会就是一个动态的有机体，因此我们也应该用社会有机体理论去认识社会。在马克思之前就已经有一些思想家从社会有机体的角度关注社会，斯宾塞就是一个典型。他从实证的社会学角度关注人类有机体，给出了诸多至今仍有重要价值的论述。黑格尔也试图将整个人类社会看作一个整体，他"把整个自然的、历史的和精神的世界描写为一个过程，即把它描写为处在不断的运动、变化、转变和发展中，并企图揭示这种运动和发展的内在联系"②。这些都是从有机体的角度关注人类社会的尝试，都具有重要的启发意义。但这些理论都有历史局限性，只有唯物史观才是认识人类社会的科学理论工具，也只有用辩证唯物主义和历史唯物主义的世界

---

① 《列宁全集》第1卷，人民出版社，1984，第372页。
② 《马克思恩格斯选集》第3卷，人民出版社，2012，第398页。

观、方法论，我们才能科学认识人类社会有机体。马克思的社会有机体理论就是运用新的世界观、方法论对社会有机体的科学认知，它对人类正确理解当代社会具有重要的启发意义。

第一，应该从系统性、整体性的高度关注社会发展。发展是解决一切问题的关键，社会发展应该是全面的、系统的和整体的，我们的路线方针政策也应该注重全面协调可持续。我们应该学会"用十个手指头弹钢琴"的艺术，正如习近平总书记所指出的那样，要"统筹兼顾、综合平衡，突出重点、带动全局，有的时候要抓大放小、以大兼小，有的时候又要以小带大、小中见大"①。社会的复杂性随着现代化程度的深化而日益提升，这要求我们注重从更加宏观的角度，更加系统的层面去研究社会，强化顶层设计的战略性、系统性、整体性，统筹推进"五位一体"总体布局，协调推进"四个全面"战略布局。要把每一项工作都放在整个社会总体布局中来看待，避免只就某项工作谈某项工作，"头疼医头，脚疼医脚"。社会是一个有机体系统，每项工作都是整个有机系统的一个局部，某一项工作做得好与坏都会影响到整体的发展，尤其是一些关键领域的工作。

第二，要处理好自觉推动发展与社会自发发展规律之间的关系。社会发展不同于纯自然的演化，纯粹自然的演化没有自觉，不存在有意识的指导和控制，没有人为因素。而社会发展则存在人为的因素，社会本身就是由人组成的，社会的发展直接表现为人类有意识的活动，从表面上看，社会是由人创造的，社会的发展完全是由人的动机决定的。因此，马克思之前的思想家，不管是唯心主义还是唯物主义思想家，在社会历史领域都只重视自觉的能动因素，认为历史就是由人的动机决定的，都是唯心主义的。历史唯物主义不仅看到了推动历史发展的动机，也看到了这些动机背后的物质因素，它发现了支配历史发展的客观规律，把人类社会的发展看作一个自然过程。表面上看，人类社会是由人的动机决定的，但人的动机又是受物质条件制约的，人类不可能随意"创造"历史，人的主体性与历史的客观性是辩证统一的。这就要求我们在关注社会发展的时候，既要看到人类对社会发展的指导和推动作用，也要看到人类社会发展自身的自发规律性。人类的自觉推动要符合社会的自发客观规律，人类在改造自然、

---

① 《习近平著作选读》第1卷，人民出版社，2023，第222页。

从自然界获取物质生活资料的同时，也应该尊重自然的自发规律，否则人类有可能破坏大自然，给自然界造成超越其自身修复能力的创伤，对此，人类社会要在之后的发展中加倍偿还给大自然。在处理人与自然的关系时，或在处理社会有机体的其他关系时，比如在处理市场"看不见的手"和政府"看得见的手"的关系时，我们应该处理好自觉的指导推动作用与社会自生自发秩序之间的关系，这使我们的认识更加符合客观实际，更能够正确地指导社会发展。

第三，提高中国共产党谋大局的能力和定力。中国共产党的领导是中国特色社会主义最本质的特征，东南西北中，党是领导一切的。要提高党的领导能力，就必须提高我党把方向、谋大局、定政策、促改革的能力和定力。战略思维的一个基本原则是，不谋全局者不足以谋一域，要建设好中国这样一个大国，就必须胸怀大局意识，自觉把工作放在大局中去思考和定位，服从大局、维护大局，要有"登泰山而小天下"的气度，同时也要善于抓住主要矛盾，牵住"牛鼻子"，避免"只见树木，不见森林"，不能"头疼医头，脚疼医脚"，攻其一点不及其余。站在总体布局的高度看待社会有助于从整体把握社会，有助于全面系统地看待社会，有助于把局部工作放在整体布局中来考虑，也有助于我们客观准确地把握国际国内形势，做出科学研判和决策，正确指导中国特色社会主义发展。

第四章 从共同体到市民社会的嬗变

马克思说过，"我们越往前追溯历史，个人，从而也是进行生产的个人，就越表现为不独立，从属于一个较大的整体"①。也就是说，古代社会是一个个体依附于共同体的社会，而且越往古代追溯，这种特征就越明显，近代社会则是一个共同体解体、个体主体性凸显的社会。类似的判断在马克思的多部著作中都有出现，但大多数情况下都只是一般性的论断，至于古代共同体社会具体是什么样子的，共同体社会到底是如何走向解体的等问题，马克思无暇作更加具体的论述和研究。恩格斯晚年的《家庭、私有制和国家的起源》一书虽然并非以探讨古代共同体社会的具体特征为直接初衷，却客观上具体论述了共同体社会及其解体的一些问题。本章试图以该著为解读的中心文本，探讨共同体社会特征及其解体（走向市民社会）的社会机制。

一 共同体社会的基本特征

马克思从多个角度论述过古代社会，比如在"人的依赖性""物的依赖性""自由人联合体"这样一个历史的研究范式下关注古代社会，从"五种形态说"角度论述古代社会，等等。从共同体与个体的关系状态角

---

① 《马克思恩格斯选集》第 2 卷，人民出版社，2012，第 684 页。

度关注古代社会也是马克思研究古代社会的重要视角，从这一视角看，古代社会就是一个共同体强力吸附个体、个体依赖于共同体的社会，依据《家庭、私有制和国家的起源》一书的描述，古代社会有如下具体特征。

第一，古代社会是一个"自然形成的共同体"。不管哪个历史时代，人类社会都处于一种共同体状态，只不过个体与共同体的疏密关系不同而已。古代社会处于个体缺乏独立性而紧紧依附于共同体的社会状态，这一社会状态是"自然形成的"，因为此时的人类刚刚脱胎于一般动物，生产力极其低下，单独的个人只有依赖于共同体才能勉强生存，只有"以群的联合力量和集体行动来弥补个体自卫能力的不足"①，个人才能够生存下去。共同体是自然形成的，是刚刚脱胎于一般动物的群，或者说是还带有一般动物的群的特征的共同体。其自然性表现在，共同体以血缘为基础，"公社都是建立在自己社员的血缘亲属关系上的。在这些公社中，只容许有血缘亲属或收养来的亲属。他们的结构是系谱树的结构"②。是血缘的亲属关系把一个个的人凝聚成共同体，"原始状态的标志不是粗野，而是部落古老的血缘关系保留的程度"③。而随着人类的发展与进步，共同体的形成越来越依赖于共同的目的、共同的职业、共同的兴趣等人为因素，作为传统因素的血缘、地缘等就不再是共同体形成的决定性因素。古代社会共同体的"自然性"还表现在，人们的劳动更多的是采集自然现成的果实，而改造自然的因素很少，"自然界已经直接提供了生活资料，起初不需要人们去生产它们。因此，自然界也就使那些只有很少需要必须满足的野蛮人，除了为占有自然界已有的生活资料所花费的劳动以外，有时间把另一些自然产物变成弓箭、石刀、独木舟之类的生产资料，而不是去利用还不存在的生产资料进行新的生产"④。人们的需求很低，所能采集的果实也很有限，仅够勉强维持生存。

第二，古代社会以共有制为基础，人们共同劳动、共同生活。古代社会，与共同体的"自然性"相对应的所有制形式是原始公有制，生产资料归公社共有。共同体的"自然性"决定了这种共同所有制形式的必然性，

① 《马克思恩格斯选集》第4卷，人民出版社，2012，第42页。
② 《马克思恩格斯全集》第25卷，人民出版社，2001，第477页。
③ 《马克思恩格斯全集》第35卷，人民出版社，1971，第432页。
④ 《马克思恩格斯全集》第46卷，人民出版社，2003，第960页。

"部落共同体，即天然的共同体，并不是共同占有（暂时的）和利用土地的结果，而是其前提"，"自然形成的部落共同体，或者也可以说群体——血缘、语言、习惯等等的共同性，是人类占有他们生活的客观条件，占有那种再生产自身和使自身对象化的活动（牧人、猎人、农人等的活动）的客观条件的第一个前提"。① 共同体的"自然性"决定了共同体的共有制，因为当时人们改造大自然、从自然界获取物质生活资料的能力极其低下，只有共同生产、共同占有生产资料，才能够勉强生存下去。"凡有共有制的地方——不管是土地的、或者妻子的、或者任何东西的共有制——，共有制就必定是原始的、来源于动物界的。后来的全部发展就是这种原始共有制的逐渐消亡的过程。"② 原始的共有制是刚刚脱离动物界，极其低级的所有制形式。共有制表现在共同体的很多方面，比如共同占有房屋住所，"公共房屋和集体住所是远在畜牧生活和农业生活形成以前时期的较原始的公社的经济基础"③。与原始共有制相对应，人们的生产、分配和消费也是共同进行的。"先前的一切社会发展阶段上的生产在本质上是共同的生产，同样，消费也是在较大或较小的共产制共同体内部直接分配产品。"④这样的所有制形式不会产生异化，"不会产生鬼怪般的、对他们来说是异己的力量，像在文明时代经常地和不可避免地发生的那样"⑤。共同所有和共同生产也决定了劳动产品的平均分配，"在较原始的公社中，生产是共同进行的；共同的产品，除储存起来以备再生产的部分外，都根据消费的需要陆续分配"⑥。可以说，整个原始的共同体中，人们的生活几乎都是公共的，现代社会所尊崇的私人空间、私人自由、独立个性在原始社会都是不存在的，人们甚至根本就不知道什么叫"私人的"，没有私有观念，只知道平均分配，不知道除了平均分配之外还有别的分配方式。

第三，古代社会分工极其不发达，甚至没有分工。人类脱胎于普通动物，越是古代，人类就越是接近于普通动物，人的分工就越是接近于普通动物的分工，"分工是纯粹自然产生的；它只存在于两性之间。男子作战、

---

① 《马克思恩格斯文集》第 8 卷，人民出版社，2009，第 123~124 页。

② 《马克思恩格斯全集》第 35 卷，人民出版社，1971，第 448 页。

③ 《马克思恩格斯全集》第 25 卷，人民出版社，2001，第 477 页。

④ 《马克思恩格斯文集》第 4 卷，人民出版社，2009，第 193 页。

⑤ 《马克思恩格斯文集》第 4 卷，人民出版社，2009，第 193~194 页。

⑥ 《马克思恩格斯全集》第 25 卷，人民出版社，2001，第 477 页。

打猎、捕鱼，获取食物的原料，并制作为此所必需的工具。妇女管家，制备衣食——做饭、纺织、缝纫"，"凡是共同制作和使用的东西，都是共同财产：如房屋、园圃、小船"。① 普通动物也有分工，但是它们的分工是纯粹的自然分工，所谓自然形成的分工，就是由动物的本能决定的、因自然选择而有所改变的、缺乏有意识的人为因素的分工。蜜蜂、蚂蚁等动物也有分工，而且它们的有些分工在我们看来还相当精致，甚至让人类感到惭愧，但它们的分工只是出于本能，而不是有意识的产物，这使得"最蹩脚的建筑师从一开始就比最灵巧的蜜蜂高明"②。刚刚脱离动物界的远古人类在很多方面都还带有类人猿的特征，那时的分工也接近于普通动物的分工，所以那时的分工更接近于自然分工，个体只是共同体这架大机器的一个零部件，自己不需要有独立的主体意识、个人观念。

第四，古代社会的人们按照习俗、惯例生活。原始社会没有政权，但社会却是有规则的，原始社会的共同体是靠习俗来维系的，靠族长的威信等来维系的，而最早的权威是妇女，母系氏族早于父系氏族出现。"一切问题，都由当事人自己解决，在大多数情况下，历来的习俗就把一切调整好了。不会有贫穷困苦的人，因为共产制的家户经济和氏族都知道它们对于老年人、病人和战争残废者所负的义务。大家都是平等、自由的，包括妇女在内。他们还不曾有奴隶；奴役异族部落的事情，照例也是没有的。"③ 这种习俗是与当时的整个社会相匹配的，它所维系的范围仅限于本共同体（或者叫作公社）。"它没有超出部落的范围；……凡是部落以外的，便是不受法律保护的。在没有明确的和平条约的地方，部落与部落之间便存在着战争，而且这种战争进行得很残酷，使别的动物无法和人类相比，只是到后来，才因物质利益的影响而缓和一些。"④ 在公社内部，社员与社员之间是讲规则的，在公社之外是不讲规则的。

最符合上述特征的古代社会就是原始社会，《家庭、私有制和国家的起源》一书所讲的氏族公社就是这种社会的代表，但古代社会不是一成不变的，摩尔根把原始社会区分为蒙昧时代和野蛮时代，每个阶段又分为低

---

① 《马克思恩格斯文集》第 4 卷，人民出版社，2009，第 178 页。
② 《马克思恩格斯选集》第 2 卷，人民出版社，2012，第 170 页。
③ 《马克思恩格斯文集》第 4 卷，人民出版社，2009，第 111 页。
④ 《马克思恩格斯文集》第 4 卷，人民出版社，2009，第 112 页。

级、中级和高级三个阶段。恩格斯把家庭的发展史概括为血缘家庭、普那路亚家庭、对偶制家庭、专偶制家庭等阶段，家庭的发展也是原始社会逐渐发展的表现。随着社会的发展，共同体逐渐趋向于松动和解体，共同体本位的特征逐渐减少，个体的主体性和自由度逐渐提升，这是一个缓慢的过程。

二　共同体社会的解体机制

古代社会是共同体社会，而近代资本主义社会则是一个个体地位凸显的个体本位社会，从古代的共同体社会向近代个体本位社会的发展就是共同体走向解体的过程。共同体的解体过程是一个漫长的过程，只有拉长历史的镜头我们才能看清楚这一个过程和机制。按照历史唯物主义的逻辑，是生产力的发展导致了共同体的解体，但这一认识还是过于宏观和笼统，生产力的发展到底是如何导致了共同体的解体呢？我们需要从历史的微观层面来探讨这一问题。

第一，分工的发展导致共同体逐渐松动、解体。古代共同体的社会状态是由极其落后的生产力状况决定的，而分工则是生产力发展的主要标志之一，与生产力的缓慢发展相适应，分工也缓慢地发展起来。"文明时代是社会发展的这样一个阶段，在这个阶段上，分工、由分工而产生的个人之间的交换，以及把这两者结合起来的商品生产，得到了充分的发展，完全改变了先前的整个社会。先前的一切社会发展阶段上的生产在本质上是共同的生产，同样，消费也是在较大或较小的共产制共同体内部直接分配产品。生产的这种共同性是在极狭小的范围内实现的，但是它随身带来的是生产者对自己的生产过程和产品的支配。他们知道，产品的结局将是怎样：他们把产品消费掉，产品不离开他们的手；只要生产在这个基础上进行，它就不可能越出生产者的支配范围。""但是，分工慢慢地侵入了这种生产过程。它破坏生产和占有的共同性，它使个人占有成为占优势的规则，从而产生了个人之间的交换——这是如何发生的，我们前面已经探讨过了。商品生产逐渐地成了占统治地位的形式。"[①] 在《家庭、私有制和国

---

① 《马克思恩格斯文集》第 4 卷，人民出版社，2009，第 193~194 页。

家的起源》一书中，恩格斯还具体探讨了三次社会大分工对共同体解体的影响。"第一次社会大分工，在使劳动生产率提高，从而使财富增加并且使生产领域扩大的同时，在既定的总的历史条件下，必然地带来了奴隶制。从第一次社会大分工中，也就产生了第一次社会大分裂，分裂为两个阶级：主人和奴隶、剥削者和被剥削者。"① 第一次社会大分工是畜牧业和农业的分离，分工促进了生产力的发展，也为私有制的出现奠定了基础，主人和奴隶的出现使得社会不再是"铁板一块"的共同体，不再共同劳动、平均分配，共同体社会开始松动。"第二次大分工：手工业和农业分离了。……随着生产分为农业和手工业这两大主要部门，便出现了直接以交换为目的的生产，即商品生产；……又出现了富人和穷人的差别——随着新的分工，社会又有了新的阶级划分。"② 第二次社会大分工催生了商品生产，巩固了私有制，社会进一步分化。第三次社会大分工导致了商人的出现，这对私有制的发展和确立具有决定性的意义。商人阶级的出现使得商品交易扩大，出现了货币借贷，这又促进了土地私有权的巩固，财富进一步集中到少数人手里。人类社会与以共同所有、共同劳动、平均分配为基本特征的共同体社会渐行渐远，共同体逐渐分解为不同的阶级阶层。

第二，商品经济的发展逐渐侵入公社，导致了共同体的解体。"实际上，商品交换过程最初不是在原始公社内部出现的，而是在它的尽头，在它的边界上，在它和其他公社接触的少数地点出现的。这里开始了物物交换，并由此侵入公社内部，对公社起着瓦解作用。"③ 在原始氏族公社内部，生产的唯一目的就是填饱肚子，能生存下去。为了达到这一目的，整个氏族高度统一为一个整合度极高的共同体，人们共同所有、共同劳动、共同生活、平均分配，商品经济的出现是导致共同体解体的一个关键性因素。古代氏族社会解体的时候，商品经济还很不发达，商品交换甚至具有偶然性，但这种商品交换却潜在地蕴含了私有财产关系和个体的主体意识。首先，商品经济孕育了私有财产观念。商品经济的出现是以产品剩余为前提的，产品的剩余则是私有观念产生的基础。近代以来商品经济的发展表明，商品经济与私有制是相互共生的，商品经济的发展生发了私有观

---

① 《马克思恩格斯文集》第 4 卷，人民出版社，2009，第 180 页。
② 《马克思恩格斯文集》第 4 卷，人民出版社，2009，第 182~183 页。
③ 《马克思恩格斯全集》第 31 卷，人民出版社，1998，第 443 页。

念，进而促进了私有制的确立，而私有制的确立反过来又促进了商品经济的发展，市场经济的前提是要有独立经营、自负盈亏的市场主体的存在，市场主体在追求自我利益最大化的动力驱使下，积极性得到充分的调动。在原始氏族的共同体中个体依附于共同体，人们共同劳动、共同生活、共同拥有、平均分配，没有私有财产，也没有私有观念，甚至不懂得除了平均分配之外还有别的分配方式。是商品交换催生了人们的私有观念，"物本身存在于人之外，因而是可以让渡的。为使这种让渡成为相互的让渡，人们只须默默地彼此当作那些可以让渡的物的私有者，从而彼此当作独立的人相对立就行了"①。商品经济催生了私有观念，而私有观念又促进了主体意识的觉醒。其次，商品经济促进了清晰的主体意识的产生。在原始氏族的共同体中，人的主体意识极其薄弱，"在人类文化初期，在狩猎民族中，或者例如在印度公社的农业中，我们所看到的那种在劳动过程中占统治地位的协作，一方面以生产条件的公有制为基础，另一方面，正像单个蜜蜂离不开蜂房一样，以个人尚未脱离氏族或公社的脐带这一事实为基础"②。在这种社会中，人融入一个较大的共同体中，个体不独立，彼此之间也没有独立的财产和经济基础，而商品交换使得人们的私人利益意识觉醒了，人们变得独立和自由了。黑格尔说过，自由就是依赖自己而存在，人们有了独立的经济基础，也就有了独立的主体意识，个人的主体意识逐渐觉醒。贡斯当区分古代人的自由与现代人的自由就是探讨古代的主体意识和现代的主体意识的区别。"古代人的自由在于以集体的方式直接行使完整主权的若干部分：诸如在广场协商战争与和平问题，与外国政府缔结联盟，投票表决法律并作出判决，审查执政官的财务、法案及管理，宣召执政官出席人民的集会，对他们进行批评、谴责或豁免。""在古代人那里，个人在公共事务中永远是主权者，但在所有私人关系中却是奴隶。"③古代人的"积极自由"实际上抹杀了个体的主体性，而现代人的"消极自由"则彰显了个体的主体性，"对他们每个人而言，自由是只受法律制约，而不因某个人或若干个人的专断意志受到某种方式的逮捕、拘禁、处死或

---

① 《马克思恩格斯全集》第44卷，人民出版社，2001，第106~107页。
② 《马克思恩格斯全集》第44卷，人民出版社，2001，第388页。
③ 参见〔法〕邦雅曼·贡斯当《古代人的自由与现代人的自由：贡斯当政治论文选》，阎克文、刘满贵译，商务印书馆，1999，第26~27页。

虐待的权利，它是每个人表达意见、选择并从事某一职业、支配甚至滥用财产的权利，是不必经过许可、不必说明动机或事由而迁徙的权利。它是每个人与其他个人结社的权利，结社的目的或许是讨论他们的利益，或许是信奉他们以及结社者偏爱的宗教，甚至或许仅仅是以一种最适合他们本性或幻想的方式消磨几天或几小时。最后，它是每个人通过选举全部或部分官员，或通过当权者或多或少不得不留意的代议制、申诉、要求等方式，对政府的行为施加某些影响的权利"①。从古代积极自由向现代消极自由的发展演变过程实际上就是个体主体意识觉醒的过程，而这一过程肇始于原始氏族公社中发展起来的商品经济及其所生发的私有观念。

第三，社会的基本单位从血族共同体逐渐发展到地区共同体。古代共同体本位社会的表现之一就是以血缘关系为纽带将整个公社凝聚为一个坚实的共同体，古代的"氏族是以血缘为基础的人类社会的自然形成的原始形式"②，"有两个自发产生的事实，支配着一切或者说几乎一切民族的原始历史：民族按亲属关系的划分和土地公有制"③。而氏族则是古代社会的基本单位。随着私有制的形成和社会的发展，氏族制度中的核心机构被国家机构所代替，但是"国家的基层单位已经不是血族团体，而是地区团体了"④。在地区团体中，人与人的关系不一定都是以血缘为纽带，团体对个体的束缚也不再像氏族团体那样强有力，团体的凝聚力减弱了，人与人的关系变得疏远了，甚至在某些地区团体中，人与人形同路人。正如恩格斯所说："氏族制度已经过时了。它被分工及其后果即社会之分裂为阶级所炸毁。它被国家代替了。"⑤ 国家虽然看似也是一个共同体，但它更多的只是一个共同体的象征，而不具有共同体的坚实性。国家是一种"虚幻的共同体"。马克思在谈到资产阶级国家观的时候说："正是由于特殊利益和共同利益之间的这种矛盾，共同利益才采取国家这种与实际的单个利益和全体利益相脱离的独立形式，同时采取虚幻的共同体的形式……"⑥ "国家内

---

① 〔法〕邦雅曼·贡斯当：《古代人的自由与现代人的自由：贡斯当政治论文选》，阎克文、刘满贵译，商务印书馆，1999，第26页。

② 《马克思恩格斯全集》第44卷，人民出版社，2001，第407页。

③ 《马克思恩格斯全集》第25卷，人民出版社，2001，第567页。

④ 《马克思恩格斯文集》第4卷，人民出版社，2009，第16页。

⑤ 《马克思恩格斯文集》第4卷，人民出版社，2009，第188页。

⑥ 《马克思恩格斯选集》第1卷，人民出版社，2012，第164页。

部的一切斗争——民主政体、贵族政体和君主政体相互之间的斗争，争取选举权的斗争等等，不过是一些虚幻的形式——普遍的东西一般说来是一种虚幻的共同体的形式——，在这些形式下进行着各个不同阶级间的真正的斗争。"① 国家徒有共同体的形式，不具有公共体的实质，它形式上是共同体利益的象征，但实质上只是统治阶级利益的代表，而且国家对公民个体的束缚要比共同体对个体的束缚松散得多。

三　从共同体社会走向市民社会的历史逻辑

马克思恩格斯晚年对古代社会的关注不是仅仅就古代社会研究古代社会，而是把古代社会放在整个人类发展的宏观历史视野中来看待。从这一历史视角来看，人类从古代社会发展到当代资本主义文明的历史就是一部从共同体社会走向市民社会的历史。这一宏观历史的发展逻辑可以概括为如下几点。

第一，从共同体本位状态走向个体本位状态。在马克思那里，古代社会是共同体本位的社会，这一点前文已经做了较为详尽的解读，但这并不意味着原始社会之后的奴隶社会、封建社会就不是共同体本位的社会了。氏族固然是共同体本位的社会，氏族之后的奴隶社会、封建社会也是共同体本位的社会状态，只不过奴隶社会的共同体对个体的控制程度相对较低，而封建社会的共同体对个体的控制程度较奴隶社会又更低而已。迄今为止的人类历史发展就是一个共同体本位状态向个体本位状态变迁的过程，但这一变迁过程是漫长的，漫长到人类无法察觉到变迁的存在，只有站在现代社会的历史高度回望整个人类历史，并用抽象的方法悬置历史发展过程中的丰富性与杂多性，我们才能够看清历史发展的大逻辑。共同体本位向个体本位的演变是逐渐发生的，共同体在原始氏族社会十分坚实，奴隶社会相对来说就较为松散了，而封建社会的个体又有了更多的人身自由，共同体更为松散，只有到了资本主义社会，市场经济的发展和启蒙运动的教化让人们的主体意识得以觉醒，独立的个体逐渐冲破了共同体的束

---

① 《马克思恩格斯选集》第 1 卷，人民出版社，2012，第 164 页。

缚与控制，成为具有较强独立个性的现代公民。而现代公民的形成意味着共同体的进一步解体，或者说逐渐走向"虚幻的共同体"。古代共同体的解体不仅非常缓慢，而且在不同的地区还会有不同程度的残留，"古代自然形成的公社，在同外界的交往使它们内部产生财产上的差别从而发生解体以前，可以存在几千年，例如在印度人和斯拉夫人那里直到现在还是这样"①。人类历史的发展逻辑是学者对不同地区历史发展过程高度抽象的结果，具体到不同地区，历史发展千差万别，即便是在现代资本主义文明的个体本位社会里，不同地区、不同文化中，个体与共同体的关系也是不同的，有的地区虽然也是现代社会，却有着较为浓厚的传统色彩，家族、宗亲观念较为浓厚，个体与共同体的关系较为密切，深受儒家文化影响的东亚一些现代国家如日本、韩国、新加坡等就是这样，而另一些现代国家如美国、英国、德国等就较为彻底地清除了共同体的痕迹。现代社会的个体本位状态就是市民社会的社会基础，市民社会就是个人主义盛行的领域，它的基本精神就是物质主义、个人主义。

第二，社会结构从浑然一体到结构分化。古代社会是一个浑然一体的共同体，内部结构相对简单，原始氏族内部只有简单的自然分工，没有复杂的社会结构。这种状态是由落后的社会生产力发展状态决定的，随着社会的发展，社会结构有所分化，但总体上结构仍然较为简单，尤其是和现代社会比起来。古代浑然一体的社会结构是和自然经济相适应的，在自然经济条件下，每个人的生产只是为了满足自己的需要，自己的产品很少用来交换。个人的需求是十分有限的，所以生产力发展缓慢。在自然经济条件下，每个生产单位都小而全，每个生产工序都靠一个生产单位来完成，分工程度较低。整个社会家国同构，家庭功能齐全，基本不需要和他人交换，国家是家庭的扩大，国家的结构也较为简单。与这种社会结构相适应，人们的生产生活更依赖于经验，人们更愿意遵从有经验的人的教诲，社会靠习俗来维系，人与人交往的范围有限，社会是熟人社会。随着生产力的发展，社会结构逐渐分化，政治、经济、社会相对分离，政治只负责公共产品的提供，市场负责私人产品的提供，社会也相对独立，而且各个领域之间相互独立，社会结构逐渐清晰地分化为这三个大部分。与这种社

---

① 《马克思恩格斯文集》第 9 卷，人民出版社，2009，第 155 页。

会结构相适应，人们更多地依赖于知识而不是经验，社会创新程度变高了，一代人与下一代人的代沟很明显，人与人的交往范围扩大，每个人与陌生人打交道的概率在增加，人们的行为更多地遵从法律而不是习俗，血缘、亲情等关系在弱化，物质关系在强化，社会正在发生巨大的变化，越是近代这一特征就越明显。

第三，从人的依赖性走向物的依赖性。古代社会的人只有依靠类的整体性才能够战胜自然，获得存续下去的机会，"在文化初期，已经取得的劳动生产力很低，但是需要也很低，需要是同满足需要的手段一同发展的，并且是依靠这些手段发展的。其次，在这个文化初期，社会上依靠他人劳动来生活的那部分人的数量，同直接生产者的数量相比，是微不足道的。随着社会劳动生产力的增进，这部分人也就绝对地和相对地增大起来"①。古代社会人们共同劳动，没有奴役，每个人都要劳动。共同体可以弥补个体的不足，这样人才能够勉强生存，个体对共同体有人身依附关系，在共同体中，个体没有现代意义的私人权利，所以恩格斯说："在氏族制度内部，还没有权利和义务的分别；参与公共事务，实行血族复仇或为此接受赎罪，究竟是权利还是义务这种问题，对印第安人来说是不存在的；在印第安人看来，这种问题正如吃饭、睡觉、打猎究竟是权利还是义务的问题一样荒谬。同样，部落和氏族分为不同的阶级也是不可能的。"②权利和义务没有明确区分，这是古代共同体的特征，是个体依附于共同体的表现，现代社会中，权利和义务得到了明确了区分，个体不再依附于共同体，有了私人权利。权利和义务从不分到明确区分，这是共同体社会向个体社会发展的一个逻辑。这一个过程也是公法和私法明确分化的过程，马克思恩格斯在《德意志意识形态》中指出，"私法是与私有制同时从自然形成的共同体的解体过程中发展起来的"，"在现代民族那里，工业和商业瓦解了封建的共同体，随着私有制和私法的产生，开始了一个能够进一步发展的新阶段"③。私有制的产生导致了私法的出现，而私法则和个人权利直接相关，权利观念的出现意味着个体不再依附于共同体，不再依附于他人，而成为自主、自由、独立的个人，人与人之间不再有人身依附关

①　《马克思恩格斯全集》第 44 卷，人民出版社，2001，第 585~586 页。
②　《马克思恩格斯文集》第 4 卷，人民出版社，2009，第 178 页。
③　《马克思恩格斯选集》第 1 卷，人民出版社，2012，第 212~213 页。

系。在现代社会，人不再依赖于他人，每个人形式上都获得了解放，但是人仍然没有获得彻底的解放，现代社会，人为物役，人由共同体的奴隶变为物的奴隶。表面上，人是主体，物是客体，人支配着物，但实际上，人为了获得物（金钱）而变成了奴隶，成为异化的人。当代社会也是这样，物的多寡成为衡量一个人成功与否的标尺，人们因物而交往，物冲淡了情感、血缘，使人与人的交往变成冰冷的、赤裸裸的交易，所以马克思认为，现代社会是一个"物的依赖性"的社会。迄今为止的人类历史就是一个从"人的依赖性"向"物的依赖性"转变的过程，只有未来的"自由人联合体"才能超越这种普遍物化的社会状态，实现人的真正自由。

第五章　黑格尔市民社会
与国家关系的再思考

　　大多数学者是因马克思的《黑格尔法哲学批判》关注黑格尔的市民社会与国家关系的，通常认为在黑格尔那里，国家决定市民社会，而马克思则受费尔巴哈影响，指认黑格尔颠倒了主词和宾词的关系，进而将被黑格尔颠倒了的主词与宾词的关系颠倒过来，认为应该是市民社会决定政治国家。在这一理论指认过程中，由于过于简单地理解黑格尔的市民社会与政治国家的关系，黑格尔的市民社会理论略显苍白与肤浅，黑格尔市民社会理论应有的深刻性被严重遮蔽。实际上黑格尔的市民社会理论是非常深刻的，因为《黑格尔法哲学批判》时期的马克思在一定程度上对市民社会的理解甚至还没有达到黑格尔在《法哲学原理》中的理解水平（这与马克思尚未来得及阅读和批判《法哲学原理》第三篇第二章即"市民社会"有关①），所以马克思对黑格尔市民社会理论的理解还存在一定的不足，而我们则主要是通过马克思来理解黑格尔市民社会理论的，通过"二传手"理解的黑格尔自然带有"二传手"的偏见。鉴于此，本章试图深度挖掘黑格尔市民社会与国家的关系。

---

① 唐正东：《正确评价马克思〈黑格尔法哲学批判〉的思想史地位》，《河北学刊》2012年第1期。

一 黑格尔市民社会理论的思想史意蕴

市民社会理论源远流长，可以追溯到古希腊罗马时代。在西塞罗那里，所谓"公民社会"（civilis societas）就是由具有公民身份的人组成的政治共同体。[①] 这种理解是和古代的共同体本位社会分不开的，古希腊是一个共同体本位的社会，在这样的社会中，个体要服从共同体，个体公民最重要也是最荣耀的事情就是参与共同体的事务，个体融入共同体之中，个体没有或者缺乏私人自由和私人空间，或者说个人的私人领域也充斥着政治因素，所以亚里士多德说，"人天生是一种政治动物"[②]。人们认为，在私人领域中，个人的行为受到需要和欲望的支配，是不自由的，而只有在公共事务中，个人才是自由的，这就是贡斯当意义上的古代人的自由。贡斯当说，"古代人的自由在于以集体的方式直接行使完整主权的若干部分：诸如在广场协商战争与和平问题，与外国政府缔结联盟，投票表决法律并作出判决，审查执政官的财务、法案及管理，宣召执政官出席人民的集会，对他们进行批评、谴责或豁免。然而，如果这就是古代人所谓的自由的话，他们亦承认个人对社群权威的完全服从是和这种集体性自由相容的。你几乎看不到他们享受任何我们上面所说的现代人的自由。所有私人行动都受到严厉的监视。个人相对于舆论、劳动、特别是宗教的独立性未得到丝毫重视。我们今天视为弥足珍贵的个人选择自己宗教信仰的自由，在古代人看来简直是犯罪与亵渎"，"年轻的斯巴达人不能自由地看望他的新娘"，"在古代人那里，个人在公共事务中永远是主权者，但在所有私人关系中却是奴隶"。[③] 正是这种历史现实决定了"公民社会"的理论特征，实际上这个时期的"公民社会"就是整个城邦，国家与社会还没有分离，社会淹没于国家之中。

---

① Jean L. Cohen, Andrew Artato, *Civil Society and Political Theory*, Cambridge：MIT Press, 1992, p. 84.

② 〔古希腊〕亚里士多德：《政治学》，颜一、秦典华译，中国人民大学出版社，2003，第4页。

③ 〔法〕邦雅曼·贡斯当：《古代人的自由与现代人的自由：贡斯当政治论文选》，阎克文、刘满贵译，商务印书馆，1999，第26~27页。

到了近代，市民社会逐渐从国家中分离出来。市民社会与政治国家的分离最早出现在霍布斯、洛克等人的社会契约论中，虽然在洛克那里，市民（他称公民）社会实际上就是存在政府的状态，是与自然状态相对应的，可以说在概念上他们沿袭了西塞罗的用法，但其社会契约论明显地将国家与市民社会分开了。故泰勒指出："洛克仍然是在传统的意义上——亦即'政治社会'的同义语——使用'市民社会'这一术语的。但是，他当时恰是在为一个世纪之后出现的更新了的、与'政治社会'相对的市民社会含义做铺垫。"① 洛克认为，政府的存在乃是人们订立契约的结果，前政府状态是自然状态，自然法占统治地位，在这种状态下，每个人都是绝对自由的。但这种状态的必然结果就是社会会走向无休止的战争状态，为了避免在无休止的战争状态中将人类所创造的文明消耗殆尽，公民们理性地达成契约，每个公民让渡自己的部分权利组成公共权力，由这个公共权力来为社会提供公共秩序，这就是政府产生的逻辑过程。这一论证逻辑表明，政府的公共权力是有边界的，公共权力的基本职能在于为社会提供公共产品，职能范围就是公共权力的边界，政府严禁僭越这一边界。因为公民达成契约构建政府的初衷是为了让社会有秩序，让所构建的政府为社会提供单个人无法提供的东西，也就是公共产品，这就是公共权力的领域边界。而私人能够做好的事情的领域则作为私人空间被公民保留了下来，并没有将相关权利让渡出去（公民在组成政府的时候让渡的只是部分权利，而不是全部权利，私人权利没有让渡），在私人领域比如市场领域、家庭领域等，没有政府比有政府更好。所以公共权力严禁干预私人领域，这是政府的边界和本分。在这一论证过程中，政治国家（即政府）和市民社会（私人领域）已经事实上分开了。个人自由成为近代以来的政治理论的主旨，所谓的个人自由即贡斯当意义上的现代人的自由，现代人"在其私人生活中是独立的，但即使在最自由的国家中，他也仅仅在表面上是主权者"②。古代公民的自由是一种积极的自由，是参与政治的自由，而现代人的自由是一种消极自由，是一种私人领域的自由。古代的公民意识是一种

---

① 〔加〕查尔斯·泰勒：《市民社会的模式》，冯青虎译，载邓正来、〔英〕J.C. 亚历山大编《国家与市民社会：一种社会理论的研究路径》，中央编译出版社，1999，第15页。

② 〔法〕邦雅曼·贡斯当：《古代人的自由与现代人的自由：贡斯当政治论文选》，阎克文、刘满贵译，商务印书馆，1999，第26页。

积极参与公共事务，视公共事务为自己的生命，但相对忽视私人自由的公民意识；而现代公民意识则是追求私人领域的神圣不可侵犯性，而将公共事务委托给政府来做的公民意识。洛克的理论是和英国古典经济学理论一致的，在以亚当·斯密为代表的古典政治经济学那里，市场能够很好地配置资源，"看不见的手"的调节机制是市场的基本运行机制，所以在古典政治经济学那里，政府仅仅是"必要的恶"，是守夜人。市场确实激发了人的激情，极大地推动了生产力的发展。

黑格尔的市民社会理论是市民社会理论从古希腊罗马时代发展到近代的必然结果，他吸收了市民社会发展史上的理论精华，开创了自己的市民社会理论。在黑格尔的理论视野中，古代市民社会是未分化的阶段，是理论上的"逻辑"环节，而近代市民社会则是理论上的"自然哲学"阶段，逻辑阶段虽然已经存在，但是其存在还是笼统的、不具体的；自然哲学阶段虽然已经分化，已经成为实在，但是这种实在还是盲目的，还需要发展，只有精神阶段才是定在。黑格尔不满足于古代的未分化的市民社会理论，所以他的市民社会主要的不是政治共同体，毋宁说他的市民社会就是近代市场领域的体现；黑格尔也不满足于近代市场经济，在他看来，市场领域的个人主义是特殊的、盲目的和不自足的，所以它必须要发展到政治国家这一代表着普遍性的更高级环节。

二　对黑格尔"国家决定市民社会"的再思考

黑格尔饱受诟病之处就在于他认为市民社会必须过渡到国家，也就是所谓的国家决定市民社会。对于黑格尔国家与市民社会的关系理论，我们不可简单地妄下论断，黑格尔的理论有自身的逻辑，我们要从理论自身的逻辑演进来理解黑格尔的理论，只有这样我们才能领略黑格尔的伟大之处。在黑格尔看来，市民社会是"处在家庭和国家之间的差别的阶段"，在这个阶段里，"每个人都以自身为目的，其他一切在他看来都是虚无。但是，如果他不同别人发生关系，他就不能达到他的全部目的，因此，其他人便成为特殊的人达到目的的手段。但是特殊目的通过同他人的关系就取得了普遍性的形式，并且在满足他们福利的同时，满足自己"①。实际上这里所谓的市民社会就是资本主义市场领域的写照，在市场中，每个理性人都在追求自我利益最大化，其参与的生产、交换等活动都把自我利益视为当然目的，而把别人看成实现自我利益的手段。这样的状态是不自足的，黑格尔指出："市民社会是个人私利的战场，是一切人反对一切人的战场，同样，市民社会也是私人利益跟特殊公共事务冲突的舞台，并且是它们二者共同跟国家的最高观点和制度冲突的舞台。"② 理性人为了自身的利益，不但同他人进行博弈，也同国家进行博弈。市民社会是一个特殊性的领域，需要进一步拔高自我，以增加其普遍性。而要实现这一任务就需要过渡到国家环节。在黑格尔看来："国家是绝对自在自为的理性东西，因为它是实体性意志的现实，它在被提升到普遍性的特殊自我意识中具有这种现实性。这个实体性的统一是绝对的不受推动的自身目的，在这个自身目的中自由达到它的最高权利，正如这个最终目的对单个人具有最高权利一样，成为国家成员是单个人的最高义务。"③

　　黑格尔市民社会向国家的过渡实际上就是由特殊性向普遍性的提升，立法权和行政权可以说是国家的重要方面，而立法权是"规定和确立普遍物的权力"④，行政权则是"使各个特殊领域和个别事件从属于普遍物的权力"⑤，也就是说，行政权是使特殊归属于普遍的权力，而立法权则是确立这种权力的根源。这里需要提请注意的是，按黑格尔的哲学逻辑，虽然市民社会必须过渡到国家环节，但这并不意味着在国家环节中市民社会就丧失了自我存在的意义，向国家的过渡并不意味着市民社会完全融化了自我，而是表明，国家既吸收了市民社会的精华，又扬弃了其不足。

　　黑格尔从市民社会到政治国家的过渡蕴含着非常深刻的政治哲学。对于现代社会而言，市场是催生现代性的重要动力源泉，推动生产力发展。曼德维尔在《蜜蜂的寓言：私人的恶德　公众的利益》一书中说："如果你想使一个人类社会变得强大，你就必须触发他们的激情。分配土地……

---

① 〔德〕黑格尔：《法哲学原理》，范扬、张企泰译，商务印书馆，1961，第197页。
② 〔德〕黑格尔：《法哲学原理》，范扬、张企泰译，商务印书馆，1961，第289页。
③ 〔德〕黑格尔：《法哲学原理》，范扬、张企泰译，商务印书馆，1961，第253页。
④ 〔德〕黑格尔：《法哲学原理》，范扬、张企泰译，商务印书馆，1961，第287页。
⑤ 〔德〕黑格尔：《法哲学原理》，范扬、张企泰译，商务印书馆，1961，第287页。

对土地的占有会使人们变得贪婪：用激情把他们从懒惰中唤醒，骄傲会驱使他们认真工作，教会他们贸易和手艺。这样，你就会在他们中培养出嫉妒和竞赛……"① 市场激发了人们的"贪婪欲"，涤荡了人们的慵懒情绪。市场的最主要特征就是竞争，市场在竞争中实现优胜劣汰，在竞争中实现科技进步。康德认为，自由竞争给每个人走向成功所造成的阻力"唤起了人类的全部能力，推动着他去克服自己的懒惰倾向，并且由于虚荣心、权力欲或贪婪心的驱使而要在他的同胞们——他既不能很好地容忍他们，可又不能脱离他们——中间为自己争得一席地位。于是就出现了由野蛮进入文化的真正的第一步，而文化本来就是人类的社会价值之所在；于是人类全部的才智就逐渐地发展起来了，趣味就形成了，并且由于继续不断的启蒙就开始奠定了一种思想方式，这种思想方式可以把粗糙的辨别道德的自然秉赋随着时间的推移而转化为确切的实践原则，从而把那种病态地被迫组成了社会的一致性终于转化为一个道德的整体"②。竞争就像一条鞭子，催促着人们奋发有为。市场的出现确实推动了生产力的大发展，马克思恩格斯在《共产党宣言》中指出："资产阶级在它的不到一百年的阶级统治中所创造的生产力，比过去一切世代创造的全部生产力还要多，还要大。"③这根源于资本主义的生产方式，而市场经济是资本主义生产方式的核心要素。市场虽然在现代社会发挥如此重大的作用，但是也存在明显的不足。其不足至少有两点：首先，市场需要规范，市场主体追求利益最大化容易导致盲目性，且容易导致出现为利益而不择手段的现象，这就需要规范，但市场本身无法提供这种规范；其次，市场无法提供公共产品，市场是提供私人产品的最佳场所，但是它不会提供公共产品，因为公共产品不具有排他性，提供公共产品是无私利可图的，但公共产品又是人们生活所须臾不能离开的。这两个不足决定政府必须存在，即便是古典自由主义也不否认这一点。一个成熟的现代性社会，既要有充分发展的市场，也要有合格的现代政府，市场提供私人产品，政府提供公共产品（从广义上来说，市场规范也是公共产品），这样的社会既有强大的活力，也能保持良好的社

---

① 〔荷〕伯纳德·曼德维尔：《蜜蜂的寓言：私人的恶德　公众的利益》，肖聿译，中国社会科学出版社，2002，第 10~11 页。

② 〔德〕康德：《历史理性批判文集》，何兆武译，商务印书馆，1990，第 7 页。

③ 《马克思恩格斯选集》第 1 卷，人民出版社，2012，第 405 页。

会秩序。政府和市场是相互补充的。

黑格尔认为，国家之所以决定市民社会是因为市民社会仅仅是特殊性的集合，作为特殊性的个人都将自身设定为目的，将他人设定为手段，在这个个人主义场域中，社会是混乱的、无秩序的，是人与人无休止纷争的空间。这样的状态是不自足的，按照黑格尔惯有的逻辑，这样的状态需要过渡到具有普遍性的状态，那就是国家。国家是普遍性的象征，国家代表着公共性，它超越每个个体，反映了整个社会的公共利益。实际上，黑格尔的这一逻辑演进是没有问题的，任何一个社会要存续和发展，就必须有一定的秩序和理性，否则就只会徘徊不前。对于一个社会而言，特殊性（即个体）代表着动力，而普遍性（即国家）意味着秩序合理性，这两者的有机结合则是一个既有秩序又充满活力的社会状态。而在黑格尔的理论中，市民社会过渡到国家，并不代表国家吞没了市民社会，而是意味着国家扬弃了市民社会，政治国家既保留了市民社会的动力，又新设定了理性与秩序，这样的国家其实没有不合理之处。而黑格尔的国家与市民社会关系理论在一定程度上蕴含了这一现代性的政治理念，这一点我们不能因为马克思批判过就忽视掉。

三　对马克思"颠倒国家与市民社会关系"的再评价

学界对马克思颠倒了国家与市民社会的关系已有众多的评论，但是笔者认为除了学界已有的评论之外，还有几点评论需要我们特别注意。

第一，马克思当时是从一般唯物主义的角度来批判黑格尔的国家决定市民社会的。这个时期的马克思受费尔巴哈影响，在一般哲学观上已经转向了唯物主义。费尔巴哈《关于哲学改造的临时纲要》一书指出："思维和存在的关系只是这样的：存在是主体，思维是宾词。思维是从存在而来的，然而存在并不来自思维。"① 费尔巴哈的这本书一出版（1843年2月）马克思就阅读了，并且深受其影响。其影响很明显地表现在对黑格尔的批判中："黑格尔使各谓语、各客体变成独立的东西，但是，他这样做的时

---

① 《费尔巴哈哲学著作选集》上卷，荣震华等译，商务印书馆，1984，第115页。

候，把它们同它们的现实的独立性、同它们的主体割裂开来了。然后现实的主体作为结果出现，其实正应当从现实的主体出发，考察它的客体化。因此，神秘的实体成了现实的主体，而实在的主体则成了某种其他的东西，成了神秘的实体的一个环节。"① 虽然马克思对费尔巴哈的唯物主义并不满意，他在致卢格的信中说："费尔巴哈的警句只有一点不能使我满意，这就是：他强调自然过多而强调政治太少。然而这是现代哲学能够借以成为真理的惟一联盟。结果可能会像 16 世纪那样，除了醉心于自然的人以外，还有醉心于国家的人。"② 也就是说，费尔巴哈的唯物主义仅仅表现在自然观上，而没有体现在社会历史观上，所以他"过多地强调自然而过少地强调政治"③，比如费尔巴哈批判黑格尔的时候重在批判《逻辑学》，即一般的唯心主义，而马克思批判黑格尔则重在批判《法哲学原理》，即社会历史领域的唯心主义。虽然马克思这个时候不满于这种一般的唯物主义，但他还没有提出历史唯物主义，因此马克思只能是站在一般唯物主义的立场上来批判黑格尔的法哲学。对于黑格尔来说，市民社会的表层逻辑是对的，而其深层逻辑则是错误的，其表层逻辑是，市民社会由于其不自足性而必然要过渡到代表普遍性的国家环节，其深层逻辑则是，市民社会之所以必须要过渡到国家环节，乃是因为客观精神发展，意即费尔巴哈意义上的"主词"和"宾词"的颠倒是黑格尔市民社会的深层逻辑。对于黑格尔来说，深层逻辑是不合理的，而其表层逻辑则有其合理之处。马克思虽然从深层逻辑上正确地颠倒了黑格尔的哲学，但他对黑格尔的表层逻辑却置之不理，而黑格尔的表层逻辑却是非常重要的，对于黑格尔来说，深层逻辑毋宁说仅仅是形式，而其表层逻辑才是内容，如果仅仅抓住一个理论的形式，而没有真正吸取其内容，那对这一理论的认识是存在偏颇的。

第二，马克思的"市民社会决定国家"和黑格尔的"国家决定市民社会"在概念上是有出入的。也就是说，马克思在颠倒黑格尔市民社会与国家关系的时候，他所讨论的"市民社会与国家"与黑格尔的"市民社会与国家"存在不对等之处。黑格尔"国家决定市民社会"的意思是市民社会是特殊性的集合，有其不自足之处，要克服这些不自足就要过渡到国家环

---

① 《马克思恩格斯全集》第 3 卷，人民出版社，2002，第 32 页。
② 《马克思恩格斯全集》第 47 卷，人民出版社，2004，第 53 页。
③ 《马克思恩格斯全集》第 27 卷，人民出版社，1972，第 443 页。

节，国家环节是市民社会演变的目标。而马克思的"市民社会决定国家"则更多的是从物质利益决定国家来说的，马克思在《〈政治经济学批判〉序言》中说，"1842—1843 年间，我作为《莱茵报》的编辑，第一次遇到要对所谓物质利益发表意见的难事"，"为了解决使我苦恼的疑问，我写的第一部著作是对黑格尔法哲学的批判性的分析……我的研究得出这样一个结果：法的关系正像国家的形式一样，既不能从它们本身来理解，也不能从所谓人类精神的一般发展来理解，相反，它们根源于物质的生活关系，这种物质的生活关系的总和，黑格尔按照 18 世纪的英国人和法国人的先例，概括为'市民社会'，而对市民社会的解剖应该到政治经济学中去寻求"。① 这是马克思批判黑格尔的"国家决定市民社会"的动机。在这段话中我们看到，马克思更多的是从唯物主义立场上来批判黑格尔，他的国家（政治）在一定程度上不同于黑格尔的国家（理性），马克思实际上没有从黑格尔的逻辑来理解黑格尔。而且马克思的国家观本质上也没有否定黑格尔的国家观，马克思认为，国家的本质是某一个阶级利益的代表，《莱茵报》时期所遇到的林木盗窃法的问题以及言论自由等问题可以佐证马克思的国家观。而黑格尔认为国家是普遍利益（实际就是公共利益）的代表，扬弃了市民社会中的特殊性。虽然黑格尔的理性国家观在马克思看来是虚妄的、幻觉的，是和现实相对立的，但就黑格尔自身的逻辑而言，他还是有其合理性的，超越阶级属性的国家固然是幻想，作为公共权力代表的政治国家毕竟需要协调好诸多特殊利益之间的关系，在一定程度上维护公共利益。

第三，马克思在颠倒黑格尔的"国家与市民社会关系"的时候也受到黑格尔市民社会的重要启发。虽然马克思对黑格尔进行了批判，但是黑格尔并没有因此就成为"死狗"，其实黑格尔对马克思的启发是巨大的。据韩立新先生研究，马克思在这个时期从国家哲学研究转向国民经济学研究，固然是因为《莱茵报》时期马克思接触到了众多与他所接受的理论不相符的现实，遇到了"对物质利益发表意见的难事"，也离不开恩格斯《国民经济学批判大纲》的刺激，但这些充其量不过是马克思学术兴趣转向的条件，真正促使马克思研究国民经济学的还是黑格尔的市民社会理

---

① 《马克思恩格斯选集》第 2 卷，人民出版社，2012，第 1~2 页。

论，毋宁说，黑格尔市民社会理论在本质上是一个经济理论。[1] 黑格尔的市民社会理论大量吸取了亚当·斯密等古典经济学家的理论，马克思正是通过黑格尔的市民社会理论生发了对国民经济学的兴趣，应该说，马克思是沿着黑格尔剖析市民社会这一逻辑向前推进的，虽然马克思颠倒了黑格尔的国家与市民社会关系，但这并没有否认马克思深入探讨市民社会的逻辑进路，而且马克思后来的研究得出"对市民社会的解剖应该到政治经济学中去寻求"[2] 的结论。这一从政治经济学的角度来探讨市民社会的视角其实来源于黑格尔。

---

[1] 韩立新：《从国家到市民社会：马克思思想的重要转变——以马克思〈黑格尔法哲学批判〉为研究中心》，《河北学刊》2009 年第 1 期。

[2] 《马克思恩格斯全集》第 31 卷，人民出版社，1998，第 412 页。

第六章　马克思市民社会概念的
辨析与重构

市民社会是马克思思想中一个十分重要的概念，这一判断并非仅仅局限于早期马克思。因为"对市民社会的解剖应该到政治经济学中去寻求"①，马克思四十年如一日地研究政治经济学，可以说，就是在"解剖市民社会"，而这一研究几乎占用了马克思的后半生，因此可以说对市民社会的关注贯穿了马克思的一生。日本学者甚至将市民社会称为马克思"压箱底"的概念，②并以市民社会理论为中心形成了日本马克思主义的"市民社会派"。但马克思的这一概念在不同语境中有不同的内涵，我国学界对这一概念的理解也存在一定的分歧与争论，这里笔者试图结合学界的争论和马克思的文本来辨析和重构马克思市民社会概念的内涵。

一　马克思市民社会概念的经典注解

对马克思市民社会概念最经典的解释是中文版《马克思恩格斯全集》（包括第一版和第二版）、《马克思恩格斯选集》、《马克思恩格斯文集》的译者中央编译局对这一概念所作的注释。这里我们以最新版《马克思恩格斯选集》为例来说明问题，《马克思恩格斯选集》2012 年版第 2 卷收录了

---

① 《马克思恩格斯选集》第 2 卷，人民出版社，2012，第 2 页。
② 〔日〕望月清司：《马克思历史理论的研究》，韩立新译，北京师范大学出版社，2009，第37 页。

马克思的《〈政治经济学批判〉序言》一文，其中有一句在学界引用率非常高的话，即"法的关系正像国家的形式一样，既不能从它们本身来理解，也不能从所谓人类精神的一般发展来理解，相反，它们根源于物质的生活关系，这种物质的生活关系的总和，黑格尔按照18世纪的英国人和法国人的先例，概括为'市民社会'"①。在这里，选集对市民社会概念做了一个注释，注释指出，"市民社会"（bürgerliche Gesellschaft）概念出自黑格尔《法哲学原理》，不过在"马克思的早期著作中"，这一概念有两重内涵：从广义上说，"是指社会发展各历史时期的经济制度，即决定政治制度和意识形态的物质关系总和"；从狭义上说，"是指资产阶级社会的物质关系"。② 要根据具体的语境来确定到底应该是广义还是狭义。那么什么是经济制度呢？从注释中可以看出，所谓经济制度就是"决定政治制度和意识形态的物质关系总和"，这实际上就是经济基础，所以注释的意思是说，市民社会在马克思早期的著作中实际上都是指经济基础，只是在不同的语境中，有的是指人类全部历史时期的一般性经济基础（即广义上的市民社会），有的则是指资本主义的特殊性经济基础（即狭义市民社会）。不仅2012年版选集持这种观点，实际上《马克思恩格斯全集》的第一版、第二版，选集的第一版、1995年版以及2012年新版的其他各卷，十卷本文集等文本在涉及市民社会时，都是作类似的注释。这说明，虽然中文版的全集已有两个版本（第二个版本还未出齐），选集已有三个版本，译文也都有进一步的改进和完善，但中央编译局对市民社会概念的理解和解释没有改变，这反映了我国学界对市民社会概念的理解和研究状况，我国学界通常还是把马克思的市民社会概念理解为经济基础。

经济基础确实是马克思市民社会概念的一个重要内涵。其依据很多，比如恩格斯在回忆自己和马克思共同撰写《德意志意识形态》的时候指出，马克思在《德法年鉴》时期已经把自己的看法概括为：不是国家"制约和决定"市民社会，而是市民社会"制约和决定"国家。③ 这是对马克思刚刚创立的唯物史观的高度概括，实际上就是强调不是上层建筑决定经济基础，而是经济基础决定上层建筑，这里所谓的市民社会显然就是经济

---

① 《马克思恩格斯选集》第 2 卷，人民出版社，2012，第 2 页。
② 《马克思恩格斯选集》第 2 卷，人民出版社，2012，第 878 页。
③ 《马克思恩格斯全集》第 21 卷，人民出版社，1965，第 247 页。

基础的意思，为此恩格斯还特意作了解释，即"从经济关系及其发展中来解释政治及其历史"①，也就是说市民社会就是"经济关系"（经济基础）。不仅在恩格斯的回忆中，在马克思的很多著作中，市民社会所指的也是经济基础。马克思恩格斯在《德意志意识形态》中指出市民社会是"全部历史的真正发源地和舞台"②，这里的市民社会概念大致等同于经济基础。《德意志意识形态》还直接指出"市民社会包括各个人在生产力发展的一定阶段上的一切物质交往"③。这里的市民社会显然也是经济基础。类似的引文还有很多，但上述这些引文已经足以说明市民社会概念的这一解释是有充分的依据的。另外，这里笔者还需要向读者交代两点：第一，马克思在不同的历史阶段区分了不同的市民社会形态，如"奴隶占有制的市民社会"④"旧的市民社会"⑤"现代的市民社会"⑥等，这实际上也印证了市民社会等同于经济基础这一判断；第二，在马克思恩格斯的很多著作中，市民社会与交往形式、物质关系、经济关系、生产关系等概念混在一起用。将马克思的市民社会概念理解为经济基础的观点认为，市民社会概念是马克思早期不成熟的概念，是经济基础概念提出过程中的过渡性概念，成熟时期的马克思基本抛弃了这一概念，而直接用经济基础的概念。这种理解乍看很有道理，但实际上遮蔽了马克思市民社会概念的重要性及其内涵的丰富性。

二　马克思市民社会概念的其他规定性

虽然有充足的理由证明，经济基础确实是马克思市民社会的重要内涵，但这并不意味着这一内涵是马克思市民社会概念的唯一内涵。对于市民社会概念内涵理解中存在的问题，学界已经有所关注。俞可平较早地强

① 《马克思恩格斯选集》第4卷，人民出版社，2012，第202页。
② 《马克思恩格斯选集》第1卷，人民出版社，2012，第167页。
③ 《马克思恩格斯选集》第1卷，人民出版社，2012，第211页。
④ 《马克思恩格斯全集》第1卷，人民出版社，1956，第479页。
⑤ 《马克思恩格斯全集》第3卷，人民出版社，2002，第186页。
⑥ 《马克思恩格斯全集》第1卷，人民出版社，1956，第334页。

调了市民社会与政治国家的相对性。① 李淑珍早在 1997 年就撰文辨析马克思的市民社会概念，但其文更多的是探讨马克思市民社会概念的资产阶级内涵及其与黑格尔市民社会的关系问题。② 郁建兴着重辨析了市民社会与资产阶级社会的关系。③ 韩立新则认为，马克思的市民社会有三重规定性：贯穿整个人类历史的市民社会；伴随着私人所有而出现的市民社会，及以私人所有为基础，市民通过商品和货币结合起来的商品经济社会；资产阶级社会。④ 韩先生的前两重规定性接近于选集的经典注释。还有一些学者挖掘了马克思市民社会概念的内涵，但笔者认为，马克思市民社会概念内涵的丰富性和本来面目并没有得到充分彰显，既有研究虽然涉及了市民社会的某些方面，但没有把这些方面综合起来全面考虑，下面我们以马克思的文本为依据，梳理概括马克思市民社会概念的其他规定性，力图较为全面地展现市民社会概念的内涵。马克思的市民社会概念除了选集的经典注释之外，至少还有三种含义，这三种含义如下。

第一，市民社会概念等同于资产阶级社会概念。

这一内涵根源于对市民社会概念所对应的德文词的理解，市民社会所对应的德文词语是"bürgerliche Gesellschaft"，它本身就有资产阶级社会的意思。现在有人把"bürgerliche Gesellschaft"与英文的"civil society"对应起来，虽然这两个词都可以翻译成市民社会，但从词源学上来讲，这两个词语有着较大的差异性，"civil society"在近代霍布斯、洛克那里是指与野蛮的"自然状态"相对应的文明社会，与它直接对应的德文词是"Zivilgesellschsft"，但近代德语思想界没有将"Zivilgesellschsft"用来指市民社会，指代市民社会的时候都只用"bürgerliche Gesellschaft"。在这个德文词中，"bürgerliche"是个形容词，其名词形式为"bürger"，该词的词根为"burg"，意即城堡、要塞、城镇等，后来演变成为居住在城堡周围城镇上的居民，这些居民多为商人和手工业者，实际上就是市民、资产者或者公民，他们摆脱了封建领主的人身控制，在政治上有公民权，在经济上是私人所有

---

① 俞可平：《马克思的市民社会理论及其历史地位》，《中国社会科学》1993 年第 4 期。
② 李淑珍：《马克思市民社会概念辨析》，《学术界》1997 年第 1 期。
③ 郁建兴：《马克思的市民社会概念》，《社会学研究》2002 年第 1 期。
④ 韩立新：《〈德意志意识形态〉中的市民社会概念》（上），《马克思主义与现实》2006 年第 4 期。

者。[①] 生活在 "burg" 周围城镇上的市民逐渐发展成了资产阶级，故 "bürgerliche Gesellschaft" 的主要要内涵之一就是资产阶级社会。在翻译马克思恩格斯著作的时候，这一德文词语在一些情况下也直接被翻译成资产阶级社会，但也有一些地方翻译成了市民社会，在这样的语境中，市民社会概念就是指资产阶级社会。比如在《关于费尔巴哈的提纲》中，马克思指出，旧唯物主义的立脚点是"市民社会"[②] 的时候，此处的市民社会实际上就是资产阶级社会的意思。当然如果我们将其解释为资产阶级的经济基础（即选集中经典注释的狭义上的市民社会），也能够解释通，但笔者认为，这里的市民社会应该作资产阶级社会解，因为如果作资产阶级的经济基础解，则与后边的"人类社会或社会的人类"不能构成对仗，显然这里的意思是说，旧唯物主义是资产阶级的哲学，只代表一部分人（即资产阶级）的利益，而新唯物主义则是无产阶级的世界观，它所追求的则是整个人类的解放，所以，这里的市民社会作资产阶级社会解比较合乎逻辑。还有一些地方也存在类似的情况，此不赘述。

第二，市民社会属于私人领域。

明确区分公共权力领域与私人领域，为公共权力划界，严禁公共权力干预私人领域，这是现代政治文明的主要观念之一。肇始于霍布斯、洛克等人的自由主义政治哲学为现代政治文明奠定了理论基础，霍布斯、洛克等政治思想家认为，政府的出现乃是对自然状态的补救。自然状态的必然逻辑是"无休止的战争状态"，在这种丛林社会中，人们只能承受痛苦，无法享受自由，为了避免无谓的争斗，让个人更加便利地享受自己的私人权利，人们理性地达成一项契约，即每个人让渡自己的部分权利（自然状态下，每个人拥有绝对的权利，拥有绝对的自由），组成政府，让这个政府为社会提供公共安全、公共秩序等公共产品。从这一逻辑构想可以合理地推理：政府是公民让渡部分权利而形成的公共权力，它实际就是公民雇来的"公仆"，但公民在让渡权利组成政府的过程中，并非让渡所有权利，而是只让渡了部分权利，公民让渡的是处理那些靠个人无法完成的事情（比如提供公共秩序这件事情靠个人就无法完成）的权利，这些让渡出来的权利

---

① 王文晶：《建构当代中国市民社会的困境及出路》，博士学位论文，吉林大学，2010，第 29 页。

② 《马克思恩格斯选集》第 1 卷，人民出版社，2012，第 136 页。

就是政府的权力范围；那些与靠个人能够完成的事情的相关权利并没有让渡给政府，而是被保留在了个人手中，这些保留在个人手中的权利就是私人权利，私人领域就是私人权利的领域。公民让渡出来的权利要由政府来承接，那些没有让渡的权利，政府则无权过问与干涉，因为公民"雇"政府的目的是让它提供公共产品，没有让它涉足个人的私人事务。所以公共权力存在明确的边界，严禁干预私人领域。这一政治理念是现代政治文明的核心理念之一，已经作为一种日常理念深入人心，化为公民自觉的行为方式。

马克思早期著作中市民社会的一个重要内涵就是个人私人领域。在马克思看来，政治国家领域与市民社会领域的边界的明确划分是现代社会区别于前现代社会的重要标志，这里的现代社会当然就是资本主义社会。在"前现代社会"，政治权力几乎是没有边界的，它可以将其触角延伸到任何领域，从另一方面也可以说市民社会"直接具有政治性质"，即诸如财产、家庭、劳动方式等市民社会因素被政治权力所控制，"上升为国家生活的要素"。① 在黑格尔看来，国家代表公共利益（即普遍利益），与之相对应，市民社会则是私人利益争斗的场域，它代表特殊利益，奉行个人主义，是多元的特殊利益之间竞争的场所，政治国家和市民社会奉行不同的原则，二者泾渭分明。马克思继承了黑格尔的市民社会思想，不仅将个人主义指认为市民社会的原则，还明确指出市民社会就是私人领域，他在《论犹太人问题》中指出，人过着双重的生活，即"天国的生活和尘世的生活"，所谓"天国的生活"就是"政治共同体"中的生活，也就是政治国家、公共权力领域中的生活，在"天国的生活"中，人把自己看作"社会存在物"，而"尘世的生活"则是"市民社会"的生活，在市民社会中"人作为私人进行活动"。② 也就是说，任何人都有双重身份，即国家公共权力领域中的身份和市民社会中的身份，过着双重生活，即国家公共领域中的生活和市民社会私人领域中的生活。在这里马克思明确，市民社会就是国家之外的私人领域，处在私人领域的人过着私人生活。这里的市民社会概念就是政治国家之外的私人领域。

第三，市民社会是"从生产和交往中发展起来的社会组织"。

---

① 《马克思恩格斯全集》第 3 卷，人民出版社，2002，第 186 页。
② 《马克思恩格斯全集》第 3 卷，人民出版社，2002，第 172~173 页。

　　在《德意志意识形态》中马克思恩格斯指出，市民社会是"直接从生产和交往中发展起来的社会组织"①。这种社会组织只有在资本主义时代才出现，在资本主义时代，财产关系已经摆脱了古代的和中世纪的"共同体本位"状态，呈现为"个体本位状态"。在马克思看来，"我们越往前追溯历史，个人，从而也是进行生产的个人，就越表现为不独立，从属于一个较大的整体"②。越是古代，"共同体"色彩越浓厚，越是近代，共同体特征就越不明显，而个体本位色彩越浓厚。在遥远的古代，由于生产力极其低下，单个人无法独自应对大自然，更无法生存，必须依赖于共同体的力量才能够弥补个体的不足而勉强存活，所以社会表现为一种"共同体本位"状态，共同体吞没了个体，个体缺乏自我主体意识，依附于共同体，古代的积极自由是这种社会状态的产物。近代以来，随着生产力的发展，前资本主义社会的"共同体本位"状态开始解体，个体从共同体的束缚中解放出来，个体对共同体的人身依附关系被解构，个体开始生发出独立的主体意识和自由精神。在马克思看来，历史的发展就是一个从古代"共同体"社会向近代"个体本位"社会演进，进而发展到未来的"自由人联合体"（个体和共同体得以有机统一）状态的绵延过程。市民社会作为从生产和交往中发展起来的社会组织产生于近代。近代社会是个体本位的社会，个人主义是近代资本主义政治哲学的核心。它张扬了个人的主体意识，解构了共同体的价值。马克思的市民社会概念就充分张扬了"个体本位"的成分，黑格尔所谓的市民社会是"个人私利的战场"，也是在张扬个人的特殊性和独立性。但这种政治哲学并没有完全否弃共同体和社会性，表面上，个体的觉醒似乎彰显了私人的排他性、彼此的区别意识和个体对社会劳动的分割，而实质上，个体独立性的凸显从另一方面强调了人的社会性和共同性：私人为了实现自我利益最大化，必须生产出能够满足社会需求的产品；私人的排他性是相互依赖的，为了实现商品的价值，需要他人来购买；商品交换是资本主义社会的常态。③ 市场中的个体要实现自我利益最大化，就需要交往，需要社会组织，所以市民社会虽然以"个

---

① 《马克思恩格斯选集》第 1 卷，人民出版社，2012，第 211 页。
② 《马克思恩格斯选集》第 2 卷，人民出版社，2012，第 684 页。
③ 韩立新：《〈德意志意识形态〉中的市民社会概念》（上），《马克思主义与现实》2006 年第 4 期。

体本位"为主要特征，但它也离不开组织，它本身就是在生产和交往基础上发展起来的社会组织。

综上所述可以看出，"资产阶级社会"、"私人领域"和"从生产和交往中发展起来的社会组织"确确实实是马克思市民社会概念的基本内涵，这都有文本依据，但学界对市民社会的这些内涵不够重视，为了还原马克思市民社会概念的历史原相，我们有必要重构市民社会的内涵。

三　马克思市民社会概念内涵的重构

马克思的市民社会概念总体上包括四种内涵，即经济基础、资产阶级社会、私人领域和社会组织。对于这四种内涵，大多数的学者都只认同经济基础这一内涵，也就是大多数学者都认同选集中的经典解释。为什么会这样呢？笔者认为不外乎两个原因，第一，马克思确实在很多文献中就是在这个意义上使用市民社会概念的，这导致很多人以偏概全地认为市民社会概念就是指经济基础。第二，全集、选集和文集的汉译版具有很高的权威性，其注释也具有权威价值，很少有人质疑和反思。但笔者认为，我们需要对这个大家都熟悉的概念进行理性分析，将市民社会指认为经济基础固然很符合大多数文献的语境，但既然市民社会概念可以和经济基础概念画等号，那为什么不直接用经济基础概念，而用市民社会概念呢？而且众所周知，马克思最终还是选择了经济基础概念，在适合使用经济基础概念的语境中马克思并没有一直使用市民社会概念，也就是说在经济基础意义上所使用的市民社会概念是唯物史观表述"不成熟"的体现，而到唯物史观成熟定型之后，就直接使用经济基础概念，而不再使用市民社会概念了。马克思之后的马克思主义者，尤其是苏联的马克思主义者在归纳马克思主义基本原理的时候，都是用经济基础概念，而没有再用市民社会概念，这就意味着，市民社会概念只不过是经济基础的代名词，是马克思历史唯物主义的过渡性概念，它本身并不重要，甚至对于成熟时期的马克思来说，市民社会这个概念就没有必要存在了。如果仅仅将马克思的市民社会概念解释为经济基础，那么就是认为这一概念是前历史唯物主义时期不成熟的过渡性概念，成熟时期的马克思就不再使用这一概念了，这样的理解确实是合乎逻辑的，而根据本文的理解，这种解释明显遮蔽了马克思市民社会概念的重要性和丰富性，所以，我们需要重新界定马克思的市民社会概念。

马克思的市民社会概念之所以能激起当代学者强烈的学术热情，绝非仅仅因为它是经济基础的代名词，我们需要根据上述四种内涵对马克思的市民社会概念作引申、辨析与重构。笔者认为，在马克思那里，市民社会是一个社会空间，它与政治国家相分离、相对应（这一点马克思在《论犹太人问题》中已经明确说明），这个社会空间以物质关系为主要内容，在马克思的诸多文本中，市民社会确实就是"物质关系总和"，但这里的"物质关系总和"不再只是"经济基础"，而是包括如下特征的社会关系。

第一，这种物质关系是资产阶级社会的社会关系。资产阶级社会的社会关系具有如下特征。首先，自由、平等是资产阶级社会运行的基本法则。相对于前现代社会，资产阶级社会不再有人身依附关系，人与人之间，即便是大富翁和赤贫者之间也实现了形式平等。其次，人与人的交往以物为中介。资产阶级的交往不再以血缘为纽带，而是以物为中介，但作为中介的物却异化为支配人的"主体"，人变成了物的奴隶，人们为了实现自我利益最大化而交往，把他者看成实现自我利益的手段，赤裸裸的物质利益主宰着人们的交往，驱动着资产阶级跨越国界走向"世界历史"。最后，理性精神祛除了曾经的神魅色彩。前资本主义社会充斥着神秘主义，宗教与神圣不仅充斥着宗教生活，还掌控着政治生活、经济生活以及日常生活，资产阶级社会的来临，尤其是启蒙运动所张扬的理性精神祛除了曾经的神魅色彩，把宗教信仰归结为私人领域的信仰自由，把人从神圣的天堂拉回现实的冰冷人间。资产阶级的理性精神祛除了宗教的神魅色彩，却又把物质抬高为宗教，拜物教成了左右人们行为的"宗教"。

第二，这种物质关系是以物的依赖性为基础的人的独立性的典型表现。以"物的依赖性为基础的人的独立性"是资产阶级社会的时代特征，马克思在《1857—1858年经济学手稿》中依照人的存在状态将人类历史划分为三个阶段：第一个阶段是"人的依赖关系"状态，人身依附占据主导地位；第二个阶段是"以物的依赖性为基础的人的独立性"状态，人身依附状态被解构，个体获得了独立性和主体性，但人们还处在"物的依赖性"状态，人为物役的状态是社会的常态；第三个阶段是"建立在个人全面发展和他们共同的、社会的生产能力成为从属于他们的社会财富这一基础上的自由个性"的状态，它超越了物的依赖性，是自由人联合体的状态。① 资本主义社会就是第二个阶段，它消除了前资本主义社会的"人的依赖关系"状态，个人实现了形式上的独立，不过这样的社会是一个全面物化的社会，人依赖于物而存在，人变成了实现物的价值的手段，变成资本增殖的工具。他者不再是和自我处于同一位格的主体，而降低为实现自我利益的工具，人普遍性地成为物的奴隶，拜物教成为社会的生存样法。职业还只是谋生的手段，不劳动就无法生存，所以人们还受着必然性支配，还没有实现真正的自由。市民社会所谓的物质关系就是这种物的依赖关系的典型表现。

第三，市民社会是个体本位状态下的社会组织。市民社会是由无数具有黑格尔意义上的"特殊性"的原子式个体所构成的社会，每个个体都以自我为中心，奉行个人主义，因此黑格尔认为市民社会就是丛林社会，是"人对人是狼"的社会。如果说古代社会把"共同体"发展到了极致，那么市民社会则把"个体"发展到了极致。但市民社会也具有整合性，市民社会表面上似乎缺乏统一和整合，即缺乏黑格尔意义上的"普遍性"，实际上却存在一种自发的秩序性，市场"丛林"中的个体在追求自我利益最大化的过程中被"看不见的手"指挥着进行多种多样的交往，形成了市场组织，结成了复杂的人际关系，这些从生产和交往中发展起来的社会组织就是市民社会的重要内容。

第四，这种物质关系属于非政府的私人领域。私人领域是彰显个体私人自由的领域，奉行自由原则，只要不违反社会规则即可率性而为，崇尚私人权利的私人领域尤其抵制公共权力对私人领域的染指与干涉。它们以社会契约论为根据，从法理上论证了公共权力的工具性和私人领域的目的性，并清晰划分了公共权力领域和私人领域之间的界限，公共权力的存在是为了便于公民享受私人权利，严禁公共权力干预私人领域。私人权利主张者所追求的是贡斯当意义上的消极自由，他不重视个体能为国家做什么，不崇尚个体在公共权力领域中的积极作为，而强调对私人自由的享受和沉溺，毋宁说，在现代消极自由者看来，国家仅只是实现个体消极自由的工具，国家是工具，个体才是目的。市民社会是非政府的私人领域，只

---

① 《马克思恩格斯文集》第 8 卷，人民出版社，2009，第 52 页。

有充分彰显这种崇尚私人权利的精神，我们才能够把握市民社会的精神气质。从这个意义上说，市民社会是典型的现代性概念，是观照现代社会的一个重要范式，所以笔者认为，在马克思的著作中，市民社会的私人领域内涵是十分重要的内涵。

第五，市民社会只能在政治经济学中得以"解剖"。要真正理解市民社会不应该到政治国家中去，而应该深入政治经济学当中，马克思的政治经济学研究就是为了"解剖"市民社会。依笔者理解，马克思强调要到政治经济学中"解剖"市民社会，并不意味着市民社会是一个单纯的经济学概念，而是说，只有深入政治经济学才能讲清楚市民社会。实际上市民社会概念包含着深厚的政治意味，它张扬"小政府，大社会"的社会结构，追求资本主义"用权力制约权力，三权分立"的政治安排，践行并弘扬自由主义、个人主义政治价值观。市民社会是一个综合性的概念，既有深厚的经济意涵，是资本主义市场经济的真实写照，也有丰富的政治意味，是资本主义自由、平等、博爱的现实力量。我们既应该从政治经济学这一根本层面去"解剖"市民社会，也应该从总体性层面去理解、建构市民社会概念。

市民社会概念在马克思的不同语境中虽然存在不同的内涵，但这些内涵之间的关系密不可分，"资产阶级物质关系"这一内涵自然而然地引申出"以物的依赖性为基础的人的独立性"这一内涵，而上述两种内涵又引申出"个体本位"这一特征，个人主义是资本主义社会的核心价值观，同时个人主义的核心价值观反过来又维系着上述两种内涵特征。这些物质关系又共同属于非政府的私人领域，因为资产阶级不希望政府过多地干预经济发展，非政府的私人领域性质则排除了政府的干预，且市民社会的上述特征表明它更多地和市场经济相联系，所以要剖析市民社会就"应该到政治经济学"中去。这些不同的内涵其实只是市民社会的不同面相，市民社会是包含诸多侧重点的社会有机体，我们不应该仅仅抓住它的某一个方面而罔顾其他方面，而应该在综合考察市民社会诸内涵的基础上来确定市民社会概念的真正内涵。

综上所述，笔者认为，马克思的市民社会概念就是一个与政治相对应的社会空间，这个社会空间中充斥着包含上述六个方面特征的物质关系总和，这里的"物质关系总和"并不等同于经济基础概念，市民社会作为一种物质关系，其内涵远比经济基础概念丰富。

第七章 对马克思市民社会的理解及其不同语境的传播

市民社会是马克思早期一个十分重要的概念，日本学者甚至称之为"压箱底"的概念，但在我们的马克思主义理论体系中，这一概念几乎没有自己的一席之地。马克思的市民社会概念在马克思主义的传播、发展过程中到底命运如何，是一个值得探讨的问题，而对此，学界却鲜有论及，本章尝试着梳理这一论题，以求教于方家。

一 马克思市民社会概念的解读

关于市民社会概念，马克思在《〈政治经济学批判〉序言》中指出："法的关系正像国家的形式一样，既不能从它们本身来理解，也不能从所谓人类精神的一般发展来理解，相反，它们根源于物质的生活关系，这种物质的生活关系的总和，黑格尔按照18世纪的英国人和法国人的先例，概括为'市民社会'，而对市民社会的解剖应该到政治经济学中去寻求。"① 在这里，《马克思恩格斯选集》给出了一个注释，"在马克思的早期著作中，这一术语有两重含义。广义地说，是指社会发展各历史时期的经济制度，即决定政治制度和意识形态的物质关系总和；狭义地说，是指资产阶

---

① 《马克思恩格斯选集》第2卷，人民出版社，2012，第2页。

级社会的物质关系。因此，应按照上下文作不同的理解"①。也就是说市民社会就是物质关系，只是具体语境下有可能是各个历史时期的物质关系，也有可能是资本主义的物质关系。新版《马克思恩格斯文集》也作类似的解释。

　　上述理解是广为认同的理解，但实际上在马克思的著作中，除了这种内涵，还有若干种内涵。第一，市民社会就是资产阶级社会。市民社会的德文词是"bürgerliche Gesellschaft"，其本身就有资产阶级社会的意思，所以在翻译的时候，这一德文词语在一些语境下直接翻译为资产阶级社会。比如恩格斯 1852 年与马克思通信讨论《路易·波拿巴雾月十八日》英文译法的时候说："'资产阶级社会'（bürgerliche Gesellschaft——引者注）被译成'中等阶级社会'，这从语法和逻辑的角度严格说来是不对的，就好象把'封建社会'译成'贵族社会'一样。有教养的英国人不这么说。应当说：'资产阶级社会'（bourgeois society——引者注），或者根据情况说：'商业和工业社会'（commercial and industrial society——引者注），并且可以加一个注：我们理解的'资产阶级社会'是指资产阶级、中等阶级、工业和商业资本家阶级在社会和政治方面是统治阶级的社会发展阶段。"② 第二，市民社会是私人领域。在《论犹太人问题》中，马克思指出，政治国家与市民社会的分离是政治现代性的重要表现。在前现代社会，政治国家与市民社会直接的边界是模糊的，或者说市民社会成为国家的要素，"旧的市民社会直接具有政治性质，就是说，市民生活的要素，例如，财产、家庭、劳动方式，已经以领主权、等级和同业公会的形式上升为国家生活的要素"③。但在现代社会，政治国家与市民社会得到明确区分，其理论自觉体现在黑格尔的法哲学中，在黑格尔看来，市民社会是缺乏普遍性和伦理性的，是"个人私利的战场，是一切人反对一切人的战场，同样，市民社会也是私人利益跟特殊公共事务冲突的舞台"④。市民社会就是私人领域，亦称市场领域。马克思也在这个意义上使用市民社会概念，比如马克思在《论犹太人问题》中指出："这种利己生活的一切前提继续存在于国

---

① 《马克思恩格斯选集》第 2 卷，人民出版社，2012，第 878~879 页。
② 《马克思恩格斯全集》第 28 卷，人民出版社，1973，第 139 页。
③ 《马克思恩格斯文集》第 1 卷，人民出版社，2009，第 44 页。
④ 〔德〕黑格尔：《法哲学原理》，范扬、张企泰译，商务印书馆，1982，第 309 页。

家范围以外，存在于市民社会之中，然而是作为市民社会的特性存在的。在政治国家真正形成的地方，人不仅在思想中，在意识中，而且在现实中，在生活中，都过着双重的生活——天国的生活和尘世的生活。前一种是政治共同体中的生活，在这个共同体中，人把自己看作社会存在物；后一种是市民社会中的生活，在这个社会中，人作为私人进行活动，把他人看作工具，把自己也降为工具，并成为异己力量的玩物。"① 即人有两个身份，共同体成员身份和私人身份，过着双重生活，即国家的生活和私人的生活，市民社会就是私人领域。第三，从生产和交往中发展起来的社会组织。马克思恩格斯在《德意志意识形态》中指出，"市民社会包括各个人在生产力发展的一定阶段上的一切物质交往"，是"直接从生产和交往中发展起来的社会组织"。② 这种组织是生产力发展到资本主义阶段，人们摆脱了人的依赖状态，而进入物的依赖状态才出现的组织。

目前国内学者已经普遍意识到了马克思市民社会概念内涵的杂多性，但没人能够提出令学界普遍认可的统一观点，既然这个概念的内涵本身就具有杂多性，我们也无统一认识的必要。不过，根据上述四种含义，我们倒是可以归纳出马克思市民社会概念诸含义之间的共性特征。第一，市民社会是物质关系。在市民社会中，前资本主义那种人身依附没有了，表面上看每个人都是独立、自由的，但实际上人们却被物所支配，表面上独立、自由的工人实际却被资产阶级所支配，这种支配不是人身支配，而是在公平交易的幌子下进行的，是资产阶级通过物来支配工人，市民社会所反映的就是这种物质关系。第二，是非政府的领域。不管是私人领域、社会组织，还是物质关系，都不是政府领域，而是和政府相对应的民间的领域。第三，是资本主义时代才出现的。市民社会的出现虽然可以追溯到前资本主义时代，但其真正成为社会的主导力量是在资本主义时代。此时，社会历史从人的依赖状态发展到了物的依赖状态。第四，是以市场经济为基础的。其实黑格尔意义上的市民社会就是市场经济的真实写照，在市场领域，每个人只关心自我利益的最大化，所以市民社会是角逐"私人利益的战场"，马克思市民社会概念的诸内涵虽然并不都是指市场领域，却都

---

① 《马克思恩格斯全集》第 3 卷，人民出版社，2002，第 172～173 页。
② 《马克思恩格斯选集》第 1 卷，人民出版社，2012，第 211 页。

是以市场经济的发展为前提的，没有市场经济的发展，也就不会有真正的私人领域、社会组织和物质关系等。

虽然市民社会只是马克思的一个概念，但是从它的传播和理解史可以归纳出一些规律性的东西，要梳理市民社会概念的传播和理解史就需要先明确马克思主义的传播情况。就总体而言，马克思主义的传播演变大致可以分两个脉络：在社会主义国家的传播和演变，即在以苏联和中国为代表的社会主义国家的传播；在非社会主义国家的传播，典型的就是西方马克思主义者以及其他国家以研究马克思主义为己任的左翼思想家的传播。我们梳理马克思的市民社会概念也从这两个脉络来梳理。

二　正统马克思主义者对市民社会概念的传播

社会主义国家马克思主义一般被称为正统的马克思主义，我们也只承认这一脉络为真正的马克思主义，虽然非社会主义国家的马克思主义研究确实有很多值得我们学习借鉴之处，但总体而言，其研究都是立足于本国资本主义，有其偏颇之处。要了解市民社会概念在社会主义国家的传播情况，我们需要先了解社会主义国家马克思主义传播和演变的基本情况。

苏联是第一个在马克思主义指导下建立起来的社会主义国家，苏联的社会主义建设确实取得了令世人瞩目的成就，但苏联的社会主义，尤其是斯大林及其以后的社会主义是存在偏颇的，在一定程度上它没有真正将马克思主义基本原理与本国实际很好地结合起来。早期马克思认为，资本主义根本的、自身无法克服的矛盾是资本主义生产关系已经无法再容纳资本主义的生产力了，这一根本矛盾的具体表现是，资本主义社会化大生产与资本主义生产资料私人占有之间的矛盾无法靠资本主义自身来解决，个别企业生产的有组织性和整个社会的无政府状态之间的矛盾已经造成了严重的生产浪费。每个企业家都是"理性人"，都是追求利益最大化的，哪个行业能赚钱，他们就会将资本投向哪个行业，但是当众多的资本家将资本投向某个行业的时候就会出现供求相当或供过于求，即便出现了供过于求，被利益激起热情的资本家也不会停止将资本投向该领域，因为他们缺乏宏观经济意识，这最终将导致某一行业的生产"供"远远大于"求"，经济危机的发生就成为自然而然的结果。一边是贫困工人急需生活资料的救济，一边则是大量的物品被浪费，因为以利益最大化为目标的资本家不可能像慈善家那样将物品白白赠送给工人。这种周期性的经济危机是资本主义无法克服的，生产的社会化要求社会占有生产资料，要求整个社会对经济有宏观的指导，但资本家不可能将手中的生产资料拱手让予社会，所以资本主义无法克服资本主义自身的矛盾。社会是发展进步的，未来的代替资本主义的先进社会应该扬弃资本主义的不足，所以在马克思看来，未来的社会主义应该是有计划的，这是对资本主义的扬弃。这是早期马克思对社会主义的一些认识，这种认识是以发达资本主义为基础的，而且在马克思看来，社会主义社会应该是多个发达资本主义国家一起发生社会主义革命才能建立起来。到了 19 世纪后期，马克思发现地处东方的落后国家俄国革命形势良好，有可能实现社会主义革命，但马克思只提出了"跨越资本主义卡夫丁峡谷"的设想，没有来得及做详细论证。马克思去世后，恩格斯忙于整理马克思的《资本论》，也无暇研究在贫困落后国家建设社会主义这个论题。"跨越资本主义卡夫丁峡谷"最终还只是设想，没有详细论证。苏联社会主义制度建立之后，如何建设社会主义这个难题就摆在了苏联面前。列宁曾提出了新经济政策，实行允许多种经济成分并存、允许发展商品交换关系、充分利用国家资本主义等政策，应该说这些政策是适应当时的生产状况的。但列宁去世后，斯大林逐渐放弃了新经济政策，发展出了经济上高度集中、政治上高度集权的计划经济模式的社会主义，在国际上他将这种计划经济的社会主义模式向其他社会主义国家推广。我国改革开放前的社会主义模式的基本框架就是吸收借鉴了苏联的社会主义模式。

应该说，苏联计划经济的社会主义模式确实有其优越之处，但这种模式的问题也是明显的，那就是整个社会缺乏社会空间和社会活力，整个社会都被政治所宰控，企业生产什么、怎样生产都要服从政府指令。这种社会主义并没有融会贯通马克思的理论要旨，而是片面夸大了计划经济的作用。在这种社会状态下，不可能有市民社会，因为正如前文所说，市民社会是非政府的领域，是以商品交换关系为基础的，这些条件在苏联都不存在。市民社会没有现实基础，逻辑和历史是辩证统一的，所以在苏联的马克思主义理论研究中几乎没有人关注市民社会问题。

　　我国改革开放之前的社会主义和苏联相似，没有社会空间，所以改革开放之前，马克思的市民社会概念很少受人关注，相关的研究文章非常少。改革开放之后，尤其是实行社会主义市场经济以来，政府逐渐放松了对经济社会的管控，社会空间逐渐扩大，市民社会的现实基础有了，学界也开始关注马克思的市民社会概念了。学界关注市民社会理论是从20世纪90年代开始的，邓正来和俞可平等学者对马克思市民社会思想在我国的研究作出了重要贡献。目前有大量的有关马克思市民社会概念的论文公开发表，活跃在这一领域的著名学者有俞可平、邓正来、郁建兴、韩立新、张一兵、王南湜、李佃来等，也有相关著作问世，如郁建兴的《马克思国家理论与现时代》、蒋红的《马克思市民社会理论研究》、洪岩的《马克思市民社会理论研究》就是典型成果。我国学者对马克思市民社会思想的研究不仅有概念的辨析、文本解读，也从哲学、政治经济学等角度进行研究；不仅重视马克思早期著作中的市民社会概念，也重视《资本论》等著作中的市民社会概念；不仅注重从文本中归纳马克思的市民社会概念，还注重翻译、引介国外马克思主义研究者对马克思市民社会的研究；等等。可以说，到目前为止，马克思市民社会思想研究已经逐渐成为马克思主义研究领域的一个热点话题了。

　　总体而言，从市民社会概念在正统马克思主义发展史中的命运可以看出，市民社会概念存在一个被边缘化，而后又被重新关注的过程，从这一过程我们可以看到马克思主义发展的一些规律性的东西。第一，马克思主义的丰富和发展是逻辑与历史的统一。市民社会概念之所以不被苏联马克思主义教科书所认同，是因为苏联社会主义没有社会空间，没有市民社会的现实基础，作为现实能动反映的理论也自然没有为市民社会留下理论空间。而我国改革开放之后，社会空间的出现为市民社会理论提供了现实基础，实践的发展需要新的理论范式，市民社会理论逐渐为大家所关注。第二，马克思主义的丰富和发展也反映思维方式的变迁。在苏联社会主义和我国改革开放之前的社会主义时代，我们的思维方式认定，只有计划经济才是社会主义，否则就是资本主义，这是当时的思维定势，改革开放后马克思主义在我国的丰富和发展，以及对市民社会、人道主义等理论的深入研究促使人们思维方式发生变迁，已经从原来那种思维定势中解放了出来，形成一种新的更加符合中国实际的思维方式。第三，随着马克思主义的丰富和发展，马克思的话语体系也在发生着一定的改变。在苏联时代和我国改革开放之前的时代，马克思主义的核心话语体系主要是无产阶级专政、计划经济、公有制等，随着马克思主义在中国改革开放之后的发展，一些话语开始发生改变，家庭联产承包责任制、以公有制为主体的多种所有制、按劳分配等话语逐渐成为马克思主义的核心话语。市民社会概念被关注就是新的话语体系变迁的一个重要例证。

三　非社会主义国家马克思主义者对市民社会概念的传播

社会主义国家的马克思主义并非马克思恩格斯之后唯一的马克思主义研究流派，在非社会主义国家，马克思主义也得到了一定的传播和研究，比如西方马克思主义就是一个典型的、具有较大影响力的马克思主义研究派别，当然，西方马克思主义不是一个统一的学术派别，它包括观点各异的众多学派。除了西方马克思主义，在美国、日本等资本主义国家都有对马克思主义的研究，虽然这些研究并非这些国家的主流，但它们也有正统马克思主义所不具备的优点。非社会主义国家的马克思主义研究者对马克思市民社会的关注并不系统，但早期西方马克思主义学者葛兰西、法兰克福学派的哈贝马斯以及日本马克思主义研究的市民社会派非常值得我们关注。我们这里就从这三者出发简要梳理非社会主义国家对马克思市民社会的关注。

安东尼奥·葛兰西（Antoni Gramsci）是意大利共产党创始人和总书记，也是 20 世纪最富创造性的马克思主义理论家之一。葛兰西对市民社会的关注并没有亦步亦趋地沿用马克思的思路，他没有单单从物质关系的角度来理解市民社会概念，他更多地从文化角度、从意识形态领导权的角度来关注市民社会。他认为，市民社会包含在国家之中，"我们往往把国家和政府等同起来，而这种等同恰好是经济—团体形式的新的表现，也就是混淆市民社会和政治社会的新的表现，因为应该指出的是国家的一般概念中有应该属于市民社会概念的某些成分。在这个意义上可以说：国家＝政治社会+市民社会，换句话说，国家是披上了强制的甲胄的领导权"①。市民社会属于上层建筑的层次，只不过它是观念上层建筑。在葛兰西看来，资产阶级的统治工具不仅包括以暴力和强制为主要特征的国家机器，还包括文化和意识形态的领导权，其阶级统治是通过有形的国家强制和无形的文化领导权来实现的。意识形态和文化的领导权主要是通过学校教育、宗教、文学艺术、风俗习惯等形式来实现的，而实现文化领导权的这些领域就是市民社会。在葛兰西看来，要"剥夺剥夺者"，推翻资产阶级的统治，光靠取得资产阶级的国家机器还远远不够，还要取得市民社会的领导权。如果仅仅取得了国家机器——政权，而没有取得市民社会的领导权，那整个社会是不会认同新的无产阶级领导权的，旧的资产阶级复辟的文化基础还很深厚，所以社会主义革命需要暴力革命和文化革命两个层次。葛兰西还指出，在东方国家，市民社会薄弱，革命只要砸烂反动政权就能成功；而在西方发达资本主义国家，资产阶级不仅拥有强有力的国家机器，还拥有强大的市民社会领导权，所以在西方发达资本主义国家，只能够打稳扎稳打的"阵地战"，而不能打速战速决的"运动战"，因为速战速决只会取得专政机器，而无法获得市民社会领导权。② 葛兰西的市民社会概念更多地强调文化领导权，这是对马克思市民社会概念的丰富和发展。

和葛兰西既有相似性又有重要区别的是哈贝马斯。尤尔根·哈贝马斯（Jürgen Habermas）是德国法兰克福学派的第二代领军人物。他对市民社会的研究既受葛兰西影响，也有重要的创新，他的市民社会概念更多的是结合他的公共领域理论来解释的。在哈贝马斯看来，18世纪资产阶级的市民社会就是私人领域（商品交换和社会劳动领域），但"私人领域当中同样包含着真正意义上的公共领域；因为它是由私人组成的公共领域"③。在哈贝马斯看来，市民社会不仅包括市场这样的私人领域，也包含公共领域，他指出市民社会的公共领域"包括教会、文化团体和学会，还包括了独立的传媒、运动和娱乐协会、辩论俱乐部、市民论坛和市民协会，此外还包括职业团体、政治党派、工会和其他组织等"④。这里的市民社会概念

① 〔意〕安东尼奥·葛兰西：《狱中札记》，葆煦译，人民出版社，1983，第222页。
② 〔意〕葛兰西：《狱中书简》，田时纲译，人民出版社，2008，第6~8页。
③ 〔德〕哈贝马斯：《公共领域的结构转型》，曹卫东等译，学林出版社，1999，第35页。
④ 〔德〕哈贝马斯：《公共领域的结构转型》，曹卫东等译，学林出版社，1999，第29页。

和当代市民社会概念较为相近，这样的组织实际上就是一个公共领域，这个公共领域有别于公共权力领域，它是介于公共权力和私人领域之间的一个领域，是公共舆论形成的领域。随着哈贝马斯理论旨趣的转变，他改造了普遍语用学并引入交往范式，将公共领域概念发展成为生活世界概念，并在此基础上重新界定市民社会，以展开对晚期资本主义的批判，这个时期的市民社会概念排除了私人经济领域，成为不同于政治体系和经济体系的文化体系，即生活世界，如果说此前哈贝马斯的总体分析框架是"政治国家（公共权力领域）—市民社会（经济领域+公共领域）"，那么这个时期哈贝马斯的分析框架就调整为"系统世界（政治+经济）—生活世界（市民社会）"，以此来分析晚期资本主义就会发现，晚期资本主义最大的危机是系统世界的工具理性侵蚀和吞没了生活世界，因此抵御系统世界的工具理性、重建生活世界的交往理性就成为重构理想市民社会结构的必要前提。① 哈贝马斯的市民社会虽然也是一个文化领域，但是他毕竟不同于葛兰西，他更多地从公共领域这个角度来关注市民社会。

梳理马克思市民社会概念的传播史，除了上述两个重要任务之外，有必要梳理一下日本马克思主义研究。马克思主义研究在日本虽非显学，但它也有其独特的优势：日本传播马克思主义比较早，在早期马克思主义主要是通过日本传入我国的；日本马克思主义研究没有经过斯大林体系的影响，注重文本诠释，这些都是值得我们学习和借鉴的。另一个值得我们关注的是，日本还出现了马克思主义研究的市民社会派，市民社会是20世纪60年代日本马克思主义研究最为核心的关键概念。日本马克思主义的市民社会派可以追溯到二战前，二战前"讲座派"的马克思主义就曾对市民社会问题进行过阐释，战后大冢久雄和高岛善哉等人通过让马克思与韦伯对话，内田义彦通过让马克思与斯密对话逐渐掀起一个用市民社会概念来重新解读马克思的潮流，这一研究逐渐系统化，直到70年代平田清明和望月清司才完成这一系统化的工作。日本之所以关注马克思的市民社会概念，主要动力来源于解释日本的现实：反思日本为什么走向国家主义和军国主义，试图推动日本从东方专制主义转向现代市民社会；批判日本的资本主

---

① 李佃来：《公共领域与生活世界——哈贝马斯市民社会理论研究》，人民出版社，2006，第74~75页。

义；对抗传统的马克思主义教条体系。① 日本马克思主义的市民社会派和葛兰西、哈贝马斯最大的不同在于，他们更加专注于从诠释马克思的文本来阐释马克思的市民社会概念，他们的研究方法是文献学、版本学的研究方法，力图以求真的态度复原马克思的市民社会概念，当然他们在做这些文本考据研究的时候，其理论旨趣在文本之外，如前文所说，他们研究的原动力还是为了解释日本的现实。

---

① 〔日〕望月清司：《马克思历史理论的研究》，韩立新译，北京师范大学出版社，2009，总序。

第八章 马克思早期市民社会理论的现代性特质

市民社会是马克思早期使用频率高且非常重要的概念，这一概念在马克思面对"对物质利益发表意见的难事"的情况下显得尤为重要。在《论犹太人问题》中，马克思已经开始使用市民社会的理论范式来分析问题了，虽然该文是以探讨犹太人问题、政治解放问题、人类解放问题等为主要内容的，但该文也从侧面反映马克思市民社会理论的丰富性和深刻性，尤其值得我们关注的是，该文本中的市民社会理论凸显了现代性特质，本章试图以该文本为依据，梳理概括这个时期马克思的市民社会理论的现代性特质。

一 市民社会属于私人领域

公共权力领域与私人领域边界的明确划分是现代性的重要特质。在前资本主义时代，专制主义是政治国家的常态，政治权力几乎没有边界，可以做很多在现代看来违背法律的事情。马克思在《论犹太人问题》中指出："旧社会的性质是怎样的呢？可以用一个词来表述。封建主义。旧的市民社会直接具有政治性质，就是说，市民生活的要素，例如，财产、家庭、劳动方式，已经以领主权、等级和同业公会的形式上升为国家生活的要素。"① 市民社会领域本应该和政治国家划清界限，但在前资本主义时

_____
① 《马克思恩格斯全集》第3卷，人民出版社，2002，第186页。

代，市民社会却直接具有政治性质，本来属于私人领域的财产、家庭、劳动方式等要素都带有政治性质，或者说都被政治所宰制。随着近代社会的来临，启蒙思想家将社会契约的理念灌输给了普罗大众。霍布斯、洛克等人的社会契约论逻辑表明，政府出现之前的人类处在自然状态下，每个人拥有绝对的自由和绝对的权利，但是自然状态必然导致"无休止的战争状态"的出现，所以自然状态说到底是一个丛林法则盛行的状态。为了避免在这种无休止的战争状态中将人类所创造的文明消耗殆尽，人们理性地达成一项契约，即每个人让渡自己的部分权利组成公共权力，让这个公共权力为社会提供公共产品，维持公共安宁。这就是社会契约论中政府产生的逻辑过程，从这一过程中我们可以看出，政府和公民的关系类似于仆人和主人的关系，政府是公民的公仆。这里尤其需要我们注意的是，人们在塑造公共权力的时候，让渡的只是部分权利，并没有让渡全部权利，那么哪部分权利让渡了，哪部分权利没有让渡呢？公民们让渡的是处理那些靠单个人无法完成的事情的权利，比如为社会提供公共安全等公共产品就是个人无法完成的事情，而那些与个人能够完成的事情相关的权利则没有让渡，而是保留在个人手中，比如市场交易的权利、家庭领域的一些权利等。让渡出来的权利构成公共权力领域，没有让渡、保留在公民手中的权利构成私人领域。公共权力作为人民的"仆人"只应该做主人委托给他做的事情，对于没有委托给他做的私人领域的事情则严禁干涉。与这种理念相对应，规范公共权力的公法的运行规则是"凡是法律没有规定的则都是禁止的"，而规范私人事务的私法的运行规则是"凡是法律没有禁止的则都是允许的"。这是公共权力和私人领域边界明晰的政治哲学逻辑，这一逻辑随着启蒙的深入逐渐成为人们的日常理念。

马克思在《论犹太人问题》一文中明确指出市民社会就是私人领域。马克思指出："完成了的政治国家，按其本质来说，是人的同自己物质生活相对立的类生活。这种利己生活的一切前提继续存在于国家范围以外，存在于市民社会之中，然而是作为市民社会的特性存在的。在政治国家真正形成的地方，人不仅在思想中，在意识中，而且在现实中，在生活中，都过着双重的生活——天国的生活和尘世的生活。前一种是政治共同体中的生活，在这个共同体中，人把自己看作社会存在物；后一种是市民社会中的生活，在这个社会中，人作为私人进行活动，把他人看作工具，把自己也降为工具，并成为异己力量的玩物。"① 近代以前的社会可以说是一个共同体本位的社会，在这样的社会中，个体的人依附于共同体，正如马克思在另外一个地方所说："我们越往前追溯历史，个人，从而也是进行生产的个人，就越表现为不独立，从属于一个较大的整体：最初还是十分自然地在家庭和扩大成为氏族的家庭中；后来是在由氏族间的冲突和融合而产生的各种形式的公社中。"② 而近代的来临逐渐瓦解了坚实的共同体，个体的人开始从共同体中解放出来成为具有主体意识的人、利己主义的人，从而也导致了政治国家和市民社会的分离。马克思所谓的完成了的国家就是资本主义的国家，也是现代国家，这种国家只负责公共事务，不干预私人事务。而个人的利己主义生活则属于私人领域，存在于国家范围之外，属于市民社会领域的事情。所以现代国家中的人过着双重生活，共同体的生活和市民社会的生活，共同体的生活就是国家的政治生活、类的生活；市民社会的生活就是私人领域的生活、利己主义的生活。政治国家和市民社会的分离是现代文明的重要表现，在现代国家中，公共事务归国家负责，私人事务归个人负责，"上帝的归上帝，恺撒的归恺撒"，二者泾渭分明。

政治革命同时也就是市民社会的革命。马克思指出："政治解放同时也是同人民相异化的国家制度即统治者的权力所依据的旧社会的解体。政治革命是市民社会的革命。"③ 这里所谓的政治革命就是资产阶级革命，资产阶级革命是人类走向现代文明的飞跃。那么资产阶级革命何以是市民社会的革命呢？因为在前资本主义社会中，本来应该成为市民社会的那些私人领域也被沾染上了政治因素。政治因素过多地干预了人们的私人领域，也可以说政治国家与私人领域之间边界混淆、界限不清。资产阶级政治革命区分了这两个领域，逐渐将政治权力规制于一个合法的、有限的圈子里。"政治革命消灭了市民社会的政治性质"④，使得市民社会成为一个纯粹的私人领域。

马克思在《论犹太人问题》中用政治国家与市民社会、公共权力与私人领域明确划分的理论范式来论证现代国家与宗教的关系。现代国家的出

① 《马克思恩格斯全集》第 3 卷，人民出版社，2002，第 172~173 页。
② 《马克思恩格斯选集》第 2 卷，人民出版社，2012，第 684 页。
③ 《马克思恩格斯全集》第 3 卷，人民出版社，2002，第 186 页。
④ 《马克思恩格斯全集》第 3 卷，人民出版社，2002，第 187 页。

现并没有消灭宗教，"人分为公人和私人，宗教从国家向市民社会的转移，这不是政治解放的一个阶段，这是它的完成；因此，政治解放并没有消除人的实际的宗教笃诚，也不力求消除这种宗教笃诚"①。现代国家的做法是将宗教归结为私人事务。"人把宗教从公法领域驱逐到私法领域中去，这样人就在政治上从宗教中解放出来。宗教不再是国家的精神；因为在国家中，人——虽然是以有限的方式，以特殊的形式，在特殊的领域内——是作为类存在物和他人共同行动的；宗教成了市民社会的、利己主义领域的、一切人反对一切人的战争的精神。它已经不再是共同性的本质，而是差别的本质。它成了人同自己的共同体、同自身并同他人分离的表现——它最初就是这样的。"② 在现代国家，宗教不再是国家的事务，而成为私人领域的事情，成为公民的个人自由，国家不应该也没有权力干预。"任何一种特殊宗教的信徒同自己的公民身份的矛盾，只是政治国家和市民社会之间的普遍世俗矛盾的一部分。基督教国家的完成，就是国家表明自己是国家，并且不理会自己成员信奉的宗教。国家从宗教中解放出来并不是现实的人从宗教中解放出来。"③ 作为宗教信徒的人和作为公民的人是人的两种身份，这两种身份虽然汇集在一个人的身上，但是彼此之间并不纠缠。"宗教信徒和公民之间的差别，是商人和公民、短工和公民、土地占有者和公民、活生生的个人和公民之间的差别。宗教信徒和政治人之间的矛盾，是 bourgeois 和 citoyen 之间、是市民社会的成员和他的政治狮皮之间的同样的矛盾。"④ 这就是现代国家（资本主义国家）的特征。

二　市民社会的诸原则

市民社会的利己主义原则。马克思说："实际需要、利己主义是市民社会的原则；只要市民社会完全从自身产生出政治国家，这个原则就赤裸

---

① 《马克思恩格斯全集》第3卷，人民出版社，2002，第175页。
② 《马克思恩格斯全集》第3卷，人民出版社，2002，第174页。
③ 《马克思恩格斯全集》第3卷，人民出版社，2002，第180页。
④ 《马克思恩格斯全集》第3卷，人民出版社，2002，第173~174页。

裸地显现出来。实际需要和自私自利的神就是金钱。"① 《论犹太人问题》中的市民社会概念基本上沿袭了黑格尔的用法,在黑格尔那里,"市民社会是个人私利的战场,是一切人反对一切人的战场,同样,市民社会也是私人利益跟特殊公共事务冲突的舞台,并且是它们二者共同跟国家的最高观点和制度冲突的舞台"②。这里所谓的市民社会实际上就是近代市场经济的真实写照,黑格尔受英国古典经济学的影响,其市民社会真实反映了市场领域中人的特性。按照古典政治经济学的理论,在市场领域中,人都是理性人,都是以利益最大化为目的的。自我利益的算计几乎是每个人的本能,只要这种算计没有违背社会法律和道德,就不应该被制止。但是在前资本主义时代,自给自足的自然经济孕育出蔑视物质利益的文化,将那些追求物质利益的行为看作为道德人士所不齿的行为,所以古代中国商人的地位很低。中国如此,西方也有这种倾向。受这种理念支配的人,满足于自给自足,所以古代生产力发展空间有限,人们的生产欲望被社会生产方式所抑制。近代的来临逐渐消解了人们的传统的利益观念,正如马克思所说,政治革命在"摆脱政治桎梏同时也就是摆脱束缚住市民社会利己精神的枷锁"③。这一解放使得社会的生产力获得了巨大的解放,人们不再为了满足自己的需求而生产,而是为了满足市场而生产,这也激发了人们的生产欲望。诚如曼德维尔在《蜜蜂的寓言:私人的恶德 公众的利益》一书中所说:"如果你想使一个人类社会变得强大,你就必须触发他们的激情。分配土地……对土地的占有会使人们变得贪婪:用激情把他们从懒惰中唤醒,骄傲会驱使他们认真工作,教会他们贸易和手艺。这样,你就会在他们中培养出嫉妒和竞赛……"④ 对于个人利益的追求就是曼德维尔所谓的恶德,不过这种恶德却能够推动整个社会的巨大发展,成就公共利益。康德说,竞争会为人走向成功设置障碍和阻力,"可是,正是这种阻力才唤起了人类的全部能力,推动着他去克服自己的懒惰倾向,并且由于虚荣心、权力欲或贪婪心的驱使而要在他的同胞们——他既不能很好地容忍他们,

---

① 《马克思恩格斯全集》第3卷,人民出版社,2002,第194页。
② 〔德〕黑格尔:《法哲学原理》,范扬、张企泰译,商务印书馆,1961,第289页。
③ 《马克思恩格斯全集》第3卷,人民出版社,2002,第187页。
④ 〔荷〕伯纳德·曼德维尔:《蜜蜂的寓言:私人的恶德 公众的利益》,肖聿译,中国社会科学出版社,2002,第10~11页。

可又不能脱离他们——中间为自己争得一席地位。于是就出现了由野蛮进入文化的真正的第一步"，"没有这种非社会性的而且其本身确实是并不可爱的性质，——每个人当其私欲横流时都必然会遇到的那种阻力就是从这里面产生的，——人类的全部才智就会在一种美满的和睦、安逸与互亲互爱的阿迦底亚式的牧歌生活之中，永远被埋没在它们的胚胎里。人类若是也像他们所畜牧的羊群那样温驯，就难以为自己的生存创造出比自己的家畜所具有的更大的价值来了；他们便会填补不起来造化作为有理性的大自然为他们的目的而留下的空白。因此，让我们感谢大自然之有这种不合群性，有这种竞相猜忌的虚荣心，有这种贪得无厌的占有欲和统治欲吧！没有这些东西，人道之中的全部优越的自然秉赋就会永远沉睡而得不到发展"。① 追求个人私利这种被康德称为非社会性的社会冲动乃是人类走向文明的动力之所在，正是这种利己主义的冲动推动了现代文明的到来。

市民社会的自由原则。自由是近代政治哲学最重要的关键词之一，众所周知，自由绝对不是想干什么就干什么，但自由也绝不是完全按照某种外在的意志行事，自由说到底是按照自己的意愿行事的自由，只是自己的这一行为不能违背基本规则。贡斯当认为，现代人的"自由是只受法律制约，而不因某个人或若干个人的专断意志受到某种方式的逮捕、拘禁、处死或虐待的权利，它是每个人表达意见、选择并从事某一职业、支配甚至滥用财产的权利，是不必经过许可、不必说明动机或事由而迁徙的权利。它是每个人与其他个人结社的权利，结社的目的或许是讨论他们的利益，或许是信奉他们以及结社者偏爱的宗教，甚至或许仅仅是以一种最适合他们本性或幻想的方式消磨几天或几小时。最后，它是每个人通过选举全部或部分官员，或通过当权者或多或少不得不留意的代议制、申诉、要求等方式，对政府的行政施加某种影响的权利"②。自由属于私法领域的范畴，只要法律没有明确规定是违法的，则都属于自由的范围。所以马克思说，"自由是可以做和可以从事任何不损害他人的事情的权利。每个人能够不损害他人而进行活动的界限是由法律规定的，正像两块田地之间的界限是由界桩确定的一样。这里所说的是人作为孤立的、退居于自身的单子的自

---

① 〔德〕康德：《历史理性批判文集》，何兆武译，商务印书馆，1990，第7~8页。
② 〔法〕邦雅曼·贡斯当：《古代人的自由与现代人的自由：贡斯当政治论文选》，阎克文、刘满贵译，商务印书馆，1999，第26页。

由",这一自由"不是建立在人与人相结合的基础上,而是相反,建立在人与人相分隔的基础上。这一权利就是这种分隔的权利,是狭隘的、局限于自身的个人的权利"①。在共同体本位的社会中,社会关系建立在"结合"的基础之上,但是现代市民社会则是建立在"分割"的基础之上的。西方自由主义政治哲学的核心理念是个人主义,个人主义主张人与人的分隔是绝对的,而相联系和相结合则是相对的,人与人的关系就是原子与原子的关系。人与人的这样的关系就是市民社会的基本原则,"任何一种所谓的人权都没有超出利己的人,没有超出作为市民社会成员的人,即没有超出作为退居于自身,退居于自己的私人利益和自己的私人任意,与共同体分隔开来的个体的人。在这些权利中,人绝对不是类存在物,相反,类生活本身,即社会,显现为诸个体的外部框架,显现为他们原有的独立性的限制。把他们连接起来的惟一纽带是自然的必然性,是需要和私人利益,是对他们的财产和他们的利己的人身的保护"②。市民社会中的人是原子式的个人,对他来说内在的自我、个人的私人利益才是最重要的,而共同体、类则仅仅是个体自我存续的外部条件而已。

市民社会交往原则。马克思凸显市民社会的交往原则最直接、最明显的表现是在《德意志意识形态》这部著作中,但在《论犹太人问题》中也已初见端倪。马克思强调,资本主义的革命实际上是市民社会的革命,是市民社会消除政治因素的革命,在前资本主义时代,政治控制市民社会,社会缺乏自主性和自治性,近代革命规制了权力,将政治权力的影响驱逐出市民社会领域,这个时候的市民社会就成为纯粹"民间"的社会了,而民间社会之所以能够成为一个社会,其根本原因就在于交往。在市民社会中,人们把自己抬高为目的,而把他人降低为工具,实际上就是把他人降低为实现自己利益的工具,这是资本主义市场经济的真实写照,也是交往异化的表现。追求利益最大化是根本目的,他人只是实现这一根本目的的手段,需要特别注意的是,在这个过程中,他人虽然是实现自我利益的工具,但为了实现自己利益最大化的目的,为了让他人愿意成为实现自己利益最大化的工具(即购买自己的产品,因为只有自己的产品被购买,自己

① 《马克思恩格斯全集》第3卷,人民出版社,2002,第183页。
② 《马克思恩格斯全集》第3卷,人民出版社,2002,第184~185页。

的利益才能够实现），自己必须生产他人需要的产品，也就是说为了实现自己的目的，每个人都必须满足他人的需求。从主观意图上来说，每个人都是为了追求自我利益而把他人降低为工具的，而从客观事实上来讲，每个人都在满足他人的物质生活需求，这就是人的社会性和相互依赖性。只有交往才能够实现上述一切，在这种交往过程中，个人的自由得到实现，个人的利己主义打算才能实现，正是交往将诸多孤立的个体整合为市民社会。

三　市民社会的精神是现代精神

相对于前现代社会，现代社会具有明显的现代特性，虽然现代性在当代招致了众多的批评，而且现代性本身也存在诸多的问题，但就总体而言，整个社会还是要走向现代性，而不是相反。马克思的市民社会本质上就是资本主义的一个社会领域，它体现了若干现代精神。

第一，马克思的市民社会是一个"以物的依赖性为基础的人的独立性"的社会状态。马克思在《1857—1858 年经济学手稿》中按照人的存在状态将人类社会划分为人的依赖关系、以物的依赖性为基础的人的独立性和自由人联合体三个阶段，其中以物的依赖性为基础的人的独立性对应的是现代社会（资本主义社会），而市民社会恰恰就是一个以物的依赖性为基础的人的独立性状态的社会。马克思是把市民社会和犹太人的利己主义结合起来说明这个问题的，"市民社会从自己的内部不断产生犹太人。犹太宗教的基础本身是什么呢？实际需要，利己主义"[①]。犹太人是一个善于经商的民族，当然也会将利益看得很重，所以马克思说："金钱是以色列人的妒忌之神；在他面前，一切神都要退位。金钱贬低了人所崇奉的一切神，并把一切神都变成商品。金钱是一切事物的普遍的、独立自在的价值。因此它剥夺了整个世界——人的世界和自然界——固有的价值。金钱是人的劳动和人的存在的同人相异化的本质；这种异己的本质统治了人，

[①]　《马克思恩格斯全集》第 3 卷，人民出版社，2002，第 194 页。

而人则向它顶礼膜拜。"① 从一定程度上来说，现代社会就是物化的社会。现代社会的来临在一定程度上就是物欲的肆虐，前现代社会的德性是对物欲的压抑，而现代社会的来临则是欲望的释放，对物的欲望激发了人们的积极性，也解放了生产力。马克思在《共产党宣言》中说过，"资产阶级在它已经取得了统治的地方把一切封建的、宗法的和田园诗般的关系都破坏了。它无情地斩断了把人们束缚于天然尊长的形形色色的封建羁绊，它使人和人之间除了赤裸裸的利害关系，除了冷酷无情的'现金交易'，就再也没有任何别的联系了。它把宗教虔诚、骑士热忱、小市民伤感这些情感的神圣发作，淹没在利己主义打算的冰水之中"②。现代社会在释放人的物欲的同时，也使得整个社会变得更加物质主义，追求物质利益成为整个社会的核心了，这就是现代精神。犹太人的精神从一定程度上来说就是现代精神，市民社会蕴含着这种犹太人的精神，"犹太人作为市民社会的特殊成员，只是市民社会的犹太精神的特殊表现"③。市民社会是"处在家庭和国家之间的差别的阶段"，在这个阶段里，"每个人都以自身为目的，其他一切在他看来都是虚无。但是，如果他不同别人发生关系，他就不能达到他的全部目的，因此，其他人便成为特殊的人达到目的的手段。但是特殊目的通过同他人的关系就取得了普遍性的形式，并且在满足他们福利的同时，满足自己"④。人与人的交往虽然普遍存在，但这种交往却是缺乏人情味的，它更多地透露着物质主义。

第二，马克思的市民社会理论张扬了私人自由。市民社会是政府公共权力严禁干预的私人领域，这一领域也是彰显现代自由的领域。贡斯当将自由区分为古代人的自由和现代人的自由，"古代人的自由在于以集体的方式直接行使完整主权的若干部分：诸如在广场协商战争与和平问题，与外国政府缔结联盟，投票表决法律并作出判决，审查执政官的财务、法案及管理，宣召执政官出席人民的集会，对他们进行批评、谴责或豁免"。如此看来，古代人只有参与公共事务的自由，"所有私人行动都受到严厉的监视。个人相对于舆论、劳动、特别是宗教的独立性未得到丝毫重视。

---

① 《马克思恩格斯全集》第 3 卷，人民出版社，2002，第 194 页。
② 《马克思恩格斯选集》第 1 卷，人民出版社，2012，第 402~403 页。
③ 《马克思恩格斯全集》第 3 卷，人民出版社，2002，第 194 页。
④ 〔德〕黑格尔：《法哲学原理》，范扬、张企泰译，商务印书馆，1961，第 197 页。

我们今天视为弥足珍贵的个人选择自己宗教信仰的自由，在古代人看来简直是犯罪与亵渎"。古代人在私人领域几乎没有自由可言，"在古代人那里，个人在公共事务中永远是主权者，但在所有私人关系中却是奴隶"。① 现代人"在其私人生活中是独立的，但即使在最自由的国家中，他也仅仅在表面上是主权者"。而现代自由则是私人领域的自由，是个人对私人事务的自决，只要不违反法律，人们尽可以自由决定自己的私人事务。② 市民社会是私人领域，处在这个领域的人们，只要不违反社会的法律、道德等基本规范，尽可率性自由，这就是现代人的自由。

第三，马克思的市民社会理论张扬了人的主体性。市民社会自由原则的哲学基础就是个人主义，个人主义是资本主义意识形态的核心，其所谓的自由、民主、平等、博爱等意识形态理念都是建立在个人主义基础之上的。个人主义的基本理念可以做如下概括：独立的个人是社会的本原和基础；个人是社会的终极价值；所有的人都是独立、自由和平等的；个人与他人、社会和国家之间存在明确的界限；个人对自己的行为负责，推己及人的利他主义，以个人为基点的公共道德；真正自律的人格，自组织行为，对抽象的公共权威的服从等。③ 这里所谓的个人主义不是我们日常话语中的个人主义，我们所谓的个人主义是贬义词，实际上就是极端个人主义，这种观念认为应事事以自我为中心，政治哲学中的个人主义也非常重视公共道德，注重严格遵守社会规范，不侵犯他人合法权益。个人主义意味着人的主体意识得以觉醒，是现代性的政治哲学表现。诚如上文所述，从缺乏主体意识的共同体本位的社会状态向主体意识充分觉醒的个体本位社会状态的演变，进而发展到个体和共同体有机而辩证统一的自由人联合体，乃是马克思观照历史发展的一个维度，同时马克思也指出，人类历史的发展就是从共同体向市民社会的过渡，所谓市民社会就是主体意识充分觉醒的社会。在市民社会中，个人是自我利益的主人，他有权利进行自我抉择，反对他人的强制和越俎代庖，正是在这个意义上，黑格尔认为市民

---

① 〔法〕邦雅曼·贡斯当：《古代人的自由与现代人的自由：贡斯当政治论文选》，阎克文、刘满贵译，商务印书馆，1999，第26~27页。

② 〔法〕邦雅曼·贡斯当：《古代人的自由与现代人的自由：贡斯当政治论文选》，阎克文、刘满贵译，商务印书馆，1999，第26页。

③ 丛日云主编《西方文明讲演录》，北京大学出版社，2011，第86页。

社会是个缺乏普遍性的"特殊"环节,存在严重的不自足,需要过渡到象征着普遍理性的国家阶段,也就是我们所谓的政治国家决定市民社会。当然马克思并不赞同黑格尔的观点,但是他的市民社会的精神气质和黑格尔市民社会的精神气质却存在重叠之处,那就是人的主体性的觉醒与自觉。

第二编

唯物史观重要概念在我国的理解与运用

第九章 唯物史观所有制概念的
汉译与概念生成

在哲学社会科学工作座谈会上，习近平评价法国学者托马斯·皮凯蒂撰写的《21 世纪资本论》时指出："作者的分析主要是从分配领域进行的，没有过多涉及更根本的所有制问题。"[①] 可见，"所有制"是中国马克思主义者用以研究社会经济结构的核心分析概念。以《共产党宣言》为例，在马克思和恩格斯的原著中，无论是在 1848 年德文本中，还是在恩格斯审定的"可靠译本"即 1888 年英文本中，都没有出现与早期资产阶级法学家和经济学家通用的"所有物""所有权"相关的词语、词缀或词法变化，即没有出现"制度"要素的构词要件，经典作家是沿用旧术语表达新概念。"所有制"术语是基于中国国情和实践经验，在多次重译马克思主义经典著作的过程中最终确定下来的马克思主义中国化概念。在 2014 年中央编译局编译的"马列主义经典作家文库"《共产党宣言》单行本中，"所有制"属于高频词。下面以《共产党宣言》汉译史为线索，考察"所有制"概念发展史。

一 马克思恩格斯对"Eigentum"一词的使用

"Eigentum"是与《共产党宣言》汉译中所有制概念对应的德文母词，

[①] 习近平：《在哲学社会科学工作座谈会上的讲话》，人民出版社，2016，第 15 页。

该词的原初含义包括财产（所有物）和所有权两个方面。1888 年由译过马克思《资本论》大部分内容的赛米尔·穆尔翻译的英文版《共产党宣言》，被恩格斯在《共产党宣言》1890 年德文版序言中称为"可靠的译本"，该译本即根据"Eigentum"所包含的所有物、所有权两个含义，分别以"property"和"owner-ship"作为英文对译词。"Eigentum"由词根"Eigen"加上名词后缀"tum"构成，"Eigen"意为"自己的"，所有物是原生含义，所有权是派生含义。一词两义，从词源上都受到拉丁语"dominium"（拥有、管领、所有）的影响。在马克思之前，"所有权"观念是近代资产阶级革命的重要话语支撑，是自由、平等、博爱价值观的基础。霍布斯、洛克、卢梭等人用自然法理论来论证所有权的产生，在他们看来，物乃上帝赐予整个人类的礼品，人类是物的所有者，所有权是所有者的人格化，所有权要具体分割到个人身上。[1] 自然法认为劳动创造具体的物权，是所有权分割的标准，一个人通过劳动将自己的劳动对象化到物上，那么这个"吸收"了人的劳动的物就属于该劳动的主体。亚当·斯密等古典政治经济学家认为劳动是衡量商品的尺度，也力图用劳动来说明所有权。[2] 康德强调，所有权就是可以称为"我的"或"你的"权利，表达的是对物的理性占有方式，感性占有就是直接占有物品，而理性占有则是法律上的占有，即理性占有得到法律认同。可以说，这两种占有方式一种表现为所有物，一种表现为所有权，这两者是"Eigentum"一词在马克思主义诞生前的主要含义。[3] 所有权观念作为资产阶级意识形态，在庸俗经济学家和法学家那里与私有权等同，被用来为资本主义制度作永恒性辩护。德国法学家耶林认为"所有"的本质就是"个人所有"，就是"私有"，在市民法中，"所有"是个人的物质延伸，财产与人格一体两面。[4] 法国庸俗经济学家特拉西在其著作《意识形态概论》中认为，所有权的天然基础，就是自然

---

[1] 〔美〕乔治·萨拜因著，〔美〕托马斯·索尔森修订《政治学说史：城邦与世界社会（第四版）》上卷，邓正来译，上海人民出版社，2015，第 271 页。

[2] 〔英〕亚当·斯密：《国民财富的性质和原因的研究》上卷，郭大力、王亚南译，商务印书馆，1972，第 26 页。

[3] 〔德〕康德：《法的形而上学原理——权利的科学》，沈叔平译，商务印书馆，2001，第 54 页。

[4] 〔德〕耶林：《为权利而斗争》，胡宝海译，载梁慧星主编《民商法论丛》第 2 卷，法律出版社，1994，第 31 页。

赋予个人对自身占有的权利，所有权就是私有权。① 对此，蒲鲁东在《什么是所有权》等著作中曾进行讥讽，他认为在远古的"消极共产制"时代，并不存在庸俗思想家所说的那种所有权（实际上就是私有权），而正是在"所有权"出现以后，社会开始出现强权、出现不平等，他甚至提出"所有权就是盗窃"②的观点。马克思称赞蒲鲁东对资产阶级私有权的历史分析，但不赞同他设计的以"个人占有"代替资本主义占有方式的方案，因为蒲鲁东并没有超越资产阶级的私有观念。马克思指出，"我们看到，通过一种奇异的结果，所有权在资本方面就辩证地转化为对他人的产品所拥有的权利，或者说转化为对他人劳动的所有权，转化为不支付等价物便占有他人劳动的权利，而在劳动能力方面则辩证地转化为必须把它本身的劳动或它本身的产品看做他人财产的义务。所有权在一方面转化为占有他人劳动的权利，在另一方面则转化为必须把自身的劳动的产品和自身的劳动看做属于他人的价值的义务"，这种法律上的"所有权陷阱"，其经济根源就是"对过去的或客体化了的他人劳动的所有权，表现为进一步占有现在的或活的他人劳动的唯一条件"。③ 马克思把视角转向直接的物质生产过程，劳动者把自己当作劳动条件的所有者，是劳动与劳动的物质前提的天然统一；而资产阶级"所有权"观念，却把直接的"劳动条件"，置换为"过去的或客体化了的他人劳动"，进而把私有财产作为永恒的个性确定下来。马克思指出："在每个历史时代中所有权是以各种不同的方式、在完全不同的社会关系下面发展起来的。因此，给资产阶级的所有权下定义不外是把资产阶级生产的全部社会关系描述一番。要想把所有权作为一种独立的关系、一种特殊的范畴、一种抽象的和永恒的观念来下定义，这只能是形而上学或法学的幻想。"④ 马克思历史地考察"所有权"在其中发展起来的社会关系，考察现实生产过程中劳动者对劳动物质条件的实际占有关系，以及由此而产生的全部经济结果，特别是对经济剩余的分配关系。认为从单纯的权利关系给"所有权"下定义只是一种法学幻想，"Eigentum"是一整套与社会经济有关的制度。马克思和恩格斯的概念创造，一种方式

① 鄢一美：《所有权本质论》，《现代法学》2002 年第 5 期。
② 〔法〕蒲鲁东：《什么是所有权》，孙署冰译，商务印书馆，1963，第 8 页。
③ 《马克思恩格斯文集》第 8 卷，人民出版社，2009，第 106~107 页。
④ 《马克思恩格斯选集》第 1 卷，人民出版社，2012，第 258 页。

是创立新术语，如唯物史观、剩余价值、社会形态等；另一种方式是沿用古典思想家和启蒙思想家的旧术语表达新内涵，如唯物主义、意识形态等。马克思的"Eigentum"术语即属于旧词新意，从形式上来说，"Eigentum"沿用了近代资产阶级通用的术语表述，但对该术语的含义进行了创造性转换。这样，"Eigentum"就在所有物、所有权基础上，实际上增加了所有制的含义。对于"Eigentum"的这种意义生产，马克思和恩格斯在不改变"Eigentum"本词含义的前提下，通过单词复合构成三个专有词组予以强化：一是"Eigentumsrecht"，强调"srecht"，专门对应所有权；二是"Eigentumsverhältnis"，把所有制与"关系"通过"所有制关系"词组纳入经济关系范畴；三是在《共产党宣言》最后部分，把共产主义运动的根本问题归结为"Eigentumsfrage"，特别是紧接［Eigentums+frage］标注，以示对该词组构造和意义的强调。正是由于有了最后这个含义，前面两个含义才能拨开形而上学迷雾而得以廓清。《共产党宣言》第二章提出："我们要消灭那种以社会上的绝大多数人没有财产为必要条件的所有制。"① 把所有制与所有物（财产）统一起来，反驳了庸俗思想家把所有归为私有的观念。"共产主义并不剥夺任何人占有社会产品的权力，它只剥夺利用这种占有去奴役他人劳动的权力。"② 说明共产主义并非要消灭一般的所有权，共产主义运动针对的是所有物、所有权背后决定其社会形式的与经济利益有关的整套制度。

二　《共产党宣言》汉译过程中所有制概念的生成

"所有"一词是汉语原生词，如《孟子·公孙丑下》就有"以其所有，易其所无"，不仅如此，"所有""制（度）"还是汉语与日语共享词，在幸德秋水、堺利彦《共产党宣言》日译本中，汉字词"所有"出现一次，"制（度）"出现多次。但是，从最早经日译本中介汉译《共产党宣言》到《共产党宣言》百周年纪念版，"所有"与"制"构成一个复合词，成为政治经济学专用术语，成为马克思主义中国化概念，却历时半个世纪之久。

---

① 《共产党宣言》，人民出版社，2014，第44页。
② 《共产党宣言》，人民出版社，2014，第45页。

　　我国学者经《共产党宣言》了解所有制概念，最早是从所有制的具体形态资本主义私有制开始的。1899 年《万国公报》所载《共产党宣言》片段中，李提摩太和蔡尔康合译出资本家的"自有之权"，即私有财产和财产权。1903 年初赵必振经日本福井准造《近世社会主义》转译《共产党宣言》，译文曰：同盟之目的在"撤去阶级制与私有财产制"，"马陆科斯说，殖产社会发达之结果，依其自然之变迁，资本私有制必归全灭"。同年，中国达识社在日本译《社会主义神髓》，该书是《共产党宣言》日译者幸德秋水根据《共产党宣言》《社会主义从空想到科学的发展》撰述，译文转述马克思女婿拉法格之语提到"资本私有之制"。因为没有获得对私有制的本质性认识，当时出现的"私有财产制""私有之制""私有制"，都还不是所有制概念的科学术语，而是对现存对象的直观译名。与此同时，还有人从日本大原祥一《社会问题》转译《共产党宣言》，称德国麻克士曰："万国之无资产者，曷不同起掠夺财产，而均分之乎？"显然，译者根据日文汉字词语照译为掠夺"财产"，没有消灭"私有制"的概念。由于日本译者特别是幸德秋水和堺利彦的《共产党宣言》日译本，几乎是中国人转译《共产党宣言》的通用母本，而《共产党宣言》日译本又译自英文母本，如此德、英、日语对应的词语为 Eigentum、property、财产，一直到陈望道翻译全文之前，各种摘译和节译都援用了日语汉字词语"财产"。1908 年无政府主义者的报纸《天义》所载的民鸣《共产党宣言》第一章译文，1912 年同盟会在广东的报纸《民生日报》所载的陈振飞《共产党宣言》第一章译文，都将"Eigentum"译作"财产"。五四运动后传播马克思主义的浪潮中，直接从英文、德文摘译《共产党宣言》的文本，仍然译作"财产"。如 1919 年 9 月，彭一湖从德文译的《共产党宣言》曰："在无产者自己，没有什么要作保障。他应该作的事情，就是破坏从来一切保障私有财产的制度。"[1] 1920 年 6 月，常乃惪从英文著作转译《共产党宣言》："共产党的革命是对于传统的财产关系最根本的决斗；无怪乎他的发展就是对于传统的思想的最大的决斗了。"[2]

---

① 吕延勤主编《马克思主义在中国早期传播史料长编：1917—1927》上卷，长江出版社，2016，第 87 页。

② 吕延勤主编《马克思主义在中国早期传播史料长编：1917—1927》上卷，长江出版社，2016，第 302 页。

马克思和恩格斯科学概念的传播和中国化，离不开十月革命的实践检验和直接启发。1920 年春，中俄交通恢复，我国人民开始大量经苏俄接受马克思主义。布尔什维克翻译和发行的马克思主义著作中，有德国马克思主义者倍倍尔的《社会之社会化》。当年 4 月，瞿秋白经俄文本翻译此书，中译文不仅使用了"公有制""私有制"，而且第一次译出"所有制"术语，称"所有制消灭，那些恶亦消灭"。① 受十月革命启发，中国马克思主义者逐步把革命目标指向旧的土地所有制，社会实践力量推进马克思主义科学概念进一步中国化。中国共产党一大前夕，在共产国际远东书记处负责人舒米亚茨基指导下，第一个到共产国际工作的中共代表张太雷，为出席共产国际第三次代表大会撰写报告，在分析中国国情时部分使用"所有制"术语："中国是个农业国，因此它的经济主要是建立在小农土地所有制基础之上。"② 报告由中国人和俄国人合作完成，有俄文版和中文版对照，"所有制"一词与俄语"coбственность"对译起来。一个月后，中共一大通过的党纲使用了"消灭资本家私有制"的口号。党纲使用"私有制"一词，已是将之作为"所有制"的一种阶级形式，"所有制"一词比《共产党宣言》早期摘译使用的"私有制"有了更深的意义，从一般名称变成了专有术语。承载着十月革命经验，与俄语"coбственность"对译的所有制术语，并没有马上和马克思主义创始人的所有制概念相对应，或者说，没有和《共产党宣言》"Eigentum"的翻译相对应，因此，这一术语也没有马上进入中国共产党人言论和文献的话语系统。要想所有制术语真正成为中国马克思主义者广泛使用的分析概念，还需要继续在中国具体实践中进行意义再生产。

从 1908 年民鸣翻译《共产党宣言》第一章起，到 1949 年《共产党宣言》百周年纪念版出版，40 余年间，先后有 8 个译本③完整翻译了《共产党宣言》第一章。在 1848 年德语母本中，"Eigentum"一词在第一章共出现七次，在中央编译局（1958）译文中与之对应的相关表述为："封建的所有制关系，就不能再同已经发展的生产力相适应了"④，"资产阶级的生产和交换关系，连同它的资产阶级的所有制关系，曾经象魔术一样造成了

---

① 《瞿秋白文集（政治理论编）》第 8 卷，人民出版社，1998，第 60~63 页。
② 《张太雷文集》，人民出版社，2013，第 8 页。
③ 部分译者只是在文章中摘译了《共产党宣言》片段。
④ 《马克思恩格斯全集》第 4 卷，人民出版社，1958，第 471 页。

极其庞大的生产和交换资料，现在它却象一个魔术士那样不能再对付他自己用符咒呼唤出来的魔鬼了"①，"现代生产力反抗现代生产关系的历史，即反抗那作为资产阶级及其统治的存在条件的所有制关系的历史"②，"社会所拥有的生产力已经不能再促进资产阶级的所有制关系的发展"③，"就使整个资产阶级社会陷入混乱状态，就使资产阶级的所有制的存在受到威胁"④，"无产者是没有私产的"⑤，"无产者本身并没有什么必须加以保护的东西，他们必须打破至今保护过和保障过私有财产的一切"⑥。这七句话在全文中非常重要，前五句是历史唯物主义原理在批判资本主义过程中的具体应用，后两句是由此得出的基本结论，中央编译局把"Eigentum"一词三译，在前五句中将"Eigentum"译作核心分析概念"所有制"，后两句中译作一般术语"私产""财产"。所有制作为科学概念在《共产党宣言》中出现，直到延安时期才翻译确定，具体来说，是从使用《共产党宣言》俄语母本进行汉译，接受十月革命经验开始形成的。在 1943 年博古使用俄语母本翻译《共产党宣言》之前，民鸣、陈振飞、陈望道使用日语母本，华岗、陈瘦石使用英语母本，甚至成仿吾、徐冰直接使用德语原版母本，都没有将"Eigentum"与所有制直接对译。在百周年纪念版出版之前，无论使用日语、英语还是德语母本，都将第一章上述七处"Eigentum"，译为"财产"⑦。陈溥贤、胡汉民摘译了《共产党宣言》第一章这七句中的前两句，将"Eigentum"译作汉语传统词语"所有"⑧。马克思和恩格斯共同为《共产党宣言》1882 年俄文版作序，表达他们对俄国公社土地所有制的看法。博古在翻译这篇序言时，第一次将俄语词"собственность"译为所有制⑨。百周年纪念版直接参考德语母本，当然也受到俄语母本的

---

① 《马克思恩格斯全集》第 4 卷，人民出版社，1958，第 471 页。
② 《马克思恩格斯全集》第 4 卷，人民出版社，1958，第 471 页。
③ 《马克思恩格斯全集》第 4 卷，人民出版社，1958，第 472 页。
④ 《马克思恩格斯全集》第 4 卷，人民出版社，1958，第 472 页。
⑤ 《马克思恩格斯全集》第 4 卷，人民出版社，1958，第 477 页。
⑥ 《马克思恩格斯全集》第 4 卷，人民出版社，1958，第 477 页。
⑦ 吕延勤主编《马克思主义在中国早期传播史料长编：1917—1927》上卷，长江出版社，2016，第 26 页。
⑧ 吕延勤主编《马克思主义在中国早期传播史料长编：1917—1927》上卷，长江出版社，2016，第 57 页。
⑨ 〔德〕马克思、恩格斯：《共产党宣言》，中华书局，2011，第 10 页。

影响。在苏联外国文书籍出版局工作的谢唯真，综合参考了恩格斯审定的英文母本和 1848 年、1890 年两个德文母本，将第一章上述七处分别译作"所有制""所有制""所有制""所有制""所有制""私产""财产"，第二章有四处译作"所有权"，有一处译为"所有制"。这里不仅第一次在历史唯物主义分析性语句中译出了"所有制"，而且在末章把共产主义运动的根本问题，译为所有制问题，所有制被作为马克思主义中国化的核心概念确立下来。自马克思和恩格斯"Eigentum"一词传入中国，到形成汉语所有制概念，半个世纪中经过财产—所有—财产—所有权—所有制五个译词变化，特别是"财产"直译法，曾经流传很广。1920 年 11 月，用中英两种文字写成的《中国共产党宣言》，也是使用"财产"一词。[1] 所有制作为一个政治经济学概念，是指社会生产过程中占有和支配生产资料的经济制度；所有权是这种经济制度在法律上的具体体现和运作方式，是一个法律术语；财产（所有物）则是指实际占有状态。所有制概念在百周年纪念版中被译出，百周年纪念版不仅实现"Eigentum"的意义再生产，而且迅速推动三层含义在《共产党宣言》汉译本中各就各位。人民出版社 1958 年出版的《马克思恩格斯全集》第四卷，收录了《共产党宣言》，该译文除保持百周年纪念版第一章中上文五处"所有制"译法，在第二章两句四处，进一步将"所有权"改译为"所有制"："法国革命废除了封建的所有制，而代以资产阶级的所有制"[2]，"共产主义的特征，并不是要废除一般的所有制，而是要废除资产阶级的所有制"。[3] 事实上，百周年纪念版译本和 1958 年中央编译局译文，皆是谢唯真负责译校，同一个人时隔十年，多处将同一母词由"所有权"改译成"所有制"，充分体现了马克思主义概念中国化的影响。特别需要指出，1956 年 6 月 18 日至 11 月 19 日，毛泽东阅批英文版《共产党宣言》，对许多重要单词包括一些重要术语、概念进行英汉对译。在阅批第二章"共产主义革命就是要最坚决地打破过去传下来的所有制关系"[4] 一句时，毛泽东在英文"traditional property"下画

---

① 吕延勤主编《马克思主义在中国早期传播史料长编：1917—1927》上卷，长江出版社，2016，第 433 页。
② 《马克思恩格斯全集》第 4 卷，人民出版社，1958，第 480 页。
③ 《马克思恩格斯全集》第 4 卷，人民出版社，1958，第 480 页。
④ 《马克思恩格斯全集》第 4 卷，人民出版社，1958，第 489 页。

线，在左下侧标注译为"传统的""所有制"①。这样，在《共产党宣言》全文中，第一章将所有制概念用于历史唯物主义论证和资本主义批判，第二章展开所有制的历史形态，即封建的所有制、资产阶级所有制以及作为经济制度的一般所有制，末章将所有制问题归结为共产党行动纲领的根本问题。所有制成为贯穿《共产党宣言》汉译本始末的核心概念，成为马克思主义中国化的分析概念。表 9-1 展示了前文列出的第一章七处译词、第二章五处译词演变过程。民鸣摘译的《共产党宣言》第一章只译出了六处"财产"概念；陈振飞摘译的《共产党宣言》第一章也只译出了六处"财产"概念；陈溥贤、胡汉民的译文只译出了两处，都译作"所有"；陈望道的全译本、成仿吾和徐冰的全译本、博古的全译本、陈瘦石的全译本，这四个全译本在上述十二处的处理方式是一样的，即第一章七处都译作"财产"，第二章的五处也都译作"财产"；华岗译本的第一章七处全部译作"财产"，第二章的五处只译出了两处，也译作"财产"；百周年纪念版译本中，第一章七处中的前五处都译作"所有制"，第六处译作"私产"，第七处译作"财产"，第二章有四处译作"所有权"；毛泽东把第二章的一处译作"所有制"；表格最右侧的是《马克思恩格斯全集》第 4 卷（人民出版社，1958）收录的《共产党宣言》"Eigentum"一词翻译情况。可见所有制概念是经过 50 年来《共产党宣言》十余次重译确定下来的（见表 9-1）。

表 9-1　各译著（译本）对"Eigentum"一词的翻译情况

民鸣 （1908）	陈振飞 （1912）	陈溥贤 （1919）	胡汉民 （1919）	陈望道 （1920）	华岗 （1932）	成仿吾、 徐冰 （1938）	博古 （1943）	陈瘦石 （1943）	百周年 纪念版 （1949）	毛泽东 （1956）	中央编 译局 （1958）
财产	财产	所有	所有	财产	财产	财产	财产	财产	所有制		所有制
财产	财产	所有	所有	财产	财产	财产	财产	财产	所有制		所有制
财产	财产			财产	财产	财产	财产	财产	所有制		所有制
财产	财产			财产	财产	财产	财产	财产	所有制		所有制
财产	财产			财产	财产	财产	财产	财产	所有制		所有制
财产	财产			财产	财产	财产	财产	财产	私产		私产
				财产		财产	财产	财产	财产		财产

---

① 《毛泽东读书集成》第 1 卷，中央文献出版社，2013，第 27 页。

续表

民鸣 (1908)	陈振飞 (1912)	陈溥贤 (1919)	胡汉民 (1919)	陈望道 (1920)	华岗 (1932)	成仿吾、 徐冰 (1938)	博古 (1943)	陈瘦石 (1943)	百周年 纪念版 (1949)	毛泽东 (1956)	中央编 译局 (1958)
				财产	财产	财产	财产	财产	所有权		所有制
				财产		财产	财产	财产	所有权		所有制
				财产		财产	财产	财产	所有权		所有制
				财产		财产	财产	财产	所有权		所有制
				财产	财产	财产	财产	财产	所有制	所有制	所有制

赵必振所译"资本私有制必归全灭",至此已翻译成《共产党宣言》名句:"共产党人可以把自己的理论概括为一句话:消灭私有制。"[①] 这里的"私有制"德文母词为"Privat-Eigentums"。"私有制"成为在所有制科学概念基础上的专有术语,超越了 20 世纪之初的直观指称。正如毛泽东在《实践论》中所说:"感觉到了的东西,我们不能立刻理解它,只有理解了的东西才更深刻地感觉它。"[②] 通过所有制科学概念,中国人对"私有制"已经从感性认识上升到理性认识。陈望道、华岗、成仿吾和徐冰、博古主要将"Privat-Eigentums"翻译成"私有财产",陈瘦石主要缩译作"私产",百周年纪念版译作"私有财产权"[③],中央编译局(2014)译作"私有制"(见表 9-2)。

表 9-2　各译者(译本)对"Privat-Eigentums"的翻译情况

陈望道 (1920)	华岗 (1932)	成仿吾、 徐冰 (1938)	博古 (1943)	陈瘦石 (1943)	百周年纪念版 (1949)	中央编译局 (2014)
现代资本家的私有财产这件东西……	现代资本家的私有财产这件东西……	近代的资产阶级的私有财产是基于阶级矛盾……	现代的资产阶级的私有财产是基于阶级对抗……	现代资产阶级的私产则是这种制度的最终的……	现代的资产阶级的私有财产权是建筑在阶级对抗上面	现代的资产阶级私有制是建立在阶级对立上面

---

① 《马克思恩格斯选集》第 1 卷,人民出版社,2012,第 414 页。

② 《毛泽东选集》第 1 卷,人民出版社,1991,第 286 页。

③ 〔德〕马克思、恩格斯:《共产党宣言》,中华书局,2011,第 318 页。

陈望道 （1920）	华岗 （1932）	成仿吾、 徐冰 （1938）	博古 （1943）	陈瘦石 （1943）	百周年纪念版 （1949）	中央编译局 （2014）
你们恐怕我们废止私有财产……	你们恐怕我们要废止私有财产	因为我们要废除私有财产，你们就警吓起来	因为我们要消灭私有财产，你们就恐怖起来	我们要废除私产，你们觉得害怕	你们听见我们想要消灭私有财产权就惊慌起来	我们要消灭私有制，你们就惊慌起来
这种财产制度……	少数人的占有私有财产……	它（指私有财产——译者）之所以存在	它（指私有财产——译者）之所以存在……	这种财产制度	这种财产之所以存在……	这种私有制之所以存在
反对废止私有财产的人又会说，废止了私有财产……	反对废止私有财产的人又会说……	有人抗辩说，私有财产一废除……	人们提出反对的意见说，私有财产一消灭	反对废除私产的人说，私产废除以后……	有人反驳说，私有财产权一旦消灭的时候……	有人反驳说，私有制一消灭……

注："中央编译局（2014）"列下的译文摘自《共产党宣言》，人民出版社，2014。

由表 9-2 可知，"私有制"术语普遍出现，与所有制概念的产生是同步的。在所有制概念定型前，"Privat-Eigentums"多是直译作"私有财产"或"私产"，百周年纪念版译作"私有财产权"，陈望道、陈瘦石在个别地方带出（私有）财产制度的意思，证明在中国社会实践基础上，在语篇语境中的私有制术语意义逐渐产生。在马克思那里，"Eigentum"本身就是借用了古典思想家的术语而新增了"制度"的意义。维特根斯坦说过，一个词的意义就是它在语言中的用法。根据用法和语境，"Eigentum"有时被译作财产，有时被译作所有权，有时被译成所有制，并不违背马克思的意思。将"Privat-Eigentums"译作"私有制"，强调了要消灭的不是"私有财产"，而是维护、保护、保障"私有财产"的"制度"，这种翻译更符合马克思的原意。

三　中国马克思主义所有制概念疏义

马克思和恩格斯的德语概念"Eigentum"，经过英语"property"，再经过日语词"财产"，在汉语中被译为"财产""所有"，后被译作所有权，又对接俄语词"coбственность"，最后被译作汉语中的所有制概念。在《共产党宣言》百周年纪念版译本和中央编译局的译文中，财产（所有物）、所有权、所有制三个词出现在不同地方，对译"Eigentum"和"coбственность"。作为马克思主义和列宁主义经典著作概念母词，"Eigentum"和"coбственность"不仅促生了汉语中的所有制概念，而且帮助我们廓清了所有制、所有权和财产（所有物）的术语层次和意义关系。从摘译、节译到全译本，在语句、语段和语篇背景中，中国人通过日常生活语言解读财产、所有制和所有权等术语。正如恩格斯所指出："在经济关系方面的科学研究中，如我们所看到的，这些说法却会造成一种不可救药的混乱，就好像在现代化学中试图保留燃素说的术语会引起混乱一样。"① 中国人经过半个世纪的重译，借助日常生活术语又最终超越日常生活术语，确立了所有制作为研究经济关系的科学概念。

所有制作为政治经济学概念，是指它属于经济基础的范畴，在特定的生产方式中，所有制决定阶级划分和阶级关系，构成一个社会的基本经济制度，所有制变革也是社会革命和改革的重要方面。马克思在批评小资产者蒲鲁东、米尔伯格等人的政治短视时，鞭辟入里地指出他们"歪曲了经济关系，办法是把这种关系翻译成法律用语"②。所有制作为马克思主义中国化的概念产物，最大限度地弘扬了经典作家的概念意指。财产（所有物）、所有权属于法律术语，是所有制通过法律规范借以实现的形式，但是，所有制作为政治经济学概念，不单单是通过法律，还会通过社会组织形式和社会意识形式来实现和巩固，所有制的概念内涵和外延都远远超出所有物、所有权。

从拉丁语词源"dominium"（拥有）到德语词根"Eigen"（自己的）看，近代西欧资产阶级财产观念和产权观念，表现在他们从实体思维来运用"Eigentum""property"上，他们把财产和产权看作独立个人身体的延伸和自由的保障。在"Eigentum"概念中国化过程中，学者借助中国传统的关系思维进而把握马克思主义经典作家的辩证思维，从关系概念而非实体概念去理解所有制，深刻地把握了马克思主义所有制概念的精深之处。

---

① 《马克思恩格斯选集》第3卷，人民出版社，2012，第261~262页。
② 《马克思恩格斯选集》第3卷，人民出版社，2012，第252页。

《辞海》对"所有制"的解释是：人们对物质资料的占有形式，通常指"生产资料所有制"。[①]《现代汉语词典》则直接将所有制界定为生产资料所有制：生产资料归谁占有的制度，它决定人们在生产中相互关系的性质和产品分配、交换的形式，是生产关系的基础。[②] 实际上，《现代汉语词典》的解释是狭义的，《辞海》的解释更符合经典作家所有制概念本义。从形式上看，物质资料可以分成生产资料和生活资料，但在阶级社会特别是资本主义社会，哪些是生产资料，哪些是生活资料，在现实中无法区分，做这种区分也没有实际意义。只有到了共产主义社会，生产资料归社会所有，生活资料归个人所有，而且由于按需分配，个人没必要也不可能追求生活所需之外的物质资料，生产资料和生活资料才能够在实际上被分清楚，而这种区分不在法权和制度调节的范围内。因此，所有制概念本义是指整个物质资料所有制，但在实现按需分配之前，通常指生产资料所有制。

四　中国马克思主义者的所有制话语体系

话语体系就是概念的群落，旨在解释现实，赋予社会实践价值和指明社会实践方向。所有制概念作为中国马克思主义政治经济学范畴，蕴含着一个解释现实、赋予实践意义的概念群落，还是一个追求理想社会的意识形态动力体系。这一概念群落中包括所有制结构、所有制实现形式、公有制、私有制、地主所有制、资产阶级所有制、社会所有制、多种所有制等，马克思主义所有制概念中国化形成了一套所有制话语体系。

消灭私有制话语。从马克思主义传入中国到新中国成立半个世纪所形成的所有制话语，包括私有制、地主所有制、帝国主义、垄断资本、官僚资本等术语。我们用由这些术语构成的话语论述私有制（包括帝国主义、官僚资本主义和封建主义的私有制）是各种苦难的根源，革命就是要推翻私有制，建立美好的实行公有制的理想社会。中国最早介绍、引介马克思

① 《辞海》，上海辞书出版社，1999，第2033页。
② 《现代汉语词典》，商务印书馆，2012，第1250页。

主义的思想者都不是纯粹的理论家，他们引介马克思主义的目的是救亡图存、改变中国的面貌，而不是做纯理论研究，他们更加注重马克思主义理论中能激发人们革命斗志的成分，所以"阶级斗争""暴力革命"等内容很早就被介绍到了中国，"所有制"就属于这一行列。新中国成立之前，马克思主义理论界还没有将"Eigentum"翻译成"所有制"，但马克思主义的传播已经逐渐形成了一套所有制话语体系，这一话语体系的核心实际上是《共产党宣言》"消灭私有制"的中国表达，强调私有财产制度是阶级剥削的基础，中国要获得解放就要推翻私有制。早期向国内介绍马克思主义的那些思想家几乎都摘译或介绍了共产主义社会要消灭私有制和剥削，实行生产资料公有制的思想。1919年李达在《民国日报》副刊《觉悟》上发表的《什么叫社会主义》《社会主义的目的》就明确提出"反对私有财产制"[①]。党的一大通过的纲领，直接提出："消灭资本私有制，没收一切生产资料，如机器，土地，厂房和半成品等，应悉归社会公有。"[②] 1924年，李大钊发表《社会主义下的经济组织》，明确提出"凡大资本的企业：铁路、矿山、轮船公司、承办运输事业、大规模的制造工业、大商店，收归国有，在人民会议代表人支配之下，照常办理"[③]。毛泽东则更为具体地将我们要推翻的对象归结为帝国主义、官僚资本主义和封建主义这"三座大山"，实际上这"三座大山"就是三种私有制形式。毛泽东在"七大"的口头政治报告中，真真切切地把新民主主义经济纲领归结为《共产党宣言》中的一句理论概括："共产主义的纲领就是消灭私有制。"[④] 井冈山时期打土豪时，很多农民认为把地主的财产分给他们，这就叫共产主义。毛泽东指出这当然不对。[⑤] 可见，在所有制科学概念中国化进程中，中国马克思主义者已经明确区分了财产与所有制概念，从而推动中国革命超越旧式的劫富济贫，而能够在马克思主义指导下进行所有制变革，进行阶级关系变革，从而进行现代民族国家建设过程中的国体、政体设计。

---

① 《中共党史参考资料》第1册，人民出版社，1979，第229页。
② 吕延勤主编《马克思主义在中国早期传播史料长编：1917—1927》上卷，长江出版社，2016，第697页。
③ 《李大钊全集》第4卷，人民出版社，2006，第135页。
④ 《建党以来重要文献选编（一九二一——一九四九）》第22册，中央文献出版社，2011，第216页。
⑤ 《毛泽东文集》第3卷，人民出版社，1996，第323~324页。

社会主义公有制话语。从新中国成立到改革开放前，这个时期的所有制话语主要包括：私有制改造、公有制、国家所有制、集体所有制，以及由此衍生出来的人民公社、生产大队、生产队、生产小组等各级所有制。所有制话语从革命年代向建设年代的转变也有一个过程，在这一过程中各所有制经济成分的转变呈现如下逻辑。第一，私有制经济成分的地位逐渐下降，其被边缘化。革命年代中国共产党允许甚至鼓励私营经济的存在和发展，而且在新中国成立之初，也允许民族工商业的存在和发展，在讨论"何时消灭私有制"问题时，毛泽东、刘少奇、周恩来等都曾认为全国胜利后还要15~20年，也就是说，新中国成立前后党中央并没有立即消灭私有制的设想。1952年后形势发生变化，毛泽东等领导人开始考虑私有制的社会主义改造问题，私有经济逐渐被改造成了公有制经济成分，这意味着社会主义经济基础建立起来。第二，在公有制经济成分中，公有的范围和程度是从小到大发展的，全民所有制高于集体所有制，公社所有制高于大队所有制，大队所有制高于生产队、生产小组所有制。斯大林《苏联社会主义经济问题》一书于1952年翻译成汉语，之后苏联科学院经济研究所编写的《政治经济学教科书》也翻译成汉语传入国内，这两本书在国内产生了重要影响，把公有制当成社会主义唯一的经济基础，把扩大提高公有制范围和程度看作社会主义经济发展。

中国特色社会主义基本经济制度话语，包括公有制主体地位、多种所有制、非公有制、所有制结构、所有制实现形式等术语。我国改革开放的历史和逻辑起点，就是廓清所有制与所有权的不同层次，在经济制度上保持公有制主体地位的前提下，在法律层面实行所有权与使用权分开，两权分开的具体方式又成为所有制的多种实现形式。党的十五大在所有制结构意义上，将"公有制为主体、多种所有制经济共同发展"确定为社会主义初级阶段基本经济制度，所有制成为社会主义基本经济制度的核心概念，在中国特色社会主义实践中，我们廓清了法律规范意义上的所有权术语的不同含义。2015年11月23日，在中共中央政治局第二十八次集体学习时习近平强调："坚持和完善社会主义基本经济制度……毫不动摇巩固和发展公有制经济，毫不动摇鼓励、支持、引导非公有制经济发展，推动各种所有制取长补短、相互促进、共同发展。"① 在中国特色社会主义基本经济制度话语中，所有制、所有权、财产（所有物）内涵明确、外延清晰。所有制属于经济制度，要在生产关系意义上适应社会主义初级阶段生产力水平，实现公有制为主体、多种所有制经济共同发展；为了实现各种所有制经济共同发展，要在经济运行的法律规范框架下，探索所有权与使用权分开的有效实现形式，以发挥公有制经济主导作用和激活非公有制经济活力；多种所有制经济取长补短、相互促进，才能使社会财富充分涌流，各种所有制经济共同构成中国特色社会主义市场经济的有机组成部分。

---

① 《十八大以来重要文献选编》（下），中央文献出版社，2018，第4~5页。

第十章 马克思"社会存在"概念的汉译及其内涵流变

　　社会存在是马克思唯物史观的核心范畴之一，唯物史观的基本问题被表述为社会存在决定社会意识，在《〈政治经济学批判〉序言》中，马克思将唯物史观阐释为"不是人们的意识决定人们的存在，相反，是人们的社会存在决定人们的意识"①。学界对社会意识内涵的理解基本达成了共识，但对社会存在的理解却存在一定的分歧和争议，辨析社会存在内涵的讨论从 20 世纪 80 年代一直持续到现在，本章无意于继续这一讨论，而是试图在以马克思文本为依据辨析社会存在概念的基础上，探讨这一概念在汉语语境中的翻译及其内涵的理解与解释的衍变情况。

一　社会存在概念译名的考证与辨析

　　马克思主义是舶来品，马克思主义理论当中的一些概念在传统汉语中并没有对应词，在马克思主义翻译和传播过程中，一些概念是通过译自日语，或根据意义改造汉语中的某个词语或者干脆创造一个新汉语词语等途径形成的，后来这些词语逐渐被大家了解熟悉，成为确定的译法和基本概念，马克思主义诸多概念的汉译丰富了汉语的词汇。社会存在并不是中国的本土概念，而是在马克思主义翻译和传播过程中逐渐形成的。

---

　　① 《马克思恩格斯选集》第 2 卷，人民出版社，2012，第 2~3 页。

李大钊在写于 1919 年的《我的马克思主义观》一文中讲到唯物史观 "见于《共产党宣言》中的"时候，摘译《共产党宣言》的部分文本，其中有第二章名言："人人的观念、意见及概念，简单一句话，就是凡是属于人间意识的东西，都随着人人的生活关系，随着其社会的关系，随着其社会的存在一齐变化。这是不用深究就可以知道的。那思想的历史所证明的，非精神上的生产随着物质上的生产一齐变化而何？"[1] 这里已经明确使用社会存在概念解释唯物史观。李大钊所摘译的这段话在中央编译局最新版《共产党宣言》单行本（2017 年）中译作"人们的观念、观点和概念，一句话，人们的意识，随着人们的生活条件、人们的社会关系、人们的社会存在的改变而改变，这难道需要经过深思才能了解吗？"[2] 这里的 "社会存在"对应的德文为"mit ihrem gesellschaftlichen Dasein"，实际上就是社会的（gesellschaftlichen）存在（Dasein），英文是"material existence"，法文是"sociales leur existence"，俄文是"общественное бытие"，[3] 日语是 "社会に存在する"。各国对这一概念的译法基本相同，都是"社会"和 "存在"的结合。对这一句话，陈望道翻译的第一个《共产党宣言》全译本是这样翻译的："人底理想，意见，观念，简单说，就是人底自觉这件东西，跟着物质的生活状态，社会的关系和社会的生活变化而改变，岂不是什么人都晓得的吗？"[4] 陈望道在这里没有把"Dasein"的意思翻译出来，当然把"社会存在"译作社会生活也有一定道理，因为海德格尔已经明确强调了"Dasein"的过程性。博古 1943 年的《共产党宣言》全译本的译法是："人们底（的——引者注，下同）观念、观点与概念，一句话，他们的意识，是随着他们生活状况、社会关系与社会存在的变动而变动着。要理解这点，难道需要深邃的思想吗？"[5] 这一译本明确使用了"社会存在"概念。综合考察《共产党宣言》（汉译纪念版）中所收入的新中国成立前《共产党宣言》的诸译本（参见表 10-1），我们还可以看到：新中国成立前《共产党宣言》的译本中多译作"社会生活"，只有博古和成仿

---

① 《李大钊全集》第 3 卷，人民出版社，2006，第 25 页。

② 《马克思恩格斯选集》第 1 卷，人民出版社，2012，第 419~420 页。

③ 韦正翔：《〈共产党宣言〉探究——对照中、德、英、法、俄文版》，中国社会科学出版社，2013，第 332 页。

④ 〔德〕马克思、恩格斯：《共产党宣言》，陈望道译，社会主义研究社，1920，第 34 页。

⑤ 〔德〕马克思、恩格斯：《共产党宣言》，博古校译，延安解放社，1943，第 48 页。

吾、徐冰译本译作"社会存在",还有就是李大钊的摘译也译作"社会存在",实际上只有译作"社会存在"才把文中的"Dasein"译出来了。那么"Dasein"有生活的意涵吗?确实在马克思的著作中,社会存在也有社会生活条件的内涵,译作社会生活也不是没有道理,所以"社会存在"和"社会生活"两种译法同时存在,但随着马克思主义在我国的传播,"gesellschaftlichen Dasein"逐渐被广泛译为"社会存在"。新中国成立后1958年出版的《马克思恩格斯全集》第四卷收录了《共产党宣言》全文,该译本将之译作"社会存在"①,之后的各个译本都统一译作"社会存在"。值得一提的是台湾地区的译法不同于中央编译局的译法,对于上面的那句话,台湾地区的唐诺译本译:"这需要什么深刻的洞视之力才能理解吗?人的思想、视野、概念,或总括的说,人的意识,难道不是随着他的物质条件、随着他社会关系和社会生活的改变而改变吗?"②很显然,这里译作"物质条件"受英文"material existence"的影响,但增加"社会关系"和"物质生活"是觉得用"物质条件"不足以表达马克思的"gesellschaftlichen Dasein"之义。应该说社会存在概念包含社会关系和社会生活条件等内容。社会存在概念译名的确定是综合考虑了多种因素,社会存在是物质生活条件的综合(主要是生产方式),而社会生活概念范围略小于社会存在,所以译作社会存在更加符合马克思的原意。

表 10-1　新中国成立前各译本"gesellschaftlichen Dasein"的翻译情况

译本	华岗译本 (1932)	成仿吾、徐冰译本 (1938)	陈瘦石译本 (1943)	百周年纪念版 (1948)
译法	社会生活	社会存在	社会生活	社会生活

上文我们以《共产党宣言》的若干译本为例考察了"gesellschaftlichen Dasein"的翻译情况,马克思恩格斯的其他著作的情况也基本是这样的,这里不再赘述。总之"社会存在"译名的确定也经历了一个过程,开始的时候,翻译者并没有统一译作"社会存在",而是存在不同的译法,后来逐渐确定了译法。译法的确定有助于马克思主义在中国的传播和大众化,

① 《马克思恩格斯全集》第4卷,人民出版社,1958,第488页。
② 〔德〕马克思、恩格斯:《共产党宣言》,唐诺译,脸谱出版社,2001,第115~117页。

也有助于人们对马克思主义理论的深入理解。但一个概念的形成不只是译名的确定，更重要的是对内涵的理解。

二　社会存在概念内涵的溯源

按照海德格尔的说法，存在的研究史就是存在的遮蔽史，人们用"存在者"代替了"存在"本身，"社会存在"概念中的"存在"也不是存在本身，而是"存在者"，甚至有的学者认为社会存在概念和辩证唯物主义的物质概念是一般和个别的关系，社会存在只是"物质"一般中的一个具体类别。虽然海德格尔以其独到的眼光察觉到了"存在"概念的问题所在，但我们已经习惯于用"存在"指代"存在者"了，一个概念能够顺畅地完成表达感情和思想的任务，那这个概念就是合理的。凡是存在的都是具有一定合理性的，所以作为"存在者"的社会存在概念也有其合理性，我们不去作海德格尔式釜底抽薪的解释，而是按照约定俗成的用法去理解社会存在概念。那么社会存在是什么样的"存在者"呢？马克思恩格斯在《德意志意识形态》中说："意识［das Bewußtsein］在任何时候都只能是被意识到了的存在［das bewußte Sein］，而人们的存在就是他们的现实生活过程。"① 也就是说，社会存在就是人们的"现实生活过程"，而"现实生活过程"所包含的内容很丰富，对于"社会生活过程"所包含的内容我们需要做一番梳理。虽然学界对"社会存在"的概念存在一定的争议，但一般人或者非专业的学者基本没有对这一概念作深入辨析，而是把它当作自明的概念接受下来，并用之去阐释唯物史观。对社会存在概念所作的解释多见于各种历史唯物主义的教科书，各种版本的历史唯物主义教材在解释社会意识的时候大多有较大篇幅，而在解释社会存在的时候往往只有寥寥数语，偏于笼统，这里我们以若干具有代表性的教科书的表述为线索来回溯"社会存在"概念的内涵演变。

最新也最具有权威性的教材是"马工程"的教材，2009 年出版的"马工程"教材《马克思主义哲学》一书指出，"物质存在有两种基本形

① 《马克思恩格斯选集》第 1 卷，人民出版社，2012，第 152 页。

态，即自然存在和社会存在"，"社会存在以自然存在为前提，包含着进入人的活动范围、影响社会生活的那一部分自然存在"。① 认为社会存在是物质存在的一部分，它包括"人化"了的自然部分和社会生活条件部分，该教材的解释较为笼统，没有做具体的说明，但正是这种较为笼统的解释才能够为争论各方所认同。

1994 年出版的由肖前任主编，黄楠森、陈晏清任副主编的《马克思主义哲学原理》代表了那一代学者的最高水平，该书上册对"社会存在"概念作出如下解释："社会存在作为社会生活的物质方面，它包括人们的物质活动及社会物质生活条件，其中包括人类赖以生存的自然地理环境，物质生活的主体——人口，但主要是指人们的物质生产活动即物质生产方式。"该教材还明确指出，"物质生产活动包括两种物质关系：一是人对自然的交换关系，二是人们之间的活动的交换关系"。社会存在是社会意识的来源和决定者，从这个意义上说，该教材还指出："社会存在作为一种'物质的关系'，当然有其自然物质前提，并有其物质承担者，但社会存在的物质性却不能由某种自然物质性去说明。例如，监狱、法院等社会现象都有其自然物质性，但它们却不属于社会存在的范畴。它们作为社会权力机构的'物质的附属物'，是绝对地从属于特定的政治制度的，而特定的政治制度则是由特定的经济关系所决定，并且是按照一定的政治观点建立的。""它不能决定什么，而它自己却是被决定的。"② 这一解释就较为具体了，认为社会存在包含物质生产方式、自然地理环境和人口因素，但值得注意的是该教材明确认定上层建筑不属于社会存在，监狱、法庭等虽然是物质性的客观存在，但它们更多的是被决定的，属于上层建筑范畴，所以不属于社会存在范畴。这一观点也反映了该教材对学术争论的评述，关于这一点下文还会继续探讨。

1991 年出版，由肖前、李秀林、汪永祥主编的《历史唯物主义原理》对社会存在是这样解释的，"社会存在是指不以社会意识为转移的社会生活的物质方面。标示同自然界的存在相区别的社会存在，它的最本质的东西就是社会的生产方式"，"把物质生活资料的生产方式规定为社会存在的

---

① 《马克思主义哲学》编写组编《马克思主义哲学》，高等教育出版社、人民出版社，2009，第 65 页。
② 肖前主编《马克思主义哲学原理》上册，中国人民大学出版社，1994，第 295~296 页。

本质内容，并不意味着把人口和自然环境完全排除在社会存在之外。人口、自然环境作为人类社会存在的必要前提，也是生产过程中必不可少的因素，已经部分地包含在生产方式之内。因此，在'社会存在'范畴中，没有必要再把人口和自然环境同生产方式并列起来。况且，人口和自然环境如果不同一定的生产方式相联系，就不能把社会存在同自然存在区别开来；人口和自然环境状况的不同，也不是构成各种社会形态、各种社会关系和各种社会意识之间本质区别的原因"。[①] 该教材强调，从社会存在决定社会意识的角度讲，没有必要单独把人口和自然环境拿出来讲。从文字表述上看，这一解释和由肖前任主编，黄楠森、陈晏清任副主编的教材较为近似，只是在这部教材中，编者认为没有必要把自然环境和人口因素明确表述出来。

艾思奇在1978年出版的《辩证唯物主义　历史唯物主义》一书中明确指出"社会存在最基本的是物质资料的生产方式"[②]。这本书初版于1961年，1978年出版的是第三版。艾思奇先生直接把社会存在概念解释为"最基本的是物质资料的生产方式"，但他只是说"基本的是"，那非基本的包括哪些，他在书中并没有具体说明，笼统地说，艾思奇的解释和之后的教材也没有原则性的分歧。

1935年由北平大学法商学院作为讲义印行，1937年由上海笔耕书店首次出版的李达的《社会学大纲》也讲到"社会的存在"概念，"所谓社会的存在，是人类社会的现实的生活过程，是人与人在生活资料的生产过程中发生的相互关系。简单点说，社会的存在，即是社会经济的构造"[③]。把社会存在解释成"生活过程"源于马克思恩格斯的《德意志意识形态》，而把社会存在解释成社会经济的结构，则是李达的理解和发挥，这一解释和之后的其他教材存在明显的出入。

苏联学者罗森塔尔和尤金编的《简明哲学辞典》对"社会存在"给出这样的解释，"马克思主义认为社会存在是社会物质生活条件，主要是生产方式以及社会的经济制度"[④]。这一解释的根源可以追溯到1938年由联共

---

① 肖前、李秀林、汪永祥主编《历史唯物主义原理》，人民出版社，1991，第18~19页。
② 艾思奇主编《辩证唯物主义　历史唯物主义》，人民出版社，1978，第204~205页。
③ 宋俭、宋镜明编《中国近代思想家文库：李达卷》，中国人民大学出版社，2015，第466页。
④ 〔苏〕罗森塔尔、尤金编《简明哲学辞典》，中央编译局译，生活·读书·新知三联书店，1973，第283页。

（布）中央审定的《联共（布）党史简明教程》的第四章第二节，而再往前还可以追溯到马克思恩格斯的《共产党宣言》和《德意志意识形态》。

中国早期历史唯物主义教科书对社会存在的解释大多可以追溯到斯大林的《辩证唯物主义与历史唯物主义》（把《联共（布）党史简明教程》第四章第二节单独拿出来成书）。《联共（布）党史简明教程》第四章第二节中多次使用"社会存在"概念来解释历史唯物主义，我们这里以1949年华东新华书店出版的《辩证唯物主义与历史唯物主义》为依据来看看斯大林的解释，"社会底精神生活所由形成的来源，社会思想，社会理论，政治观点和政治制度所由产生的来源，并不是要到思想，理论，观点和政治制度本身中去探求，而是要到社会底物质生活条件中，要到社会存在中去探求，因为这些思想，理论和观点等等，是这些社会存在底反映"，"社会存在怎么样，社会物质生活条件怎样，社会思想，理论，政治观点和政治制度也就会怎样"。① 很显然，在这里"社会存在"和"社会底物质生活条件"并列使用，几乎是同义词，那么什么是"社会底物质生活条件"呢？"首先，'社会物质生活条件'这一概念，当然是把环绕着社会的自然界，即地理环境包含在内，因为这个环境是社会物质生活所必要的和经常的条件之一，而且无疑是影响到社会底发展。"② "其次，人口底增长，居民密度底高低，当然也包含在'社会物质生活条件'这一概念中，因为人是社会物质生活条件中的必要成分，没有一定的最低限度的人口，便不能有任何社会物质生活。"③ 但这两个方面都不是物质生活条件中的决定因素，"既然如此，那么在社会物质生活条件体系中，究竟什么是决定社会面貌，决定社会制度性质，决定社会由这一制度发展为另一制度的主要力量呢？这样的力量，据历史唯物主义看来，便是人们生存所必需的生活资料谋得方式，便是社会生活和发展所必需的食品、衣服、靴鞋、住房、燃料和生产工具等等物质资料生产方式"④。在《联共（布）党史简明教程》中，社会存在概念的内涵表述得十分清晰，包括地理环境、人口因素和物质资料生产方式，其中物质资料生产方式是具有决定性的因素，这就是马

---

① 〔苏〕斯大林：《辩证唯物主义与历史唯物主义》，华东新华书店，1949，第17页。
② 〔苏〕斯大林：《辩证唯物主义与历史唯物主义》，华东新华书店，1949，第21页。
③ 〔苏〕斯大林：《辩证唯物主义与历史唯物主义》，华东新华书店，1949，第22页。
④ 〔苏〕斯大林：《辩证唯物主义与历史唯物主义》，华东新华书店，1949，第23页。

克思所谓的"物质生活条件的总和"。我国国内唯物史观教材的解释基本都来源于这一解释，只是各有详略而已，值得注意的是由肖前、李秀林、汪永祥主编的《历史唯物主义原理》强调自然环境和人口因素必须与生产方式相结合才是社会存在，这是对斯大林的解释的一种深化和发展，自然环境和人口因素如果不与生产方式相结合确实只是纯粹的自然因素，不能算社会存在。

值得注意的是，我国理论界也很注意西方马克思主义对社会存在的解释，卢卡奇在《关于社会存在的本体论》一书中也非常重视社会存在概念，他曾说："我们的考察首先想确定社会存在的本质和特性。……更确切地说，就不应忽视无机自然、有机自然和社会这三大存在类型之间的关联和差别。"[①] 卢卡奇强调要从无机自然、有机自然和社会这三大存在类型的比较中来界定社会存在概念。他的解释和我国教科书体系的解释相去甚远，但其解释因过于宏大而在我国理论界影响不大。

综观各类教科书和著作对社会存在概念的解释，我们可以发现，我国教科书对社会存在概念的解释基本源于《联共（布）党史简明教程》，可以说这是我国马克思主义哲学教科书的"鼻祖"，我国各种教科书对社会存在的解释大都根源于这一解释，而这一解释并非始于斯大林，再往前追溯可以追溯到马克思那里。马克思在《共产党宣言》中明确指出："人们的观念、观点和概念，一句话，人们的意识，随着人们的生活条件、人们的社会关系、人们的社会存在的改变而改变，这难道需要经过深思才能了解吗？"[②] 在这里，生活条件、社会关系和社会存在是递进关系，社会存在包含了社会生活条件和社会关系。在《德意志意识形态》中，马克思恩格斯直接将社会存在解释为社会生活过程，只不过《联共（布）党史简明教程》的解释更加清晰、更加有条理。

三　现阶段我国学界对社会存在概念内涵的争议

虽然教科书的理解具有权威性和明晰性，但学界并不都认同这一解

---

① 〔匈〕卢卡奇：《关于社会存在的本体论》，白锡堃等译，重庆出版社，1993，第3页。
② 《马克思恩格斯选集》第1卷，人民出版社，2012，第419~420页。

释，学界早在改革开放初就对社会存在概念存在争议，这里我们梳理概括学界的争论及其侧重点，以呈现学界对这一概念的理解情况。对于社会存在概念的内涵，国内学界的讨论可以分为两大类观点，一类可以概括为"窄派"，另一类可以概括为"宽派"。所谓"窄派"就是在较为狭窄的意义上来解释社会存在概念，"宽派"则是在较为宽泛的意义上来理解社会存在。前者坚持教科书上的观点，后者则试图突破教科书的解释，这两种解释的争议主要集中在 20 世纪 80 年代。

争议起自朱光潜先生，朱光潜先生对社会存在的解释属于我们所理解的"宽派"。1979 年，朱先生在《华中师院学报》（哲学社会科学版）第 1 期发表《上层建筑和意识形态之间关系的质疑》一文，该文在解读《〈政治经济学批判〉序言》"物质生活的生产方式制约着整个社会生活、政治生活和精神生活的过程。不是人们的意识决定人们的存在，相反，是人们的社会存在决定人们的意识"[①] 这句话的时候认为："这里上层建筑和经济基础同属于'社会存在'，而'精神生活'就是包括意识形态，只是社会存在的运动和变革在人们头脑中的反映。"[②] 很明显，这一理解与教科书的理解分歧较大，把上层建筑也归入了社会存在行列，文章发表后很快就有人撰文商榷。王锐生在《哲学研究》1979 年第 11 期发表《上层建筑属于社会存在吗？——与朱光潜先生商榷》一文，不同意朱光潜的理解，他认为，在唯物主义理论中，存在概念基本等同于"物质""自然"概念，而历史唯物主义的社会存在概念乃是人们的"社会物质生活条件"，他援引斯大林的解释认定社会存在包括"社会所处的自然环境即地理环境、人口的增长、人口密度的大小"等，当然更包括物质资料生产方式，但反对朱光潜将上层建筑纳入社会存在范畴的观点。[③] 张生桢在《国内哲学动态》1979 年第 11 期发表《政权、政权机构及其措施不属于社会存在》一文，认为判定政权及政权机构是不是社会存在的标准是看它是否具有第一性，而政权及其机构是由经济基础决定的，是派生的，不能算社会存在。[④] 该

---

① 《马克思恩格斯选集》第 2 卷，人民出版社，2012，第 2 页。
② 朱光潜：《上层建筑和意识形态之间关系的质疑》，《华中师院学报》（哲学社会科学版）1979 年第 1 期。
③ 王锐生：《上层建筑属于社会存在吗？——与朱光潜先生商榷》，《哲学研究》1979 年第 11 期。
④ 张生桢：《政权、政权机构及其措施不属于社会存在》，《国内哲学动态》1979 年第 11 期。

文也反对朱光潜的观点。其实前文提到的 1994 年出版的由肖前任主编，黄楠森、陈晏清任副主编的《马克思主义哲学原理》的观点也不同于朱光潜先生的解释。

继朱光潜和王锐生、张生桢开启学术争论之后，邹永图在《学术研究》1980 年第 5 期发表《对"社会存在"范畴的一些理解》一文，赞同支持朱光潜的"宽派"理解。他讨论评述了学界对社会存在范畴的几种理解，指出学界有人把社会存在等同于生产方式，这是一种狭窄化的理解；有人把社会存在等同于经济基础，经济基础确实属于社会存在，但二者又不能简单地画等号。关于社会存在与上层建筑的关系问题，一些人把这一关系归约为社会存在与社会意识的关系，这是不准确的，上层建筑固然有意识形态因素，但它是经济基础的集中反映，所以上层建筑也属于社会存在范畴。邹永图还对社会存在范畴所包含的内容作了分层（即他所说的"态"），"生产方式"是"第一态"，"经济生活"是"第二态"，"政治生活"是"第三态"，"各态之间又具有不同的地位与作用，具有从属与制约关系"。[1] 邹永图认为社会存在范畴包括生产方式、经济生活和政治生活三个层面，当然也就把上层建筑因素包括进了社会存在范畴。对于这一观点张云勋旋即发表《略论"社会存在"与"社会意识"范畴——兼与邹永图同志商榷》（《学术研究》1981 年第 3 期）一文与其商榷。他认为，邹永图把上层建筑归入社会存在范畴是机械地套用了物质和意识的范畴，任何意识都有物质外壳，如果就此而将其归于存在的话，那就不能准确地理解社会存在和社会意识了，因此上层建筑不能归入社会意识。[2] 对此，邹永图予以回应，发表《对"社会存在"范畴的再理解——兼答张云勋同志》（《学术研究》1981 年第 5 期）一文，指出上层建筑虽然有意识形态因素，但它不受意识决定，是统治阶级和被统治阶级关系的客观反映，它不只是"社会意识的物质表现"，[3] 坚持认定上层建筑属于社会存在范畴。对此，张云勋再发文《再论社会存在和社会意识范畴——兼与邹永图等同

---

[1] 邹永图：《对"社会存在"范畴的一些理解》，《学术研究》1980 年第 5 期。

[2] 张云勋：《略论"社会存在"与"社会意识"范畴——兼与邹永图同志商榷》，《学术研究》1981 年第 3 期。

[3] 邹永图：《对"社会存在"范畴的再理解——兼答张云勋同志》，《学术研究》1981 年第 5 期。

志再商榷》(《学术研究》1982 年第 5 期)。与此同时,何梓焜发表《从普列汉诺夫的"五项论"看"社会存在"与"社会意识"范畴——兼与张云勋、邹永图同志商榷》(《学术研究》1982 年第 2 期);焦风贵发表《上层建筑设施属于社会存在吗?》(《哲学研究》1982 年第 4 期)加入了争论。尤其是何梓焜,他以普列汉诺夫的《马克思主义的基本问题》为依据支持邹永图的观点,回应张云勋的某些质疑,以社会存在内涵的争议把这个问题的研究引向了深入,更为细致地讨论了上层建筑的一些具体问题。

"宽派"的观点除了把上层建筑、政治生活纳入社会存在范畴之中,还把其他要素纳入该范畴,此处简单概述。

把阶级斗争纳入社会存在。冉隆清在《国内哲学动态》1980 年第 2 期发表《阶级斗争属于社会存在吗?》,针对关锋等学者认为阶级斗争属于社会存在的观点提出了批评,他指出,列宁认为社会存在就是"经济制度"和"经济关系"所包含的内容,斯大林明确提出"社会存在"即"社会物质生活条件",包括生产方式、自然环境、人口的增长和人口的密度等,而阶级斗争是由生产方式所决定的,但阶级斗争本身不属于生产方式的范围,他还逐一论证了阶级斗争的三种形式(思想斗争、政治斗争、经济斗争)都不属于社会存在范畴。[1] 虽然把阶级斗争纳入社会存在遭到了很多批判,但这种观点也算是"宽派"的一种解释。

把精神现象纳入社会存在。王荫庭撰文《"社会存在"范畴释义》(《中国社会科学》1992 年第 1 期)指出,社会存在是指人类社会的一切物质现象和精神现象,把精神现象也纳入了社会存在。[2] 把物质现象纳入社会存在范畴没有问题,把精神现象纳入社会存在突破了教科书的解释。何祚榕撰《〈"社会存在"范畴释义〉商榷》(《中国社会科学》1992 年第 6 期)一文,虽不赞同王荫庭的一些观点,但却赞同他对社会存在范畴所作的新界定,即认为社会存在是指人类社会的一切物质现象和精神现象。把精神现象纳入社会存在是一种新解释。

社会存在是社会生活过程。吴凤娟发表《试论"社会存在"范畴》[《复旦学报》(社会科学版)1985 年第 5 期]指出,社会存在是历史的产

---

[1]　冉隆清:《阶级斗争属于社会存在吗?》,《国内哲学动态》1980 年第 2 期。

[2]　王荫庭:《"社会存在"范畴释义》,《中国社会科学》1992 年第 1 期。

物，纯粹自在的自然无所谓社会存在，它处于不断发展变化之中，而且包含多种复杂因素，多个层次相互交织，因此把社会存在界定为"人们的实际生活过程"是恰当的。① 表面看来吴凤娟的解释最符合马克思原意，该文的界定原封不动地搬用了马克思的文字，但她实际上还是从宽泛的意义上来解读"社会生活过程"的。

关于社会存在解释的情况，力新在《国内哲学动态》1981 年第 5 期发表《对社会存在范畴的一些不同理解》一文予以综述，他将学界对社会存在范畴的不同理解归纳为四种：社会存在等同于物质生活条件，以斯大林的解释为典型；社会存在等同于物质生产资料的生产方式，包括人类自身的生产和再生产，但不包括自然地理环境；社会存在等同于全部社会生活，包括物质资料生产方式、人类自身的生产、上层建筑和阶级、民族、家庭和其他关系；社会存在应包括客观化的社会意识形态。② 这四种观点基本涵盖了学界的全部认识，第一种和第二种属于笔者所谓的"窄派"的观点，第三种和第四种属于"宽派"的观点。

关于社会存在的讨论还在继续，但其所讨论的大问题基本奠基于 20 世纪 80 年代，总的来看"窄派"强调社会存在主要就是物质资料生产方式，甚至有人直接把社会存在与生产方式画等号，或者按照斯大林的界定把社会存在界定为物质资料生产方式、人口的变化和人口的数量。"宽派"则突破了斯大林的解释，强调回归马克思的观点，把社会存在界定为"社会生活过程"，而在对"社会生活过程"作解释的时候，把政治生活，甚至是精神生活也归入社会存在行列。20 世纪 80 年代争论的最核心的问题之一就是上层建筑到底是否可以归入社会存在行列，按照"宽派"的理解，上层建筑当然可以归入社会存在范畴。近年来关于社会存在概念内涵的争议在学界渐趋冷寂，但此前所争论的问题并没有解决，参与争论的人还是各执一词。不过学界对社会存在范畴的争论却把社会存在范畴的研究推向了深入，促使着学界去深入辨析斯大林、列宁、马克思和恩格斯的解释，甚至还有些人把西方卢卡奇和海德格尔的一些解释也引进对社会存在范畴的讨论，无疑这些讨论对社会存在范畴的研究都有积极意义。

---

① 吴凤娟：《试论"社会存在"范畴》，《复旦学报》（社会科学版）1985 年第 5 期。
② 力新：《对社会存在范畴的一些不同理解》，《国内哲学动态》1981 年第 5 期。

　　对于社会存在概念的内涵，我们认为过于宽泛的理解是失之偏颇的，因为马克思恩格斯在《共产党宣言》中明确指出，社会意识随着"社会存在的改变而改变"①，社会存在决定社会意识，意识形态及充盈着意识形态的上层建筑不应该划入社会存在范畴之内。现代的一些辞书也基本都是按照"窄派"的观点来理解社会存在概念，比如《汉语大词典》的解释是，"社会物质生活条件的总和，主要指物质生活资料的生产方式"②。《辞海》解释为"社会存在指社会物质生活过程，是人类赖以生存发展的物质条件，主要指物质资料的生产方式"③。这里特别强调了社会存在是"物质生活过程"，也就是说不包括精神生活。其余的一些辞书也都作类似的解释，应该说，辞书的解释是合理的。

　　社会存在概念在中国的翻译、传播和相关讨论推动了唯物史观在中国的介绍、传播和被人们所接受，尤其是新中国成立之后教科书体系的清晰界定提高了唯物史观的普及程度和大众化程度，唯物史观的分析方法已经成为各门社会科学自觉的研究方法，也已经成为广大人民群众分析现实、认识历史的方法了。

---

① 《马克思恩格斯选集》第 1 卷，人民出版社，2012，第 399 页。
② 《汉语大词典》第 7 卷，上海辞书出版社，1991，第 834 页。
③ 《辞海》，上海辞书出版社，2010，第 3434 页。

第十一章 唯物史观"人民"概念中国化与党的人民话语历史建构

人民是中国共产党的核心政治话语之一，该话语奠基于唯物史观，生成于马克思主义在中国的译介和传播。中国共产党建党之初就开始自觉建构人民话语，随着历史的变迁，人民话语的内涵也发生着与时俱进的嬗变，可以说，中国共产党自成立以来的一百年就是建构人民话语的一百年。本章试图探讨中国共产党人对人民话语的百年建构，总结其经验教训，为进一步构建人民话语提供历史借鉴。

一 马克思主义"人民"概念在中国的生成与阐释

中国共产党的人民话语来源于马克思主义的人民概念，人民概念是马克思主义的核心概念之一。在马克思主义经典著作中，人民概念彰显了理论的立场和落脚点。"人民"与"敌人"相对，"人民"代表了历史的发展趋势，而"敌人"则是历史发展的阻力。在不同的历史时期，"人民"与"敌人"的边界是不一样的，在资产阶级革命时代，"敌人"就是封建统治者，而"人民"就是资产阶级和人民大众。而在资本主义时代，整个社会日益分裂为资产阶级和无产阶级这两大阵营，马克思主义站在无产阶级立场上，认定资产阶级是"敌人"，而无产阶级是人民。资本主义社会

122

的阶级结构日益走向简单化，日益分裂为两个相互对立的阶级，这是历史的趋势，但在资本主义社会中，还存在一些中间阶级，比如农民、小资产阶级等，虽然他们不是真正的无产阶级，但在马克思主义经典作家那里，农民、小资产阶级也被划属"人民"范畴。

　　"人民"是马克思主义的一个重要概念，但从外文语境的"人民"概念到汉语语境中的"人民"概念也经历了一个词语翻译和意义生成过程。汉语"人民"一词古已有之，《诗经》有云："质尔人民，谨尔侯度，用戒不虞。"《孟子·尽心章句下》有云："诸侯之宝三：土地，人民，政事。"古汉语中的"人民"概念主要是指平民、草民、庶民、百姓，甚至是奴隶，凸显了地位的卑贱和低贱。在中国漫长的封建社会中，"民"就是臣民，臣民有"忠君"义务，"民"有了本领就应该"货与帝王家"，应该服务于君主。君主是主人，代表天来统治"民"，君主要有"驭民"之术，臣民应该无条件地服从君主的统治，"溥天之下，莫非王土；率土之滨，莫非王臣"，"君叫臣死，臣不得不死"是臣民的生存法则。因此，古汉语中的"人民"与马克思主义语境中的人民存在明显的差异。二者的共性在于，"人民"是社会的大多数，人民蕴含着巨大的社会力量，中国古代有"民为贵，社稷次之，君为轻"（《孟子·尽心章句下》）、"君者，舟也；庶人者，水也；水则载舟，水则覆舟"（《荀子·王制》）等言论，但都是站在封建统治者的角度来看"人民"力量的。古汉语的"人民"与现代汉语的"人民"区别在于，前者抹杀人的主体性，强调"人民"对封建统治者的服从，而后者则强调人的主体性、人民是国家的主人，前者是封建社会的产物，后者是现代民主政治的产物。近代以来，以丁韪良、林乐知、马礼逊、罗存德、麦都思等人为代表的传教士开始用"人民"对译英语的"people"，卫三畏的《英华韵府历阶》、丁韪良的《万国公法》就用"人民"对译英文的"people"和"citizen"等词语。[1] 这种对译从19世纪后期就开始了，也就是说近代以来，译界就开始逐渐习惯于用"人民"对译英语的"people"了（其德文是"Völker"，法文是"peuples"[2]），因

---

[1] 张丽婷、靳书君：《〈共产党宣言〉汉译本中"人民"概念的演进发展史探究》，《理论导刊》2019年第1期。

[2] 韦正翔：《〈共产党宣言〉探究（对照中、德、英、法、俄文版）》，中国社会科学出版社，2013，第324页。

此，在马克思主义经典著作汉译之初，译者们就开始用"人民"对译"peo-ple""Völker""peuples"了。但马克思主义经典著作汉译过程中，"人民"概念本身也发生了深刻的语义变迁，古汉语中"人民"的卑微、低贱等内涵逐渐被搁置，而"历史的创造者""社会的主人"等唯物史观内涵逐渐被充盈进"人民"概念之中，马克思主义经典著作的翻译是促成"人民"概念语义变迁的关键。也有学者指出，在人民概念的语义变迁过程中，日译是一个重要环节，马克思主义"人民"概念的汉译受到日译的影响，在马克思主义经典著作日译过程中，日本译者就用日本汉字"民众"对译"people"，这一译法对中国的马克思主义经典著作译者产生了一定的影响。[1]"人民"概念的翻译以及唯物史观关于人民群众是历史的创造者的理论在我国的传播深刻影响了中国人，也为中国共产党的成立奠定了理论基础，中国共产党在成立以来的一百年中一直致力于诠释和运用"人民"概念和唯物史观，并积极构建人民话语。

把"人民"字样与马克思主义的"Völker""people"对接起来开启了马克思主义人民概念汉语化的过程，在这个过程中，马克思主义"人民"概念被汉语词所明确表达，这是概念"词汇化"过程，所谓概念"词汇化"就是"对概念的命名，概念可以用一句话来表达，也可以用一个说明性或比喻性的词组、短语来表达"，概念被命名为某个词就是概念的"词汇化"。[2] 只有用汉语的某个词语明确表达出来，我们对概念的理解才会有清晰的前提。索绪尔说过，"若不是通过语词表达，我们的思想只是一团不定形的、模糊不清的浑然之物……在语言出现之前，一切都是模糊不清的"[3]，"人民"概念的汉译就是概念词汇化的表现，人们开始用一个明确的词表达马克思的某个思想。概念词汇化是马克思主义理论在中国传播，并对民众产生深刻影响的基础，有了这一明确的基础，中国人才能明确地了解马克思主义理论。

概念的接受不只是语词的接受，更重要的是概念所承载的思想的接

① 张丽婷、靳书君：《〈共产党宣言〉汉译本中"人民"概念的演进发展史探究》，《理论导刊》2019 年第 1 期。
② 〔日〕沈国威：《新语往还——中日近代语言交涉史》，社会科学文献出版社，2020，第6 页。
③ 〔瑞士〕费尔迪南·德·索绪尔：《普通语言学教程》，高名凯译，商务印书馆，1999，第157 页。

受。人民概念被中国共产党人接受的过程也是中国原有文化心理结构与马克思主义群众史观的结合过程,中华优秀传统文化中存在深厚的"民本"传统,这种文化心理结构是人民概念在中国得到传播和接受的文化基础,"人民"概念在汉语语境中的生成本身就是马克思主义与中华优秀传统文化相结合的典范。最能说明这一点的是李大钊从"民彝"史观向唯物史观的转变,李大钊在接受唯物史观之前持"民彝"史观,他在《民彝与政治》一文中指出:"视听之器,可以惑乱于一时,秉彝之明,自能烛照夫万物。"① 强调"民彝"的眼睛是雪亮的,能"烛照万物",李大钊所谓的"民彝"史观就是传统民本思想的体现,李大钊认为"民彝"的人性本善,在历史上发挥了巨大的社会作用,"把儒学传统中的心性理论与民本思想结合了起来,以心性理论来支撑民本思想、阐发民本思想、高扬民本思想"②。这种"民彝"史观与唯物史观中的群众的观点已经很接近了,为接受人民概念提供了文化心理基础。不只是李大钊,在中共早期领导人身上都有类似的表现。这是人民概念在汉语语境中生根发芽的土壤和根基。

二 人民概念的运用与人民的革命话语建构

"人民"概念的生成只是人民话语的前提,要真正成为对中国产生深刻影响的话语,还需要一个被中国人理解和运用的过程。中国共产党人理解、阐释和运用人民概念解决中国问题的过程就是人民概念逐渐转化为人民话语的过程。

(一)明确敌友是革命的"首要问题"

近代以来的中国积贫积弱,西方列强的入侵、封建统治者的腐败无能,使得中国逐渐沦为半殖民地半封建社会,中国共产党的产生是近代历史的必然选择,中国共产党成立之初就将人民视为自己的核心话语。人民话语建构的前提是要先明确人民的内涵和外延,哪些人是"人民",哪些

---

① 《李大钊全集》第 1 卷,人民出版社,2013,第 146 页。
② 李维武:《马克思主义哲学中国化与中国哲学的现代转型》,北京师范大学出版社,2021,第 389 页。

人是"敌人",这是人民话语建构的前提和重要方面,同时也是一个关涉革命成败的重大政治问题。

中共一大通过的中国共产党第一个纲领明确提出,"把工农劳动者和士兵组织起来"①。这里虽然没有明确使用"人民"字样,但"工农劳动者和士兵"就是人民的主体,这既是向世人明确申明自己的主张,以区别于其他党派,也是向全体党员提出要求,以组织人民、壮大力量。陈独秀在写于1921年的《和区声白讨论无政府主义》的信中说道:"所谓人民到底是些什么人?多少人?如此野心家烂仔都可随时以人民的名义修改于自己不便的法律,无政府党主张以公众的意见代替法律之大缺点正在此处,你如何反说这是无政府主义最完美的地方?"② 批判无政府主义只是借着人民的名义来为自己作掩饰,实际上没有真正把人民放在心上。李大钊在《平民政治与工人政治》(1922年7月)一文中批判了马萨莱客(J. G. Mosaryk)的"平民主义","因为他们所用的'人民'这一语,很是暧昧,很是含混。他们正利用这暧昧与含混,把半数的妇女排出于人民以外,并把大多数的无产阶级的男子排出于人民以外,而却僭用'人民'的名义以欺人"③。批判马萨莱客以人民的名义欺世盗名,打着人民的旗号,却把人民的大多数排除在外,马萨莱客把"妇女"和"大多数的无产阶级的男子"排除在外,李大钊的批判实际上强调了"妇女"和"大多数的无产阶级男子"也应该包含在"人民"之中。

"人民"与"敌人"相对,为了明确人民概念,党从成立之初就明确了敌人范畴,明确敌人的内涵有助于明确人民的内涵和外延。毛泽东在《中国社会各阶级的分析》(1925年12月1日)一文中探讨了"谁是我们的敌人?谁是我们的朋友"这个重要问题,所谓"朋友"实际上就是"人民","人民"概念与"敌人"概念相对应,毛泽东指出:"一切勾结帝国主义的军阀、官僚、买办阶级、大地主阶级以及附属于他们的一部分反动知识界,是我们的敌人。工业无产阶级是我们革命的领导力量。一切半无

---

① 《建党以来重要文献选编(一九二一——一九四九)》第1册,中央文献出版社,2011,第1页。

② 《建党以来重要文献选编(一九二一——一九四九)》第1册,中央文献出版社,2011,第44页。

③ 《建党以来重要文献选编(一九二一——一九四九)》第1册,中央文献出版社,2011,第111~112页。

产阶级、小资产阶级，是我们最接近的朋友。那动摇不定的中产阶级，其右翼可能是我们的敌人，其左翼可能是我们的朋友——但我们要时常提防他们，不要让他们扰乱了我们的阵线。"① 毛泽东对人民概念的外延作了具体而细致的分析，并强调不同的群体有不同的革命性。在 1933 年 10 月撰写的《怎样分析农村阶级》一文中，毛泽东对地主、富农、中农、贫农、工人（包括雇农在内）作了进一步的深入分析，并辨别了这些群体之间的差别。② 在 1939 年与延安的几位同志合写的课本《中国革命和中国共产党》的第二章第四节中还专门讨论"中国革命的动力"问题，明确指出，地主阶级是革命的对象，不是革命的动力；民族资产阶级带有两重性；中农是"无产阶级的可靠的同盟者，是重要的革命动力的一部分"；贫农占农民阶级的大多数，"是中国革命的最广大的动力，是无产阶级的天然的和最可靠的同盟者，是中国革命队伍的主力军"；现代产业工人是中国革命的"最基本动力"；而作为农村和城市的失业人群的"游民"则是一个动摇的阶层，一部分有参加革命的可能，而一部分则有被反动势力收买的可能。③ 人民概念所涵盖的群体并非铁板一块，无产阶级具有鲜明的革命性，是中国革命的"最基本动力"，民族资产阶级存在"两重性"，小资产阶级是"可靠的同盟者"，富农是"农村的资产阶级"，也存在两面性，而游民则是一个动摇的阶层，有可能参加革命，也有可能被反动势力所收买，我们应该以不同的政策对待不同的群体，以此充分激发"人民"概念所涵盖的群体的力量。

明确人民概念的内涵外延对于党的革命事业意义重大。科学界定人民概念的内涵外延，有助于充分调动各个阶层的积极性，最大限度壮大革命力量，孤立敌对势力。但在党的历史上，我们也出现过失误，1927 年，"当国民党准备实行叛变革命，要把无产阶级和农民丢了，要把我们和革命群众丢了的时候，我们还和它联合，这是右的机会主义"，国民党已经叛变革命了，我们还以他们为"人民"，还要"联合一切""反对斗争"，这必然造成重大损失。④ 这是右倾机会主义错误的表现，模糊了人民和敌

① 《毛泽东选集》第 1 卷，人民出版社，1991，第 9 页。
② 《毛泽东选集》第 1 卷，人民出版社，1991，第 127~129 页。
③ 《毛泽东选集》第 2 卷，人民出版社，1991，第 637~646 页。
④ 《毛泽东文集》第 2 卷，人民出版社，1993，第 401 页。

人的界限，把变成了"敌人"的人当成了"人民"。后来又出现了"左"倾盲动主义错误，"左"倾盲动主义与右倾机会主义无原则地扩大"人民"概念的边界相反，激进地缩小"人民"概念的边界，把原本可以纳入"人民"概念的群体划归"敌人"的范畴，甚至提出"有土皆豪，无绅不劣"的口号，这不利于壮大自我、孤立敌人。右倾机会主义无原则地扩大了"人民"概念的外延，而"左"倾盲动主义则缩小了"人民"的外延，把原本属于"人民"行列的阶层列为打击的对象，这两种错误都给我党带来重大损失。因此，科学阐发和划定"人民"概念的内涵外延对我党而言是一个意义重大的问题。

（二）申明人民的幸福是中国共产党领导革命的价值目标

人民概念内涵和外延的划定明确回答了"谁是人民、谁是敌人"这一根本问题，这既是对人民话语的建构，也是进一步建构人民话语的基础。人民话语的建构还体现在明确申明人民的幸福是党领导革命的价值目标。中国共产党依靠人民，最终是为了让人民过上幸福生活，这不只是政治话语建构，更是中国共产党的行动指南，是革命实践活动所追求的价值目标。

自建党起，中国共产党就明确申明，人民的幸福是党领导革命的价值目标，主张密切党与人民的关系。中国共产党自成立之日起就明确自己是"为无产群众奋斗的政党"。《向导》发刊词（1922 年 9 月 13 日）指出："现在最大多数中国人民所要的是什么？我们敢说是要统一与和平。"[1] 当时的中国，军阀割据，战乱频繁，人民生活在水深火热之中，统一与和平是人民的最大愿望，而这就是党要努力的方向。毛泽东在《〈政治周报〉发刊理由》（1925 年 12 月 5 日）中说得更加明确，"为什么出版《政治周报》？为了革命。为什么要革命？为了使中华民族得到解放，为了实现人民的统治，为了使人民得到经济的幸福"[2]。清晰而明确地申明，人民的解放和幸福是我们党的奋斗目标。

中国共产党不仅正面建构人民话语，还通过批评各种脱离人民群众的

---

[1] 《建党以来重要文献选编（一九二一——一九四九）》第 1 册，中央文献出版社，2011，第 179 页。

[2] 《建党以来重要文献选编（一九二一——一九四九）》第 2 册，中央文献出版社，2011，第 616 页。

倾向来强化人民群众的主体地位。在 1929 年 12 月的古田会议决议中，毛泽东批评了各种脱离人民群众的现象，强调要依靠群众、宣传群众。决议批评了"单纯军事观点"，指出，军队"除了打仗消灭敌人军事力量之外，还要负担宣传群众、组织群众、武装群众、帮助群众建立革命政权以至于建立共产党的组织等项重大的任务"，"单纯军事观点"可能"有走到脱离群众、以军队控制政权、离开无产阶级领导的危险，如像国民党军队所走的军阀主义的道路一样"。① 纠正这种"单纯军事观点"也是获得人民的认同和信任、壮大自身力量的重要方面。中国共产党还用"三大纪律八项注意"明确列出了"不拿群众一针一线""说话和气""买卖公平""借东西要还""损坏东西要赔""不打人骂人""不损坏庄稼""不调戏妇女"等。② 这有助于规范党和军队的行为，有效地维护良好的党群关系和军民关系。

（三）宣传人民唤醒人民壮大革命力量

唯物史观告诉我们，人民是历史的创造者，中国共产党一开始就明确意识到了这一点，很注意宣传群众，唤醒群众，充分依靠群众的力量。

人民是中国共产党的依靠力量，但中国"人民"的具体阶层还存在诸多局限性，需要中国共产党去唤醒人民，"中国经过了几千年的封建政治，人民生活基础自来都建设在农业经济上面，在这种政治经济之下的人民，自然缺乏政治上的感觉力与组织力"③。人民的觉悟和革命意识有待进一步的觉醒。《中国共产党第三次对于时局宣言》（1924 年 9 月 10 日）指出："我们早已看透了中国的病根是由于帝国主义的列强之剥削操纵及国内军阀之扰乱，非人民起来以革命的手段，外而反抗列强，内而解除军阀之政权及武装，别的方法都是药不对症，白费力气。"④ 革命是人民解放自己的唯一手段，而要革命就需要全体人民有强烈的革命意识，能够团结起来进

---

① 《毛泽东选集》第 1 卷，人民出版社，1991，第 86 页。
② 《建党以来重要文献选编（一九二一——一九四九）》第 24 册，中央文献出版社，2011，第 426 页。
③ 《建党以来重要文献选编（一九二一——一九四九）》第 1 册，中央文献出版社，2011，第 88 页。
④ 《建党以来重要文献选编（一九二一——一九四九）》第 2 册，中央文献出版社，2011，第 109 页。

行革命，中共建构人民话语的一个重要目的就是激发广大人民群众的革命意识："全国被压迫的人民！你们看呀：外国帝国主义刚刚构成这次内战，同时他们在华盛顿与伦敦之间便发起（由美国发起）干涉中国内政，采取强制号召各势力派和平会议的方式来亡中国。全国被压迫的人民呀！亡国的惨祸是由这次外国帝国主义构成的内战临头了！你们尚可希望军阀给你们以'正义'，帝国主义给你们以'和平'么？起来！起来！"① 宣传人民就是要鼓动人民的革命斗志，团结人民进行革命。《中国共产主义青年团第三次全国大会宣言》（1925 年 1 月）指出，"还有许多被压迫的人民未能觉悟，还有许多觉悟分子未能团结组织起来"②，致使敌人的势力和力量在发展壮大，因此当务之急就是唤起人民的觉悟，激发起人民的革命意识。

党尤其注重用马克思主义分析中国问题，以激发人民的革命意志。《中国第二次全国劳动大会宣言》（1925 年 5 月）指出："我们受痛苦的主要原因，就是外国帝国主义者侵略中国。外国帝国主义者为什么侵略中国？无非是想发财。发财就只有三个方法：（一）盗贼中国的财富，如占据矿山铁路收买原料等；（二）剥削劳苦人民，即是以低廉工资役使中国工人；（三）输入洋货。这三种发财的方法，都太不利于中国人民，尤其不利于中国工人。"③ 帝国主义之所以发财，根本原因是剥削了中国人民的劳动财富。《中共广东区执行委员会对于广东时局宣言》（1925 年 6 月 13 日）指出："广东的工友们！农友们！革命的军士们及各种被压迫的人民们，中国被压迫的人民被帝国主义者、军阀及与他们勾结的反动力量的压迫摧残，已经够了！中国被压迫的人民再不能忍受！"④ 这些宣传充满了激情，有助于激发群众革命意识，壮大革命力量。

政治话语建构的一个重要目的就是壮大自己的力量，孤立敌人。政治就是把自己人搞得多多的，把敌人搞得少少的，自己人就是人民，中共二

① 《建党以来重要文献选编（一九二一——一九四九）》第 2 册，中央文献出版社，2011，第 114~115 页。
② 《建党以来重要文献选编（一九二一——一九四九）》第 2 册，中央文献出版社，2011，第 276 页。
③ 《建党以来重要文献选编（一九二一——一九四九）》第 2 册，中央文献出版社，2011，第 365 页。
④ 《建党以来重要文献选编（一九二一——一九四九）》第 2 册，中央文献出版社，2011，第 382 页。

大通过的《关于共产党的组织章程决议案》明确指出，中国共产党是"无产群众奋斗的政党"，我们要"'到群众中去'要组成一个大的'群众党'"，① 党的一个重要任务就是争取群众，扩大自己的力量。毛泽东在《关于领导方法的若干问题》中指出："我们共产党人无论进行何项工作，有两个方法是必须采用的，一是一般和个别相结合，二是领导和群众相结合。"② 乃至于后来群众路线被确定为毛泽东思想活的灵魂之一。

新民主主义革命时期，我党积极构建人民话语，清晰界定了人民的内涵和外延，突出强调了人民是我党的主要依赖力量，强调要团结人民、宣传人民、调动人民革命积极性。不仅从理论上阐明了人民的内涵外延以及其重要性，还对人民灌注了深切的情感和价值。

三　人民概念的运用与人民的建设话语建构

革命年代建构人民话语重在明确人民的内涵外延，认清谁是我们的敌人、谁是我们的朋友；凝聚革命力量，最大限度壮大自己的力量，最大限度孤立敌人；申明党的主张，让更多的人了解共产党，支持共产党。社会主义建设时期人民话语的建构则重在凸显人民的主体地位，把人民当家作主落实为社会制度，用制度来保障人民当家作主。

在设计中华人民共和国各项制度的过程中，党的人民话语得到了充分的体现。拥有宪法性质的《中国人民政治协商会议共同纲领》第 1 条明确规定，"中华人民共和国为新民主主义即人民民主主义的国家，实行工人阶级领导的、以工农联盟为基础的、团结各民主阶级和国内各民族的人民民主专政"，第 4 条明确规定，"中华人民共和国人民依法有选举权和被选举权"，③ 新中国是"人民民主专政"的国家，人民是国家的主人，依法享有选举权和被选举权。新中国的名字叫"中华人民共和国"，政府叫"中央人民政府"、各级地方"人民政府"，武装力量包括"人民解放军""人

---

① 《建党以来重要文献选编（一九二一——一九四九）》第 1 册，中央文献出版社，2011，第 162 页。

② 《毛泽东选集》第 3 卷，人民出版社，1991，第 897 页。

③ 《建国以来重要文献选编》第 1 册，中央文献出版社，1992，第 2 页。

民公安部队""人民警察","中华人民共和国的国家政权属于人民。人民行使国家政权的机关为各级人民代表大会和各级人民政府"。① 很多机构的名字中都冠以人民字样,比如"人民政治协商会议""中央人民政府人民革命军事委员会",还成立了"人民法院""人民检察院""人民银行"等。中华人民共和国是在中国共产党的领导下成立的,党的人民话语最集中地体现在国家制度设计上。

人民话语不仅体现在名称上,还体现在社会主义建设的最终目的上。1950 年 2 月 6 日《人民日报》发表一篇题为《学会管理企业》的社论,其中明确提出:"我们应该使国家面目一新。我们应该首先替国家打算,替全国人民打算。我们要负起责任来,有计划、有步骤地克服当前的困难,逐渐把贫穷破产的国家变成富强,把人民的饥寒交迫的生活变成丰衣足食,领导人民一直走向我们理想的幸福的社会,社会主义的社会。"② 中央还于 1950 年 2 月 12 日发布了《中共中央关于讨论和执行人民日报〈学会管理企业〉的社论的指示》,把这篇社论的观点上升为党中央的"指示"。建设社会主义的目的是"把贫穷破产的国家变成富强,把人民的饥寒交迫的生活变成丰衣足食"③,社会主义就是人们理想的幸福社会,建设社会主义就是为了让人民过上幸福生活。社会主义建设的探讨体现在很多方面,比如从所有制的角度探讨社会主义建设,从工业化的角度探讨社会主义建设,从统一战线的角度探讨凝聚力量建设社会主义等,但不管什么维度,其最终是为了人民的幸福,让人民群众过上好日子。

对人民概念有了新认识,对其内涵作了新阐发。如果说革命年代,弄清楚"什么是人民、什么是敌人"是关涉革命成败的根本性问题,那么建设年代的关键问题是如何"团结人民搞建设"。建设时期的"人民"概念延续了革命时期"人民"概念的主体内涵,在《论人民民主专政》一文中,毛泽东明确指出:"人民是什么?在中国,在现阶段,是工人阶级,农民阶级,城市小资产阶级和民族资产阶级。这些阶级在工人阶级和共产党的领导之下,团结起来,组成自己的国家,选举自己的政府。"④ 这四个

---

① 《建国以来重要文献选编》第 4 册,中央文献出版社,1993,第 15 页。
② 《建国以来重要文献选编》第 1 册,中央文献出版社,1992,第 109 页。
③ 《建国以来重要文献选编》第 1 册,中央文献出版社,1992,第 109 页。
④ 《毛泽东选集》第 4 卷,人民出版社,1991,第 1475 页。

阶级是革命时期"人民"概念的主体内容，建设时期，"人民"概念的这些主体内容得到了充分的肯定。1954 年通过的《中华人民共和国宪法》第 104 条明确规定"中华人民共和国国旗是五星红旗"①，五星红旗左上角的大红五角星代表中国共产党，四个小红五角星分别代表了毛泽东在《论人民民主专政》中提到的工人阶级、农民阶级、城市小资产阶级和民族资产阶级，这四个阶级作为人民概念的主体内涵被宪法所明确规定了下来。《中共中央宣传部关于"人民民主专政实质上就是工农民主专政"给三野政治部的指示》明确指出，"中国的人民民主专政，包括工人阶级、农民阶级、小资产阶级、民族资产阶级等四个阶级参加"②，明确了"人民民主专政"的主体力量就是人民，而人民主要包含了四个阶级，这四个阶级的"人民"地位越来越成为社会的共识。但建设时期的"人民"概念还包括了一些新内容，周恩来在《人民政协共同纲领草案的特点》中指出"'人民'是指工人阶级、农民阶级、小资产阶级、民族资产阶级，以及从反动阶级觉悟过来的某些爱国民主分子"③，除了上述四个阶级之外，"从反动阶级觉悟过来的某些爱国民主分子"也被纳入"人民"范畴，这也是为了进一步团结人民搞建设。新中国成立之初，我们不仅对"人民"概念有了一些新认识，对"人民"概念中的四个阶级也有不同的认识，工人阶级、农民阶级的"人民"地位十分明确，小资产阶级和民族资产阶级的"人民"地位似乎只具有过渡性质。周恩来 1953 年 9 月 8 日在《过渡时期的总路线》中指出："什么叫做社会主义？社会主义最基本的就是完成了社会主义改造，就是取消了生产资料的私人资本主义所有制，归国家所有了，就是农业、手工业集体化了。完成这个任务要经过相当长的过渡时期。"④ 社会主义就是要"取消生产资料的私人资本主义所有制"，而这也意味着资产阶级也将随之而覆灭，也就是说，小资产阶级和民族资产阶级是过渡性的阶级，迟早会走向消亡。毛泽东在 1953 年 7 月 9 日的《关于国家资本主义》一文中指出："中国现在的资本主义经济其绝大部分是在人民政府管理之下的，用各种形式和国营社会主义经济联系着的，并受工人

---

①　《建国以来重要文献选编》第 5 册，中央文献出版社，1993，第 542 页。

②　《建国以来重要文献选编》第 1 册，中央文献出版社，1992，第 105 页。

③　《建国以来重要文献选编》第 1 册，中央文献出版社，1992，第 17 页。

④　《建国以来重要文献选编》第 4 册，中央文献出版社，1993，第 349 页。

监督的资本主义经济。这种资本主义经济已经不是普通的资本主义经济，而是一种特殊的资本主义经济，即新式的国家资本主义经济。它主要地不是为了资本家的利润而存在，而是为了供应人民和国家的需要而存在。"①过渡时期的资本主义经济是在社会主义领导下的经济成分，是推动社会主义建设的重要力量，因此资产阶级也是"人民"的重要组成部分，即便是只具有过渡性质，也要尊重他们，尤其是不能急于提出消灭资产阶级的口号，这不利于社会主义改造。黄炎培把他准备在中国民主建国会北京市分会第四届会员大会上的讲稿呈送毛泽东审阅，毛泽东审阅后批示："讲稿用意甚好，惟觉太激进了一点，资产阶级多数人恐受不了，……要求资产阶级接受工人阶级的基本思想，例如消灭剥削，消灭阶级，消灭个人主义，接受马克思主义的宇宙观，或者如先生所说'没有劳动，没有生活，不从劳动以外求生活，不从自力以外求生活'，这就是要求资产阶级接受社会主义。这些对于少数进步分子说来是可能的，当作一个阶级，则不宜这样要求，至少在第一个五年计划时期不宜如此宣传。"② 这也说明，党很重视民族资产阶级工作，尽最大努力团结民族资产阶级，以推动社会主义改造和社会主义建设。

明确提出党的宗旨是为人民服务。中华人民共和国一切国家机关都是为人民服务的，这既是国家的政治话语，也是党的政治话语。《中国人民政治协商会议共同纲领》明确规定，"中华人民共和国的一切国家机关，必须厉行廉洁的、朴素的、为人民服务的革命工作作风，严惩贪污，禁止浪费，反对脱离人民群众的官僚主义作风"③。"共同纲领"有宪法的性质，这是用国家大法的形式把为人民服务的作风确立下来。1954 年的《中华人民共和国宪法》也明确规定，"一切国家机关工作人员必须效忠人民民主制度，服从宪法和法律，努力为人民服务"④。为人民服务成为国家机关的口号和标语。党自身的建设更是以为人民服务为根本宗旨，《人民日报》1956 年 1 月 1 日发表了题为《为全面地提早完成和超额完成五年计划而奋斗》的社论，该社论强调，在新民主主义革命时期，我们的党"积累了极

① 《建国以来重要文献选编》第 4 册，中央文献出版社，1993，第 312 页。
② 《毛泽东年谱（一九四九——一九七六）》第 1 卷，中央文献出版社，2013，第 593~594 页。
③ 《建国以来重要文献选编》第 1 册，中央文献出版社，1992，第 6 页。
④ 《建国以来重要文献选编》第 5 册，中央文献出版社，1993，第 525 页。

其丰富的经验，形成了一整套的适合于中国具体情况的政策，掌握了革命战争的战略战术，形成了全党一致的实事求是、艰苦朴素、为人民服务的工作作风"①，这是我党的优良作风，社会主义建设年代应该继续和发扬这些优良作风。刘少奇《在中国共产党第八次全国代表大会上的政治报告》强调："为了巩固我们党同人民群众的亲密联系，必须继续加强我们在各方面群众中的工作，尤其是必须在全体干部和党员中反复地进行全心全意为人民服务的教育。"② 党自身的建设就是要密切联系群众，要反复地进行全心全意为人民服务的教育。

在社会主义建设时期，党的人民话语建构体现在政权机构的名称上、政权机构的目的上、社会主义建设的最终目标上以及党自身宗旨上等各个方面。可以说，社会主义建设时期，人民话语的建构体现在社会的方方面面。虽然在社会主义建设时期，我们也曾出现过失误，混淆了"人民内部矛盾"和"敌我矛盾"两类性质矛盾之间的边界，但人民话语一直是主导性话语，这一点我们党是一以贯之的。

四　人民概念的运用与人民的改革话语建构

人是生产力中最革命的因素，解放和发展生产力首先要解放人，把人从"姓社姓资"的观念束缚中解放出来。改革开放以来，党领导人民探索出了一条适合中国国情的中国特色社会主义道路，这个时期的人民话语建构侧重于调动人民的积极性、主动性和创造性，尊重人民的物质利益，提高人民的生活水平，满足人民的物质文化需求。

（一）尊重人民的物质利益，调动人民的积极性、主动性和创造性

我们曾经把物质利益斥责为"资产阶级法权"，鄙视物质利益，但实践证明社会主义要解放生产力、发展生产力，就必须调动人民群众的积极性和创造性，必须尊重人民群众的物质利益，改善人民群众的物质生活。

---

① 《建国以来重要文献选编》第 8 册，中央文献出版社，1994，第 6~7 页。
② 《建国以来重要文献选编》第 9 册，中央文献出版社，1994，第 116 页。

邓小平 1981 年 3 月 24 日会见坦桑尼亚总统朱利叶斯·克·尼雷尔的时候说:"社会主义总要使人民生活逐步改善,人民群众的收入不断增加,当然也包括使整个国家一步一步地富强起来。难道穷就是社会主义吗?"① 贫穷不是社会主义,社会主义要改善人民的物质生活。同年在会见日本国际贸易促进协会会长藤山爱一郎一行的谈话中,邓小平指出:"几年来,我们贯彻执行了正确的方针和政策,人民的收入普遍增加了,特别是占全国人口百分之八十的农村的形势很好。这就决定了整个政治形势是很好的。"② 人民的收入增加了,生活水平提高了,积极性、主动性也就提高了,凡是能够调动人民群众积极性、创造性,推动生产力发展的体制机制都是适应生产力发展的,都应该是社会主义性质的,在"什么是社会主义、怎样建设社会主义"这个问题上,我们应该解放思想,不能被"姓社姓资"的问题束缚而裹足不前。解放生产力、发展生产力,这是社会主义的本质所在,也是人民幸福之所在。邓小平有着深厚的人民情怀,在为英国培格曼出版公司编辑出版的《邓小平副主席文集》英文版所作的序言中,邓小平动情地说,"我是中国人民的儿子,我深情地爱着我的祖国和人民"③。"三个代表"重要思想强调党始终代表最广大人民群众的根本利益,"我们党是代表最广大人民的根本利益的,所以全党同志的一切工作都是全心全意为人民服务的,都是为了实现好、维护好、发展好人民的利益,任何脱离群众、任何违反群众意愿和危害群众利益的行为都是不允许的"④。把"实现好、维护好、发展好人民利益"作为"三个代表"重要思想的重要内容。科学发展观强调"以人为本",而"以人为本的根本含义,就是坚持全心全意为人民服务,立党为公、执政为民,始终把最广大人民根本利益作为党和国家工作的根本出发点和落脚点,坚持尊重社会发展规律和尊重人民历史主体地位的一致性,坚持为崇高理想奋斗和为最广大人民谋利益的一致性,坚持完成党的各项工作和实现人民利益的一致性,坚持发展为了人民、发展依靠人民、发展成果由人民共享"⑤。在强调

① 《邓小平年谱(一九七五——一九九七)》(下),中央文献出版社,2004,第 724 页。
② 《邓小平年谱(一九七五——一九九七)》(下),中央文献出版社,2004,第 720~721 页。
③ 《邓小平年谱(一九七五——一九九七)》(下),中央文献出版社,2004,第 714 页。
④ 《江泽民文选》第 3 卷,人民出版社,2006,第 2~3 页。
⑤ 《胡锦涛文选》第三卷,人民出版社,2016,第 4 页。

坚持全心全意为人民服务宗旨的同时，把最广大人民的根本利益作为党和国家工作的"根本出发点和落脚点"，强调发展为了人民、依靠人民，发展成果由人民共享。而人民的利益和需要不是固定不变的，我们应该动态地看待人民的利益，"我们的事业在发展，社会在进步，人民群众的利益需求也在发展。实现群众的愿望，满足群众的需要，维护群众的利益，是一个动态的不断发展的过程。我们要细心体察群众愿望和利益要求的变化，使我们的政策措施更全面、更准确地反映群众利益，使我们的工作更好地、更有力地体现群众的利益"①。党要深入了解人民利益和需要的变化，以满足人民变化了的利益和需要。

（二）提高人民的生活水平，满足人民的物质文化需求

1981 年《关于建国以来党的若干历史问题的决议》写道："在社会主义改造基本完成以后，我国所要解决的主要矛盾，是人民日益增长的物质文化需要同落后的社会生产之间的矛盾。"② 既然社会的主要矛盾是"人民日益增长的物质文化需要同落后的社会生产之间的矛盾"，那党的工作重心就应该是解放生产力、发展生产力，以满足人民群众的物质文化需求。党的十九大根据中国特色社会主义进入新时代这个事实，指出"我国社会主要矛盾已经转化为人民日益增长的美好生活需要和不平衡不充分的发展之间的矛盾"③。改革开放 40 余年，我国经济社会发生了历史性变革，社会主要矛盾已经转变为"人民日益增长的美好生活需要和不平衡不充分的发展之间的矛盾"，人民群众的需要已经从基本需求提升为"美好生活的需要"，这是党领导人民推进经济发展的结果。而新时代要解决社会主要矛盾，就要实现高质量发展，以满足人民群众对美好生活的向往。改革开放以来，党是从人民群众的需要角度来关注社会主要矛盾的，这也意味着，满足人民群众的需要是社会发展价值目标。人民生活水平的提升不仅体现在物质生活水平的提高上，还体现在精神文化生活的改善上，邓小平在 1981 年 5 月 23 日会见北美主席戴维·洛克菲勒、日方委员长渡边武、

---

① 《十六大以来重要文献选编》（上），中央文献出版社，2005，第 404～405 页。
② 《三中全会以来重要文献选编》（下），中央文献出版社，1982，第 839 页。
③ 《十九大以来重要文献选编》（上），中央文献出版社，2019，第 8 页。

欧洲主席乔治·贝图安等三十五人组成的北美、日本、欧洲三边委员会成员时讲："我们在充分注意满足人民需要，逐步提高人民生活水平的同时，还要注意政治思想工作，其中心就是建设社会主义精神文明。"① 党明确提出了物质文明和精神文明"两手都要抓，两手都要硬"的主张。

(三) 批判脱离群众的倾向，建构人民话语

党不仅从正面建构人民话语，还从批判脱离群众的角度从反面推动人民话语的建构，最典型的表现就是对官僚主义的批评。邓小平曾经说，官僚主义的危害包括"高高在上，滥用权力，脱离实际，脱离群众，好摆门面，好说空话，思想僵化，墨守陈规，机构臃肿，人浮于事，办事拖拉，不讲效率，不负责任，不守信用，公文旅行，互相推诿，以至官气十足，动辄训人，打击报复，压制民主，欺上瞒下，专横跋扈，徇私行贿，贪赃枉法，等等"②。官僚主义严重影响了党群关系，党对官僚主义的抵制就是要在批评各种错误倾向的同时，引导党员干部全心全意为人民服务。在革命年代，我们党也非常重视抵制各种官僚主义倾向，社会主义建设年代，中国共产党成为执政党，更加需要反对和抵制官僚主义。党的十八大以来，对官僚主义的批评是党自身建设的重要方面，习近平总书记明确指出，要警惕"四大危险"、接受"四大考验"，其中"脱离人民群众"是"最大的危险"。

相对于改革开放之前，改革开放以来的人民话语建构有鲜明的特点。第一，尊重人民的物质利益，提高人民生活水平。从人民需求的角度确定社会主要矛盾，从人民富裕的角度理解社会主义，从为人民谋幸福的角度强调党自身建设。第二，改革不适应社会发展的体制机制，调动人民的积极性创造性，凸显人民的主体性。改革平均主义大锅饭，实行按劳分配，以先富带后富，提高人民群众的物质文化生活水平。第三，在满足人民群众的物质生活需求的同时，提高人民的精神生活品质，强调精神文明建设。第四，在抵制各种脱离群众的倾向中构建人民话语。

---

① 《邓小平年谱（一九七五——一九九七）》（下），中央文献出版社，2004，第743页。
② 《邓小平文选》第2卷，人民出版社，1994，第327页。

五 新时代人民话语的建构

党的十八大以来，党更加重视人民话语的建构，所强调的"坚持一切为了人民""坚持群众路线""坚持以人民为中心的发展思想""逐步实现全体人民共同富裕""促进人的全面发展"，以及"脱贫攻坚""全面建成小康社会""民生建设""共享"等都是对人民的关切和对人民话语的建构。

人民立场是党的根本立场。习近平《在庆祝中国共产党成立95周年大会上的讲话》强调："人民立场是中国共产党的根本政治立场，是马克思主义政党区别于其他政党的显著标志。"[1] 把人民立场提升为党的"根本立场"，这是对革命和建设年代党的人民观的继承和发展，继承和兼容了党的历史上所提出的人民话语，又把这一话语往前推进了一步。党的十九届六中全会通过的《中共中央关于党的百年奋斗重大成就和历史经验的决议》将"坚持人民至上"提炼为党的百年历史经验。

为中国人民谋幸福、为中华民族谋复兴是中国共产党的初心使命。在党的十九大报告中，习近平总书记明确指出："中国共产党人的初心和使命，就是为中国人民谋幸福，为中华民族谋复兴。"[2] 共产党人应该不忘初心、牢记使命，"坚持以人民为中心"，"坚持人民主体地位，坚持立党为公、执政为民，践行全心全意为人民服务的根本宗旨，把党的群众路线贯彻到治国理政全部活动之中，把人民对美好生活的向往作为奋斗目标，依靠人民创造历史伟业"。[3] 党的十九大之后，全党开展了"不忘初心，牢记使命"的主题教育，使得党的初心使命在全党内化于心外化于行，成为党员干部的行为规范。

人民对美好生活的向往就是党的奋斗目标。2012年11月15日，刚刚

---

[1] 习近平：《在庆祝中国共产党成立95周年大会上的讲话》，人民出版社，2016，第18页。

[2] 习近平：《决胜全面建成小康社会 夺取新时代中国特色社会主义伟大胜利——在中国共产党第十九次全国代表大会上的报告》，人民出版社，2017，第1页。

[3] 习近平：《决胜全面建成小康社会 夺取新时代中国特色社会主义伟大胜利——在中国共产党第十九次全国代表大会上的报告》，人民出版社，2017，第21页。

当选中共中央总书记的习近平在同中外记者见面时说，"人民对美好生活的向往，就是我们的奋斗目标"①，把人民对美好生活的向往视为党的奋斗目标，党努力所做的一切就是为了满足人民群众对美好生活的向往。

提出以人民为中心的发展思想。《中共中央关于制定国民经济和社会发展第十四个五年规划和二〇三五年远景目标的建议》提出，"十四五"时期经济社会发展必须遵循的原则之一是，"坚持以人民为中心。坚持人民主体地位，坚持共同富裕方向，始终做到发展为了人民、发展依靠人民、发展成果由人民共享，维护人民根本利益，激发全体人民积极性、主动性、创造性，促进社会公平，增进民生福祉，不断实现人民对美好生活的向往"②。把"共同富裕""共享"作为"十四五"必须遵循的原则，并明确提出，到 2035 年，"人民生活更加美好，人的全面发展、全体人民共同富裕取得更为明显的实质性进展"③。把人民生活品质的提升作为明确的努力方向。而且，以人民是否满意为标准，习近平在"1·5"重要讲话中提出，"时代是出卷人，我们是答卷人，人民是阅卷人"④，发展成果如何，人民是否满意是评判标准。

江山就是人民，人民就是江山。习近平《在党史学习教育动员大会上的讲话》指出，"我们党来自于人民，党的根基和血脉在人民。为人民而生，因人民而兴，始终同人民在一起，为人民利益而奋斗，是我们党立党兴党强党的根本出发点和落脚点"，"社会主义革命和建设的成就是人民群众干出来的；改革开放的历史伟剧是亿万人民群众主演的。历史充分证明，江山就是人民，人民就是江山，人心向背关系党的生死存亡。赢得人民信任，得到人民支持，党就能够克服任何困难，就能够无往而不胜。反之，我们将一事无成，甚至走向衰败"。⑤ 党要"与群众有福同享、有难同当，有盐同咸、无盐同淡"⑥。习近平《在庆祝中国共产党成立 100 周年大

---

① 《十八大以来重要文献选编》（上），中央文献出版社，2014，第 69 页。
② 《中共中央关于制定国民经济和社会发展第十四个五年规划和二〇三五年远景目标的建议》，人民出版社，2020，第 7 页。
③ 《中共中央关于制定国民经济和社会发展第十四个五年规划和二〇三五年远景目标的建议》，人民出版社，2020，第 5 页。
④ 人民日报社评论部：《论学习贯彻习近平总书记"1·5"重要讲话》，人民出版社，2018，第 3 页。
⑤ 习近平：《在党史学习教育动员大会上的讲话》，人民出版社，2021，第 15 页。
⑥ 《习近平关于尊重和保障人权论述摘编》，中央文献出版社，2021，第 43 页。

会上的讲话》指出:"江山就是人民、人民就是江山,打江山、守江山,守的是人民的心。中国共产党根基在人民、血脉在人民、力量在人民。中国共产党始终代表最广大人民根本利益,与人民休戚与共、生死相依,没有任何自己特殊的利益,从来不代表任何利益集团、任何权势团体、任何特权阶层的利益。"① 这是建党百年来经验的总结,也是对人民话语的建构。

力戒形式主义和官僚主义。形式主义表现为知行不一、不求实效、文山会海、花拳绣腿、贪图虚名、弄虚作假,官僚主义表现为脱离实际、脱离群众、高高在上、唯我独尊、自我膨胀,形式主义和官僚主义是人民话语的敌人,习近平在多个场合列举了官僚主义的表现及其危害,明确提出要力戒形式主义和官僚主义。在十八届中央政治局常委同中外记者见面时的讲话中,习近平明确指出:"党要管党、从严治党,切实解决自身存在的突出问题,切实改进工作作风,密切联系群众,使我们党始终成为中国特色社会主义事业的坚强领导核心。"② 从"党要管党、从严治党"的高度来看待改进作风,坚持密切联系群众的作风。明确把"脱离群众"作为我们党面临的"四大危险"之一。习近平在党的群众路线教育实践活动工作会议上的讲话中告诫全党,"党内脱离群众的现象大量存在,一些问题还相当严重,集中表现在形式主义、官僚主义、享乐主义和奢靡之风这'四风'上"③。习近平还从党性的高度看待作风问题,明确指出:"作风问题根本上是党性问题。作风反映的是形象和素质,体现的是党性,起决定作用的也是党性。"④ 习近平总书记提出了很多力戒形式主义和官僚主义的举措。

结　语

总结百年历史,党对人民话语的建构可以归结为三种类型。第一,实

---

① 习近平:《在庆祝中国共产党成立 100 周年大会上的讲话》,人民出版社,2021,第 11~12 页。

② 《习近平谈治国理政》第 1 卷,外文出版社,2014,第 4~5 页。

③ 《习近平谈治国理政》第 1 卷,外文出版社,2014,第 368 页。

④ 《习近平关于力戒形式主义官僚主义重要论述选编》,中央文献出版社,2020,第 35 页。

践型建构。建构人民话语不是为了"话语",而是为了分析解决面临的重大问题,所提出的"话语"实质上就是分析解决现实重大问题的策略,"话语"就是党的工作原则和行动指南,解决问题是最直接的目的,而"话语"的生成只是客观结果。第二,宣传型建构。旨在申明和宣传党的主张,让世界了解共产党的政治主张,也让广大人民群众了解共产党的基本主张和根本目的。宣传型建构是人民话语的自觉建构,其主要目的也在于争取更多的了解和认同,争取舆论主导权。第三,重述型建构。所谓重述型建构,即党的领导人在重要场合总结以往的经验教训时,突出强调人民话语的重要地位和重要意义,以补充"实践性建构"和"宣传型建构"的不足,在历史上我们可能已经"实践"得很成功了,但总结和宣传不够,在历史总结中我们把以往没有得到充分强调而又非常重要的内容凸显出来,这也是一种话语建构。我们党在各种纪念活动中,都非常重视历史经验总结,也非常重视对人民话语的建构。

从党的人民话语的百年建构中,我们还可以得出如下认识。第一,人民话语不仅仅是中国共产党人建构的政治话语,更是中国共产党的行动指南、宗旨理念、约束规范,人民话语建构的一百年就是诠释和践行"人民幸福,民族复兴"的一百年。在话语与实践的关系上,话语是实践的指导,实践是为了把话语的内容变为现实,党之所以建构人民话语,是为了把所建构的话语变为现实,而且也确确实实一步一步地把话语变成了现实。第二,人民话语的建构是用马克思主义理论解决中国问题的过程。人民话语是马克思主义的核心话语,中共把马克思主义人民话语与中国实际相结合,科学分析了革命、建设和改革时期的社会阶级结构,团结一切可以团结的力量,解决了中国问题,形成了中国的人民话语。第三,人民话语的内涵随着时代的变化而有所变化。革命年代的人民话语重在宣传人民、依靠人民,使人民觉醒,激发人民的革命意识,壮大革命力量,孤立敌人;建设年代的人民话语重在建设人民当家作主的社会主义制度;改革开放新时期的人民话语建构重在提高人民的生活品质,让人民过上幸福生活。第四,人民话语是党自身建设的重要话语。共产党来源于人民,为人民而生,因人民而兴,中共百年自身建设史就是为了让人民过上好日子的历史,这是党自身建设的目标。第五,历史上的失误也在于没有根据实际需要建构人民话语,建党一百多年来,人民一直是中国共产党的核心话语，曾经出现的失误也在于没有提出符合客观实际的人民话语，不管是革命年代右倾主义错误，还是"左"的错误，乃至于后来"文革"中"左"的错误，其价值目标仍然是为了人民，只是提出的具体策略、措施不符合中国的实际，最终给党的事业带来了损失。

第十二章　实践唯物主义概念的
生成与辨析

黑格尔哲学的基本精神主旨在于绝对精神经过外化、扬弃外化，最终实现自己，达到主体和客体的统一，实现自身的自由。笔者认为这是一种实践唯心主义哲学，马克思批判地吸收了黑格尔的实践唯心主义哲学，从主体维度建构了自己的实践唯物主义哲学。

一　马克思从主体维度建构实践唯物主义哲学的历程

马克思主义哲学在马克思阶段并没有形成教科书式的严密体系，或许这也为现在两个"主义"四大"部分"的僵化模式的出现大开方便之门。这种板块体系虽然对马克思主义哲学的传播起过积极的作用，但从总体上来说，其没有完全体现马克思确立其哲学时的基本精神。马克思在创立哲学时期并没有明确表述自己的哲学体系，但是我们从黑格尔到马克思的哲学发展的逻辑进程中大致还是可以看出马克思从主体维度建构的实践唯物主义的轮廓的。黑格尔的哲学主旨是从外化到扬弃外化之后实现绝对精神的复归，使主体得到自由，这是哲学的精神，也反映了时代精神的要求。马克思批判地吸收了黑格尔的哲学，逐步地完成从主体维度建构其实践唯物主义。

（一）第一个时期：马克思从主体维度建构实践唯物主义的尝试时期

马克思从主体维度建构实践唯物主义哲学是从批判黑格尔哲学开始的，而对黑格尔哲学较为彻底的批判是在《1844年经济学哲学手稿》中实现的。在《1844年经济学哲学手稿》的"对黑格尔的辩证法和整个哲学的批判"一部分中，马克思集中地、较为彻底地批判改造了黑格尔哲学，他说要严肃地对待黑格尔哲学就"必须从黑格尔的《现象学》即从黑格尔哲学的真正诞生地和秘密开始"①。马克思批判了黑格尔的唯心主义错误，他指出黑格尔哲学是纯精神的外化和对外化的扬弃，将思辨的绝对精神作为世界的本原。但是在黑格尔庞杂的体系中却隐藏着黑格尔哲学的精华，关于黑格尔哲学的精华，马克思写道："黑格尔的《现象学》及其最后成果——辩证法，作为推动原则和创造原则的否定性——的伟大之处首先在于，黑格尔把人的自我产生看作一个过程，把对象化看作非对象化，看作外化和这种外化的扬弃；可见，他抓住了劳动的本质，把对象性的人、现实的因而是真正的人理解为他自己的劳动的结果。"②黑格尔的伟大之处就在于把人的自我产生看作一个过程，他抓住了劳动的本质，但是"黑格尔唯一知道并承认的劳动是抽象的精神的劳动"③，劳动对黑格尔来说只是绝对精神外化和扬弃外化的精神活动。如此看来，黑格尔已经以颠倒的方式看到了生产实践在社会中的作用，其根本的错误所在就是他的绝对精神。马克思放弃了黑格尔的绝对精神而代之以"现实的、肉体的、站在坚实的呈圆形的地球上呼出和吸入一切自然力的人"④，这样整个世界发展的主体就由黑格尔的抽象的绝对精神转化成了现实的活生生的人，而实践也相应地由精神性的活动变为现实的人的活动，现实的世界也就不是绝对精神辩证发展的阶段，而是现实的人类社会。

马克思的人的解放的理论。黑格尔哲学之主旨就是绝对精神经过外化，又扬弃外化，从而实现自身的复归。复归的绝对精神是经过了否定之

① 〔德〕马克思：《1844年经济学哲学手稿》，人民出版社，2000，第97页。
② 〔德〕马克思：《1844年经济学哲学手稿》，人民出版社，2000，第101页。
③ 《马克思恩格斯文集》第1卷，人民出版社，2009，第205页。
④ 《马克思恩格斯文集》第1卷，人民出版社，2009，第209页。

否定的过程的，是主体和客体的有机统一，也是主体发展的最高阶段，绝对精神在这里获得了自由。人类社会发展的最终目的是让人获得自由和解放，黑格尔的哲学只是人类社会发展的"逻辑的思辨的表达"，其整个过程都发生在思想中，对现实毫无影响，这种自由不是现实世界的人的解放。马克思批判了黑格尔的思辨哲学，从现实的主体人出发得出了共产主义的结论。他看到资本主义社会存在严重的异化现象，人没有自由，受自己劳动的结果所控制和束缚，以至于"人（工人）只有在运用自己的动物机能——吃、喝、生殖，至多还有居住、修饰等等——的时候，才觉得自己在自由活动，而在运用人的机能时，觉得自己只不过是动物"①。工人在劳动时已经失去了人的主体性和尊严，而成为一架机器，成为为资本家赚取高额利润的工具。那么不自由和异化的根源何在呢？马克思认为虽然在历史上异化劳动表现为私有财产的原因，但就资本主义社会来说私有制却是异化劳动的根源。要扬弃异化劳动，要使人们获得自由和解放就要扬弃异化的根源——私有制。所以，"共产主义是私有财产即人的自我异化的积极的扬弃，因而是通过人并且为了人而对人的本质的真正占有；因此，它是人向自身、向社会的即合乎人性的人的复归，这种复归是完全的，自觉的和在以往发展的全部财富的范围内生成的"②。共产主义是异化的扬弃，是人从异化中向真正主体的人的复归，在这种社会中，人的劳动是自由自觉的活动，而不是被控制、被迫的劳动。在这里，马克思的共产主义的实现历程是私有制（异化）—扬弃私有制（异化）的过程，这种说法还带有很浓厚的黑格尔色彩，是思辨化的表述，而且真正的症结所在并非只是表述方式的不足，而是马克思在哲学理论上有欠缺和不成熟，即没有形成系统化、科学化的实践观。虽然在《1844年经济学哲学手稿》中马克思批判地吸收了黑格尔的贡献，即"抓住了劳动的本质"，而且也有不少有关实践的精彩论述，但总体上来说，马克思此时的实践理论是不系统的、不成熟的，而且还没有彻底地运用到社会发展的分析上。

马克思所理解的世界是主体性的、人化的世界。其实黑格尔哲学的世界就已经是主体的世界了，他的世界是绝对精神的外化，马克思扬弃了黑

---

① 〔德〕马克思：《1844年经济学哲学手稿》，人民出版社，2000，第55页。
② 〔德〕马克思：《1844年经济学哲学手稿》，人民出版社，2000，第81页。

格尔的主体性的世界，确立了现实的人的主体性的世界。这个世界是作为人的活动对象而存在的世界，是为人们所认识了的世界。那些纯自在的、没有被人类所认识的自然对人来说就是"无"，"因为只有在社会中自然界对人来说才是人与人联系的纽带，才是他为别人的存在和别人为他的存在，只有在社会中，自然界才是人自己的人的存在的基础，才是人的现实的生活要素"①。人们平时所说的世界是人化了的世界，只有当"物按人的方式同人发生关系时，我才能在实践上按人的方式同物发生关系"②，这个世界才是人化了的为人而存在的自为世界，是主体人本质力量的确证。

（二）第二个时期：确立主体维度的科学实践观

在《1844 年经济学哲学手稿》之后，马克思对所谓的"批判哲学"进行了批判，在这一过程中他虽然相对于写作《1844 年经济学哲学手稿》时有所进步，但是，在相当的程度上马克思还受费尔巴哈的影响。科学实践观是在"包含着新世界观的天才萌芽的第一个文件"《关于费尔巴哈的提纲》中形成的。

没有从主体的实践活动出发来思考问题是旧哲学之所以为"旧"的根本所在，从现实的人的实践出发是新的实践唯物主义哲学区别于旧哲学的关键所在。关于旧唯物主义的缺点，马克思说"从前的一切唯物主义（包括费尔巴哈的唯物主义）的主要缺点是：对对象、现实、感性，只是从客体的或者直观的形式去理解，而不是把它们当做感性的人的活动，当做实践去理解，不是从主体方面去理解"③，只是从客体的或者直观的形式去理解世界，即把客体世界只是当作认识的客体，把认识的主体、具有意识的人也当作是被动的，认识只是主体对客体的消极反映，它的缺点就是没有从实践、从主体方面来理解世界。在这里实践和主体意思相当，就是从现实的主体出发理解世界。现实中人总是从主体出发去看待世界，把世界看成对自己有用的、有意义的、为人而存在的世界。但旧唯物主义由于不懂得真正的实践而不理解这一点，与此相反，唯心主义却抽象地发挥了能动的方面，旧唯物主义只是从纯客观的消极的方面理解世界，唯心主义只是

---

① 〔德〕马克思：《1844 年经济学哲学手稿》，人民出版社，2000，第 83 页。
② 〔德〕马克思：《1844 年经济学哲学手稿》，人民出版社，2000，第 86 页。
③ 《马克思恩格斯选集》第 1 卷，人民出版社，2012，第 133 页。

从纯主观的方面、纯能动性地去理解世界。二者都走向了极端。唯心主义的实践缺少或根本没有"现实的感性"的因素，它把精神的能动性无限绝对地夸大，把能动性活动看成脱离物质的纯思维活动，把意识看作独立于客观世界之外的创造物质世界的能动主体，它是不了解实践的。马克思扬弃了旧的哲学，从主体方面、从现实的感性方面理解实践。这样所理解的世界也就不是纯直观的对象，而是主体化了的为人而存在的意义世界。

"社会生活在本质上是实践的"观点是马克思创立唯物史观的前提。社会是由人组成的，马克思首先探讨了人的本质，即"在其现实性上，它是一切社会关系的总和"①，这里马克思是在批判了费尔巴哈的人的本质的基础上提出这一观点的。费尔巴哈不懂得实践，他脱离社会实践去观察人，所以他把人看成只是生理上的人。马克思从实践出发，认为人的本质不是实体性的肉体存在，而是他所具有的社会关系的总和，人就是社会关系网上的一个扭结。而这些社会关系都是在实践中形成的，实践是人的本质的关键，费尔巴哈所说的理性、意志、心都是由实践、由社会关系所决定的。由人的本质理论，马克思又提出社会生活在本质上是实践的，社会不仅仅是所有肉体人的总和，而且包含着比肉体人更具本质意义的社会关系，动物也有群，但它们没有社会关系，故而它们不构成社会，只有人才构成社会。整个社会的发展与演进都是在人的实践中进行的，世界不管有没有人总是在运动变化，但是没有人的世界只有运动而没有发展，只有自然界的演化而没有社会的发展，只有这个世界上出现了人，才会有社会。社会的存在与运动迥异于自然，自然是自在自发地运动，而人类社会则是自为自觉地发展。

马克思认为哲学不仅在于解释世界，更在于改造世界。"哲学家们只是用不同的方式解释世界，而问题在于改变世界"②，以往的哲学的缺点就是只是解释世界，马克思的哲学则通过实践改造世界。这最能体现马克思主义哲学的主体维度，人是社会之主体、世界之主宰，人的存在目的就是为了更好地存在，幸福、自由、解放是人之存在的目标。以往的哲学家虽然也谈及这一目标，但极少在现实中积极参加实践，实现自己的这一宏伟

---

① 《马克思恩格斯选集》第 1 卷，人民出版社，2012，第 139 页。
② 《马克思恩格斯选集》第 1 卷，人民出版社，2012，第 140 页。

目标。马克思认为，人们的实践不仅改造了自然界，而且也改造了人类社会和人自身。实践的最终价值就是实现人类的真正自由和解放，以实践为首要观点的马克思主义哲学反映了这种历史发展的趋势，把全人类的解放确定为自己的根本任务。

（三）第三个时期：主体维度建构的实践唯物主义的成熟

《德意志意识形态》是马克思主义哲学成熟的标志，在这部著作中，马克思科学地阐述了历史唯物主义的基本规律和基本观点，为构建人的解放理论奠定了科学的基础。使人类获得自由和解放是马克思主义哲学既定的目标，马克思主义哲学只是以前没有找到正确的途径、手段和依赖力量，而呈现出不成熟的状态。科学实践观的创立使马克思的哲学理论逐步走向了成熟。

在《德意志意识形态》中，马克思恩格斯的出发点是现实的人。关于历史唯物主义的前提，马克思说："我们开始要谈的前提不是任意提出的，不是教条，而是一些只有在臆想中才能撇开的现实前提。这是一些现实的个人，是他们的活动和他们的物质生活条件，包括他们已有的和由他们自己的活动创造出来的物质生活条件。"① 马克思在这里提到了三个前提，一是人，二是"他们的活动"，三是他们的"物质生活条件"。但在这三个条件中最主要的是人，因为社会是由人组成的，研究社会历史的运动规律只能以人为前提，当然也不能忽视实践活动和物质生活条件，对人来说这是人存在的基础，也是人及人类社会发展的前提。

在《德意志意识形态》中，马克思恩格斯揭示了社会发展的基本规律，阐释了实现全人类解放的正确途径。黑格尔的哲学主旨也是实现主体的自由——主体经过外化和扬弃外化在更高层次上复归自身，达到自由。但是这种自由只是绝对精神的自由，不是现实的人的自由，对人们来说就是天国中的幻想的自由，人们深处异化的状况丝毫没有因此而有所改变。马克思批判了黑格尔的缺点，试图发现解救人民于水深火热的真理，但在《1844 年经济学哲学手稿》中，他的历史理论是以异化—扬弃异化的方式出现的，虽然该著作中也有不少有关劳动、实践、政治斗争的话语，但是

---

① 《马克思恩格斯选集》第 1 卷，人民出版社，2012，第 146 页。

从总体上来说，此时马克思还没有形成科学的理论基础，即科学的实践观，还没有找到正确的实现解放的道路。在《德意志意识形态》中，马克思恩格斯的社会理论走向了成熟，系统阐述了历史唯物主义的基本规律和基本观点，从而论证了实现人类自由解放状态的理想社会——共产主义社会，是由生产力决定生产关系、生产关系适应生产力发展状况，经济基础决定上层建筑、上层建筑适应经济基础的社会基本规律所决定的，社会发展是以客观规律为基础的，不以反动阶级的阻挠而停止。马克思还发现历史发展的真正主体是人民群众，推翻私有制的依靠力量是工人阶级，这就找到了实现共产主义的正确途径。实现共产主义是马克思主义哲学乃至整个马克思主义理论的主旨，但是我们以前总是对共产主义进行政治化的理解，总是从与资本主义对立、与私有制对立、意识形态的角度来理解共产主义，这样的理解当然是非常必要的，但是由于过分重视这一方面而忽视了它的自由解放的主旨。人的解放是马克思主义哲学的终极目的，也是推翻私有制、建立公有制等艰苦卓绝斗争的最后目的。实行公有制、按需分配最终还是为了使人获得全面的发展和获得彻底的解放和自由。人的自由解放是马克思的终极目的，也是其各个理论的目标，是马克思创立自己哲学的维度。

二 马克思从主体维度建构的实践唯物主义哲学的基本特征

我们研究马克思主义哲学不应只重视体系的创立，还应该真正地对问题进行深入的探讨和研究，不要为了体系的圆满而影响了对实质性问题的深入研究，黑格尔曾因其庞杂的体系而窒息了他的辩证法，这是我们的前车之鉴。所以笔者并不试图对马克思主义哲学体系进行一种构建，这种"试图"也是不合时宜的，在这里笔者只是阐明马克思从主体维度出发所建立的实践唯物主义哲学的基本特征，以勾勒出马克思主义哲学的基本轮廓。

（一）　以现实的主体人为本

马克思以前的哲学家们对人的论述可谓不少，而且也不乏真知灼见，但他们最终都超不出两种片面，一是将人归结为精神，二是将人归结为感性肉体。这使他们的理论或者只重视精神或者只重视人的感性肉体，他们的主体维度是片面的。马克思创立了正确的实践观，科学地揭示了现实的主体。实践是精神因素和感性因素的统一，是正确理解现实的人的前提。也是以往哲学家的失足之处，"从前的一切唯物主义（包括费尔巴哈的唯物主义）的主要缺点是：对对象、现实、感性，只是从客体的或者直观的形式去理解，而不是把它们当做感性的人的活动，当做实践去理解，不是从主体方面去理解。因此，和唯物主义相反，唯心主义却把能动的方面抽象地发展了，当然，唯心主义是不知道现实的、感性的活动本身的"[①]。旧哲学的失足之处正是马克思主义的发展之处，在正确的实践观基础之上，马克思提出现实的"人的本质不是单个人所固有的抽象物，在其现实性上，它是一切社会关系的总和"[②]。这种现实的人是全面的，既具有精神世界，又具有感性肉体组织，是在现实中实践活动着的人。那么马克思的主体维度所指向的也就是全面的人，马克思主义哲学的最终目的不仅仅在于指导物质生产实践以提高人们的物质生活水平，而且还在于指导精神文化生产，建设巨大的精神文明，提升人们的精神境界，使人们获得精神上的自由和健康发展。

（二）　以人的全面发展和自由解放为目的

自由是哲学史上古老而常新的话题，古今中外有很多智者先贤都探讨过这一话题，但是他们或者将自由归结为政治的自由，或者归结为理性的自由（要人只相信自己的理，不相信任何外在的权威和力量，一切东西都要接受理性法庭的审判），但都没有提出科学的自由观。马克思以实践为基础创立了自己的自由观，恩格斯著的《反杜林论》中关于自由的经典论述反映了马克思主义的自由观，他揭示自由有两种形式，即认识的自由和

① 《马克思恩格斯选集》第 1 卷，人民出版社，2012，第 133 页。
② 《马克思恩格斯选集》第 1 卷，人民出版社，2012，第 135 页。

实践的自由，"自由不在于幻想中摆脱自然规律而独立，而在于认识这些规律，从而能够有计划地使自然规律为一定的目的服务"①，"自由就在于根据对自然界的必然性的认识来支配我们自己和外部自然"②。在这里，"认识这些规律"即认识上的自由，"支配我们自己和外部自然"则是实践上的自由，单单是认识上的自由并非马克思主义的自由，旧哲学早就提出了"自由是对必然的认识"（斯宾诺莎）。毛泽东也说："欧洲的旧哲学家，已经懂得'自由是必然的认识'这个真理。马克思的贡献，不是否认这个真理，而是在承认这个真理之后补充了它的不足，加上了根据对必然的认识而'改造世界'这个真理。'自由是必然的认识'——这是旧哲学家的命题。'自由是必然的认识和世界的改造'——这是马克思主义的命题。"③ 马克思创立了崭新的自由观，在哲学发展史上引起了革命性的变革，这种自由观兼容了哲学史上各种自由观（包括政治自由观和理性的自由观）的优秀成分，并超越了它们。

在这里我们要特别注意，马克思主义自由观的革命之处在于它比以往的自由观更高明、更完善，更能自圆其说，更具理论上的科学性和严密性。理论上的"真"只是马克思主义哲学追求的一个层次，而不是最终目的，它的最终目的在于用这种科学的自由观指导人们的实践，在现实中使人们获得自由和全面发展。以往的哲学家们没有正确揭示现实当中不自由的经济社会根源，没有找到现实人彻底解放的途径。马克思的自由观揭示了在资本主义社会中人不自由的根源在于资本主义社会制度已经不适应其经济基础了，人的异化达到了非得变革现行社会制度不可的程度了，要使人从深深的异化中解放出来、获得自由，就必须推翻现行的资本主义社会制度，建立共产主义社会制度，达到人的全面发展、彻底解放和自由的状态。马克思主义的根本目的是实现共产主义，解放全人类，使人获得自由而全面的发展，这是贯穿于马克思主义哲学的一条红线，是马克思主义的圆心，是马克思终身活动（包括理论和革命实践活动）的根本目的。马克思早在中学毕业时就确立了"为人类的解放事业而奋斗"的目标，这是马克思终生进行艰苦卓绝的理论创作和奔走于世界各地宣传革命理论、领导

---

① 《马克思恩格斯选集》第 3 卷，人民出版社，2012，第 491 页。
② 《马克思恩格斯选集》第 3 卷，人民出版社，2012，第 492 页。
③ 《毛泽东著作选读》下册，人民出版社，1986，第 485 页。

革命实践的根本动力。

（三）以真理和价值的统一为尺度

真理是古往今来的哲学家、思想家所追求的目标之一。许多思想家将自己的毕生心血投入追寻真理的事业，亚里士多德高呼"吾爱吾师，吾更爱真理"，更令人赞叹的是布鲁诺为了真理而不屈服于宗教权威，不惜将自己宝贵的生命牺牲于熊熊烈火当中。是什么使他们对真理投以如此巨大的热忱？是价值。真理就是客观事实的本来面目，人通过实践活动把它揭示出来并呈现在人面前，人就得到了真理，但得到真理并非最终的目的，人最终的目的是掌握真理并利用对真理的认识指导我们的实践，改造客观世界使客观世界为人服务，这就是价值，价值是人们追求真理之动力的源泉。

马克思主义实现了真理和价值的统一。唯物史观作为马克思的两大发现之一，正确地揭示了社会历史领域的客观规律，在社会历史观上获得了客观真理。以往的哲学家，不论是唯心主义哲学家还是唯物主义哲学家，一进入社会历史领域就都倒向了唯心主义，只看到社会历史的主观根源，没有看到主观根源背后更深刻的客观根源。他们没有找到社会历史领域中的真理，马克思的时代是揭示社会历史领域中的客观真理的主客观条件成熟的时代，他适应了时代的大趋势，正确揭示了社会历史发展的规律，为社会科学的研究提供了正确的理论指导，更为革命实践提供了正确的理论指南。历史唯物主义认为作为社会历史主体的不是什么精英，而是广大人民群众，作为价值主体的当然也就是人民群众，这就与以往的哲学家区别开了，以往的时代是阶级社会的时代，哲学家们总是站在一定阶级立场上去研究问题，不管他们如何声称自己是为全人类的利益而奋斗，他们总是自觉或不自觉地陷入"阶级洞穴"，他们的价值主体也就只能是某一阶级。马克思主义哲学则与之不同，它是无产阶级的世界观，其目标是真正解放全人类。马克思主义哲学较以往的哲学更具有真理性，而且在价值取向上也更有合理性。

三 马克思从主体维度建构实践唯物主义哲学的意义

马克思是在批判地吸收了人类文明的一切优秀成果的基础上建立自己的实践唯物主义体系的。实践唯物主义从主体维度出发，实现了思维方式的根本跃迁，是旧哲学发展逻辑的质变和断裂。它抛弃了传统哲学那种本质主义思维方式，形成了实践创生性思维，即本质不是预定的，而是在实践创生活动中生成的。这决定了马克思主义哲学具有与时俱进的理论品格。实践唯物主义已不是旧的实践格局的反映了，而是新的时代精神的精华。它反映了现代实践格局，实践唯物主义对哲学的发展具有重大的革命性意义。

（一）从主体维度出发，实现了思维方式的根本变迁

任何新出现的事物的意义都是相对于旧事物而言的，哲学也是这样，实践唯物主义哲学的重大意义是相对于过去那种旧哲学而言的。旧哲学的思维方式的最大特点就是从客体角度探讨外部世界的本原。古希腊唯物主义将世界之本原归于某种具体的物质。唯心主义将世界归于某种精神性的东西，中世纪占主导地位的是宗教，哲学只是其"婢女"。这种哲学的特点就是认为世界是由上帝创造的，这也可以算作追求世界本原的一种探讨。虽然到了近代哲学主题由本体论转向了认识论，但这种客观性思维方却没有因此而改变，认识论总是以某种本体论为依托的，近代哲学的本体论只是对古代哲学的继承，几乎没有改变。这种从纯客观角度探讨世界本原的哲学之所以能在漫长的哲学历史中占主导地位，必然是有深刻原因的，我认为这是源于人们内心深处的形而上学冲动，人之为人而区别于一般动物的特征之一就是人有理性、有思想，人不满足于食精服华，也不满足于对问题在一般层次上的思考解决，人总是试图找寻问题的最根本的解决方法，试图找寻人之存在的终极依据、世界的本原，试图寻找宇宙人生之根本。人不愿作飘忽不定的浮云，而总是试图为人自身的存在找到稳固的根基，这是人的精神寄托和终极关怀，也是人心灵深处的栖居之所。哲学尤其体现这种终极追问，冯友兰曾说哲学就是要"为天地立心，为生民

立命，为往圣继绝学，为万事开太平"。但对终极关怀的寻找为什么只是从客观角度来进行，而没有从主体角度来进行呢？这是由当时社会经济发展水平所决定的，当时生产力水平低下，人们处处受制于自然，主体的潜能不能得到充分的发挥，人们就只能从纯客观的角度来进行探讨了。到了近代，新兴的资产阶级开创了一个人与物的新局面，外在的对象不再是与人处于二元对立状态的客体性的自然的对象，而是由人的劳动创造出来的"第二性的"自然，这种情况下怎么能不产生从主体性的角度来建构对象化世界的理论呢？其实德国古典哲学从康德开始就关注主体性，但这种主体性在当时不占主导地位，这说明他们已经意识到了资本主义发展所表现出来的巨大的主体性，只是这种主体性还没有得到充分的发挥。在马克思所处的时代中，这种主体性突出地表现出来了，资产阶级"第一个证明了，人的活动能够取得什么样的成就。它创造了完全不同于埃及金字塔、罗马水道和哥特式教堂的奇迹；它完成了完全不同于民族大迁徙和十字军征讨的远征"[1]，这一切都促成了马克思从主体维度建构哲学。马克思顺应时代的要求扭转了哲学发展的方向，颠倒了传统形而上学，关于这点，海德格尔曾说"随着这一已经由卡尔·马克思完成了的对形而上学的颠倒，哲学达到了最极端的可能性，哲学进入其终结阶段了"[2]。在这里，"哲学终结"是指传统的客体形而上学终结了，而另一种新的哲学诞生了，那就是从主体维度出发的实践唯物主义哲学，这种哲学不是传统思维方式的延续，而是哲学思维方式的根本跃迁，它一改过去那种从客体直观的角度来理解世界的思维方式，形成了从实践、主体去理解世界的思维方式。世界本是人化了的世界，只是过去人们没有认识到这一点，人所固有的主体性被遮蔽了。马克思主义把遮蔽祛除了，使"事实本身"呈现在人们面前。此时人们如梦初醒，意识到了自己是这个世界的价值主体，世界的一切都应该被改造成为我而存在的东西。哲学的主旨不是去探寻外在的世界本原，而是探寻人的自由解放，探寻如何充分发挥人的主体性。

（二）从主体出发体现了实践创生性思维

旧哲学纯客体思维方式的另一个特点就是将世界分裂为本质的世界和

---

① 《马克思恩格斯选集》第1卷，人民出版社，2012，第403页。
② 孙周兴选编《海德格尔选集》下卷，上海三联书店，1996，第1244页。

现象的世界，其中本质的世界是永恒的，是本原；现象的世界是由本质决定的、派生的，是第二性的。这种哲学是马克思以前的哲学的主要形式。海德格尔说，"纵观整个哲学史，柏拉图的思想以有所变化的形式始终起着决定作用"①。柏拉图的思想就是将世界分裂为本质（理念）的世界和现象的世界，现象的世界是由本质的世界所决定的。这是一种本质主义思维方式，即认为事物的本质在其初期就已经确定，事物的发展途径和方式也已经确定了，发展只是沿着既定的路线往前走，没有创新，其实我们教科书式的马克思主义哲学就有这种痕迹。由于没有将实践的观点贯彻到底，没有以实践为中介将哲学与时代连接起来，它没有真正地做到与时俱进，所谓随时代的发展而发展也只不过是补充一些新的事例。从主体维度出发的马克思主义哲学克服了这种缺点，认为社会性的人的存在并不是本质预定的，其本质是在人的实践活动中创生出来的。创生就是在主体客体化和客体主体化的实践活动中生成的意思，实践创生是人类社会的一大特征，本质主义的思维方式只适合于自然界，一个动物的本质在其出生的时候就已经确定了，它的发展是按照既定的路线来进行的。人之为人的本质并不像动物那样在出生的时候就已经确定，人的存在有两重生命，一是人的种生命，即人的自然生命；一是人的类生命，即人的社会性的生命。其中类生命是人的本质生命，种生命是与非人动物处于一个层次的生命，人一出生就有种生命，却没有类生命，类生命是由人的实践活动创生出来的，是实践在人身上积淀而形成的人的本质。从整个人类来看，最初人只是自然界中的普通的一员，后来人学会了制造工具，学会了劳动，劳动在由猿向人的转变过程中起了关键的作用，劳动实践逐步创生了人，创生了人类社会和人的类生命。对人类社会来说，其本质就更不可能是预定的了，社会的本质并不在于人的群，而在于人与人之间的社会关系，社会系统不是所有社会中人的总和，人类社会这个系统是大于所有个体的人的总和的，其差值就在于社会关系。也就是：人类社会系统－所有个体人的总和＝社会关系。这种社会关系是人在实践活动中创生出来的，是人在生产等各种实践活动中逐步生成的各种关系。马克思曾说，社会生活在本质上是实践的。②

---

① 孙周兴选编《海德格尔选集》下卷，上海三联书店，1996，第1244页。
② 《马克思恩格斯选集》第1卷，人民出版社，2012，第139页。

不仅人和人类社会是创生的，马克思的实践唯物主义哲学理论本身也是在实践活动中创生出来的，它是人类实践活动发展到资本主义阶段的产物，是资本主义大发展创生出来的。社会实践决定了出现这种革命性的理论是必然的。而且，马克思主义哲学的创生性不仅表现在它的产生上，更表现在它的开放性和发展性上。马克思主义哲学产生之后并没有终结，而是随着实践的发展而发展的，实践是哲学的基础，也是哲学与时代的中介，哲学是通过实践把自己的根深深地扎在时代当中，实践是一个时代的本质所在，它最能把握时代发展的脉搏，任何时代精神都体现在实践上，时代的发展本身就是由实践推动的，马克思主义哲学正是用实践的导管吮吸"乳汁"（时代精神的精华）以滋养自己，使自身具有与时俱进的理论品格。

（三）从主体维度出发建构的实践唯物主义反映了现代实践格局

马克思本质上是一位现代哲学家，他虽然生于 19 世纪，却不专属于这个世纪，相反他具有跨时代的特征，具有永久的魅力。马克思主义哲学在当今世界的发展表明，马克思是高瞻远瞩的，"如果马克思当初不是有时超越他所生活的 19 世纪中叶的话，他就不可能在 20 世纪后半叶在政治上和理论上仍然这么重要"[1]。马克思生活在 19 世纪，却对现代社会、"后工业社会"的某些特征作了准确的预见。福柯说："在现在，写历史而不使用一系列和马克思的思想直接或间接地联系的思想，并把自己放在由马克思所定义和描写的思想地平线内，那是不可能的。"[2] 为什么马克思生在 19 世纪却能活在现代呢？这是因为马克思早已预见了当今社会的一些特征，比如全球化问题，马克思的世界历史理论已经看到了全球化的总趋势，但这一趋势在他那个时代只是处在初级阶段，他独具慧眼之处就在于他见微知著，能看到这是世界的发展趋势。马克思看到"资产阶级，由于开拓了世界市场，使一切国家的生产和消费都成为世界性的了。使反动派大为惋惜的是，资产阶级挖掉了工业脚下的民族基础。古老的民族工业被消灭了，并且每天都还在被消灭"，"物质的生产是如此，精神的生产也是如此。各民族的精神产品成了公共的财产。民族的片面性和局限性日益成为

---

[1] 杨耕、陈志良、马俊峰：《马克思主义哲学研究》，中国人民大学出版社，2000，第 37 页。
[2] 杨耕、陈志良、马俊峰：《马克思主义哲学研究》，中国人民大学出版社，2000，第 43 页。

不可能，于是由许多种民族的和地方的文学形成了一种世界的文学"。① 这些巨大的变化是由资产阶级的主体性所引起的，资产阶级主体性的凸显使"资产阶级在它的不到一百年的阶级统治中所创造的生产力，比过去一切世代创造的全部生产力还要多，还要大"②。到了现代，随着经济的发展，世界成为一个你离不开我、我离不开你的，你中有我、我中有你的大家庭。人的主体性的进一步觉醒，促使我们发展科技、改进社会。通信技术、信息科学拉近了人与人的距离，使整个世界就在眼前，世界越来越成为一个整体，人们就在这种发展中获得了进一步的解放。

①《马克思恩格斯选集》第 1 卷，人民出版社，2012，第 404 页。
②《马克思恩格斯文集》第 2 卷，人民出版社，2009，第 36 页。

第十三章 "中国式现代化"概念的
渊源考释与话语创新

党的二十大报告提出:"从现在起,中国共产党的中心任务就是团结带领全国各族人民全面建成社会主义现代化强国、实现第二个百年奋斗目标,以中国式现代化全面推进中华民族伟大复兴。"①"中国式现代化"是"中国共产党中心任务"中最重要的概念之一,该概念是推进马克思主义中国化"两个相结合",从我国现代化实践中概括出来的原创性概念,具有重大理论和现实意义。本章试图考释这一概念的生成与渊源,探讨其话语创新。

一 "中国式现代化"概念的理论渊源

概念是理论的结晶,原创性理论最集中地表现在原创性的概念上。"中国式现代化"概念是习近平新时代中国特色社会主义思想的一个重要原创性概念,这一概念有着深厚的理论渊源。

"现代化"概念是一个舶来品,是"modernization"的汉译,"moderniza-tion"的词根是"modern",该词衍生出了"modernity"(现代性)、"modern-ize"(使现代化)、"modernization"(现代化)三个词语,这三个词语大致

---

① 习近平:《高举中国特色社会主义伟大旗帜 为全面建设社会主义现代化国家而团结奋斗——在中国共产党第二十次全国代表大会上的报告》,人民出版社,2022,第 21 页。

形成于17~18世纪。① 经过斯宾塞、涂尔干、马克思、韦伯等思想家的努力，现代化思想逐渐成熟，但他们并未明确使用"modernization"概念，"modernization"是后来才逐渐形成并成为学者所关注的重要概念。"modernization"进入中国的时间较早，据黄兴涛等考证，"modernization"概念早在19世纪八九十年代就已经出现在中国的报刊上，但并没有直接译作"现代化"，而是与"西化""欧化"互通，包含进步、改善、改革、发展等积极内涵。日本学者曾经把"modernization"译作"近代化"，日语中"近代"与"现代"常常互通，日语中的"近代化"就是"现代化"。"现代化"概念强调的是向现代的转化过程，西方近代史学将人类文明史粗略地分为古代的（ancient）、中世纪的（medieval）、现代的（modern）三个阶段，现代化就源于"modern"一词。② 近代中国曾经盛极一时的"中体西用论""西化论""中西互补论"等思潮的出现和争论为现代化在中国的传播和接受提供了思想基础。五四时期出现了"全盘反传统""打倒孔家店"的理念，也出现了以严复、辜鸿铭和杜亚泉为代表的"新传统主义"，同时也有人主张"中西融合"等理念。③ 这些理念进一步深化了国人对现代化的思考。"现代化"一词在20世纪20年代就开始零星使用，其被中国人广泛使用应该始于1933年7月《申报月刊》策划的"中国现代化问题"讨论。④ 自此，"现代化"概念逐渐代替"西化"概念。解释学强调，理解和阐释既是一个"据为己有"的过程，也是一个"重构他者意义"的过程。通过阐释而"据为己有"有两种意义，一是"把某种原本是陌生的东西变为自己的东西"，一是"以新的概念重构有待阐释的在者"，但阐释的"据为己有"并不消灭他者，而是"陌生性与熟悉性、他者与自我的综合与中介"。⑤ 中国接受"现代化"概念的过程就是把这一外来概念"据为己有"的过程，而一旦"现代化"概念被中国人"据为己有"，中国人就开始用这一新概念"重构"和"阐释"中国的"在者"，开始思考

---

① 黄兴涛、陈鹏：《民国时期"现代化"概念的流播、认知与运用》，《历史研究》2018年第6期。
② 罗荣渠：《现代化新论——世界与中国的现代化进程》，商务印书馆，2004，第6页。
③ 虞和平主编《中国现代化历程》第2卷，江苏人民出版社，2005，第600页。
④ 罗荣渠主编《从"西化"到现代化：五四以来有关中国的文化趋向和发展道路论争文选》上册，黄山书社，2008，第16页。
⑤ 洪汉鼎：《论哲学诠释学的阐释概念》，《中国社会科学》2021年第7期。

研究和推进中国的现代化建设。重要概念就是分析现实、解释现实的范式，"现代化"概念进入汉语语境以后对中国人分析社会发展、研究中国现实产生了深刻影响，这一影响就是中国人开始用"现代化"概念所彰显的范式研究中国问题，但这个时期的"现代化"主要是指"资本主义现代化"。

民国时期关于现代化的讨论非常热烈，但追溯"中国式现代化"概念的理论渊源主要是梳理探讨中国共产党人对现代化的认识和理解。早在新民主主义革命时期，中国共产党人就开始关注现代化问题，开始使用"现代化"概念分析研究中国问题。1931 年瞿秋白在《苏维埃的文化革命》一文中使用过"现代化"，1933 年中共中央、共青团中央在告青年书中也使用了"现代化"概念，但党的文献中大量使用"现代化"概念始于1938 年。[①] 周恩来在 1938 年 1 月 7 日的《怎样进行持久抗战？》一文中明确使用了"现代化的军事工业""装备的现代化""军队现代化"等词语，[②] 毛泽东在 1938 年 5 月撰写的《论持久战》中提出"革新军制离不了现代化"[③]，这些都是对"现代化"的明确使用。1938 年处于革命时期，大规模的现代化建设还没有提上中国共产党的日程，但中国共产党已经开始在局部执政过程中探索现代化建设了，尤其是军事工业现代化，这是实现革命任务的需要，现实的需要是理论创新的动力之源。1945 年，毛泽东在中共七大上明确提出："中国工人阶级的任务，不但是为着建立新民主主义的国家而斗争，而且是为着中国的工业化和农业近代化而斗争。"[④] 此处的近代化就是现代化，中国共产党人的"现代化"概念与工业化相联系，甚至在有的语境中工业化就是现代化。1944 年 5 月，毛泽东在《解放日报》上发表《共产党是要努力于中国的工业化的》一文，该文明确指出："要打倒日本帝国主义，必需有工业；要中国的民族独立有巩固的保障，就必需工业化。我们共产党是要努力于中国的工业化的。"[⑤] 工业化虽然不能完全等同于现代化，但工业化是现代化的主要方面，这一点可以在

---

① 方涛、罗平汉：《"现代化"：历史演进、概念体系与语义用法——以党的文献为中心的文本分析》，《党的文献》2016 年第 1 期。
② 《周恩来军事文选》第 2 卷，人民出版社，1997，第 85~86 页。
③ 《毛泽东选集》第 2 卷，人民出版社，1991，第 511 页。
④ 《毛泽东选集》第 3 卷，人民出版社，1991，第 1081 页。
⑤ 《毛泽东文集》第 3 卷，人民出版社，1996，第 146 页。

发达国家的现代化过程中得到印证，中国共产党人对现代化的思考抓住了现代化的根本问题。随着新民主主义革命的胜利，如何建设新中国就成为中国共产党人要考虑的大事，新中国成立前夕，毛泽东在中共七届二中全会上提出："在革命胜利以后，迅速地恢复和发展生产，对付国外的帝国主义，使中国稳步地由农业国转变为工业国，把中国建设成一个伟大的社会主义国家。"① 在毛泽东看来，中国的现代化在一定程度上就是由农业国变为工业国的过程。

马克思主义经典著作中存在丰富的关于现代化的论述，这是中国式现代化的重要理论来源。在马克思的著作中，"现代社会"就是资本主义社会，现代化就是资本主义的形成过程。马克思虽然很少使用"现代化"概念，却有丰富的关于现代化的重要论述。马克思认为，资本逻辑推动了资本主义的发展，资本逻辑塑造了资本主义的市场经济，塑造了"看不见的手"；塑造了资本主义的民主政治，塑造了资产阶级的政治国家；塑造了"日益简单化"的社会阶级结构，社会日益分裂为无产阶级和资产阶级两个阶级；塑造了理性的社会文化，前现代社会"温情脉脉"的社会关系被资本主义赤裸裸的"现金交易"的冷冰冰的社会关系所代替。"一句话，它按照自己的面貌为自己创造出一个世界"②，资本按照自己的面貌为自己创造的这个新世界就是现代化的社会，"创造过程"就是现代化过程。资本塑造现代化的过程本质上是生产力发展推动生产关系变革，进而推动上层建筑变革的过程。马克思研究资本主义的形成是为了批判资本主义，但马克思对资本主义的进步意义却毫不吝啬其赞美之词："资产阶级在它的不到一百年的阶级统治中所创造的生产力，比过去一切世代创造的全部生产力还要多，还要大。"③ 但资本主义也有自身难以克服的弊端，生产力的社会化同生产资料私人占有之间的矛盾始终是资本主义的根本矛盾，这一矛盾导致了周期性的经济危机，必须以周期性地耗费生产力来维持社会的平衡。因此，历史发展的必然趋势是共产主义代替资本主义。在未来社会该如何推进社会发展的问题上，马克思恩格斯曾提出"有计划地组织生产"的社会模式，"按劳分配"和"按需分配"（《哥达纲领批判》明确提

---

① 《毛泽东选集》第4卷，人民出版社，1991，第1437页。
② 《马克思恩格斯选集》第1卷，人民出版社，2012，第404页。
③ 《马克思恩格斯选集》第1卷，人民出版社，2012，第405页。

出共产主义的"第一个阶段"实行"按劳分配","第二个阶段"实行"按需分配")的分配方式,实行生产资料"社会所有制"的所有制形式,实行"无产阶级专政"的政治模式(共产主义高级阶段消灭国家的统治功能,保留管理职能)等等。但马克思恩格斯并没有"实践"过他们所设想的"现代化"模式。列宁领导俄国十月革命后提出社会主义现代化问题,列宁有很多关于社会主义建设的论述,这些论述实际上就是在探讨社会主义的现代化问题,苏俄建国初期曾延续了一段时间"战时共产主义"政策,但这一政策逐渐引发了社会不满,列宁适时地以"新经济政策"代替"战时共产主义政策",以"粮食税"代替"余粮征集制度"。应该说"新经济政策"是适合苏俄(苏联)的,但苏联的社会主义现代化最终形成了高度集中的"斯大林模式",其核心就是计划经济,企业生产完全听政府指令,这种模式的弊端最终导致了苏联社会主义的失败。马克思主义经典作家的论述和苏联社会主义现代化实践为中国式现代化道路的探索提供了正反两个方面的经验教训,是"中国式现代化"概念的重要理论渊源。

二 "中国式现代化"概念的实践渊源

党的二十大报告明确指出:"在新中国成立特别是改革开放以来长期探索和实践基础上,经过十八大以来在理论和实践上的创新突破,我们党成功推进和拓展了中国式现代化。"[①] 新中国的成立是中国式现代化探索的开始,新中国成立之前,党对现代化的探讨更多的是理论探索,表现在实践上只是局部执政,是局部的现代化探讨,这些理论和实践为新中国成立之后的现代化探讨提供了思想和实践基础。但"中国式现代化"实践探索是从新中国成立之后开始的,新中国成立之后所探索的现代化是社会主义的现代化,这是"中国式现代化"的重要特质。党的二十大报告明确指

---

① 习近平:《高举中国特色社会主义伟大旗帜 为全面建设社会主义现代化国家而团结奋斗——在中国共产党第二十次全国代表大会上的报告》,人民出版社,2022,第22页。

出："中国式现代化，是中国共产党领导的社会主义现代化。"[1] 坚持中国共产党领导是中国式现代化的本质要求之一，新中国成立之后所开展的现代化理论与实践探索都是为了推动社会主义现代化。改革开放以来的实践探索是"中国式现代化"形成的实践基础，中国特色社会主义道路的形成为中国的现代化确立了正确的道路和方向。新时代的中国共产党人守正创新，以自我革命引领伟大社会革命，创造性地拓展了"中国式现代化"的内涵。

（一）从新中国成立到改革开放：学习借鉴苏联模式的现代化

新中国成立之后，中国共产党就开始谋划如何在贫穷落后的中国进行社会主义建设，实现社会主义现代化。但在社会主义现代化的道路问题上，我们更多地学习和借鉴了苏联经验，逐渐形成计划经济的社会主义模式。从新中国成立到改革开放，这一时期的现代化模式是计划经济的现代化模式，我们用"五年计划"推动社会主义现代化的起步和发展，推动经济社会发展。具体而言，在用计划经济推动中国现代化发展的过程中，我们也取得了一系列社会主义现代化的重要成就。

1956 年，社会主义改造基本完成，这为"中国计划经济体制的建立奠定了微观组织基础"；"一五"时期，中国不仅加快了所有制和微观经济组织的计划经济改造，"同时还加强了中央对经济资源和经济决策的集中控制，从而扩大了指令性计划的使用范围"。[2] 计划经济在中国逐渐形成。1954 年 9 月，周恩来在第一届全国人大一次会议的政府工作报告中提出用计划经济实现"四个现代化"的目标，"如果我们不建设起强大的现代化的工业、现代化的农业、现代化的交通运输业和现代化的国防，我们就不能摆脱落后和贫困，我们的革命就不能达到目的"，而实现这"四个现代化"的途径是使我国国民经济"沿着社会主义的道路而得到有计划的迅速的发展"。[3] 这是我们党第一次把中国的社会主义现代化概括为"四个现代化"，这"四个现代化"中"工业现代化"尤其是"重工业化"最重要，

---

① 习近平：《高举中国特色社会主义伟大旗帜 为全面建设社会主义现代化国家而团结奋斗——在中国共产党第二十次全国代表大会上的报告》，人民出版社，2022，第 22 页。

② 程连升：《筚路蓝缕：计划经济在中国》，中共党史出版社，2016，第 56 页。

③ 《建国以来重要文献选编》第 5 册，中央文献出版社，1993，第 584 页。

"只有依靠重工业,才能保证整个工业的发展,才能保证现代化农业和现代化交通运输业的发展,才能保证现代化国防力量的发展,并且归根结底,也只有依靠重工业,才能保证人民的物质生活和文化生活的不断提高"①。"四个现代化"提出的背景就是当时中国在贫穷落后的基础上建设社会主义,而工业化是现代化的重点,实行计划经济是实现"四个现代化"的途径。1959 年底,毛泽东在读苏联《政治经济学教科书》时指出,"建设社会主义,原来要求是工业现代化、农业现代化、科学文化现代化,现在要加上国防现代化"②。这"四个现代化"与周恩来所提的"四个现代化"不太一样,周恩来讲了交通运输业的现代化,毛泽东没讲交通运输业现代化,而是讲了"科学文化现代化"。1964 年周恩来在第三届全国人大一次会议的政府工作报告中提出,"把我国建设成为一个具有现代农业、现代工业、现代国防和现代科学技术的社会主义强国"③,"四个现代化"的提法略有调整,原来的交通运输业现代化被调整为科学技术现代化。政府工作报告还明确提出分两步来实现这一目标的战略规划,"第一步,建立一个独立的比较完整的工业体系和国民经济体系;第二步,全面实现农业、工业、国防和科学技术的现代化,使我国经济走在世界的前列"④。对社会主义现代化作出了具体谋划,这些战略部署实现的方式都是实行计划经济。邓小平 1975 年提出分两步走实现"四个现代化"的"大局",他在省、市、自治区委员会主管工业的书记会议上强调,"现在有一个大局,全党要多讲",这个大局就是国民经济两步走的设想,"第一步到一九八〇年,建成一个独立的比较完整的工业体系和国民经济体系;第二步到二十世纪末,也就是说,从现在算起还有二十五年时间,把我国建设成为具有现代农业、现代工业、现代国防和现代科学技术的社会主义强国"⑤。这个"两步走"的谋划比周恩来 1964 年提出的"两步走"谋划更加具体,具体的时间期限也明确提出来了,但其实现方式仍然是实行计划经济。

总体而言,这个时期的现代化更多的是学习借鉴苏联计划经济模式的

① 《建国以来重要文献选编》第 5 册,中央文献出版社,1993,第 585~586 页。
② 《毛泽东年谱(一九四九——一九七六)》第 4 卷,中央文献出版社,2013,第 270 页。
③ 《建国以来重要文献选编》第 19 册,中央文献出版社,1998,第 483 页。
④ 《建国以来重要文献选编》第 19 册,中央文献出版社,1998,第 483 页。
⑤ 《邓小平文选》第 2 卷,人民出版社,1994,第 4 页。

社会主义现代化。虽然我们的探索并非照搬照抄苏联模式，我们有很多自己的探索和特色，比如毛泽东在《论十大关系》中提出问题和观点，就是试图超越苏联计划经济的努力，但就总体而言，这个时期的现代化更多的是计划经济的现代化，更多地学习借鉴了苏联的现代化模式。

（二）从改革开放到党的十八大："中国式现代化"概念的提出与实践探索

改革开放开启了中国特色社会主义道路，确立了中国式现代化的道路和方向。党的十一届三中全会以来，实事求是、解放思想的思想路线得以恢复，过去那种"一大二公"的从生产关系角度理解社会主义的社会主义观逐渐被"解放生产力，发展生产力，消灭剥削，消除两极分化，最终达到共同富裕"的社会主义观所代替。中国共产党带领全国各族人民"摸着石头过河"，坚持把科学社会主义基本原则同中国具体实际相结合，走适合中国国情的社会主义道路，探索出了一条中国特色社会主义道路。"坚持中国特色社会主义"是"中国式现代化"的本质要求之一。从改革开放到党的十八大，这一时期我们党明确提出了"中国式现代化"概念，并开始探索中国式现代化新道路。

邓小平明确提出并多次使用了"中国式现代化"概念。邓小平的"中国式现代化"概念有如下几种内涵。第一，"中国式现代化"就是中国特色社会主义的现代化。1979 年 3 月 30 日，在党的理论工作务虚会上，邓小平提出，"过去搞民主革命，要适合中国情况，走毛泽东同志开辟的农村包围城市的道路。现在搞建设，也要适合中国情况，走出一条中国式的现代化道路"[①]，"中国式的现代化，必须从中国的特点出发"[②]。"中国式现代化"就是适合中国国情的现代化道路，就是走中国特色社会主义道路。1983 年 6 月 18 日，在会见北京科学技术政策讨论会的外籍专家时邓小平讲："我们搞的现代化，是中国式的现代化。我们建设的社会主义，是有中国特色的社会主义。"[③] "中国式现代化"就是中国特色社会主义的现代化。第二，"中国式现代化"就是"四个现代化"。邓小平说过，"什

---

① 《邓小平文选》第 2 卷，人民出版社，1994，第 163 页。
② 《邓小平文选》第 2 卷，人民出版社，1994，第 164 页。
③ 《邓小平文选》第 3 卷，人民出版社，1993，第 29 页。

么是我国今天最重要的新情况，最重要的新问题呢？当然就是实现四个现代化，或者像我在前面说的，实现中国式的现代化"①。明确提出中国式现代化就是"四个现代化"。1979年10月4日，在省、市、自治区委员会第一书记座谈会上，邓小平说："我们开了大口，本世纪末实现四个现代化。后来改了个口，叫中国式的现代化，就是把标准放低一点。"② "中国式现代化"的标准低于"四个现代化"是邓小平"弓不拉满""留有余地"政治智慧的体现，但总体而言，"中国式现代化"大致等同于"四个现代化"。第三，"中国式现代化"就是实现"小康社会"。1979年12月6日，邓小平在会见日本首相大平正芳时说，"我们要实现的四个现代化，是中国式的四个现代化。我们的四个现代化的概念，不是像你们那样的现代化的概念，而是'小康之家'"③。1984年3月25日在会见日本首相中曾根康弘时讲，到本世纪末，"翻两番，国民生产总值人均达到八百美元，就是到本世纪末在中国建立一个小康社会。这个小康社会，叫做中国式的现代化"④。明确把"中国式现代化"的目标确定为实现"小康社会"。第四，"中国式现代化"是实现共同富裕的社会主义现代化。1980年1月16日，邓小平在中共中央召开的干部会议上讲道，"我们的四个现代化是中国式的"，我们中国式的现代化"没有剥削阶级，没有剥削制度，国民总收入完全用之于整个社会，相当大一部分直接分配给人民。他们那里贫富悬殊很大，大多数财富是在资本家手上"⑤。中国式现代化是社会主义现代化，是要消灭剥削、消除两极分化的现代化。

邓小平的"中国式现代化"概念是对改革开放以来中国特色社会主义建设实践经验的概括与提炼，人的认识源于实践，又反过来指导实践，中国特色社会主义在邓小平理论的指引下取得了巨大成就。

（三）党的十八大以来："中国式现代化"概念形成了一系列原创性内涵

习近平总书记《在庆祝中国共产党成立100周年大会上的讲话》提

① 《邓小平文选》第2卷，人民出版社，1994，第179页。
② 《邓小平文选》第2卷，人民出版社，1994，第194页。
③ 《邓小平文选》第2卷，人民出版社，1994，第237页。
④ 《邓小平文选》第3卷，人民出版社，1993，第54页。
⑤ 《邓小平文选》第2卷，人民出版社，1994，第259页。

出，我们"创造了中国式现代化新道路，创造了人类文明新形态"①，重新使用"中国式现代化"概念，但新时代的"中国式现代化"不完全等同于邓小平的"中国式现代化"。虽然"中国式现代化"概念是在《在庆祝中国共产党成立 100 周年大会上的讲话》中使用的，但其原创性的理论内涵是党的十八大以来逐步形成的。在党的十九届五中全会上，习近平总书记综合概括了我国现代化的特征。2021 年 1 月 11 日，在省部级领导干部学习贯彻党的十九届五中全会精神专题研讨班上，习近平总书记指出："我们建设的现代化必须是具有中国特色、符合中国实际的，我在党的十九届五中全会上特别强调了 5 点，就是我国现代化是人口规模巨大的现代化，是全体人民共同富裕的现代化，是物质文明和精神文明相协调的现代化，是人与自然和谐共生的现代化，是走和平发展道路的现代化。"② 此处虽然没有明确使用"中国式现代化"概念，但所概括的特点就是"中国式现代化"的特点，党的二十大报告沿用了这一特点概括。党的二十大报告对中国式现代化原创性理论内涵及特征作了一个总结：中国式现代化是人口规模巨大的现代化，是全体人民共同富裕的现代化，是物质文明和精神文明相协调的现代化，是人与自然和谐共生的现代化，是走和平发展道路的现代化。③ 也对中国式现代化的本质要求作出概括，"中国式现代化的本质要求是：坚持中国共产党领导，坚持中国特色社会主义，实现高质量发展，发展全过程人民民主，丰富人民精神世界，实现全体人民共同富裕，促进人与自然和谐共生，推动构建人类命运共同体，创造人类文明新形态"④。"中国式现代化"概念的内涵当中既有守正，也有创新，"坚持中国共产党领导，坚持中国特色社会主义""实现全体人民共同富裕"等内容更多的是守正，但守正之中也有创新；而"实现高质量发展，发展全过程人民民主，丰富人民精神世界""促进人与自然和谐共生，推动构建人类命运共同体，创造人类文明新形态"则更多地体现了创新，但创新是守正基础上的创新，是推进马克思主义同中国具体实际相结合、同中华优秀传统文化

① 习近平：《在庆祝中国共产党成立 100 周年大会上的讲话》，人民出版社，2021，第 14 页。
② 《习近平谈治国理政》第 4 卷，外文出版社，2022，第 164 页。
③ 习近平：《高举中国特色社会主义伟大旗帜 为全面建设社会主义现代化国家而团结奋斗——在中国共产党第二十次全国代表大会上的报告》，人民出版社，2022，第 22~23 页。
④ 习近平：《高举中国特色社会主义伟大旗帜 为全面建设社会主义现代化国家而团结奋斗——在中国共产党第二十次全国代表大会上的报告》，人民出版社，2022，第 23~24 页。

相结合的创新。党的二十大报告明确提出了中国式现代化的"中国特征"和"中国式现代化的本质要求",拓展和总结了"中国式现代化"概念的原创性内涵。

三 "中国式现代化"概念的话语创新

"中国式现代化"是习近平新时代中国特色社会主义思想中具有原创性的重要概念,这一概念蕴含深厚的马克思主义理论渊源,是中国共产党人用马克思主义立场、观点、方法思考解决中国所面临的时代课题的理论成果;这一概念也有着深厚的中华优秀传统文化渊源,是中国共产党人用时代精神激活中华优秀传统文化的理论成果;这一概念是马克思主义中国化"两个结合"的理论成果。"中国式现代化"概念立足现实,彰显坚实的实践渊源,是中国共产党人对中国特色社会主义现代化实践经验的总结提炼和认识升华,也是以习近平同志为核心的党中央集体智慧的结晶,是重要理论创新。

"中国式现代化"概念内涵丰富,尤其是包含着诸多原创性贡献,这些原创性贡献至少包括如下几点。(1)实现高质量发展。实现高质量发展是中国式现代化的本质要求之一,是中国式现代化的重要内涵和实现途径。新时代的时代特征决定了发展模式必然从高速度发展转向高质量发展,高质量发展需要贯彻新发展理念,高质量发展和新发展理念是新时代的重要原创性贡献。习近平总书记曾强调,"党的十八大以来我们对经济社会发展提出了许多重大理论和理念,其中新发展理念是最重要、最主要的"①,高质量发展就是落实新发展理念的发展。(2)发展全过程人民民主。"全过程人民民主"概念是习近平总书记用马克思主义民主政治理论总结概括我国民主政治实践而提出来的重要概念,是中国式现代化在民主政治领域的体现。习近平总书记明确提出,全过程人民民主不仅有"完整的制度程序",也有"完整的参与实践",是包括"民主选举、民主协商、民主决策、民主管理、民主监督"等在内的全链条、全方位、全覆盖的民

---

① 《习近平谈治国理政》第4卷,外文出版社,2022,第170页。

主，"是最广泛、最真实、最管用的社会主义民主"。① 这是中国式现代化的中国特色之所在。（3）丰富人民精神世界。现代化不仅包括经济、政治、社会、文化等层面的现代化，还包括人的现代化，而且人的现代化是中国式现代化的核心，中国式现代化充分彰显了人的现代化。马克思明确指出，人的自由而全面的发展是人类进步的价值旨归。中国式现代化"以人民为中心"，人民对美好生活的向往就是我们的奋斗目标，中国式现代化彰显人的现代化的一个重要体现就是强调"丰富人民精神世界"，强调"物质生活共同富裕"与"精神生活共同富裕"相协调，强调物质文明和精神文明相协调。（4）促进人与自然和谐共生。促进人与自然和谐共生是中国式现代化的本质要求之一，资本逻辑主导的西方原发现代化以破坏生态环境为代价来换取经济的发展，恩格斯在《自然辩证法》中曾提到，"西班牙的种植场主曾在古巴焚烧山坡上的森林，以为木灰作为肥料足够最能赢利的咖啡树利用一个世代之久，至于后来热带的倾盆大雨竟冲毁毫无保护的沃土而只留下赤裸裸的岩石，这同他们又有什么相干呢?"② 中国式现代化是绿色的现代化，主张绿水青山就是金山银山，推动形成绿色发展方式和绿色生活方式，以人与自然和谐共生的方式推动现代化发展。（5）推动构建人类命运共同体。西方原发现代化都伴随着殖民和掠夺，中国在近代沦为半殖民地半封建社会就是源于西方的殖民掠夺。中国式现代化是走和平发展道路的现代化，"新中国成立七十多年来，没有发动一场对外侵略战争，没有侵占别国一寸土地"③。中国主张国家不分大小，平等互利、合作共赢的外交理念，主张践行真正的多边主义，积极构建人类命运共同体。（6）创造人类文明新形态。我们坚持和发展中国特色社会主义，推动物质文明、政治文明、精神文明、社会文明、生态文明协调发展，创造了人类文明新形态。中国式现代化主张走和平发展的现代化道路，主张构建人类命运共同体。人类命运共同体是对当前世界格局的超越，当前世界格局的文明形态可以用"主—客"的模式来概括，以美国为首的西方发达国家是"主"，别人都是"客"，"客"必须服从"主"的利益，这是"美国优先"的底层逻辑。人类命运共同体理念所主张的人类文

---

① 《习近平谈治国理政》第 4 卷，外文出版社，2022，第 261 页。
② 《马克思恩格斯选集》第 3 卷，人民出版社，2012，第 1001 页。
③ 《习近平外交思想学习纲要》，人民出版社、学习出版社，2021，第 42 页。

明新形态可以用"主—主"的模式来概括，国家不分大小，都是主体，彼此相互尊重对方的核心利益，在交往过程中实现合作共赢、互利共赢。我们主张"一带一路"建设应当遵循"共商、共建、共享"的原则，我们提出的"丝路精神"是"和平合作、开放包容、互学互鉴、互利共赢"①。这都是人类文明新形态的体现。

"中国式现代化"概念的原创性贡献支撑了我国现代化的话语创新。

第一，进一步丰富和发展了中国特色社会主义话语体系。坚持中国式现代化是贫穷落后基础上建设社会主义的正确路径选择。对于"贫穷落后国家如何建设社会主义"这个问题，苏联及东欧社会主义国家做出了有益探索，但没有给出科学回答，改革开放以来中国共产党人带领全国各族人民探索出了中国特色社会主义道路，这是对这个问题的科学回答。贫穷落后国家建设社会主义必须把科学社会主义基本原则同本国实际相结合，走有本国特色的社会主义道路。发展中国家实现现代化不能为了共同特征而牺牲本国特色，中国式现代化就是中国特色社会主义的现代化，"既有各国现代化的共同特征，更有基于自己国情的中国特色"②。习近平在主持中共十九届中央政治局第三十次集体学习时强调，要"打造融通中外的新概念、新范畴、新表述"③，新概念、新范畴、新表述的提出就是打造中国特色社会主义话语体系。我们已经解决了挨打问题和挨饿问题，但还没有彻底解决挨骂问题，建构中国特色社会主义话语体系就是为了解决挨骂问题。中国的好故事只有用适合中国的概念、范畴来讲才能够讲清楚，才能讲好。"中国式现代化"概念是对中国现代化实践经验的提炼和概括，也是中国现代化话语的集中体现，只有用"中国式现代化"概念所彰显的范式来讲中国的现代化故事，才能把中国的现代化故事讲清楚。

第二，创新了现代化话语。西方原发现代化是资本主义现代化，资本逻辑是这种现代化的主导逻辑，资本逻辑塑造了资本主义的市场经济体系，其中包括资本主义民主政治，以西方式的自由、民主、理性为核心的资本主义文化，诚如马克思所说，"一句话，它按照自己的面貌为自己创

---

① 《习近平外交思想学习纲要》，人民出版社、学习出版社，2021，第90页。
② 《习近平著作选读》第1卷，人民出版社，2023，第18页。
③ 《习近平谈治国理政》第4卷，外文出版社，2022，第317页。

造出一个世界"①。资本主义现代化是资本按照自己的"面貌""塑造"出来的，资本逻辑塑造了资本主义的两极分化，塑造了资本主义的阶级结构，塑造了资本主义自身无法解决的矛盾，也塑造了资本主义的"掘墓人"。"中国式现代化"是中国共产党领导的社会主义现代化，它以"以人民为中心的发展思想"超越了资本逻辑，其价值目标是实现"全体人民共同富裕"。苏联是社会主义国家，也实现了现代化，曾经一度发展成为世界的一极。但苏联的现代化是计划经济的现代化，表现为企业和社会缺乏自主性、积极性，国民经济结构比例失调，片面发展重工业和军事工业，人民生活品质长期得不到提高等，甚至有学者认为苏联的现代化不是现代化，而是"反现代化"②。中国的现代化明确既不走封闭僵化的老路，也不走改旗易帜的邪路，是中国式的现代化。原发现代化过程是资本逻辑自下而上塑造资本主义的自发过程，苏联现代化则是政府主导经济和社会发展的自上而下的自觉的现代化。中国式现代化不同于资本主义原发现代化，它是中国共产党领导的自上而下的社会主义现代化，中国式现代化也明显不同于苏联的社会主义现代化，我们明确坚持社会主义市场经济，让市场在资源配置中起决定性作用，更好发挥政府作用。中国式现代化充分吸收借鉴了既有现代化模式的优点，又超越了既有现代化模式，创新了现代化话语。

第三，创新了文明话语。中国式现代化创新了物质文明，是高质量发展、共同富裕的现代化；创新了政治文明，中国式现代化坚持发展全过程人民民主；创新了精神文明，中国式现代化主张物质文明和精神文明协调发展，丰富人民精神世界；创造了社会文明，中国式现代化大力推进社会建设、民生建设；创造了生态文明，中国式现代化推进了人与自然和谐共生，这是人类文明新形态。就国际格局而言，人类社会的每一次大变局都会催生出一种新的文明形态，当今世界正经历"百年未有之大变局"，"百年未有之大变局"将催生人类文明新形态，"21 世纪人类新文明的构建将由中国道路来引领"③。中国式现代化主张走和平发展道路，积极构建新型国际关系，践行真正的多边主义，构建人类命运共同体，是人类文明新形态。

---

① 《马克思恩格斯选集》第 1 卷，人民出版社，2012，第 404 页。

② 徐天新：《苏联史·第四卷·斯大林模式的形成》，人民出版社，2013，第 9 页。

③ 陈学明：《走向人类文明新形态》，天津人民出版社，2022，第 163 页。

第十四章 马克思"人的本质" 概念的汉译与理解研究

本章以《共产党宣言》诸汉译本为线索，梳理考证马克思"人的本质"概念汉译及中国化进程。

一 "人的本质"是马克思的重要概念

人是一种未特定化的动物。其他动物在降生之初生命轨迹和发展空间就已被限定，它不会超越它的种所加之于它的规定性。而人的发展潜能几乎是无限的，人的本质不是某种先天理性的禀赋，而是实践生成的结果。马克思的人学思想充分彰显了这一点。人的本质概念是马克思论著中的重要概念。在《1844 年经济学哲学手稿》中，马克思认为，人的本质是"自由自觉的劳动"，异化是人对这种本质的疏远和背离，异化的扬弃则是这种本质的复归。"共产主义是私有财产即人的自我异化的积极的扬弃，因而是通过人并且为了人而对人的本质的真正占有。"① 扬弃就是"自由自觉的人"的重新实现。在《关于费尔巴哈的提纲》中，马克思指出人的本质"不是单个人所固有的抽象物，在其现实性上，它是一切社会关系的总和"②。人的本质是现实的，是在实践中生成的社会关系总和。在《德意志意识形

---

① 〔德〕马克思：《1844 年经济学哲学手稿》，人民出版社，2000，第 81 页。
② 《马克思恩格斯选集》第 1 卷，人民出版社，2012，第 135 页。

态》中，马克思恩格斯指出："可以根据意识、宗教或随便别的什么来区别人和动物。一当人开始生产自己的生活资料，即迈出由他们的肉体组织所决定的这一步的时候，人本身就开始把自己和动物区别开来。"① 人的本质就在于能够生产物质生活资料，人的社会性就是在物质生产活动中所结成的社会关系。整个马克思主义的核心要义就是实现人的解放。虽然相对于前资本主义的人身依附，资本主义是人类的一次解放，但资本主义并没有实现人的真正解放，它只是用一种新的枷锁代替了旧的枷锁。无产阶级为了能够生存，被迫接受资产阶级的剥削，被迫变成异化的人。资本主义的不自由不仅仅体现在资本主义的剥削上，更重要地体现在"物的依赖性"上。马克思在《1857—1858 年经济学手稿》中，把人类社会分为"人的依赖关系"、"以物的依赖性为基础的人的独立性"和"自由人联合体"三个阶段，② 资本主义所处的就是"以物的依赖性为基础的人的独立性"阶段，表面上人获得独立性，但人并没有真正获得独立和自由，物成了统治人、奴役人的主宰。无产者为了生存，为了得到物而不得不把自己的劳动力出卖给资产者，而资产者终日忙碌也是为了物，实现自我利益最大化的指挥棒指挥着资产者奔走呼号于世界各地。现代人虽然不再是他人的奴隶，而是独立自由的公民，但他仍然是物的奴隶，人为物役还是社会的常态。这就是现代性的不自由。人类的真正自由在于扬弃物化而走向自由人联合体。可以说，马克思主义哲学的宗旨在于探讨人的问题，包括政治经济学和科学社会主义在内的其他理论则是为论证和实现人的彻底解放而服务的。人的问题是马克思主义的核心问题，乃至于我国学界有学者认为马克思主义哲学就是人学。人的本质理论是人的问题的核心，马克思在不同语境下对人的本质有过很多表述。张奎良教授把马克思对人的本质的定义概括为六个方面，即"人是人的最高本质""人的类本质""人的发展本质""人的共同体本质""人的社会联系本质""人的社会关系总和本质"。③ 探究"人的本质"概念在我国的翻译、传播、理解和接受情况，是理解马克思主义中国化的重要方面。

---

① 《马克思恩格斯选集》第 1 卷，人民出版社，2012，第 147 页。
② 《马克思恩格斯全集》第 30 卷，人民出版社，1995，第 107 页。
③ 张奎良：《马克思人的本质概念的演绎程序》，《马克思主义研究》2014 年第 11 期。

二　"人的本质"概念在我国的定译过程

"人的本质"的德文词是"das menschliche Wesen"。现在看来，这一德文词和中文词"人的本质"对应较为恰当。但在最初翻译的时候，我们并没有现成的汉语词语与这一德文词相对应。中国早期的马克思主义词语较多的是通过日文词转译而来的。德国学者李博说："让社会主义的相关概念进入中国人的精神生活需要为每一个新概念找到适当的汉语对等词语。"① 借道日语是中国汉语寻找这一"对等词"的重要途径。当时的中国进步青年留学日本的较多，而日本也有一大批诸如幸德秋水、河上肇等思想活跃的马克思主义理论家，另外，日语与汉语具有较近的亲缘关系，语言文化隔阂较少，甚至可以直译为汉语。这些都是马克思经典文本翻译借道日语的便利条件。

马克思在多部著作中提及"人的本质"术语。我们选择《共产党宣言》译本为线索，而不是以最能体现马克思"人的本质"内涵的《关于费尔巴哈的提纲》为例来探讨"人的本质"概念史，是基于《共产党宣言》的汉译本能够呈现"人的本质"概念译词从最初翻译的译名到最终定译的译名的衍变，从而呈现这一概念在华传播和理解的过程。在 2018 年人民出版社出版的《共产党宣言》单行本中，"人的本质"术语出现过 3 次。

第一处，"它必然表现为关于真正的社会、关于实现人的本质的无谓思辨"②。"人的本质"是马克思恩格斯在批判德国"真正的"社会主义者把"法国的文献"变为纯粹抽象的思辨的过程中提到的。这里的"它"指"法国文献"。"法国文献"充斥着革命性与现实性，但德国的"真正的"社会主义者却把这些文献变为德国的抽象哲学，变为"实现人的本质的无谓思辨"。

第二处，"他们在法国人对货币关系的批判下面写上'人的本质的外化'，在法国人对资产阶级国家的批判下面写上所谓'抽象普遍物的统治

---

① 〔德〕李博：《汉语中的马克思主义术语的起源与作用》，赵倩、王草、葛平竹译，中国社会科学出版社，2003，第 79 页。

② 马克思、恩格斯：《共产党宣言》，人民出版社，2018，第 56 页。

的扬弃’，等等”①。这句话与上一句话的背景相同。德国“真正的”社会主义者把法国人那里很现实的东西，如货币关系，都转化为德国的抽象思辨哲学。

第三处，“不代表无产者的利益，而代表人的本质的利益，即一般人的利益”②。这句话仍然是在说德国“真正的”社会主义者的思辨哲学所代表的不是“无产者”这一特殊群体的利益，而是“人的本质”的抽象利益。

上述 3 处出现的“人的本质”术语，对应着同一个德文概念“das menschliche Wesen”。中国最早的《共产党宣言》全译本并非译自德文，而是译自幸德秋水和堺利彦翻译的日文版《共产党宣言》。在日文本中，幸德秋水和堺利彦将上述 3 处“人的本质”都译作“人间性”③，其中“人的本质的外化”被译作“人间性の離反”④，“人的本质的利益”被译作“人间性の利益”⑤。“人间性”是日本汉字词，这个词并非与汉语“人间性”等义，其汉语意思是“人”、“人类”或者“人类共性”。把“das menschliche Wesen”译作“人间性”也是因为缺少与德语“das menschliche Wesen”对应的日语词，这是幸德秋水和堺利彦的创造。依照幸德秋水和堺利彦的日文版《共产党宣言》，陈望道译出了第一个《共产党宣言》汉译本。陈望道对这几处“人间性”的处理略微复杂，上述所引用 2018 年中文版的 3 处引文中“人的本质”在日文版《共产党宣言》中都对应着“人间性”，而陈望道的翻译却有 3 种情况。第一处陈译本没有译出，第二处“人的本质的外化”（即日文的“人间性の離反”）被译作“人情离散”⑥，第三处“人的本质的利益”（即日文的“人间性の利益”）被译作“人类本性底利害”⑦。“人情”是口语化的表述，这表明陈望道没有把“人

---

① 马克思、恩格斯：《共产党宣言》，人民出版社，2018，第 56 页。
② 马克思、恩格斯：《共产党宣言》，人民出版社，2018，第 57 页。
③ 〔德〕马克思、恩格斯：《共产党宣言》，幸德秋水、堺利彦译，日本彰考书院，1952，第 82 页。
④ 〔德〕马克思、恩格斯：《共产党宣言》，幸德秋水、堺利彦译，日本彰考书院，1952，第 82 页。
⑤ 〔德〕马克思、恩格斯：《共产党宣言》，幸德秋水、堺利彦译，日本彰考书院，1952，第 81 页。
⑥ 〔德〕马克思、恩格斯：《共产党宣言》，陈望道译，社会主义研究社，1920，第 53 页。
⑦ 〔德〕马克思、恩格斯：《共产党宣言》，陈望道译，社会主义研究社，1920，第 54 页。

的本质"作为一个重要概念对待，处理得偏于随意，而且在其他地方又译作"人类本性"，这更加说明了这一点。

新中国成立前，我国共有 7 个《共产党宣言》全译本，除了上述陈译本外，还有 6 个译本。中华书局 2011 年出版的《共产党宣言》（汉译纪念版），收录了包括陈望道译本在内的 7 个新中国成立前的汉译本的影印本。我们以这本书为依据梳理《共产党宣言》诸译本对"人的本质"概念的译词情况，见表 14-1。

表 14-1　《共产党宣言》诸译本对 "das menschliche Wesen" 概念的译介情况

德语版	幸德秋水、堺利彦日语译本	陈望道译本	华刚译本	成仿吾、徐冰译本
das menschliche Wesen	人間性	—	—	人性
das menschliche Wesen	人間性の離反	人情离散	人情离散	人性的抛弃
das menschliche Wesen	人間性の利益	人类本性	人类本性	人性

博古校译本	陈瘦石译本	乔冠华译本	百周年纪念版	中央编译局译本（2018）
人性	人性	人性	人类本性	人的本质（第 56 页）
人性的抛弃	人性的抛弃	人性的抛弃	人性底脱离	人的本质的外化（第 56 页）
人性	人性	人性	人类本性	人的本质的利益（第 57 页）

注："—"表示没有翻译出来。

在 1978 年的成仿吾、徐冰译本中，上述 3 处都已译作"人的本质"。《共产党宣言》诸译本中，"das menschliche Wesen"概念的译词出现过"人情""人类本性""人性""人类"4 种不同的译法，而最终定译为"人的本质"。在马克思主义经典著作汉译史上，这 4 个词语为什么只是昙花一现而没有被确定为定译呢？这需要看其词义表达与"das menschliche Wesen"内涵是否出入较大。在"das menschliche Wesen"中，"das menschliche"是指"人的、人类的、人性的、人道的"，而"Wesen"则是指

"存在并活动着、本质、本性、天性"之意。① 从诸译本中可以看出来，"das menschliche"基本都译作"人"或"人类"，疑义不大，关键是对"Wesen"的翻译。据 2013 年出版的《杜登德汉大词典》解释，"Wesen"作为动词是指"活着、生存者"；作为名词有如下几种内涵：一是"实质、本质"，二是"性格、品性、本性"，三是"活物、生命、生灵"，四是"行为、活动"。② 应该说，曾经出现过的上述 4 种译法与德文词都有一定的对应性，译作上述 4 个词不能算错，但多少存在一定的不准确性。在"人情""人类本性""人性""人类"这 4 种译法中，人情的译法最不准确，根据现代《辞海》的解释，人情有人的情感、人之常情、人心世情、婚丧喜庆交际所送的礼物、情面情谊等内涵，③ 虽然现代人对"人情"的理解可能不同于陈望道翻译《共产党宣言》那个时代的理解，但可以确定，"人情"这个词基本没有翻译出"Wesen"的核心内涵。"人类"译法也不够准确。人类是对作为整个"类"的人的统称，偏于自然属性，它并不能反映人"Wesen"的核心内涵。"人类本性"和"人性"的译法倒是与"Wesen"存在较高的共同性。人性是人区别于其他动物的特性，历史上对人性的认识形成过多种学说。马克思主义也认为，人性是人的自然属性和社会属性的统一，人性不是抽象的而是现实的、具体的，并随着人类历史的发展而不断演变。在中国古代，有"食色，性也"的古语。这里的"性"，即指人性。孟子主张人性本善，荀子主张人性本恶，宋代朱熹主张"性即理也"，他把周敦颐的《太极图说》往性理学的方向进行解释。《太极图说》强调，"自无极而为太极。太极动而生阳，动极而静；静而生阴，静极复动。一动一静，互为其根。分阴分阳，两仪立焉。阳变阴合，而生水、火、木、金、土"，进而化生世间万物。也就是说，"无极""太极"是世界的本源。朱熹对《太极图说》的解释是，无极而太极，即无极就是太极，并提出"太极即理"。朱熹认为，理是世间万物的本源，而人之"性"是人禀受"天理"的结果。朱熹学说中的"性"，虽然也离不开道德性，但更多的是强调"性"即是"理"。朱熹认为，天地之间有理有气，

① 韦正翔：《〈共产党宣言〉探究（对照中、德、英、法、俄文版）》，中国社会科学出版社，2013，第 421 页。
② 赵登荣、周祖生主编《杜登德汉大词典》（下），北京大学出版社，2013，第 2687~2688 页。
③ 《辞海》中卷，上海辞书出版社，2010，第 3255 页。

人和万物都禀受天地之气为形体，禀受天理为本性；天理落入人之形气，才形成"性"。朱熹认为，理，在天地间时"只是善"；理，在人则曰"性"。性理学对宋之后的中国的影响深刻而久远。所以，当"人的本质"概念进入中国文化系统之后，用传统的"人性"去对译"das menschliche Wesen"或者相应的英文词和相应的日文词语，是有着深厚的传统文化基础的。中国古代的"性"，其意接近于"人的本质"。但古代的"性"概念侧重于人的属性，"Wesen"包含有人类品性之义，所以，中国古代的"性"概念与人的本质概念还是存在一定差异的。最终，经典著作的汉译者创造性地使用了"人的本质"的概念。可以说，从"人情""人类本性""人性""人类"到最后确定为"人的本质"概念，这一过程彰显了经典翻译者的智慧和选择，也体现了中国人对"人的本质"概念的理解过程。

虽然《共产党宣言》的诸译本对"人的本质"概念的译法存在较大差别，但译者在翻译最能体现马克思人的本质理论的《关于费尔巴哈的提纲》中对人的本质的经典解释时却从一开始就译作了"人的本质"。2012年出版的《马克思恩格斯选集》第 1 卷收录的《关于费尔巴哈的提纲》中，关于人的本质的解释是"人的本质不是单个人所固有的抽象物，在其现实性上，它是一切社会关系的总和"[①]。这句话在张仲实翻译的出版于1938 年（显示为民国二十七年出版，该书初版于民国二十六年，即 1937年，1938 年的版本是再版）的《费尔巴哈论》（收录了作为附录的《费尔巴哈论纲》，即后来的《关于费尔巴哈的提纲》）中，译作"人类的本质，决不是各别的个人所特有的抽象。人类本质在他的现实性上，乃是社会关系的总体"[②]，这里已经明确译作"人类的本质"概念了。再往前追溯，在彭嘉生译的出版于 1929 年的《费尔巴哈论》（同样也收录了《费尔巴哈论纲》作为附录）中翻译为"人类的本质决不是内在于个别的个人里的抽象体，在其现实性上他是社会关系底总体"[③]。《费尔巴哈论》的这两个早期译本所收入的《费尔巴哈论纲》都将"das menschliche Wesen"译作"人类的本质"，这一点不同于《共产党宣言》的诸译本。译法存在差

---

① 《马克思恩格斯选集》第 1 卷，人民出版社，2012，第 139 页。
② 〔德〕恩格斯：《费尔巴哈论》，张仲实译，生活书店，1938，第 86 页。
③ 〔德〕恩格斯：《费尔巴哈论》，彭嘉生译，上海南强书局，1929，第 129 页。

别受诸多因素影响，如《关于费尔巴哈的提纲》正面论述了人的本质，而《共产党宣言》中涉及"人的本质"的地方都是在批判青年黑格尔派抽象哲学，前者凸显人的本质性质，而后者则更容易做引申的翻译，加上这两部著作的译者也不是同一个人，这就造成了同一个外文单词有不同译法。

"人的本质"概念应该是翻译者的创造性翻译，也是我们在找寻合适译词过程中"优化选择"的结果。"本质"是这一概念的关键要素，"本质"一词并非古汉语常用词语，它是近代才逐渐出现并成为日常用语的汉语词语，但"质"字却在古汉语中早已有之，"质"是"本质"一词的关键性语素。"质"古体为"質"，《说文解字》中解释为"从贝，从所"，有人质之义，"如春秋交质子是也"，"引伸（申）其义为朴也、地也。如有质有文是"。① 先秦汉语中就有了"质"字，这里的质更多的有质朴之义。古汉语中的"质"有"质朴""质地""性质""本质"等内涵，而且都可以在古代典籍中找到相应例句。② 其中与现代词语"本质"内涵相近的是"性质""本质"，《辞海》中引用了《礼记·乐记》中的"中正无邪，礼之质也"作为例句解释"质"字的这一内涵，这里的"质"有"本质"的意涵。"质"是"本质"一词的关键性要素，而"本质"之"本"则是根本之义，和"质"的意思相近，古代汉语中"本"有"树根、树干""事物的根本、基础""起始、本原""依据"等内涵。③"本质"一词中的"本"有"根本、基础"之义，"本"与"质"合在一起是指事物最根本的东西。从这些解释中可以看出，古代汉语中就已经有"本质"的内涵了。近代以来，"本质"一词开始出现于各类著作和文章中。检索《英华字典》资料库（该资料库收录了1815年到1919年极具代表性的早期《英华字典》24套），共出现了86处"本质"字样。④ 说明早在1919年前，"本质"一词就在汉语中被广泛使用，是传教士最早把"本质"一词与英文的"essence/nature"对应起来。1847～1848年麦都思《英华字典》把"essence"译为"本质""真气、元气"，1866～1869年罗存德《英华字

---

① （汉）许慎撰，（清）段玉裁注，许惟贤整理《说文解字注》，凤凰出版社，2015，第496页。
② 《辞海》下卷，上海辞书出版社，2010，第5117页。
③ 王力主编《王力古汉语字典》，中华书局，2000，第456～457页。
④ 英华字典，http://mhdb.mh.sinica.edu.tw/dictionary/index.php。

典》把"essence"译为"本质、精质、精气、性质"。① 在 1875 年出版的《字典集成》第二版中，英文单词"essence"被译为"本质、精气"，② 其已经把"essence"与汉语"本质"对译。"本质"一词是日语回归借词，中国同盟会于 1905 年在日本东京创办的《民报》，就从日语借词"本质"，在现代意义上使用。③ 不管经典翻译者在翻译的时候是否直接用"自日源回归"的"本质"概念，他们把"人的本质"与"das menschliche Wesen"对译都是一个创造性的探索，幸德秋水只是把"das menschliche Wesen"译作"人间性"，而不是"人的本质"，而汉译者把一个较少使用的汉语词"本质"逐渐变成了一个常用词。一旦有人用恰当的汉语词语与外文对应起来，后人便会纷纷把这种对译看作最合理的翻译，进而接受下来，"das menschliche Wesen"就定译作"人的本质"。

三　汉语"人的本质"概念的理解与疏义

综合对"人的本质"概念汉译衍变过程的考证，可以得出如下结论性认识："本质"一词汉语古有用例，近代西方来华传教士将该词与"essence/nature"对译，后来该义进入日本，20 世纪初中国人从日语借词，"本质"一词回归。"人性"在古汉语中是常用词语，但古汉语中的"人性"并非现代意义上的人性，古典"人性"概念绕道日本又"词源回归"到中国，但"回归"的"人性"概念是包含有资产阶级人性观等理论内涵的概念。即便是这一"回归"的"人性"概念也难以反映马克思"das menschliche Wesen"的确切内涵。另外"人情""人类"等译法则与德文相去甚远。译作"人的本质"是长期选择的结果，是最为确切的译法，这一译法属于创造性的翻译，创造出了汉语"人的本质"概念，这一概念丰富了汉语词汇，丰富了中国马克思主义话语体系。把"das menschliche Wesen"译作"人的本质"只是符号上的对应，意义上的对应离不开

---

① 英华字典，http://mhdb. mh. sinica. edu. tw/dictionary/index. php。
② 〔日〕内田庆市、〔日〕沈国威编《字典集成：影印与题解》（珍藏本），商务印书馆，2016，第 167 页。
③ 朱京伟：《〈民报〉（1905~1908）中的日语借词》，《日本学研究》2009 年第 19 期。

人们的理解和解释，只有在不断的理解和解释中，符号才能真正成为活的语言，成为意义的"能指"。在马克思主义在我国的传播过程中，"人的本质"概念是如何被理解和解释的呢？

经过"人情""人类""人类本性""人性""人的本质"诸多译词衍变，学界最终确定"人的本质"作为"das menschliche Wesen"概念的对译词，创造出一个非常重要的汉语马克思主义哲学概念。"人情"是基于中国传统人情社会的口语表述，不可能成为现代科学意义上的马克思主义概念。"人类"和"人类本性"，强调"类"和"类本质"，也就是从人作为自然种群的类的角度看待人的根本属性，其强调的自然属性，与马克思思想成熟以后，即在《关于费尔巴哈的提纲》和《共产党宣言》中从社会性角度阐释的人概念旨向不匹配。汉语中古典意义的"人性"，实际上也是从"类本质"、从自然属性去解释人，当然增加了善恶的价值评判，但离开现实社会性，道德价值评判归根结底还是皈依自然性去解释。"人性"绕道东洋，从日语回归汉语，成为现代资产阶级概念，资产阶级人性论抽空阶级性去看待人，鼓吹人的解放和自由，与马克思"das menschliche Wesen"强调人的现实性和社会性，强调通过变革经济关系、阶级关系、社会关系去解放人、发展人的根本立足点不同。所以，随着对马克思主义经典著作理解越来越科学，中国马克思主义者对马克思"das menschliche Wesen"概念的把握越来越精准，最终，"人情""人类""人类本性""人性"等译法被舍弃，"人的本质"成为科学、深刻、充分表达马克思"das menschliche Wesen"的汉语概念。"本质"一词强调事物内部联系、内在关系，而"人的本质"术语更能表达从人的社会关系，特别是社会关系的矛盾体系和矛盾运动中，看待和推进人的解放、发展和自由的意涵。

从人的社会关系出发，我国早期马克思主义者强调社会性，尤其是强调阶级性。李达在探讨费尔巴哈抽象人性论的时候指出："费尔巴哈把他的哲学上所注意的中心的人，看做抽象的、超越时间空间的、生物学上的人，不是属于一定社会和一定阶级的实在的人，没有社会性，也没有阶级性。"[①] 费尔巴哈的人性论之所以是抽象的，根源就在于他不是从人的社会性、阶级性角度来理解人性，而是从自然属性角度来理解人性，这里的人

---

① 《李达文集》第 4 卷，人民出版社，1988，第 185~186 页。

性就是人的本质。艾思奇也有类似的观点,他指出:"在一切有阶级的社会里,人的本质和所谓的人性,都具有阶级的差别,不同阶级的人的认识,都受到他们自己阶级性的限制,只有真正站在无产阶级立场上的人们,只有敢于对世界进行革命改造的人们,才有可能全面把握社会历史发展的规律,才有可能对现代世界发展的规律和各国革命发展的规律,获得全面的正确的认识。"① 艾思奇在人的本质问题上强调阶级性。著名的革命家吴玉章也说过,"在阶级社会中,人的阶级性,就是人的一种本能,一种本质"②,同样强调从人的阶级性的角度理解人的本质。强调从阶级性的角度理解人性的不止上述三位理论家或革命家,毛泽东、瞿秋白等我党的理论家都有类似的观点。在人的本质上,我国早期的马克思主义者之所以强调阶级性,是因为把握住了人的本质即在其现实性上是社会关系的总和,而在阶级社会中阶级性是社会关系的根本方面。同时也表明,人的本质是一个生成性的过程,社会关系的总和固然不是单个人所具有的抽象物,但人毕竟是个体和共同体的辩证统一。马克思讲人的时候并没有排斥个人自由,马克思在《共产党宣言》中强调,在自由人联合体中,"每个人的自由发展是一切人的自由发展的条件"③,没有个人自由也就没有共同体的自由,也就没有自由人联合体。必须把个体和共同体结合起来理解,从个体在共同体中社会关系的展开角度去理解。随着中国特色社会主义理论与实践的发展,以人为本被确立为科学发展观的核心,习近平总书记还特别强调以人民为中心的发展理念,提出"时代是出卷人,我们是答卷人,人民是阅卷人"④ 的判断。这表明我们对"人的本质"的理解越来越丰富、深刻。

---

① 《艾思奇文集》第 2 卷,人民出版社,1983,第 846 页。
② 《吴玉章文集》上卷,重庆出版社,1987,第 402 页。
③ 《马克思恩格斯选集》第 1 卷,人民出版社,2012,第 422 页。
④ 《习近平谈治国理政》第 3 卷,外文出版社,2020,第 70 页。

第十五章 "人与自然生命共同体"
概念的渊源考释
与原创性贡献

　　打造融通中外的新概念、新范畴、新表述是理论工作的重要任务。认识来源于实践，新概念、新范畴、新表述是对成功实践经验的总结概括和提炼升华的产物，是从感性认识向理性认识的提升和飞跃的结果，是新理论的思想结晶，同时，对实践也具有重要的指导意义。坚持人与自然和谐共生，构建山水林田湖草沙生命共同体是习近平生态文明思想的重要方面，也是我国生态文明建设的深层思想底蕴。"人与自然生命共同体"概念是习近平生态文明思想的原创性概念之一，也是一个昭示着新的生态哲学的新概念，习近平生态文明思想"是我们党不懈探索生态文明建设的理论升华和实践结晶，是马克思主义基本原理同中国生态文明建设实践相结合、同中华优秀传统生态文化相结合的重大成果，是以习近平同志为核心的党中央治国理政实践创新和理论创新在生态文明建设领域的集中体现"①。"人与自然生命共同体"概念作为习近平生态文明思想重要原创性概念之一，有着深厚的理论渊源，是对中国生态文明建设实践的经验总结和提炼，也蕴含着以习近平同志为核心的党中央的集体智慧。"人与自然生命共同体"是习近平新时代中国特色社会主义思想的一个极具原创性的概念，探讨其渊源、诠释其原创性贡献对于我们理解习近平生态文明思想

---

① 《习近平生态文明思想学习纲要》，学习出版社、人民出版社，2022，第 3 页。

具有重要意义。

一 "人与自然生命共同体"概念的马克思主义渊源

"人与自然生命共同体"概念的马克思主义渊源体现在两个方面，一方面是关于人与自然"和解"的生态思想，另一方面是关于共同体的思想。

马克思在很多文本中论及了人与自然的关系问题。在《1844年经济学哲学手稿》中，马克思指出，人依赖于自然界，"人（和动物一样）靠无机界生活，而人和动物相比越有普遍性，人赖以生活的无机界的范围就越广阔"，"人在肉体上只有靠这些自然产品才能生活，不管这些产品是以食物、燃料、衣着的形式还是以住房等等的形式表现出来"。人"把整个自然界——首先作为人的直接的生活资料，其次作为人的生命活动的对象（材料）和工具——变成人的无机的身体"，自然界是人的"无机身体"，人类和自然是一个生命共同体，"所谓人的肉体生活和精神生活同自然界相联系，不外是说自然界同自身相联系，因为人是自然界的一部分"。① 马克思把自然看作一个整体，人与自然处在矛盾之中，只有共产主义社会才是"人和自然之间、人和人之间矛盾的真正解决"，人与自然是辩证统一的，"只有在社会中，人的自然的存在对他来说才是自己的人的存在，并且自然界对他来说才成为人。因此，社会是人同自然界的完成了的本质的统一，是自然界的真正复活，是人的实现了的自然主义和自然界的实现了的人道主"②。恩格斯探讨了很多具体的生态环境问题，在《伍珀河谷来信》中描述了当时的环境污染情况，在《英国工人阶级状况》中描述工人阶级恶劣的生存条件时，也大量涉及了生态环境问题，如污染的空气、发臭的小河以及垃圾成堆的空间，等等。尤其是在《自然辩证法》一书中，恩格斯从理论层面探讨了生态环境问题，并向人类发出警告，"我们不要过分陶醉于我们人类对自然界的胜利。对于每一次这样的胜利，自然界都

---

① 〔德〕马克思：《1844年经济学哲学手稿》，人民出版社，2000，第56~57页。
② 〔德〕马克思：《1844年经济学哲学手稿》，人民出版社，2000，第83页。

对我们进行报复"，"我们决不像征服者统治异族人那样支配自然界，决不像站在自然界之外的人似的去支配自然界——相反，我们连同我们的肉、血和头脑都是属于自然界和存在于自然界之中的；我们对自然界的整个支配作用，就在于我们比其他一切生物强，能够认识和正确运用自然规律"。① 马克思恩格斯关于人与自然关系的论述是"人与自然生命共同体"概念的重要理论渊源，"人与自然生命共同体"概念是对马克思主义生态思想的丰富和发展。

共同体概念在马克思的早期文本中出现的频次非常高。在《德意志意识形态》等早期文本中，"自然形成的共同体""虚幻的共同体""真正的共同体"等概念经常出现。"自然形成的共同体"是人类的早期存在状态，是人类刚刚超越普通动物的状态。那个时候，生产力极其低下，单个人无法独立生存，必须"以群的联合力量和集体行动来弥补个体自卫能力的不足"②。古代社会就是一个共同体本位的社会，在这样的社会共同体中，根本不存在近代社会所谓的"个性""自由""独立"等观念，当时的社会时代基础无法支撑这种观念。马克思也说过，"我们越往前追溯历史，个人，从而也是进行生产的个人，就越表现为不独立，从属于一个较大的整体"③，个体依附于共同体。这种"自然形成的共同体"状态一直持续到近代资本主义时代。历史越是往前追溯，共同体对个体的宰制程度就越高，而历史越是发展到后来，共同体对个体的约束力就越弱，封建社会以"家族""血缘""地域""信仰"为纽带的共同体相较于原始社会的部落社会共同体，对个体的约束力弱多了。"虚幻的共同体"概念是对资本主义社会的指称，资本主义生产方式的出现是人类社会生产力的一次解放，生产力的快速发展逐渐消解了共同体对个体的宰制，为个体主体意识的觉醒提供了坚实的社会基础，资产阶级启蒙运动所宣扬的"主体意识""自由意识""个性自由""理性平等"等理念就是个体自我主体意识觉醒的体现。马克思说："工业和商业瓦解了封建的共同体，随着私有制和私法的产生，开始了一个能够进一步发展的新阶段。"④ 资本主义社会的核心价值观是个

---

① 《马克思恩格斯选集》第 3 卷，人民出版社，2012，第 998 页。
② 《马克思恩格斯全集》第 28 卷，人民出版社，2018，第 49 页。
③ 《马克思恩格斯全集》第 30 卷，人民出版社，1995，第 25 页。
④ 《马克思恩格斯选集》第 1 卷，人民出版社，2012，第 213 页。

人主义，这是个体主义意识觉醒的集中表现。个体意识的觉醒逐渐解构和架空了共同体，资本主义社会的共同体状态是凸显个体而架空共同体的状态。另外，马克思把资本主义社会说成"虚幻的共同体"还有一层意思，那就是资本主义国家徒具共同体之名，而不具有共同体之实。在资本主义国家中，共同利益与私人利益是矛盾的，"正是由于特殊利益和共同利益之间的这种矛盾，共同利益才采取国家这种与实际的单个利益和全体利益相脱离的独立形式，同时采取虚幻的共同体的形式"，"国家内部的一切斗争——民主政体、贵族政体和君主政体相互之间的斗争，争取选举权的斗争等等，不过是一些虚幻的形式——普遍的东西一般说来是一种虚幻的共同体的形式——，在这些形式下进行着各个不同阶级间的真正的斗争"。①资产阶级国家貌似共同体，但它并不代表共同利益，而是打着共同体的旗号维护资产阶级利益，国家只是资产阶级实现其统治的工具。"真正的共同体"是对未来共产主义社会"自由人联合体"的指称，未来的共产主义社会实现了人的自由而全面的发展，"代替那存在着阶级和阶级对立的资产阶级旧社会的，将是这样一个联合体，在那里，每个人的自由发展是一切人的自由发展的条件"②。共同体的存在目的是维护个人的自由而全面的发展，国家共同体的政治统治功能已经消亡，只有管理功能还存在，每个人的自由而全面的发展是"真正的共同体"的目的。总体而言，马克思共同体理论的核心是个体与共同体的关系，古代社会是共同体本位社会，个体依附于共同体，共同体宰制个体；近代资本主义社会是个体本位社会，共同体被架空，个体的主体性得到充分张扬；未来的"自由人联合体"是个体与共同体关系最符合人性的安排。所以，个体与共同体的关系是马克思共同体理论的核心，"人与自然生命共同体"概念也是对人与共同体关系的合理安排，"生命共同体"是由包括人在内的所有生物构成的"共同体"，人应该合理安排自己与"生命同体"的关系，应该尊重自然、顺应自然，在此基础上推动社会发展，这是对马克思共同体理论的继承和丰富发展。

---

① 《马克思恩格斯选集》第1卷，人民出版社，2012，第164页。
② 《马克思恩格斯选集》第1卷，人民出版社，2012，第422页。

二 "人与自然生命共同体"概念的
中华优秀传统文化渊源

西方文化的典型特征是"主客二分"的思维方式，人是主体，自然是客体，客体存在的价值在于有益于主体，而中华优秀传统文化则更多地张扬"天人合一""民胞物与""道法自然"等思想，"人与自然和谐共生"概念的提出就是对中华优秀传统文化天人合一思想的继承和发展。

天人合一思想是中华优秀传统文化的重要组成部分，是中国传统生态哲学思想的重要表现。汤一介认为，天人合一之"天"有三层意思：第一，主宰之天，也就是人格化的神；第二，自然之天，也就是自然的天；第三，义理之天，即天理之天。① 天人合一思想在传统文化的不同语境中主要不是探讨人与自然关系，而是探讨人与人的关系，宋儒所强调的人性源于天理的观点就不是在人与自然关系的意义上探讨天人合一思想。天人合一思想中，在自然意义上使用"天"这一概念的时候，就是在探讨人与自然关系。它要求人类顺应自然规律，"树木以时伐焉，禽兽以时杀焉"（《礼记·祭义》）。砍树和宰杀禽兽要遵照时令，不能随意乱砍乱杀。"开蛰不杀，方长不折"，"开蛰不杀则天道也，方长不折则恕也，恕则仁也"（《大戴礼记·卫将军文子》）。"开蛰"和"方长"的时候不能宰杀动物，不能砍伐树木，否则有违天道。天人合一思想带有明显的非主客二分特征，它把人放在整个生态系统之中来看待人，而不是把人凌驾于生态之上，这种哲学对于构建当代生态哲学具有重要的启迪价值。

民胞物与思想。民胞物与思想是张载提出来的，在《西铭》中，张载指出："乾称父，坤称母，予兹藐焉，乃混然中处。故天地之塞，吾其体；天地之帅，吾其性。民吾同胞，物吾与也。"整个社会的民众都是我的同胞，世界的万物都是我的同辈，都是"乾父""坤母"的子女，都是兄弟姐妹。这是一种整体主义的悲天悯人哲学，它要求我们像对待兄弟姐妹一样对待世间万物。在张载那里，民胞物与更多的是强调人与人之间是平等

---

① 汤一介：《论"天人合一"》，《中国哲学史》2005 年第 2 期。

的，需要相互尊重，对"物与"强调的不多，但"物与"的意思也是很明显的。尊重自然、顺应自然是其题中应有之义。在这种思想看来，人和自然万物都是平等的，人也只是万物中的一种，人类应该像对待自己的兄弟姐妹一样对待自然，这种哲学带有明显的"非人类中心主义"倾向，与"天人合一"思想共同构成中国传统生态哲学的思维方式。

道法自然思想。道法自然一说出自老子《道德经》，"人法地、地法天、天法道、道法自然"，这里的自然更多是自然而然的意思，而不是现代意义上的生态自然，但道法自然的"自然"也包含生态自然的"自然"。道家以无为本，强调对人为因素的否定，强调自然而然。《庄子》讲了一个故事：南海之地的帝王叫"倏"，北海之地的帝王叫"忽"，中央之地的帝王叫"混沌"，"混沌没有七窍"，"倏"和"忽"见到混沌后试图为他"开窍"，结果"日凿一窍"，七日凿七窍后混沌死了。意思是说，只有自然而然的才是好的，人为因素只会破坏自然，结果适得其反，导致了混沌的死亡。虽然道家思想存在消极遁世的倾向，但道法自然的思想强调减少人类对自然的人为改造则蕴含深刻的生态哲学思想，对于生态文明建设具有重要的启迪作用。

见素抱朴、少私寡欲、虚无恬淡的生态哲学。这是道家思想的体现，道家强调人应该过一种单纯的、简朴的生活，"一种宁静祥和的'安平泰'的生活，要抑制各种享乐的诱惑，就同'道'一样平淡又无奇"。"多余的东西，特别是多余的钱财是祸害。""欲壑难填，天下之至害。"这是道家的生活态度，这种生活态度不鼓励消费，当然对自然的损害也就会降低，庄子认为，"以追求物质欲望为乐，盼望享尽天下之美，权势、珠宝、声色、安逸、奢华等，这是愚蠢的"[1]。现代消费社会正好与道家的生活态度相反，主张追求物质享受，因此现代消费社会是生态危机的根源之一，道家的生活态度对当代生态文明建设具有重要的启迪意义。

传统生态哲学思想生发于前现代的农业社会，是那个时代的智慧，当然也存在局限性，但这些思想对于当代生态思想建构，对于推动生态文明建设还是具有重要价值的。习近平生态文明思想充分吸收了传统生态哲学思想的精华，习近平总书记在讲话中经常引用蕴含传统生态思想的经典句

---

[1] 余谋昌：《环境哲学：生态文明的理论基础》，中国环境科学出版社，2010，第48页。

子，比如，孔子的"子钓而不纲，弋不射宿"，《吕氏春秋》的"竭泽而渔，岂不获得？而明年无鱼；焚薮而田，岂不获得？而明年无兽"，荀子"草木荣华滋硕之时，则斧斤不入山林，不夭其生，不绝其长也；鼋鼍、鱼鳖、鳅鳝孕别之时，罔罟、毒药不入泽，不夭其生，不绝其长也"。"'天人合一'、'道法自然'的哲理思想，'劝君莫打三春鸟，儿在巢中望母归'的经典诗句，'一粥一饭，当思来处不易；半丝半缕，恒念物力维艰'的治家格言，这些质朴睿智的自然观，至今仍给人以深刻警示和启迪。"① 可以说"人与自然生命共同体"概念充分吸收了传统生态思想中的精华成分。

"人与自然生命共同体"概念所强调的就是人应该尊重自然，顺应自然，人与自然界的各种生物共同构成了"生命共同体"，"人与自然生命共同体"概念的提出是用中华优秀传统文化资源思考解决工业文明时代面临的人与自然关系问题的体现，该概念"用时代精神激活"了"中华优秀传统文化的生命力"，彰显了中华优秀传统文化的智慧。

三　"人与自然生命共同体"概念的实践渊源

原创性概念是原创性思想的高度凝练和集中概括，而思想最终来源于实践，习近平总书记提出，"时代是思想之母，实践是理论之源"②，重要原创性概念归根结底来源于解决时代课题的原创性实践。"人与自然生命共同体"概念既有深厚的马克思主义渊源，又有深厚的中华优秀传统文化底蕴，是"马克思主义基本原理同中国具体实际相结合，同中华优秀传统文化相结合"的典范。但上文所探讨的"两个渊源"只是"两个相结合"的理论基础，真正促成"人与自然生命共同体"概念生成的还是运用上文所述的"两个渊源"理论解决当代环境问题的原创性实践。

"人与自然生命共同体"概念是对摆脱人与自然生态困境实践经验的提炼和概括。时代的需要是理论创新的根本动力，恩格斯说过："社会一

---

① 《习近平关于社会主义生态文明建设论述摘编》，中央文献出版社，2017，第6页。
② 《习近平谈治国理政》第2卷，外文出版社，2017，第34页。

旦有技术上的需要，这种需要就会比十所大学更能把科学推向前进。"① 科技创新如此，社会科学的理论创新也是这样，"人与自然生命共同体"就是应时代的需要而产生的一个重要概念。"人与自然生命共同体"概念是习近平总书记"人与自然和谐共生"思想的结晶。"人与自然和谐共生"思想是以习近平同志为核心的党中央思考和解决生态环境问题的理论成果。

生态环境问题是全人类共同面临的问题，而且一些生态环境问题已经达到了令人触目惊心的程度。澳大利亚学者彼得·布林布尔科姆的《大雾霾：中世纪以来的伦敦空气污染史》一书指出，中世纪也有空气污染，但导致伦敦大雾霾的关键因素还是工业革命中煤炭的大量使用，大雾霾严重影响人的健康，伦敦雾霾最严重的一次是 1952 年的"大雾霾"（the great smog），这次大雾霾之后发生的额外死亡人数有 4000 人之多，其他动物也深受其害，受 1873 年的大雾影响，据说许多在埃斯灵顿大展览中展出的牛因窒息而死，为了免除大批还活着的牲畜的痛苦，人们只好将它们统统宰杀。② 美国学者奇普·雅各布斯和威廉·凯莉合著的《洛杉矶雾霾启示录》一书用确凿的数据来说明问题：1963 年，美国加州空气污染所导致的肺气肿患病率是十年前的四倍，还有一些人因为空气污染而精神压抑甚至自杀；1970 年，一位医生深信，呼吸南加州烟雾弥漫的空气等同于一天抽一两包烟。③ 类似的有关污染史、环境史的研究在一定程度上描述了环境污染的表现，对人类发出了严重的警告。著名学者陈嘉映先生翻译并出版了美国前副总统戈尔的《濒临失衡的地球》一书，该书援引了《得克萨斯观察家报》的评论："不同凡响……高屋建瓴……直言不讳地道出了沉重的真相：我们正面临环境危机……戈尔写了一本重要的书，提供了大量极有价值的资料。"戈尔在这部书中指出，大多数的水污染、空气污染和非法垃圾堆放，以及酸雨、地下水源污染、大规模石油遗漏等，都还只是区域性的，不具有"战略性"，而"另一类新的环境问题却影响到全球的生态系统，这些问题是战略性的"。比如，"最近 40 年来大气中的氯增长了

---

① 《马克思恩格斯选集》第 4 卷，人民出版社，2012，第 648 页。
② 〔澳〕彼得·布林布尔科姆：《大雾霾：中世纪以来的伦敦空气污染史》，启蒙编译所译，上海社会科学院出版社，2016，第 185 页。
③ 〔美〕奇普·雅各布斯、威廉·凯莉：《洛杉矶雾霾启示录》，曹军骥等译，上海科学技术出版社，2014，第 142 页。

600%","全球变暖也是一种战略性的威胁",这些污染使人类"具备了影响全球环境而不仅仅是影响局部环境的能力,人类和地球的整个关系发生了转变"。① 整个人类面临着全球性的公共困境。英国学者亚历山大·贝尔的《水文明的崩溃》一书探讨了水文明面临的困境。该书指出,水是文明的基础,没有水就没有人类文明,两河流域、中国、印度等文明都是依赖水而发展起来的,在地球的总水量中,可被人类直接利用的淡水资源仅占1%,人类"对水资源无尽的索取,无知的运用,过多的开发,这些都会导致我们的文明轰然倒塌"②。国内学者范溢娉和李洲合著的《生态文明启示录——危机中的嬗变》一书是由《生态文明启示录》电视纪录片的脚本改编而成的,解读了人类文明的演进,揭示中国正在发生的重大历史性转向,全书分为历史的回望、人类的家园、增长的极限、路径的选择四个部分,探讨了什么是生态文明、为什么要建设生态文明、怎样建设生态文明等问题。③ 自然之友编、彭俐俐主笔的《20世纪环境警示录》一书接近于科普类的作品,该著简要介绍了20世纪的一些生态环境问题,包括日本富士山的"痛痛病"事件、伦敦烟雾事件、英国海域石油污染事件、亚马逊热带雨林遭到大规模破坏等事件,也包括塑料的发明以及《增长的极限》《沙乡年鉴》的出版等与生态文明建设有关的事件,对很多事件的描述简单而直白,对读者产生较大的冲击力。中国在社会发展过程中也出现了一系列的生态环境问题,空气污染、土壤污染、水污染在一些地方还比较严重,生态环境问题也是困扰中国发展的一个重要问题。

生态环境问题是人类问题,也是时代课题,以习近平同志为核心的党中央以马克思主义为指导,并用时代精神激活中华优秀传统文化的生命力,深入思考化解生态困境问题的出路,提出了习近平生态文明思想,开展了大量的生态文明建设实践。提出要坚决打好污染防治攻坚战,坚决打好"蓝天保卫战"、打好"碧水保卫战"、打好"净土保卫战",推动绿色发展,倡导绿色生产方式和绿色生活方式,加大生态保护和生态修复力

① 〔美〕阿尔·戈尔:《濒临失衡的地球》,陈嘉映等译,中央编译出版社,2012,第24~25页。
② 〔英〕亚历山大·贝尔:《水文明的崩溃》,罗红译,金城出版社,2012,第187页。
③ 范溢娉、李洲:《生态文明启示录——危机中的嬗变》,中国环境出版社,2016,序言第1页。

度，等等。这些生态实践是习近平生态文明思想的现实基础，在实践基础上，习近平生态文明思想逐渐成熟，人与自然和谐共生思想是化解当今生态问题的理论指导，"人与自然生命共同体"概念是这一思想的高度凝练和集中概括。这一概念是在解决当今生态环境问题过程中逐渐形成的，是运用马克思主义理论和中华优秀传统文化资源思考和解决当今生态环境问题的理论成果。

四 "人与自然生命共同体"概念的集体智慧渊源

思想理论源于解答时代课题的伟大实践，也源于对既有理论资源的运用、丰富和发展，但思想毕竟是由思想者提出的，没有人就不可能有新思想，也不可能产生原创性概念。"人与自然生命共同体"概念的提出及其理论内涵阐发离不开人的聪明智慧，具体来说，"人与自然生命共同体"概念是以习近平同志为核心的党中央集体智慧的结晶。毛泽东就非常善于总结经验，他说过，"任何英雄豪杰，他的思想、意见、计划、办法，只能是客观世界的反映，其原料或者半成品只能来自人民群众的实践中，或者自己的科学实验中，他的头脑只能作为一个加工工厂而起制成完成品的作用"[1]，"加工工厂"作用，就是从实践经验中提炼出思想和理论，概念是思想理论的高度凝练。习近平总书记善于把马克思主义基本原理同中国具体实际相结合，同中华优秀传统文化相结合，善于思考和解决重大理论和现实课题。党的十八大以来，习近平总书记提出了一系列生态文明建设思想，坚持人与自然和谐共生，树立和践行绿水青山就是金山银山的理念，推动形成绿色发展方式和生活方式，统筹山水林田湖草系统治理，实行最严格生态环境保护制度，提出共谋"全球生态文明建设之路"的理念，等等。深刻回答了"为什么建设生态文明""建设什么样的生态文明""怎样建设生态文明"等时代课题，"人与自然生命共同体"概念就是习近平总书记对生态文明实践经验的高度概括和凝练。

在习近平生态文明思想中，"人与自然和谐共生"思想、"人与自然生

---

[1] 《毛泽东文集》第7卷，人民出版社，1999，第358页。

命共同体"理念是理论层面,这些理论充分彰显了习近平总书记的马克思主义修养、传统文化修养。"人与自然生命共同体"概念体现的是一种有机的、系统的、动态平衡的思维方式。

"人与自然生命共同体"概念体现了有机体的理念。有机体概念本义是生物有机体,生态系统是有机体的理念强调的是生态系统存在与生物有机体相似的特征。斯宾塞曾说:"社会有机体在以下几个方面体现了与个体有机体相似的基本特征:社会有机体在不断生长;愈生长变得愈复杂;在总体日趋复杂的同时,其组成部分之间的相互依赖性也随之不断增长;总体寿命较之各构成单位寿命要长得多……无论是总体还是组成部分都有一个不断集结的过程,并伴之以异质状态的不断增强过程。"① 生态有机体和社会有机体相近,也具有上述特征。有机体概念注重的是系统内部关系的协调性。有机体内部"各种关系有机耦合,形成一个统一的整体,任何一种关系的缺失都会引起整个机体内在平衡的失调。因此,为了整体的进步,各种因素必须互相配合,淘汰过时的要素、器官,创造出社会需要的器官来,这是一个永不停息的过程,既是社会发展为一个整体的原因,也是社会有机体生命长于个体生命的原因"② 生态系统就是一个有机体,系统内部关系复杂,但整体上却是相互耦合、相互协调的。自然界各部分之间的相互关联虽然是自发的,却令人叹为观止,生态系统就像是一部运转完美的机器,各部分之间相互协调。党的十九大报告明确提出了"要统筹山水林田湖草系统治理"③,山水林田湖草就是一个生命有机体,要统筹协调这个生命有机体内部关系,要形成全面、协调、系统、有机的理念。

"人与自然生命共同体"概念体现了人与自然动态平衡的理念。人是自然长期演化的结果,人的生存有赖于从大自然获取物质生活资料,没有大自然的馈赠,人类寸步难行。马克思曾经说过,自然是人的无机的身体。④ 从这个意义上说,人类的存在必然会对自然产生一定的破坏,问题的关键是破坏的程度有多大。前资本主义时代,由于人类从自然获取物质

---

① 转引自〔美〕威尔·杜兰特《探索的思想——哲学的故事》下卷,朱安等译,文化艺术出版社,1991,第381页。

② 孙承叔:《资本与历史唯物主义:〈资本论〉及其手稿当代解读》,复旦大学出版社,2013,第228~229页。

③ 《十九大以来重要文献选编》(上),中央文献出版社,2019,第161页。

④ 《马克思恩格斯选集》第1卷,人民出版社,2012,第55页。

生活资料的能力较为低下，人对自然的破坏程度很小，这种破坏处于大自然能够承受的范围之内，自然界的自我修复能力足以修补这些破坏，从整体上说，人类对自然的"破坏"是正常的"新陈代谢"，甚至不应该叫作"破坏"。工业文明的到来极大提升了人类从自然获取物质生活资料的能力，由资本逻辑推动的机器大生产对自然的破坏是空前的，这种破坏逐渐超出了自然的承受能力，自然的自我修复功能不再能够修补人类对自然所造成的创伤，这种创伤逐渐积累起来，人类欠自然的"账"逐渐增多，量变总有一天会引发质变，这最终导致各种生态环境问题，甚至造成生态危机。人与自然和谐共生思想中的"和谐共生"就是强调人与自然的动态平衡，人必然要从自然获取物质生活资料，但人与自然之间的物质流动应该保持动态平衡。人类社会的发展要尽量绿色化，减少对自然的破坏，同时注重保护自然，培育自然的自我修复能力，把人类对自然的破坏限定在自然界自我修复能力范围之内，维护自然的生态功能。

"人与自然生命共同体"概念体现了自然界是一个生态系统的理念。概念是人类认识世界的结晶，也是进一步认识世界的框架，系统论的提出提升了人们对复杂事物的认识能力，它是正确认识环境问题的思维范式。整个自然界就是一个具有开放性、自组织性、复杂性、整体性、关联性、动态平衡性的系统。在整个自然系统中，每个部分或要素、子系统都有其局部功能，各个局部之间的功能经过长期试错，已经形成内在的相互协调、动态平衡的关联性。每个生物群落都是一个动态平衡的生态系统，而诸多的生物群落又构成更高层次的生态系统，整个地球就是一个巨大的生态系统。近代以来，人类的行为方式、思维方式、生产方式逐渐为资本逻辑所支配，人们追求的是经济价值，凡是能够带来经济利益的就是有价值的，否则就是没有价值的。这种思维曾支配着人们大肆破坏生态环境，为了追求经济价值，大量原始森林被砍伐，大量荒原变成牧场或农田，大量有害物被排放到空气、河流中……结果是世界气候变暖、臭氧层破坏、土地沙漠化、物种多样性减少，酸雨、空气污染、河流污染、海洋污染等生态问题凸显。问题出在人类的思维方式上，自然系统的价值并不等同于经济价值，结果那些有着重要生态价值却缺乏或者没有经济价值的生态系统被肆意破坏。人与自然和谐共生思想要求我们用系统论的思维，从整体角度关注自然，重视那些看似没有经济价值的生态区域。"绿水青山就是金山银山"的论断就是要超越资本逻辑，站在整个生态系统的高度来看生态环境。

五 "人与自然生命共同体"概念的原创性贡献

"人与自然生命共同体"概念有着深厚的马克思主义渊源和中华优秀传统文化渊源，是对中国解决生态环境问题的实践经验的总结和提炼，是以习近平同志为核心的党中央集体智慧的结晶。这一概念的原创性理论贡献在于以下几个方面。

第一，是对以"主客二分"为基本思维方式的西方工业文明的超越。"主客二分"的思维方式是西方工业文明的支配性思维方式，是近代以来西方文明优势所在，但随着工业文明的发展，这种思维方式的弊端开始逐渐暴露。法兰克福学派指出，以"主客二分"为基本思维方式的"工具理性"的膨胀是西方诸多困境和危机的根源，而中华优秀传统文化在一定程度上正好弥补西方文化的缺陷，西方文化明晰于"主客二分"，而中华优秀传统文化则更多地强调"天人合一"。当年梁启超考察欧洲回来就提出，西方的文化危机是"科学万能"的危机，而中华文化则是化解西方文化危机的良药。但由于当时的中国落后，中国的文化可以补救西方文明的危机，这种观点得不到传播和认同。梁启超先生确实点出了中华优秀传统文化的优点，"人与自然生命共同体"概念就是对西方"主客二分"思维方式的超越，是用时代精神对中华优秀传统文化的激活。"人与自然生命共同体"概念思接中华五千年优秀传统文化，以马克思主义基本原理与中华优秀传统文化相结合的方式超越了西方工业文明，是人类文明新形态的重要方面。

第二，是对马克思主义原理和中华优秀传统文化的综合运用和创新。马克思主义提供的更多的是思想方法，中华优秀传统文化提供的是智慧，解决中国问题不可能照抄马克思文本和中华优秀传统文化的文本，而是需要综合运用马克思主义的基本立场、观点和方法，并充分激活中华优秀传统文化的生命力，这样才能解决当今的时代课题。"人与自然生命共同体"是综合运用马克思主义基本原理和中华优秀传统文化，思考和解决生态环境问题的理论成果。这一原创性理论成果，既有守正的因素，也有创新的因素，其守正之处表现在，继承和发扬了马克思主义基本原理和中华优秀传统文化的合理成分，其创新之处表现在，在思考和解决当今生态环境问题的过程中，丰富和发展了马克思主义和中华优秀传统文化。"人与自然生命共同体"概念中的马克思主义是二十一世马克思主义，"人与自然生命共同体"概念中的中华优秀传统文化是被时代精神激活了生命力的中华优秀传统文化。

第三，是对经济发展与生态保护这对矛盾的合理观照和科学解决。习近平总书记强调，生态文明建设，既要"金山银山"，也要"绿水青山"，"绿水青山就是金山银山"；既要经济社会发展，也要生态环境保护，"保护生态环境就是保护生产力"。生态文明固然要维护良好的生态环境，但它并不是不要经济发展，不是回到刀耕火种的前现代社会，那样的社会虽然有"生态"却没有"文明"。生态文明要以绿色的方式实现经济发展，以维护良好的生态环境为前提实现经济社会发展目标，以人与自然和谐共生的方式推动经济发展。推动经济发展结构转型升级，促进能源革命，促使"粗放浪费型用能方式向集约高效型用能方式转变"，倡导绿色生产方式、绿色生活方式，坚持走生产发展、生活富裕、生态良好的文明发展道路，建设美丽中国。生态文明就是对人与自然和谐共生理念的实践，是对经济发展与生态保护之间矛盾的合理观照和科学解决。

第十六章　社会主义市场经济的概念史研究

　　习近平总书记在中央政治局第二十八次集体学习时强调："我国经济发展获得巨大成功的一个关键因素，就是我们既发挥了市场经济的长处，又发挥了社会主义制度的优越性""我们要坚持辩证法、两点论，继续在社会主义基本制度与市场经济的结合上下功夫，把两方面优势都发挥好，既要'有效的市场'，也要'有为的政府'，努力在实践中破解这道经济学上的世界性难题"。[1] 这是社会主义市场经济概念的最新内涵。社会主义市场经济已经成为一个众所熟知的概念，但熟知有时候会遮蔽认知对象的重要性。回顾改革开放40余年的历史，社会主义市场经济是中国特色社会主义最核心的理论创新之一；回顾整个马克思主义发展史，"中国走向社会主义市场经济，是对马克思主义理论和实践上一个极其重大的发展和创新"[2]；回顾近代以来的人类历史，社会主义市场经济也是经济运行模式的一大创新。因此对社会主义市场经济概念进行概念史溯源是有重要意义的，这是深刻理解社会主义市场经济的理论基础，也有助于深化对"使市场在资源配置中起决定性作用，更好发挥政府作用"的理解，以理解好、使用好"看不见的手"和"看得见的手"。

---

[1]　《习近平关于社会主义经济建设论述摘编》，中央文献出版社，2017，第64页。
[2]　方军：《发展无愧于新时代的中国理论》，《中国社会科学》2022年第1期。

一 古典政治经济学：充分张扬市场激励机制的 "小政府，大社会"

古典政治经济学是对产生于 15 世纪的资本主义生产方式的理论总结，同时也是资产阶级启蒙思想的重要组成部分。在市场与政府的关系问题上，古典政治经济学主张 "小政府，大社会" 的格局，强调市场机制的作用。亚当·斯密认为 "看不见的手" 促成了经济秩序的形成，也是经济发展的动力。所谓的 "看不见的手" 的机制奠基于理性人假说，即假定每个人都是自利的，每个人都在追求自我利益最大化的驱动下推动社会发展，同时也会自发地形成社会秩序，"我们每天所需要的食料和饮料，不是出自屠户、酿酒师或烙面师的恩惠，而是出自他们自利的打算。我们不说唤起他们利他心的话，而说唤起他们利己心的话。我们不说自己有需要，而说他们有利"①。每个人都追求自我利益最大化，但客观结果却是社会的供给与需求大体平衡，人们主观上并不是为了利他，但客观上却产生了比主动利他更利他的效果。"他们常既不打算促进公共利益，也不知道他自己是在什么程度上促进那种利益"，"他所盘算的也只是他自己的利益。在这场合，像在其他许多场合一样，他受着一只看不见的手的指导，去尽力达到一个并非他本意想要达到的目的。也并不因为事非出于本意，就对社会有害。他追求自己的利益，却往往使他能比在真正出于本意的情况下更有效地促进社会的利益"②。这里的公共利益在一定程度上包括经济秩序。在这个经济秩序中，政府几乎没有发挥任何作用，经济秩序完全是 "看不见的手" 的结果，因此古典政治经济学强调 "小政府"，尤其是政府不应该干预经济的运行，"一切特惠或限制制度，一经完全废除，最明白最单纯的自然自由制度就会树立起来"③。要想真正推动经济发展，就应该废除一

---

① 〔英〕亚当·斯密：《国民财富的性质和原因的研究》（上），郭大力、王亚南译，商务印书馆，1972，第 14 页。

② 〔英〕亚当·斯密：《国民财富的性质和原因的研究》（下），郭大力、王亚南译，商务印书馆，1974，第 27 页。

③ 〔英〕亚当·斯密：《国民财富的性质和原因的研究》（下），郭大力、王亚南译，商务印书馆，1974，第 252 页。

切特惠、限制等来自政府的干预政策，放任自由市场的发展。

在市场与政府的关系上，以亚当·斯密为代表的古典政治经济学家充分张扬了"看不见的手"的市场机制，但他们并不否定政府的作用，他们不是无政府主义者，认为政府的存在对于自由市场来说是必要的，"按照自然自由的制度，君主只有三个应尽的义务"，"第一，保护社会，使不受其他独立社会的侵犯。第二，尽可能保护社会上各个人，使不受社会上任何其他人的侵害或压迫，这就是说，要设立严正的司法机关。第三，建设并维持某些公共事业及某些公共设施"。① 所谓"自然自由"就是由"看不见的手"支配的秩序，但这种秩序也需要政府，在这里"君主的义务"也就是政府的作用，政府的作用就是提供公共安全、公共秩序以及公共设施等公共产品。政府与市场的关系是"上帝的归上帝，恺撒的归恺撒"，二者边界明晰，不得僭越界限。政府在社会中所发挥的作用很小，人们在日常生活中甚至感受不到政府的存在，约翰·格雷有一段记述很能说明问题："直到1914年8月为止，任何一个明智守法的英国人都可以安然地过其一生，除了邮局和警察之外，他几乎意识不到国家的存在。他可以居住在他喜欢的任何地方；他没有官方的号码和身份证；他无需护照或任何官方的许可，就可以出境旅游或离开故国；他可以没有任何限制和约束地兑换外币；他可以从世界上其他任何国家购买商品，就像他在国内任何地方购买一样。就此而言，一个外国人无需批准，也不需要通过警察，就可以在这个国家生活一辈子。"② 这就是当时"小政府，大社会"格局的真实写照，也是自由资本主义的真实写照。

古典政治经济学主导了自由竞争的资本主义时代，它极大地促进了资本主义的发展，乃至于马克思和恩格斯在《共产党宣言》中对资本主义高度赞扬："资产阶级在它的不到一百年的阶级统治中所创造的生产力，比过去一切世代创造的全部生产力还要多，还要大。"③ 但古典政治经济学所主导的自由资本主义也存在问题，基于理性人假设的"看不见的手"所提

---

① 〔英〕亚当·斯密：《国民财富的性质和原因的研究》（下），郭大力、王亚南译，商务印书馆，1974，第252~253页。
② 转引自〔英〕约翰·格雷《自由主义》，曹海军、刘训练译，吉林人民出版社，2005，第39页。
③ 《马克思恩格斯选集》第1卷，人民出版社，2012，第405页。

供给市场主体的信息是不完全的，且以自我利益最大化为依据的市场主体会因利益的蒙蔽而短视。这就会导致生产相对过剩，经济危机的发生在所难免。自由资本主义的危机也是古典政治经济学的危机，当一个理论出现危机的时候，代替这一理论的新理论的出现就有了历史必然性。诚如梁启超所说："大抵甲派至全盛时必有流弊；有流弊斯有反动，而乙派与之代兴；乙派之由盛而弊而反动亦然。然每经一度之反动再兴，则其派之内容，必革新焉而有以异乎其前……"① 有计划地进行生产的理论在一定程度上就是古典政治经济学的"反动"。

二　计划经济对政府作用的倚重

计划经济已经成为传统社会主义模式的代名词，计划经济概念也因为传统社会主义模式的弊端而声名狼藉，但计划经济毕竟是人类对经济发展规律的一种认识，其中不乏真知灼见，我们暂且搁置对计划经济的道德批判，而理性还原计划经济出场的原初语境。

（一）马克思恩格斯"有计划地生产"及其所针对的问题

马克思主义创始人到底是怎样阐述计划经济的，他们到底是基于什么样的考虑而认为未来社会应该是有计划地生产呢？其实计划经济的观念在空想社会主义者的著作中就有了。② 莫尔在《乌托邦》一书中提出，在未来的"乌托邦"社会中，社会的领导机构根据不同地区的需要进行"以盈济虚"的调节以满足不同地区的消费。③ 法国空想社会主义者巴贝夫认为，"我们未来的制度将使一切都按计划来进行"，"不再有盲目经营的危险，不再有任意生产或生产过剩的危险"。④ 空想社会主义者所设想的理想社会虽然最终只是镜花水月，无法实现，但他们对资本主义的批判却是深刻

---

① 刘梦溪主编《中国现代学术经典：梁启超卷》，河北教育出版社，1996，第131页。
② 高放：《科学社会主义学科基本问题研究》，中国人民大学出版社，2018，第59页。
③ 〔英〕托马斯·莫尔：《乌托邦》，戴镏龄译，商务印书馆，1962，第71页。
④ 〔法〕G. 韦耶德、C. 韦耶德合编《巴贝夫文选》，梅溪译，商务印书馆，1962，第90~91页。

的，他们所提出的未来社会是有计划的设想，也是针对资本主义的弊端而提出的。马克思恩格斯唯物史观和剩余价值学说的创立使得社会主义从空想发展到了科学，科学社会主义也提出了未来的社会应该是有计划地进行生产的论断。恩格斯在《共产主义原理》中回答"这种新的社会制度应当是怎样的"问题时指出："这种新的社会制度首先必须剥夺相互竞争的个人对工业和一切生产部门的经营权，而代之以所有这些生产部门由整个社会来经营，就是说，为了共同的利益、按照共同的计划、在社会全体成员的参加下来经营。"①《共产党宣言》也明确提出"按照共同的计划增加国家工厂和生产工具，开垦荒地和改良土壤"②。

　　未来社会是有计划地进行生产的这一观点见于马克思恩格斯的许多文献中，应该说这是马克思恩格斯自觉的、经过深思熟虑后提出的成熟的观点。在马克思恩格斯看来，未来社会要有计划地进行生产是因为资本主义社会的一个最大弊端就是生产的无政府状态，这是"小政府，大社会"格局的必然结果。资本主义生产方式大大推动了生产力的发展和提高了生产力的社会化程度，但资本主义私有制束缚了社会化大生产的发展。资本主义狭窄的生产关系已经无法再容纳生产力的发展了，经济危机就是以销毁生产力的方式来维持生产力与生产关系之间的平衡。生产社会化与生产资料资本主义私有制之间的矛盾表现在具体方面就是个别企业生产的有组织性与整个社会生产的无政府状态之间的矛盾。亚当·斯密的理论张扬了"看不见的手"的市场机制，强调市场的作用，市场主体不考虑公共利益，"看不见的手"所崇尚的是市场的自发调节，每个人的主观目的都是"自我利益最大化"，但客观上却造就了经济增长和社会进步。市场机制的微观经济生产率很高，但最终造成了供求失衡，又造成了经济危机的周期性爆发。这是"小政府，大社会"格局存在的突出问题。马克思认为，资本主义社会化大生产需要社会进行有计划的调控，但以资产阶级私有制为基础的资本主义社会无法做到这一点，只有未来的以"生产资料社会所有制"为基础的理想社会才能做到这一点，恩格斯强调在未来社会"社会生产内部的无政府状态，将为有计划的自觉的组织所代替"，社会生产的无

---

① 《马克思恩格斯选集》第 1 卷，人民出版社，2012，第 302 页。
② 《马克思恩格斯选集》第 1 卷，人民出版社，2012，第 422 页。

政府状态将"让位于按照社会总体和每个成员的需要对生产进行的社会的有计划的调节"①。应该说，马克思恩格斯的未来社会是有计划地进行生产的观点是针对古典政治经济学的弊端而提出来的，是力图从根本上消除资本主义社会根本矛盾的。

（二）计划经济的实践暴露了其优缺点

计划经济在马克思恩格斯那里还仅仅是一种观念，因为自由资本主义的市场经济确实暴露了无政府状态和盲目性等缺点，从理念上说，有计划地进行生产的主张确实弥补了自由资本主义的不足。理念只有落实到实践中才能真正得到检验，也才能充分显露其优缺点，把计划经济落到具体的政策实践层面的是苏联的社会主义建设。

列宁领导了十月革命并建立了世界上第一个社会主义国家，在"如何建设社会主义"这个问题上，苏联可借鉴的经验很少。革命年代的"战时共产主义"在一定程度上有"统制经济"的色彩，但这一政策最终因为不合时宜引致民众不满而被"新经济政策"所代替，"余粮征集制"被"粮食税"所代替。"新经济政策"是允许发展商品交换关系的，市场经济是"新经济政策"的重要成分。但实际上在列宁看来，"新经济政策"只是一种暂时性的、过渡性的政策，列宁所思考的还是如何建立计划经济，因为只有有计划地开展生产才是社会主义。列宁对计划经济的论述十分丰富，他认为19世纪末期形成的垄断资本主义推动了社会化大生产的发展，这是未来有计划地开展生产活动的基础，"这个时期十分清晰地表明，现代经济制度客观上已完全成熟到可以实行社会主义计划生产的程度，全部问题只是等待主人的到来，就是等待工人阶级的到来"②。社会主义到来以后，工人阶级可以直接接管资本主义的社会化大生产成为新的"主人"。1906年列宁明确提出计划经济概念，他把"有计划的社会生产"概括为"社会化的计划经济"，并与"市场经济"对立起来。"只要还存在着市场经济，只要还保持着货币权力和资本力量，世界上任何法律都无法消灭不平等和剥削。只有建立起大规模的社会化的计划经济，一切土地、工厂、工具都

---

① 《马克思恩格斯选集》第3卷，人民出版社，2012，第667页。
② 〔苏〕叶·阿·普列奥布拉任斯基：《新经济学》，纪涛、蔡恺民译，生活·读书·新知三联书店，1984，第106页。

转归工人阶级所有，才可能消灭一切剥削。"① 社会主义就是要用计划经济代替市场经济。虽然当时党内也有一些人提出一些有关商品经济的积极建议，比如 B. K. 沃尔斯基就强调劳动者过去和现在都是在商品生产条件下生活的，用强制措施替代商品生产几乎不可能，② 但苏共领导人仍然坚持最终要走向计划经济的主张，认为"新经济政策"具有临时性，计划经济才是最终的目标。

列宁虽然主张实行计划经济，但他生前并没有使苏联走向计划经济，使计划经济在苏联变成现实的是斯大林，斯大林在1925年就开始质疑新经济政策，认为社会主义经济就是计划经济，这是由社会主义公有制所决定的，资本主义无法实行计划经济，这是由资本主义私有制决定的，社会主义经济"是一种最统一、最集中的经济，是有组织、有领导的计划经济，优越于资本主义经济"③。斯大林的认识直接影响了苏联经济发展，从1925年开始到第一个五年计划（1928～1932年）的制定和实施，苏联的计划经济逐渐得到强化，到第二个五年计划（1933～1937年）时期，苏联逐渐形成了一套较为完整的计划经济体制。④ 随着计划经济的实施，计划经济就是社会主义，而市场经济则属于资本主义的观念逐渐深入人心，整个社会把高度集中的计划经济体制和高度集权的行政管理体制认同为社会主义。

计划经济在苏联的实践使得计划经济的弊端得以充分暴露，但是我们不能就此完全否定计划经济，我们应该理性地、历史地看待计划经济，总体而言，计划经济有如下优点。第一，消除自由资本主义的无政府状态。以资产阶级私有制为基础的资本主义社会存在生产的盲目性，这使得社会从宏观上呈现一种无政府状态，这种特点在自由资本主义时代表现得尤为明显，最终导致经济危机周期性爆发。也正是针对资本主义的这一问题，马克思恩格斯才提出未来社会是有计划地开展生产的社会。计划经济的实施是对马克思恩格斯这一认识的落实，也确实消除了生产的盲目性，实现了自觉生产。第二，使社会主义得到快速的发展。计划经济使苏联这样一个在经济文化贫穷落后的基础上建立起来的社会主义国家在短短几十年的

---

① 《列宁全集》第13卷，人民出版社，1987，第124页。
② 李永全：《俄国政党史》，中央编译出版社，1999，第289页。
③ 顾海良主编《新编经济思想史》第8卷，经济科学出版社，2016，第94页。
④ 马闪龙：《苏联计划经济走过的坎坷道路》，《探索与争鸣》2015年第2期。

时间内迅速发展成世界的一极，成为一个有能力同美国抗衡的国家。据有关研究，苏联自 1928 年第一个五年计划开始执行到斯大林去世，工业总产值增长了 20 倍，超越了当时的英、德、法三国，跃居欧洲第一、世界第二的位置。[①]　而且其发展还被第二次世界大战所打断，即便如此，苏联也能发展得如此迅速，应该说计划经济功不可没。计划经济自觉调控社会生产，在一定程度上能够自觉将社会资源配置到最需要的领域，推动社会快速发展。原发现代化国家最先发展起来的领域必然是轻工业，待轻工业发展到一定程度后，重工业的发展才提上日程，而苏联的发展是自觉计划的结果，它从优先发展重工业开始。虽然苏联经济发展迅速，但其整个的经济结构存在一定的失衡，人民的生活水平得不到有效提升。

计划经济的弊端也十分明显，第一，计划经济体制僵化滞后、奉行平均主义、压制劳动者劳动积极性。计划经济体制以共同体的价值为旨归，把个体视为共同体的零部件，强调个体对共同体的服从；与计划经济思想配套，在分配领域奉行平均主义，平均主义是能力弱的人对能力强的人的"剥削"，能力强的人虽然为社会作了较多贡献但回报却不一定高，而能力弱的人对社会的贡献偏少但收入却不低，这种分配体制打击了社会的劳动积极性。第二，计划经济导致经济结构的失衡。科学的计划需要全面掌握各种信息，但实践证明人的理性是有限的，无法全面掌握信息，因此实施计划的人所制定的计划存在不科学的可能性。第三，生产效率低下。经济效率低下是计划经济饱受诟病的一个方面，计划经济条件下，经营者利益与企业发展绩效不挂钩，缺少利益激励机制，经营者的任务就是按照指令进行生产，经营者不需要自负盈亏。

（三）凯恩斯对政府作用的倚重

塑造凯恩斯影响力的主要思想是对政府积极作用的重视，在理论倾向上与计划经济有一定的相近性。对于发生在 20 世纪 20 年代末 30 年代初的那场经济危机，凯恩斯认为其原因在于投资不足而造成了就业缺乏，对此他主张采取刺激措施加大投资，进而增加就业。实际上凯恩斯是先有实践后有理论，正如克莱因所说，凯恩斯"并不是先有理论再有实用政策，而

---

① 沈宗武：《苏联模式与中国特色社会主义》，河北人民出版社，2014，第 74 页。

是先有旨在医治真正的经济病症的实用政策，再由此引申出他的理论"①。为了应对危机，凯恩斯提出有效需求理论，他认为经济大萧条是由有效需求不足引起的，而通货膨胀则是由于需求过度而产生的，投资是扩大有效需求的重要手段，在私人企业投资不充分的情况下，可以推行投资社会化举措，政府可以凭借税收政策、利率政策以及其他政策措施引导消费倾向，以提高有效需求促进充分就业。② 凯恩斯非常重视政府的作用，可以说他的观点是对以斯密、萨伊、李嘉图等人为代表的古典经济学和以马歇尔、庇古等人为代表的新古典经济学基本信条的挑战，在一定程度上与计划经济的一些理念相勾连。古典政治经济学强调市场"看不见的手"的作用，强调"小政府，大社会"，"政府是必要的恶"，"管的最少的政府就是最好的政府"等理念，"凯恩斯革命"则强调政府应该发挥积极作用，其理论核心在于主张必须避免由市场逻辑失灵而导致的大规模失业。③ 为此政府应该积极作为，凯恩斯说，"我感觉到，某种程度的全面的投资社会化将要成为支持取得充分就业的惟一手段"④。其核心的政策理念就是，"政府应该补贴就业，而不是为失业买单；政府也不应该让民众陷入赤贫，因为在这种情况下，他们就无法对社会起到任何的积极作用"⑤。其具体政策主张就是刺激消费、降低利率、刺激投资、刺激消费，以实现充分就业。凯恩斯极力主张国家进行大规模的反周期投资，以避免出现诸如大萧条这样的严重的市场失灵现象。

三　当代自由市场理论对政府与市场关系的新认识

凯恩斯主义倚重政府的作用而对市场进行纠偏，在一定程度上借鉴了计划经济的因素，对资本主义经济发展起到了重要作用，因此凯恩斯主义

---

① 〔美〕克莱因：《凯恩斯的革命》，薛蕃康译，商务印书馆，1962，第26页。
② 杨玉生主编《新编经济思想史》第5卷，经济科学出版社，2016，第333页。
③ 〔德〕托马斯·霍伯：《哈耶克舌战凯恩斯——思想的巅峰对决》，张翎译，新华出版社，2020，序言第3页。
④ 〔英〕凯恩斯：《就业、利息和货币通论》，高鸿业译，商务印书馆，1999，第391页。
⑤ 〔德〕托马斯·霍伯：《哈耶克舌战凯恩斯——思想的巅峰对决》，张翎译，新华出版社，2020，第37页。

曾经大行其道，尤其是二战后到 20 世纪七八十年代，凯恩斯主义几乎成了经济学的主流。但到了七八十年代，凯恩斯主义开始出现危机，政府的扩张和干预一方面导致了通胀，另一方面则降低了生产效率，造成了滞胀。凯恩斯主义的危机是自由市场理论再次复兴的时代背景。

自由市场理论再次走向前台主要表现为以米塞斯、哈耶克为代表的新奥地利学派和以弗里德曼为首的芝加哥学派对自由市场的鼓吹，当然产权学派、公共选择学派、新经济史学、"新古典宏观经济学"和"真实经济周期理论"等学派，[①] 也发挥着重要的推动作用。这些学派的共性特征是，信仰斯密"无形之手"；认为自由市场不仅带来经济效率，还是社会自由的根本保障；强调"有限政府"；强调方法论个人主义；等等。[②] 自由市场理论倚重市场机制，在一定程度上是"市场原教旨主义"，也是对古典政治经济学的复兴。所谓的市场机制包括：第一，价格机制所发送的供求状态信号，引导资源的有效配置，使生产者所生产的产品结构和数量适应消费者的偏好结构和需求；第二，竞争机制激励着人们的创造性和技术创新，选择最优的组织，以适应经济环境的变化；第三，市场的发展使政治和经济权力分散化，减少寻租机会，把人们的努力导向生产性的活动。[③] 这些机制在古典政治经济学那里就已经基本形成，当代自由市场理论把这些机制向前大大推进了。如果说计划经济和凯恩斯主义是对古典政治经济学的一次否定，那么当代自由市场理论则是对古典政治经济学的"否定之否定"，其理论更加精致和深化。

当代自由市场理论重申古典政治经济学的理性人假设。哈耶克说，"每个人都最清楚自己的利益之所在"[④]，他们不仅强调自我利益最大化的理性人假设，而且还注重经济个人主义原则，自由市场理论把个人主义视为分析经济事实的方法。贝克尔认定，"最大化行为、偏好稳定和市场均

---

① 杨春学等：《对自由市场的两种理解：芝加哥学派与奥地利学派的比较》，社会科学文献出版社，2013，第 1 页。

② 杨春学等：《对自由市场的两种理解：芝加哥学派与奥地利学派的比较》，社会科学文献出版社，2013，第 12 ~ 19 页。

③ 杨春学等：《对自由市场的两种理解：芝加哥学派与奥地利学派的比较》，社会科学文献出版社，2013，第 1 页。

④ 〔英〕哈耶克：《个人主义与经济秩序》，邓正来译，生活·读书·新知三联书店，2003，第 21 页。

衡的综合假定及其不折不扣的运用，便构成经济分析的核心"，他认定对这一原则的灵活运用可以对人类的各种行为做出一种统一的解释。[①] 个人主义的分析方法是与理性人假设相一致的。

当代自由市场理论充分彰显了自由的价值。自由主义是近代以来西方资本主义的主导性意识形态，古典政治经济学是自由主义在经济领域中的表现，当代自由市场理念也充分彰显了自由的价值，强调个人自由是价值旨归，而政府只是实现个体自由的工具。弗里德曼认为："对一个自由人而言，国家是组成它的个人的集体，而不是超越于他们之上的东西。他对共同继承下来的事物感到自豪，并且对共同的传统表示忠顺。但他把政府看做一个手段，一个工具，既不是一个赐惠和送礼的人，也不是盲目崇拜和为之服役的主人或神灵。"[②] 政府的目的是提供各种公共产品，以让个人更加便利地享受个体自由。而且自由市场理论还认定，市场自由是政治自由的基础，弗里德曼指出："直接提供经济自由的那种组织，即竞争性资本主义，也促进了政治自由，因为它能把经济权力和政治权力分开，因之而使一种权力抵消掉另一种。"[③] 他认为没有自由市场，也就没有政治自由。自由市场理论为了维护"消极自由"还强调人生来是不平等的理念。每个人的能力天生就是不均等地分布的，因此由市场带来的收入和财富的不均等是合理的。[④]

自由市场理论重申了"小政府"理念。与凯恩斯主义扩张政府职能的做法相反，自由市场理论重申了古典政治经济学的"小政府"理念。关于这一点，诺奇克指出，国家的功能"仅限于保护人们免于暴力、偷盗、欺诈以及强制履行契约等等；任何更多功能的国家都会侵犯人们的权利，都会强迫人们去做某些事情，从而也都无法得到证明"[⑤]。政府的职能应该被严格限定。一些学者认为政府的干预是对"市场失灵"的补救，以此来论

---

① 〔美〕加里·S. 贝克尔：《人类行为的经济分析》，王业宇、陈琪译，上海三联书店，1993，第8页。

② 〔美〕米尔顿·弗里德曼：《资本主义与自由》，张端玉译，商务印书馆，2006，第3页。

③ 〔美〕米尔顿·弗里德曼：《资本主义与自由》，张端玉译，商务印书馆，2006，第13页。

④ 杨春学等：《对自由市场的两种理解：芝加哥学派与奥地利学派的比较》，社会科学文献出版社，2013，第258页。

⑤ 〔美〕罗伯特·诺奇克：《无政府、国家和乌托邦》，姚大志译，中国社会科学出版社，2008，第1页。

证政府干预的合法性，对此弗里德曼认为，"利用政府来补救市场的失灵，常常只不过是以政府失灵代替市场失灵"，因为"导致市场失灵的那些因素，也同样使政府难以找到一种满意的解决方法。一般来说，政府同市场参与者相比，前者并不比后者更容易辨认出谁是受益者谁是受害者，也不能更容易地估计出上述两种人各得到多少好处受到多少害处"。① 因此要坚决反对政府对市场的干预。和古典政治经济学家一样，当代自由市场理论倡导者虽然强调要限定政府的边界，但并不否定政府，不是无政府主义者。哈耶克指出："动辄诉诸不干涉原则，往往也会导致下述结果，即从根本上混淆那些符合自由制度的措施与那些不符合自由制度的措施之间的差异。"② 政府在该有所作为的地方还是要有所作为的，但在不该有所作为的地方应该保持缄默，要区分哪些是"符合自由制度的措施"，哪些是"不符合自由制度的措施"，当代自由市场理论倡导者虽然主张限制政府的扩张，却并不否定政府存在的必要性。

在政府与市场的关系上，古典政治经济学主张"小政府，大社会"，而计划经济和凯恩斯主义则是对古典政治经济学的"否定"，强调政府全面干预甚至是掌控经济的发展，那么当代自由市场理论则是对计划经济和凯恩斯主义的"否定"，是政府与市场关系的"否定之否定"。在这个发展演变过程中，市场机制的优点被充分挖掘，其不足也被充分地意识到，同时政府积极干预的优点被充分挖掘，其不足也被充分揭示。

四　市场经济的优缺点

市场和计划是近代以来形成的两种经济运行模式，这两种经济运行模式在发展演变过程中都充分彰显了其优点，也充分暴露了其不足。优点缺点都是在比较中得以彰显的，市场经济的优点在与计划经济的比较中显得尤为突出。对计划经济批判最激烈的思想家代表就是米塞斯、哈耶克等维

---

① 〔美〕米尔顿·弗里德曼、罗丝·弗里德曼：《自由选择》，张琦译，机械工业出版社，2008，第224页。

② 〔英〕哈耶克：《自由秩序原理》（上），邓正来译，生活·读书·新知三联书店，1997，第281页。

也纳学派的经济学家，哈耶克以自由竞争、有限理性、自生自发的社会秩序等理论为基础批判了建构论理性主义，① 计划经济就是典型的建构论理性主义。在哈耶克看来计划经济就是"通往奴役之路"，哈耶克崇尚自生自发秩序，崇尚个体自由，在他看来，每个人都是自私、孤立的，自由社会就是这些自私、孤立的个体自由竞争的舞台，在自由竞争中每个人的创造力、活力都得到充分释放，社会秩序是自由竞争在无数次的试错、试验中逐渐进化出来的，而不是人为设计的结果。展现哈耶克所崇尚的自生自发秩序的最典型领域就是市场，市场机制就是自生自发的秩序，哈耶克的观点是深刻的，他对市场的认识对于我们深化对市场机制的认识是有帮助的。

综上所述，市场经济的优点包括以下几个。其一，充分调动个体的积极性、主动性和创造性。市场经济理论相信个人是理性的，对更加美好生活的追求是每个人的本能，基于这一本能，每个人都能够理性确定投资方向，把资本投向能够实现利润最大化的领域，而能实现利润最大化的领域也是社会最需要的领域，个人的理性选择能够满足社会的需要。而且市场是一个充满竞争的场域，要想在激烈的竞争中立于不败之地，就需要增加研发投入，推动企业的技术创新。其二，市场能够高效合理地配置资源。市场通过价值规律调节社会生产，围绕着价值上下波动的价格引导投资者将资本投向最需要的领域，市场也通过竞争促使生产者提高劳动生产率，投资者要想在激烈的竞争中胜出，就必须提高劳动生产率，提高产品的技术含量，提高创新能力。市场主体对价格变动十分敏感，会根据价格的变动来调整投资策略，市场要素能够根据市场的需要自由流动，进而使得资源得到合理的配置。其三，市场能够自发调节供求关系。哈耶克所崇尚的"自生自发"秩序就是市场自发性的表现，社会存续和发展的前提是要使社会对生活资料和生产资料的需求得到满足，前现代的自然经济的满足方式是"自产自销"，自己生产的物品基本都是满足自己的需要，这一时期商品交易不发达。在现代社会市场经济条件下，生产是为了满足市场需要，所谓的满足市场需要就是满足社会的需要，社会的需要通过价格的波

---

① 刘东方、王国坛：《通往自由之路的实现路径——回应哈耶克〈通往奴役之路〉》，《甘肃社会科学》2020 年第 2 期。

动呈现出程度的高低，而市场就是通过价格信号调节生产的领域，价格高意味着需求没有得到满足，而价格高也会激励市场主体积极投资该领域，市场就是通过价值规律调节供需平衡，这一调节过程是自发进行的。

市场经济存在的缺陷包括以下几点。其一，宏观的无政府状态。单纯的市场模式在微观层面是高效的，但在宏观层面确实是盲目的、无政府的，身处市场微观环境中的市场主体无法宏观把握市场的总体趋势和走向，这就导致了"个别企业生产的有组织性与整个社会生产的无政府状态之间的矛盾"，市场主体具有一定的短期性，其更多地关注短期利益，而忽视了宏观整体和长期走势，这就造成市场经济宏观的无政府状态。其二，市场会导致两极分化。市场机制本身无法催生社会公平，市场的竞争使市场中形成成功者越成功、失败者越失败的"马太效应"，很多实力较弱的市场主体逐渐被市场机制所淘汰，而能够留下来的市场主体又逐渐做大做强。市场主体为了追求利润最大化，会将工资压到最低，低到"只限于保持工人后代不致死绝的程度"①，而资本所获得的利润却会随着再生产的扩大而增加。整个社会的自发趋势就是两极分化越来越严重，自由资本主义时代的英国就因为社会两极分化严重，工人罢工现象普遍。其三，社会化大生产的需要与生产资料私人所有制之间的矛盾日益严重。社会化大生产趋势越来越明显，尤其是到了 19 世纪末期，垄断资本主义的形成使得社会化大生产的趋势日渐强化，这种趋势与生产资料私有制之间的对抗性越来越强烈。

结　语

党的十八届三中全会将市场在资源配置中的"基础性作用"修订为"决定性作用"，明确提出"使市场在资源配置中起决定性作用，更好发挥政府作用"②，强调"看不见的手"和"看得见的手"都要用好。这一顶层设计是对改革开放以来，尤其是党的十八大以来经济发展实践经验的提

① 〔德〕马克思：《1844 年经济学哲学手稿》，人民出版社，2000，第 66 页。
② 《习近平谈治国理政》第 3 卷，外文出版社，2020，第 234~235 页。

炼与概括，是对中国特色社会主义经济发展规律认识的深化，是对政府与市场关系认识的深化，也是对政府与市场关系的正反两个方面经验教训的总结。政府控制着的发展，我们可以称为自觉发展状态，而由市场主导的发展我们可以称为自发的发展状态。其实社会发展是自觉发展状态和自发发展状态的混合物，到底该市场强一点还是政府强一点，可以根据具体的国情来确定，但总之应该是二者的混合。我们过去的理解有点走极端，计划经济走向了"唯计划"，生产什么、怎么样生产全部听政府指令。自由资本主义时代所奉行原则又偏于"唯市场"，奉行"小政府，大社会"理念，政府是"必要的恶"，管的越少越好，尤其是政府严禁干预市场，这两个方面都失之偏颇。"使市场在资源配置中起决定性作用，更好发挥政府作用"，既强调"看不见的手"，也重视"看得见的手"是对政府与市场关系的最符合中国实际的处理，也是推动经济发展的合理体制。

我们改革开放以后的经济体制改革就是一个从"强政府、弱社会"向"使市场在资源配置中起决定性作用，更好发挥政府作用"逐渐调整的过程。最早提出了有计划的商品经济，继而提出社会主义市场经济，让市场在资源配置中起基础性作用，然后提出"使市场在资源配置中起决定性作用，更好发挥政府作用"。有学者将改革开放以来我们对市场经济的认识分为"市场工具论""市场基础论""市场决定论"三个阶段，[①] 这一分法有一定的道理，但笔者认为我们关注改革开放以来的经济模式演变应该把政府和市场结合起来看，否则是不全面的。改革开放40余年的经济体制改革逻辑可以分为两个方面：从市场的角度看，市场机制在资源配置中的作用逐渐得到强化，从最初的否定市场到开始利用市场，再到提出市场在资源配置中起基础性作用，再到提出市场在资源配置中起决定性作用。从政府的角度看则是，政府逐渐从微观经济层面撤出而转向宏观经济调控；干预经济的手段逐渐从直接的行政干预转向了用经济手段干预；逐渐从一般经营性领域撤出而转向涉及国计民生的关键领域。改革开放40余年来，市场机制的作用得到强化，我们对市场经济的认识越来越理性，在市场机制地位提升的同时，政府的作用不是被弱化，而是越来越被限定在一个更加

---

① 时家贤、袁玥：《改革开放40年政府与市场关系的变迁：历程、成就和经验》，《马克思主义与现实》2019年第1期。

合理的范围内。市场机制调动积极性、提高资源配置效率、提升经济活力等优点得到充分的张扬，而市场经济的无政府性、盲目性等缺陷则会被政府的积极作用所弥补，政府与市场相互弥补，既使二者各自的优点得到充分发挥，也使各自的弊端得以避免，应该说"使市场在资源配置中起决定性作用，更好发挥政府作用"的经济体制安排是对历史正反两个方面经验教训总结的结果，是中国共产党人对中国特色社会主义政治经济规律认识的深化，是对政府与市场边界的合理勘划，是对政府与市场关系的合理拿捏，也是最适合我国具体国情和发展状况的经济运行机制。习近平总书记在主持中共十八届中央政治局第十五次集体学习时的讲话中指出，要用好"看不见的手"和"看得见的手"，充分发挥市场和政府的作用，"既不能用市场在资源配置中的决定性作用取代甚至否定政府作用，也不能用更好发挥政府作用取代甚至否定使市场在资源配置中起决定性作用"。[1] 这是对政府和市场积极作用的充分彰显，也是让二者相互补充对方的不足，是对政府与市场观念演变正反两个方面经验教训的吸取，是对社会主义经济发展规律认识的深化，也是对中国特色社会主义政治经济学发展的重大贡献。

---

① 习近平:《论坚持全面深化改革》，中央文献出版社，2018，第105页。

第三编

唯物史观重要概念的价值与意蕴

第十七章　马克思共同体概念考辨
与时代化解读

　　共同体是马克思思想中的一个重要概念，它反映的是人的一种共同存在状态，这个概念在《德意志意识形态》"费尔巴哈"章中出现的频率非常高，而且还有"自然形成的共同体""虚幻的共同体""真正的共同体""冒充的共同体"等不同的形态。不仅如此，马克思在晚年的古代社会史笔记中还较为详尽地梳理阐释了共同体的一些基本特征。现阶段的我国学界虽然对共同体理论已经有了一定的研究，还出版了相关的专著，但目前对共同体概念的研究与其重要性明显地不匹配，而且探讨共同体范畴不仅是为了厘清一个概念，更重要的是梳理马克思观察人类历史的一种范式，本章试以"费尔巴哈"章为解读文本，探讨共同体概念的内涵、问题域及其思想底蕴。

一　共同体概念的内涵辨析

　　共同体概念最早可以追溯到古希腊的"koinonia"，其意即城邦中的市民共同体，古罗马西塞罗《论义务》中使用"communitas"一词指代"共同体"，这一词语逐渐演化成现代英语的"community"。马克思、恩格斯在《德意志意识形态》中使用了"Gemeinwsen"与英文词"community"

相对应，该词更多的是指非政治的联合形式。① 词源学考证只是辨析共同体概念的一种途径，要想明确马克思的共同体概念还是要回到"费尔巴哈"章的文本。为了厘清共同体概念的内涵，我们先来辨析"费尔巴哈"章出现频率较高的几个相关概念。

"自然形成的共同体"。在"费尔巴哈"章的整体语境中，"自然形成的共同体"是指古代的社会共同体状态，其生产力极其低下，单个的人无法独自应对大自然，只有依靠群的力量，个人才能够生存，可以说个人还没有独自生活的能力，所以个体的生存要仰赖共同体。古代是一个"以群的联合力量和集体行动来弥补个体自卫能力的不足"② 的时代。在这个时代，个体没有独立个性，只有把自我融入整体的行动中，个体才能够生存下去。在共同体与个体之间的天平上，指针明显地偏向了共同体，而且"我们越往前追溯历史，个人，从而也是进行生产的个人，就越表现为不独立，从属于一个较大的整体"③。处在那种天然的天人合一状态下，个体没有主体意识，越是古代的社会，这种共同体本位的特征就越是明显。马克思在谈到日耳曼人封建所有制的时候说："这种所有制像部落所有制和公社所有制一样，也是以一种共同体为基础的。"④ 实行封建所有制的封建社会状态已经不同于古代原始社会的共同体状态，但它仍然具有明显的共同体本位特征。这种共同体本位的社会状态以生产力极其低下为基础，以共同生产、共同所有、共同利益、共同血缘、共同信仰、平均分配为主要特征，个人不是生产资料所有者，缺乏独立个性和自由。随着生产力的发展和私有制的出现，这种共同体本位的社会状态逐渐被解构，"费尔巴哈"章指出，"私法是与私有制同时从自然形成的共同体的解体过程中发展起来的"⑤。私有制意味着自由，黑格尔讲，自由就是依赖自身而存在，在私有制条件下个人有了财产，不再仰赖于他人。在共同体时代，财产归部落共同体所有，不存在财产私有，人被共同体所宰制；而与此相反，财产私有则让人们有了独立生存的基础，个体独立意味着主体自由意识的觉醒，

---

① 马俊峰：《马克思社会共同体理论研究》，中国社会科学出版社，2011，第26～27页。
② 《马克思恩格斯全集》第28卷，人民出版社，2018，第49页。
③ 《马克思恩格斯全集》第30卷，人民出版社，1995，第25页。
④ 《马克思恩格斯选集》第1卷，人民出版社，2012，第149页。
⑤ 《马克思恩格斯选集》第1卷，人民出版社，2012，第212页。

自由人自然也就产生了私法自由的理念，私法是私有制的观念表现，也是私人自由的保障。在马克思那里，共同体的社会状态（即自然形成的共同体）直到近代资本主义产生才逐渐解体，而被资本主义的"虚幻的共同体"状态所替代。

"虚幻的共同体"。在有的语境下马克思也称"冒充的共同体"，主要指代资产阶级的国家。如果说古代社会是一个共同体本位社会的话，那近代资本主义社会则是一个个体本位的社会，古代社会的个体只有仰赖于共同体的整体力量才能够存活下去，而近代生产力的发展则决定了单独的个体可以独自应对大自然，个体的主体意识得以启蒙和觉醒。在从古代共同体本位的社会状态向近代个体本位社会状态的发展演变过程中，"工业和商业瓦解了封建的共同体，随着私有制和私法的产生，开始了一个能够进一步发展的新阶段"[1]。这就是资本主义的社会状态，资本主义的核心价值观是个人主义，这是资本主义时代精神的体现，是个体本位在精神领域中的体现。如果说在共同体和个体这一天平上，古代社会明显偏向于共同体这一极的话，那现代社会则偏向于个体。个体地位的凸显使得共同体被架空，在这个意义上，共同体是"虚幻的"、"虚假的"或者"冒充的"。不管个体地位如何突出，社会毕竟是社会，社会本身就是一种共同体，只不过这种共同体较为松散，不再像古代社会那样宰制个体。虽然共同体的形式还在，但它已经无法像古代社会那样直接控制个体的人身自由了，这就是共同体的"虚假性"所在。共同体的"虚幻性"不止这些，在"费尔巴哈"章中，共同体的虚假性主要表现在资产阶级的国家观上。马克思在谈到资产阶级国家观的时候说，"正是由于特殊利益和共同利益之间的这种矛盾，共同利益才采取国家这种与实际的单个利益和全体利益相脱离的独立形式，同时采取虚幻的共同体的形式"，"国家内部的一切斗争——民主政体、贵族政体和君主政体相互之间的斗争，争取选举权的斗争等等，不过是一些虚幻的形式——普遍的东西一般说来是一种虚幻的共同体的形式——，在这些形式下进行着各个不同阶级间的真正的斗争"。[2] 也就是说，在资本主义社会中，国家形式上是公共利益的代表，代表全体公民的

---

① 《马克思恩格斯选集》第 1 卷，人民出版社，2012，第 213 页。
② 《马克思恩格斯选集》第 1 卷，人民出版社，2012，第 164 页。

利益，但是从本质上讲，资产阶级国家只代表统治阶级的利益，国家只是打着公共利益的旗号维护资产阶级利益的共同体，国家这种"普遍性"组织只是一种"虚幻的共同体"。应该说，相对于前现代社会而言，"虚幻的共同体"的出现是人类的一次进步，在这一共同体中个体获得了自主和自由，但这种进步存在着历史局限性。"由于这种共同体是一个阶级反对另一个阶级的联合，因此对于被统治的阶级来说，它不仅是完全虚幻的共同体，而且是新的桎梏。在真正的共同体的条件下，各个人在自己的联合中并通过这种联合获得自己的自由。"① "虚幻的共同体"只是人类历史进步的"新的桎梏"，只有到了"真正的共同体"中，人类才能获得真正的解放和自由。

"真正的共同体"。所谓"真正的共同体"就是指未来的"自由人联合体"，在《共产党宣言》中马克思指出："代替那存在着阶级和阶级对立的资产阶级旧社会的，将是这样一个联合体，在那里，每个人的自由发展是一切人的自由发展的条件。"② 这就是自由人联合体。自由人联合体的德文词是"Assoziation"，即英文词的"association"，它既不是"Gesellschaft"（社会），也不是"Gemeinwsen"（共同体），而是"协会"。在"Assozia-tion"中，个体的自主、自由是主要的，"协会"本身不是为了控制个人而存在，而是为了让个人充分享受自主、自由而存在。自由人联合体不像古代共同体本位社会那样过于强调共同体而忽略了个体，也不像近代个体本位社会那样过于强调个体而忽视了共同体，个体和共同体在"自由人联合体"中保持着一种合理的张力，既有个体的充分自由，又有共同体合力的整合度，这是"真正的共同体"。在资本主义条件下，共同体形式上不再宰控个人人身自由，但实际上资产阶级还控制着人们的生存条件，所以人并没有获得实质性的自由，而"在控制了自己的生存条件和社会全体成员的生存条件的革命无产者的共同体中，情况就完全不同了。在这个共同体中各个人都是作为个人参加的。它是各个人的这样一种联合（自然是以当时发达的生产力为前提的），这种联合把个人的自由发展和运动的条件置于他们的控制之下。而这些条件从前是受偶然性支配的，并且是作为某种

---

① 《马克思恩格斯选集》第 1 卷，人民出版社，2012，第 199 页。
② 《马克思恩格斯选集》第 1 卷，人民出版社，2012，第 422 页。

独立的东西同单个人对立的"①。在这种"真正的共同体"中，个体控制了自己的生存条件，能够"依赖自己而存在"，真正获得了自由。如果说古代社会偏重于共同体，是共同体本位的社会状态，近代资本主义社会偏重于个体，是个体本位的社会状态，那么"真正的共同体"超越了前两个阶段，既保留了个体本位的个人自主、自由等有益成分，又抛弃了其共同体的"虚幻性"；既保留了共同体的优点，又消除了共同体对个体的不合理控制和干预。"真正的共同体"是人类的彻底解放和真正自由状态。

通过对这三种共同体概念的辨析可以看出，共同体就是人的群体存在状态，这种群体存在状态中的个人之间存在一定的关系，临时聚集的群体状态不是共同体，共同体的整体和个体之间的关系是衡量共同体发展状况的标尺。共同体概念涉及很多重要的理论问题，这一点在"费尔巴哈"章中表现得很明显。

二 共同体概念所涉及的问题域

"费尔巴哈"章不仅展示了共同体概念的不同种类，还展示了其宽广的问题域。共同体概念所展示的问题域以共同体与个体的关系为核心。共同体是一个历史性的概念，随着人类历史的发展，共同体表现为不同的形态，而共同体与个体的关系则是衡量人类共同体发展程度的标尺，也是衡量人类自由程度的标尺。个体离不开共同体，人是社会性的存在物，只有在共同体中，个体才能够成为社会性的人，但同时个体又不希望共同体过多地干预自己的私人自由，尤其是在现代社会，是偏重于共同体一方还是偏重于个体一方反映了人类的发展状态。共同体和个体之间的边界随着人类历史的发展而有所改变，古代的共同体可以替个体做主决定个体的私人事务，甚至左右个体的生命存在，而这种做法在当代显然已经超越了共同体应有的边界。在现代社会，共同体和个体之间的边界明显地向共同体缩小，共同体的权力触角被显著地规制了。人类社会就是在共同体和个体之间的张力中生存下来的，也必然会在这种张力中继续生存下去，只是这种

---

① 《马克思恩格斯选集》第 1 卷，人民出版社，2012，第 202 页。

张力会随着人类历史的进步而有所有调整。对人类存在产生重要影响的概念必然也会对理论产生重大影响，其实共同体与个体这对概念是整个政治哲学史的核心线索，政治哲学史上的诸多流派都可以反映在共同体与个体之间的光谱上，如古典共和主义偏重于共同体，当代自由主义诸流派则偏重于个体，各种保守的、激进的政治哲学思潮都可以量化在共同体与个体之间的列表上。共同体与个体的关系不仅可以关涉古往今来的政治哲学派别，还关涉着人类社会的发展状况。在"费尔巴哈"章，马克思在共同体与个体的关系视域下探讨了社会的发展与人的发展。

迄今为止的人类历史发展就是从共同体走向市民社会的过程。古代社会是一个共同体本位的社会，这一观点不仅体现在马克思早期著作中，还体现在晚期的一些著作中，尤其是在晚期古代社会史笔记中，马克思恩格斯对共同体本位的社会状态进行了较为详细的阐释。马克思的《摩尔根〈古代社会〉一书摘要》以及恩格斯据此写作的《家庭、私有制和国家的起源》等著作，认为古代共同体社会有如下特征：古代社会更多的是一个"自然形成的共同体"，这种共同体以血缘为纽带将部落中的人们凝聚在一起，部落结构呈现为谱系树的结构；这样的共同体以原始的公有制为经济基础，人们共同劳动、共同生活、平均分配劳动产品，没有私有观念；社会分工极其不发达，甚至几乎没有社会分工，人类刚刚脱胎于动物界；"自然形成的共同体"是马克思早期提到的"人的依赖状态"，个体对共同体存在人身依附，不存在"私人权利""私人自由""主体意识"等观念。共同体的上述特征是自发形成的，是自然选择的结果，因为不集聚起来人类就无法战胜大自然而生存，是低下的生产力水平决定了这些特征。在古代共同体社会中个体必须无条件地服从共同体，而现代市民社会则与此相反，充分张扬了个体的主体性和主体意识，人们"私"的观念逐渐形成，私有制逐渐代替了古代社会的公有制。黑格尔指出，市民社会"是个人私利的战场，是一切人反对一切人的战场，同样，市民社会也是私人利益跟特殊公共事务冲突的舞台，并且是它们二者共同跟国家的最高观点和制度冲突的舞台"①。市民社会中的人都是利己主义者，都以自我利益为中心，以实现自我利益最大化为目标。和共同体本位的社会状态相反，市民社会

---

① 〔德〕黑格尔：《法哲学原理》，范扬、张企泰译，商务印书馆，1961，第289页。

是一个个体本位的社会状态，黑格尔的市民社会实际上就是资本主义市场经济的真实写照，是资本主义个人主义的充分体现。人类历史的发展就是从古代共同体社会向市民社会状态的发展。"费尔巴哈"章指出："'市民社会'这一用语是在 18 世纪产生的，当时财产关系已经摆脱了古典古代的和中世纪的共同体。"① 概念是时代问题的概括，市民社会概念的出现反映了市民社会摆脱了共同体对个体的束缚，是个体主体性的充分彰显。市民社会的发展推动着古代共同体向近代"虚幻的共同体"的演变发展。从古代共同体本位的社会向近代资本主义个体本位的市民社会的演变是一个长期的过程，原始社会末期由于生产力的发展，私有制、阶级和国家开始出现，个体意识开始萌芽，坚实的共同体开始松动解体，但共同体本位的因素还存在，可以说，自原始的"自然形成的共同体"解体开始一直到资本主义市民社会的出现都是从共同体本位社会向个体本位社会的过渡阶段，从共同体社会走向凸显个体的市民社会是一个漫长的过程。应该说，相对于共同体本位的社会，凸显个体主体意识的市民社会的出现是人类的一次大解放，是人类向文明进步迈出的一大步，但市民社会也存在诸多问题，不是"历史的终结"，个体本位的极端发展会导致社会整合度、认同度下降，社会责任感缺失等问题，"真正的共同体"将消除"虚幻的共同体"所导致的问题和不足，是人类历史发展的必然趋势。

共同体与个体关系视域下的社会发展。在这个视域下马克思较为集中地探讨了如下两个问题。

第一，分工与共同体的衍变。和共同体概念一样，分工也是"费尔巴哈"章十分重要的概念，而且分工概念和共同体概念存在密切联系，共同体和分工共同构成了人类历史发展的重要侧面。分工是共同体发展的基础，分工是衡量生产力发展状况的一个尺度，"一个民族的生产力发展的水平，最明显地表现于该民族分工的发展程度"②。分工极其不发达，或者几乎不存在分工的社会状态支撑了"自然形成的共同体"，而近代分工的发展则促进了"自然形成的共同体"的解体。分工的发展不是一蹴而就的，也有一个自然的发展过程，"分工起初只是性行为方面的分工，后来

---

① 《马克思恩格斯选集》第 1 卷，人民出版社，2012，第 211 页。
② 《马克思恩格斯选集》第 1 卷，人民出版社，2012，第 147 页。

是由于天赋（例如体力）、需要、偶然性等等才自发地或'自然地'形成的分工"①。分工的发展反映了生产力的发展，生产力的发展推动了共同体形态的演进与发展，不仅推动了"自然形成的共同体"走向解体，而且还推动着"虚幻的共同体"走向"真正的共同体"。分工不仅推动了共同体形态的发展，也导致共同体形态存在局限。在生产力不够发达的情况下，分工导致了共同体的异化，致使共同体被少数人所操控，变成了维护少数人利益的工具，而共同体的这一弊端也需要由生产力和分工的发展来消除。分工可以是共同体内部的分工，也可以是共同体外部的分工。在共同体内部，随着人类历史的发展，分工会越来越频繁，越来越精细化，分工的发展最终解构了共同体；在共同体外部，只有到了近代，人类历史进入了世界历史，世界分工才使得不同的共同体（民族国家）参与到世界之中，这也会促进生产力的发展和共同体社会的解体。

第二，共同体与所有制的衍变。不同的共同体形式伴随着不同的所有制形式，古代"自然形成的共同体"与生产资料的共同所有相伴而生，共同生产、共同所有是古代社会的生活样法，这是由低下的生产力状况所决定的。而随着生产力的发展，部落所有制这种原始共产主义的所有制形式逐渐解体，到了近代发展出了资本主义的私有制。"部落所有制经过了几个不同的阶段——封建地产，同业公会的动产，工场手工业资本——才发展为由大工业和普遍竞争所引起的现代资本，即变为抛弃了共同体的一切外观并消除了国家对所有制发展的任何影响的纯粹私有制。"② 所谓"纯粹私有制"就是资产阶级的私有制，这种私有制是近代资本主义的基础，它彻底解构了坚实的共同体，把一个个具体的人发展成主体，个体主义的盛行架空了共同体，使其成为虚幻的共同体。虽然资本主义国家（共同体的象征）声称代表普遍的公共利益，但实际上它只是打着公共利益的旗号维护统治阶级利益的工具，"实际上国家不外是资产者为了在国内外相互保障各自的财产和利益所必然要采取的一种组织形式"③。资本主义国家只是一种"虚幻的共同体""冒充的共同体"，是共同体的异化。随着生产力的发展，所有制形式将逐渐发展成为社会所有制，成为"重新建立个

①　《马克思恩格斯选集》第 1 卷，人民出版社，2012，第 162 页。
②　《马克思恩格斯选集》第 1 卷，人民出版社，2012，第 212 页。
③　《马克思恩格斯选集》第 1 卷，人民出版社，2012，第 212 页。

人所有制"的社会状态，与这种所有制相匹配的共同体形式就是真正的
共同——"自由人联合体"。

共同体与个体关系视域下人的发展。人的自由解放一直是马克思理论
探讨的焦点，在共同体与个体的关系视域下，马克思关注了人的发展的下
列两个问题。

第一，共同体与人的异化。根据马克思在《1844 年经济学哲学手稿》
中的阐释，异化就是人创造出来的东西反过来变成了控制、压迫人的主
体。"费尔巴哈"章阐述了共同体异化的现象："个人力量（关系）由于
分工而转化为物的力量这一现象，不能靠人们从头脑里抛开关于这一现象
的一般观念的办法来消灭，而只能靠个人重新驾驭这些物的力量，靠消灭
分工的办法来消灭。没有共同体，这是不可能实现的。只有在共同体中，
个人才能获得全面发展其才能的手段，也就是说，只有在共同体中才可能
有个人自由。"[①] 这里所说的 "消灭分工" 是指消灭 "自然形成的分工"，
消灭资本主义不合理的分工，而不是消灭一般意义上的分工。处于资本主
义分工之中的个体被局限在某一具体的领域，无法看到整体，更无法掌控
整体。分工把个体和共同体割裂开来，这就为资产阶级掌控共同体提供了
条件，资产阶级掌握了这种由劳动者所创造的物质力量（共同体）后就反
过来压榨劳动者，而要想消除这种异化，就要消除旧式分工，建立真正的
共同体。但是在马克思那里，共同体的异化是人类历史发展的必然，只有真
正经历了异化的 "虚幻的共同体" 之后，人类才能够走向 "真正的共同体"。

第二，共同体与人的自由。自由也是一个历史性范畴，在不同的历史
阶段，自由有着不同的内涵，但到目前为止，自由的获得就是个体从共同
体中解放出来的过程，就是减少共同体对个体干预的过程。"费尔巴哈"
章指出 "仅仅使用和滥用的权利 ［jus utendi et abutendi］ 就一方面表明私
有制已经完全不依赖于共同体……"[②] 使用和滥用自己的所有物而不受阻
碍是现代自由的基本表现，是个体独立意识觉醒的基本表现，也是自由主
义者经常挂在嘴边的句子，也是个体脱离共同体束缚的标志，所以也是
"私有制已经完全不依赖于共同体" 的体现。个体的人从依赖共同体的

---

① 《马克思恩格斯选集》第 1 卷，人民出版社，2012，第 199 页。
② 《马克思恩格斯选集》第 1 卷，人民出版社，2012，第 213 页。

"童年"走向了独立的"成年"就不再需要共同体的"监护"了，获得了充分的自由。个体主体的凸显固然是一种进步和解放，但个体的自由不应该只是一味地强调个人主义，只强调个体而否弃共同体的无政府主义是个人主义发展的极端，它无法担负历史的责任。真正自由的获得离不开共同体对公共事务的担当，自由人联合体作为一种"Assoziation"，不仅充分张扬个体的自由，还充分保留了共同体的优点。马克思从共同体与个体关系的视角关注人类自由问题，把古代的积极自由、现代的消极自由以及未来的真正自由看作人类历史发展不同阶段的自由形态，这一视角揭示了自由的历史性，任何思想观念都只能是时代的产物，不能抽象地谈论自由。

共同体虽然只是一个概念，但它所关涉的问题域却构成了整个人类历史发展的丰富横截面。

三 共同体概念所蕴含的丰富思想

马克思的共同体概念反映了马克思观察人类历史的新角度、新范式，也反映了马克思思想诸多的理论生长点，只有明确了这些内容，我们才能够明确马克思共同体概念的重要含义。

从个体与共同体的角度看待人类历史。共同体与个体是马克思看待人类历史的一个独特角度，关于马克思观察人类历史的视角，以往我们更多地关注"五形态说"（社会会依次经历"原始社会""奴隶社会""封建社会""资本主义社会""共产主义社会"这几个阶段）以及"三形态说"（人类会依次经历"人的依赖关系"、"以物的依赖性为基础的人的独立性"、"自由人联合体"这三种社会形态），而忽略了从共同体与个体的关系范式来观察人类历史的视角。其实共同体与个体是马克思观察人类历史的重要维度，为了复原历史发展的丰富性，我们很有必要深入地挖掘这一角度。在马克思看来，古代社会是一个共同体本位的社会，或者说是一个强共同体、弱个体的社会。① 个体依附于共同体，个体只是共同体上的一

---

① 李永杰：《共同体与个体：马克思观察人类历史的一对重要范畴》，《马克思主义与现实》2014 年第 5 期。

个零部件，这样的共同体是"自然形成的共同体"，它以血缘、习俗、语言、信仰为基本纽带，在这样的社会状态下，个体没有自觉的独立性和主体意识，这种社会状态和马克思所说的"人的依赖关系"相对应。人依赖于共同体，个体没有自我观念，以共同体的大我为自我，共同体对个体拥有控制权，共同体本位的社会状态一直持续到封建社会的末期。我国封建社会的"三纲五常"就是个体依附于共同体的典型写照，资本主义生产力的发展和资产阶级的启蒙运动、资产阶级革命最终促使共同体本位的社会状态解体。当然，前资本主义社会状态下，共同体的特征也不尽相同，越是古代，共同体本位的特征就越明显，而越往后则共同体对个体的控制越弱；不同地域，共同体本位的特征也不尽相同。资产阶级启蒙运动是对共同体本位社会状态的反动，启蒙运动的口号就是"公开运用自己的理性"，自己的事情自己做主，不容他人置喙，它所张扬的就是人的个体性和主体性。康德说："如果我有一部书能替我有理解，有一位牧师能替我有良心，有一位医生能替我规定食谱，等等；那么我自己就用不着操心了。"① 这种不需要自己"操心"的状态就是前资本主义的状态，共同体越俎代庖代替个人作决定；这种不用自己"操心"的状态就是启蒙所针对的蒙昧状态，启蒙就是促使人从蒙昧走向开化。启蒙运动启迪了人们的个体价值，宗教改革使天主教的外在崇拜逐渐转向了新教的内在崇拜，人们从匍匐于外在权威的脚下转向了"因信称义"，坚信上帝在每个人的心中，这实际上从侧面激发了人的主体意识。宗教改革契合了启蒙的精神理念。不仅宗教改革，发展市场经济也是一场影响深远的启蒙运动。市场主体是追寻利益最大化的理性人，而为了实现自我利益最大化，每个人必须对自己的投资"自作主张"，当然也自负盈亏，赚钱了自然是自己的，亏损了也要承担后果，可以说市场实践培育了主体意识鲜明的现代人。资产阶级革命建立了资本主义社会，文化启蒙和社会革命使个体本位成为社会的主流，个人主义成为核心价值，但如果说古代"自然形成的共同体"在共同体这一极上走向了极端的话，资本主义的个人主义则在个体这一极上走向了极端。原子式个人主义的盛行架空了共同体，而且资本主义性质也决定了作为共同体象征的国家不可能代表普遍利益，它只是打着普遍利益的旗号维护资产

---

① 〔德〕康德：《历史理性批判文集》，何兆武译，商务印书馆，1990，第22~23页。

阶级利益的组织，是"虚幻的共同体"。这个阶段与马克思所谓的"以物的依赖性为基础的人的独立性"社会状态相对应。未来的"自由人联合体"则扬弃了资本主义的全面物化和异化，也扬弃了资本主义的"虚幻的共同体"，实现了人的彻底解放，在共同体和个体之间保持了合理的张力和平衡，它扬弃了"自然形成的共同体"和"虚幻的共同体"，是人类的"真正的共同体"。马克思从这样一个范式探讨人类历史的发展轨迹，描绘出了一幅视角新颖的历史图景，对我们认识历史发展的丰富性具有重要意义。

共同体与个体之间的自由谱系。共同体与个体的关系蕴含着深刻的自由意蕴，古往今来的自由观念都没有超越这对范畴。贡斯当区分了古代人的自由和现代人的自由，所谓古代人的自由就是以共同体为价值目标的自由，"古代人的自由在于以集体的方式直接行使完整主权的若干部分：诸如在广场协商战争与和平问题，与外国政府缔结联盟，投票表决法律并作出判决，审查执政官的财务、法案及管理，宣召执政官出席人民的集会，对他们进行批评、谴责或豁免"。诚如阿伦特所说，在古希腊城邦，讨论公共事务的广场才是彰显人的本质之所，私人领域只是满足自我欲望之所，在私人领域中人受必然性支配，是不自由的。贡斯当指出在古代，"所有私人行动都受到严厉的监视。个人相对于舆论、劳动、特别是宗教的独立性未得到丝毫重视。我们今天视为弥足珍贵的个人选择自己宗教信仰的自由，在古代人看来简直是犯罪与亵渎"，"年轻的斯巴达人不能自由地看望他的新娘"，"在古代人那里，个人在公共事务中永远是主权者，但在所有私人关系中却是奴隶"。① 这就是古代人的"积极自由"，这种自由和古代的共同体社会相对应。而现代人的自由则与之相反，是"消极的自由"。贡斯当指出，对现代人而言，"自由是只受法律制约，而不因某个人或若干个人的专断意志受到某种方式的逮捕、拘禁、处死或虐待的权利，它是每个人表达意见、选择并从事某一职业、支配甚至滥用财产的权利，是不必经过许可、不必说明动机或事由而迁徙的权利。它是每个人与其他个人结社的权利，结社的目的或许是讨论他们的利益，或许是信奉他们以

---

① 〔法〕邦雅曼·贡斯当：《古代人的自由与现代人的自由：贡斯当政治论文选》，阎克文、刘满贵译，商务印书馆，1999，第 26~27 页。

及结社者偏爱的宗教，甚至或许仅仅是以一种最合适他们本性或幻想的方式消磨几天或几小时"①。古代人把共同体的价值看得很重，共同体的价值是人们追寻的目标，而自我则被贬低为实现共同体价值的手段，人们最大的幸福就在于走向共同体；而现代人则相反，把个体的私人权利看得很重，认定私人自由是目的，共同体只不过是为了个体更加便利地享受私人权利的手段，人们最大的幸福就是沉浸在自我私域的空间中。古代人的自由与古代共同体本位的社会状态相对应，现代人的自由和现代资本主义个体本位的社会状态相对应，现代人以个人主义为核心价值观。人的自由是个体相对于共同体而言的，也是特殊历史阶段的产物，没有抽象的自由。

共同体与个体的关系反映人的解放程度。人处于共同体与个体之间的张力之中，解放与自由是相对于人类历史的发展而言的，封建社会的人身依附在现代看来是不自由的体现，但在生产力极其低下的社会状态下却是历史的必然，甚至相对于奴隶社会而言，还是进步的表现，所以人类的解放以生产力的发展为基础，以具体的历史阶段为坐标。就整个人类历史而言，人类的解放和进步是一个逐渐脱离共同体束缚的过程。社会每前进一个步，人就从共同体的束缚中解放出来一点，而到了现代资本主义时代，个体的主体性得到了最充分的凸显。人获得了空前的自由和解放，摆脱了依附关系，但资本主义社会中的人并没有获得彻底的解放，因为它只是用"物的依赖性"代替了"人的依赖关系"。社会的全面物化表明，人虽然不再是他人的奴隶，但人却是物的奴隶，工作对人来说还只是一种谋生的手段。"对工人来说，维持工人的个人生存表现为他的活动的目的，而他的现实的行动只具有手段的意义；他活着只是为了谋取生活资料。"② 这就意味着，人还是受必然性支配，如果不参与工作就无法生存下去，人们参与一项工作还不是出于自愿和兴趣，"只要分工还不是出于自愿，而是自然形成的，那么人本身的活动对人来说就成为一种异己的、同他对立的力量，这种力量压迫着人，而不是人驾驭着这种力量"③。人就还没有获得真正解放，人还被局限于某一特殊的活动范围，所以资本主义也不是人类的

---

① 〔法〕邦雅曼·贡斯当：《古代人的自由与现代人的自由：贡斯当政治论文选》，阎克文、刘满贵译，商务印书馆，1999，第26页。
② 〔德〕马克思：《1844年经济学哲学手稿》，人民出版社，2000，第175页。
③ 《马克思恩格斯选集》第1卷，人民出版社，2012，第165页。

真正解放。未来的理想社会以生产力的巨大发展为基础，任何人都没有特殊的活动范围，都可以在任何部门内发展，可以按照自己的兴趣"今天干这事，明天干那事，上午打猎，下午捕鱼，傍晚从事畜牧，晚饭后从事批判"，但不会"使我老是一个猎人、渔夫、牧人或批判者"，① 这才是人类的真正解放状态。

马克思共同体概念所蕴含的思想底蕴和思维方式对思考当前人类社会所面临的共同挑战及构建新型大国关系具有重要的启迪意义。习近平总书记在多个场合频频提到的"命运共同体""利益共同体"等，就是全球性共同体发展趋势的反映，也是马克思共同体概念所反映的思维方式在当代的体现。这里所谓的"命运共同体""利益共同体"，实际上是马克思共同体概念的次级概念，马克思从人类历史发展的宏伟角度关注共同体，而命运共同体和利益共同体概念将视角切换到当今国际社会和世界格局，将视域定格为当前新一轮全球化的时代。当今世界，经济全球化趋势越来越明显，中国的和平崛起已经成为不可阻挡的历史潮流，这为世界多极化发展提供了强劲的动力，但多极化并不意味着国与国关系变得更加松散，相反随着各民族国家之间经贸、文化等方面交往的日益深入和世界历史向纵深发展，你中有我、我中有你的共同体特征更加明显。尽管这一轮全球化仍然是资本主导的全球化，整个人类社会还不可能一下子建成"真正的共同体"，但实践证明中国积极参与全球化，能够从中获得巨大的红利，获得重大发展机遇。中国有意愿、有条件也有必要通过发挥中国特色社会主义的制度优势，走出一条国与国的新路，不断把世界机遇变成中国机遇，把中国机遇变成世界机遇，在和平与发展的时代主题下，实现整个国际社会共同利益的最大公约数，各国发展机遇和前途命运的最大公约数。概而言之，通过发挥中国特色社会主义制度优势，中国能够在新一轮全球化进程中，在新型大国关系框架下，打破新兴国家与守成国家的二元对立，走出国强必霸的"修昔底德陷阱"，从而把中国梦与他国梦对接起来，把中国梦与世界梦连接起来，构建起和平的命运共同体。

① 《马克思恩格斯选集》第 1 卷，人民出版社，2012，第 165 页。

第十八章　资本对现代性的
建构与解构

　　马克思主义的价值旨归是批判资本主义，不仅从理论上对资本主义进行批判，还从实践上批判资本主义，即用革命的方法推翻资本主义，用共产主义代替资本主义。马克思在《关于费尔巴哈的提纲》中指出，"哲学家们只是用不同的方式解释世界，问题在于改变世界"[1]，但"解释世界"是"改造世界"的前提，只有科学解释和认识资本主义，才能够推翻资本主义。因此，马克思在很多著作中对资本主义进行了深入研究，尤其是对"资本逻辑"进行了深入的分析，既充分肯定了"资本逻辑"的积极作用，也充分揭示了"资本逻辑"导致了资本主义所无法解决的社会矛盾，揭示了资本主义必然灭亡的趋势。《共产党宣言》就对资本逻辑进行了深入的剖析和精彩的阐释，甚至提出，资本逻辑"按照自己的面貌为自己创造出一个世界"[2]，资本主义现代性是由资本塑造出来的。本章试图以《共产党宣言》为核心文本，充分探讨马克思恩格斯对资本逻辑的批判。

一　资本逻辑对资本主义现代性的建构

　　所谓资本就是能够带来剩余价值的价值，资本逻辑就是追求增殖、追

---

① 《马克思恩格斯选集》第 1 卷，人民出版社，2012，第 136 页。
② 《马克思恩格斯选集》第 1 卷，人民出版社，2012，第 404 页。

求自我利益最大化的逻辑。资本逻辑是资本主义的底层逻辑，整个社会大厦的运行都是奠基于这一逻辑之上的。现代性本质上就是现代社会的特性，它体现在经济、政治、文化、社会等社会生活的方方面面。[①] 资本逻辑塑造了资本主义的现代性。《共产党宣言》的第一部分对资本逻辑进行了详细、综合而深刻的剖析，对于资本逻辑在历史上所发挥的革命性作用给予了高度赞扬，对资本逻辑所塑造的资本主义社会的基本矛盾进行了深刻的剖析。

资本逻辑塑造了快速发展的资本主义经济。在马克思的文本中，资本主义社会就是现代社会，现代性就是资本主义社会的特性，资本主义的现代性是由资本逻辑塑造出来的。资本逻辑首先塑造了资本主义的经济体系。资本主义的生成过程是资本主义市场经济代替自给自足的小农经济的过程。作为"前现代社会"的封建社会，其基本的经济形态是自给自足的小农经济，小农经济的生产目的就是满足自身的需求，由于自身的需求是狭窄的，所以社会发展的动力十分有限，封建社会发展十分缓慢。资本主义在封建社会末期萌芽的表现之一就是市场经济的发展，封建社会也有市场，但封建社会的市场仅供交换剩余产品，生产的直接目的仅仅是满足自身需求，而不是满足市场需求，这不能算是现代市场经济。在资本主义市场经济中，生产的直接目的是满足市场的需求，其根本目的是实现自我利益最大化，这就是资本逻辑，资本主义市场经济就是由资本逻辑所创生出来的。资本逻辑不仅创造了为满足市场需求和资本增殖而进行生产的生产方式，也塑造了市场经济中追求自我利益最大化的"理性人"，还塑造了资本主义快速发展的现代化生产力。在资本主义市场经济中，市场的需求是广阔的，因此生产的动力很大，生产力的发展空间是广阔的。"市场总是在扩大，需求总是在增加。甚至工场手工业也不再能满足需要了。于是，蒸汽和机器引起了工业生产的革命。"[②] 需求的增加大大刺激了生产力，而生产力发展的需要推动了工业革命，工业革命又大大推动了资本主义生产力的发展。资本主义生产力的发展取得了巨大的成绩，"资产阶级在它的不到一百年的阶级统治中所创造的生产力，比过去一切世代创造的

---

① 丰子义：《发展的反思与探索——马克思社会发展理论的当代阐释》，中国人民大学出版社，2006，第 105 页。

② 《马克思恩格斯选集》第 1 卷，人民出版社，2012，第 401 页。

全部生产力还要多，还要大。自然力的征服，机器的采用，化学在工业和农业中的应用，轮船的行驶，铁路的通行，电报的使用，整个整个大陆的开垦，河川的通航，仿佛用法术从地下呼唤出来的大量人口——过去哪一个世纪料想到在社会劳动里蕴藏有这样的生产力呢？"① 什么因素激发了蕴藏于劳动之中的力量，使资本主义取得了如此大的成绩呢？那就是资本的逻辑。

资本逻辑塑造了资产阶级。资本逻辑在资本主义发展过程中发挥巨大作用，但"资本逻辑"概念只是一个抽象概念，"资本逻辑"必须依托于现实主体才能够发挥现实作用，资产阶级就是资本逻辑的依托主体、资本逻辑的人格化身，资本逻辑的一切特性都体现在资产阶级身上。《共产党宣言》指出："从中世纪的农奴中产生了初期城市的城关市民；从这个市民等级中发展出最初的资产阶级分子。"② 资产阶级受资本逻辑支配，大大推动了资本主义的发展，资产阶级在人类历史上曾经发挥过非常革命的作用，"资产阶级除非对生产工具，从而对生产关系，从而对全部社会关系不断地进行革命，否则就不能生存下去"③。生产工具是生产力发展水平的重要标志，资产阶级大大变革了工具，大大推动了生产力的发展，也同时变革了社会关系，推动社会的深刻变革，这一切都是资产阶级在追求资本增殖、自我利益最大化的动机下实现的。资本逻辑还推动资产阶级奔走呼号于世界各地，开辟世界市场，"不断扩大产品销路的需要，驱使资产阶级奔走于全球各地。它必须到处落户，到处开发，到处建立联系"④。资产阶级冲破了生产力发展的桎梏，为资本主义生产力发展扫清了障碍。资产阶级所做的这一切并不是由什么高尚的弘誓大愿所支配，而是受"利益最大化"的资本逻辑所支配，资产阶级就是资本逻辑的人格化身，资产阶级就是由资本逻辑塑造的阶级。

资本逻辑塑造了资本主义的民主政治。马克思主义认为，政治是经济的集中表现，资本主义所谓的民主政治是资本主义经济的集中体现，实际上就是维护资本逻辑的政治体系。资产阶级革命本质上就是因为资产阶级

① 《马克思恩格斯选集》第 1 卷，人民出版社，2012，第 405 页。
② 《马克思恩格斯选集》第 1 卷，人民出版社，2012，第 401 页。
③ 《马克思恩格斯选集》第 1 卷，人民出版社，2012，第 403 页。
④ 《马克思恩格斯选集》第 1 卷，人民出版社，2012，第 404 页。

在经济领域上已经占据主导地位，而在政治领域中，封建统治者还占据主导地位，资产阶级的经济基础与上层建筑之间出现了不相匹配的状态，革命就是使上层建筑与经济基础相符。资产阶级民主政治就是维护资产阶级利益，本质上就是维护资本逻辑的政治形式。《共产党宣言》明确指出，"现代的国家政权不过是管理整个资产阶级的共同事务的委员会罢了"①，这个委员会存在的目的就是维护资产阶级利益，用制度保障资本逻辑。资本主义政治制度是由资本逻辑塑造的，其目的也是维护资本逻辑。

资本逻辑塑造了资本主义的社会结构。第一，资本逻辑塑造了资本主义社会的阶级结构。它使得资本主义社会的阶级结构日益简单化，"使阶级对立简单化了。整个社会日益分裂为两大敌对的阵营，分裂为两大相互直接对立的阶级：资产阶级和无产阶级"②。资本主义以前的人类社会中，社会地位分成多种多样的层次，而且每一个阶级内部还有一些特殊的阶层。③ 曾经的中间阶级在资本逻辑之下，或者上升为资产阶级，或者在日益激烈的竞争中落入无产阶级的队伍，其中落入无产阶级队伍的人占多数。"以前的中间等级的下层，即小工业家、小商人和小食利者，手工业者和农民——所有这些阶级都降落到无产阶级的队伍里来了，有的是因为他们的小资本不足以经营大工业，经不起较大的资本家的竞争；有的是因为他们的手艺已经被新的生产方法弄得不值钱了。"④ 社会阶级结构日益简单化，两极分化越来越严重。资本逻辑支配下的竞争异常惨烈，越是拥有资本的人就越有资源实现资本增殖，越没有资本的人越是被抛入无产者的悲惨境地。第二，资本逻辑塑造了城乡之间的对立。前现代社会城乡之间的对立并不明显，资本主义创造了城乡对立，也创造了"先进"与"落后"之间的对立。"资产阶级使农村屈服于城市的统治。它创立了巨大的城市，使城市人口比农村人口大大增加起来，因而使很大一部分居民脱离了农村生活的愚昧状态。正像它使农村从属于城市一样，它使未开化和半开化的国家从属于文明的国家，使农民的民族从属于资产阶级的民族，使

---

① 《马克思恩格斯选集》第 1 卷，人民出版社，2012，第 402 页。
② 《马克思恩格斯选集》第 1 卷，人民出版社，2012，第 401 页。
③ 《马克思恩格斯选集》第 1 卷，人民出版社，2012，第 401 页。
④ 《马克思恩格斯选集》第 1 卷，人民出版社，2012，第 408 页。

东方从属于西方。"① 资本逻辑不仅塑造了资产阶级和无产阶级之间的对立，还塑造了先进与落后之间的对立。第三，资本逻辑塑造了资本主义的世界历史。资本逻辑推动了世界历史的来临，为了实现资本增殖，资产阶级必然要走出国门，到世界各地去寻找市场。"大工业建立了由美洲的发现所准备好的世界市场。世界市场使商业、航海业和陆路交通得到了巨大的发展。这种发展又反过来促进了工业的扩展，同时，随着工业、商业、航海业和铁路的扩展，资产阶级也在同一程度上发展起来，增加自己的资本，把中世纪遗留下来的一切阶级排挤到后面去。"② 资本逻辑在推动资产阶级到世界各地寻找市场和殖民地的过程中，使资本主义生产方式世界化了，不管那些落后国家愿不愿意，资本主义生产方式在落后国家广泛传播开来。第四，资本逻辑塑造了资本主义现代性的"流动性"③。资本主义的现代性是变动不居的。《共产党宣言》指出："原封不动地保持旧的生产方式，却是过去的一切工业阶级生存的首要条件。生产的不断变革，一切社会状况不停的动荡，永远的不安定和变动，这就是资产阶级时代不同于过去一切时代的地方。一切固定的僵化的关系以及与之相适应的素被尊崇的观念和见解都被消除了，一切新形成的关系等不到固定下来就陈旧了。一切等级的和固定的东西都烟消云散了，一切神圣的东西都被亵渎了。"④ 资本逻辑塑造了整个社会的流动性，整个社会不是僵化的，而是变动不居的。

资本塑造了现代的理性人际关系。前现代的人际关系充满了情感温度，可以说，前现代社会就是一个情感本位的社会，而资本主义社会则用资本逻辑冲淡了人与人之间温情脉脉的情感意蕴。《共产党宣言》指出："资产阶级在它已经取得了统治的地方把一切封建的、宗法的和田园诗般的关系都破坏了。它无情地斩断了把人们束缚于天然尊长的形形色色的封建羁绊，它使人和人之间除了赤裸裸的利害关系，除了冷酷无情的'现金交易'，就再也没有任何别的联系了。它把宗教虔诚、骑士热忱、小市民

---

① 《马克思恩格斯选集》第 1 卷，人民出版社，2012，第 405 页。
② 《马克思恩格斯选集》第 1 卷，人民出版社，2012，第 401~402 页。
③ 〔英〕齐格蒙特·鲍曼：《流动的现代性》，欧阳景根译，中国人民大学出版社，2012，第 335 页。
④ 《马克思恩格斯选集》第 1 卷，人民出版社，2012，第 403 页。

伤感这些情感的神圣发作，淹没在利己主义打算的冰水之中。它把人的尊严变成了交换价值，用一种没有良心的贸易自由代替了无数特许的和自力挣得的自由。"① 人与人的关系被资本逻辑冲淡了，变成了赤裸裸的金钱关系，这是资本主义的理性文化，是物质主义的体现。

二　资本逻辑对资本主义现代性的解构

资本逻辑一方面积极建构资本主义现代性，另一方面也塑造了资本主义必然走向灭亡的命运，资本逻辑在建构资本主义现代性的同时，也在解构资本主义现代性，尤其是到了资本主义后期，资本逻辑的解构功能强于建构功能。

资本逻辑塑造了资本主义的根本矛盾。资本逻辑促进了资本主义生产力的发展，但同时也塑造了资本主义无法解决的社会矛盾，塑造了资本主义必然灭亡的趋势，这是资本逻辑对资本主义现代性的解构作用。资本逻辑大大促进了生产力的发展，但资本主义生产关系是有限的，资本主义的生产关系已经无法再容纳生产力的发展了，"生产力已经强大到这种关系所不能适应的地步，它已经受到这种关系的阻碍"，生产关系已经从资本主义早期促进生产力发展的角色变为束缚生产力发展的桎梏了，"资产阶级的关系已经太狭窄了，再容纳不了它本身所造成的财富了"，资产阶级一着手解决这些问题就会造成社会混乱，无奈只有通过经济危机毁掉部分生产力，才能维持生产力与生产关系之间的平衡，"在商业危机期间，总是不仅有很大一部分制成的产品被毁灭掉，而且有很大一部分已经造成的生产力被毁灭掉"。什么造成了这种危机呢？"因为社会上文明过度，生活资料太多，工业和商业太发达。"② 资本主义经济危机是相对过剩的危机，它并不是物质资料极大丰富，而是相对于狭窄的生产关系而言的生产过剩。资本逻辑是这种经济危机的主要根源。从微观层面看，资本在增殖逻辑的支配下尽力压低工资，提高生产率。一方面占社会大多数的工人阶级

① 《马克思恩格斯选集》第1卷，人民出版社，2012，第402~403页。
② 《马克思恩格斯选集》第1卷，人民出版社，2012，第406页。

占有的社会财富很少，购买能力很低；另一方面产品生产得越来越多，这就造成了交易的断裂，工人有需要，但购买能力有限，进而引发产品积压、卖不出去。从宏观层面看，个别企业在资本逻辑的支配下，把生产组织得很有效率，而整个社会的无政府状态却使得整个社会的生产处于盲目状态之下，个别企业生产的有组织性与整个社会生产的无政府状态之间的矛盾是资本主义矛盾的集中表现，这一矛盾靠资本主义自身是无法解决的。可以说，资本逻辑塑造了使自身走向灭亡的矛盾。

资本逻辑锻造了无产阶级。《共产党宣言》指出，"资产阶级用来推翻封建制度的武器，现在却对准资产阶级自己了"，而且，"资产阶级不仅锻造了置自身于死地的武器；它还产生了将要运用这种武器的人——现代的工人，即无产者"。[①] 无产阶级是资本主义的"掘墓人"，而无产阶级也是由资本逻辑塑造出来的。恩格斯在《共产主义原理》中明确指出，无产阶级不同于"奴隶"、"农奴"和"手工业者"，前资本主义的这些"劳动阶级"的生存都有保障，而无产阶级的生存没有保障。无产阶级靠出卖劳动力为生，劳动力变成了商品，商品的价格由商品的生产费用所决定，劳动力作为商品，其价格也是由劳动力的生产费用所决定的，劳动力的"生产费用正好是使工人能够维持他们的劳动能力并使工人阶级不致灭绝所必需的生活资料的数量"[②]，工人的工资刚好使工人能够生存下去，不会高于这个标准，也不会低于这个标准，否则资产阶级就会失去剥削对象。《1844年经济学哲学手稿》指出，"当资本家赢利时工人不一定有利可得，而当资本家亏损时工人就一定跟着吃亏"[③]，资本总是力图把工资压得很低，但这个很低是有限度的，这个限度就是工人阶级的生存，工资刚好能保障工人生存。资本逻辑塑造了无产阶级，使得无产阶级除了拥有生产力之外一无所有。资本逻辑还塑造了无产阶级的一系列特性。第一，资本逻辑塑造了无产阶级的革命性。工人为资产阶级创造了巨额财富，却为自身创造了赤贫，资本逻辑把无产阶级塑造成一个革命性极强的阶级。《共产党宣言》明确指出，"无产者在这个革命中失去的只是锁链"[④]，资本在榨取剩余价

---

① 《马克思恩格斯选集》第1卷，人民出版社，2012，第406页。
② 《马克思恩格斯选集》第1卷，人民出版社，2012，第297页。
③ 《马克思恩格斯文集》第1卷，人民出版社，2009，第116页。
④ 《马克思恩格斯选集》第1卷，人民出版社，2012，第435页。

值的过程中，把无产阶级塑造成为除了"锁链"之外一无所有的阶级，这样的阶级革命性最强。第二，资本逻辑塑造了无产阶级的集中性。革命性强是无产阶级的一个特点，但革命性强并不一定引发革命，如果无产阶级很分散，无法凝聚成强大的革命力量，那革命也无法成为现实。资本逻辑使得无产阶级迅速集中起来，为革命的到来提供了条件。现代资本主义的发展使得工人阶级迅速向大城市集中，这种集中的根源是资本增殖逻辑。工人阶级向大城市的集中客观上为工人阶级团结起来进行革命创造了条件。第三，资本逻辑塑造了资本主义的阶级斗争。"工资决定于资本家和工人之间的敌对的斗争。胜利必定属于资本家。资本家没有工人能比工人没有资本家活得长久。"①资本的本性决定了资本家会把工资压得很低，工人为了生存必然与资产阶级展开各种斗争，罢工、游行、抗议等，这些都是阶级斗争的表现。资本逻辑造就了无产阶级的斗争本领和斗争精神。

资本逻辑塑造了世界革命的条件。马克思恩格斯主张，推翻资本主义的革命必然是世界革命，而世界革命的条件是由资本逻辑所创造的。资本逻辑开拓了世界市场。工业革命大大提升了生产力，大量的商品需要市场，为了寻找市场，资产阶级奔走呼号于世界各地，开拓世界市场，进行外海殖民。资本逻辑推动资产阶级跨出国门，推动了经济的全球化，资本逻辑逐渐挖掉了工业脚下的民族基础，民族工业被资本逻辑所消灭，整个经济都是世界性的了。是资本逻辑开启了世界历史，而世界历史的发展使得资本主义得到广泛的传播，无论那些落后的被殖民的国家愿不愿意，它们都不得不走上资本主义道路，世界历史的一个客观结果就是全球资本主义化。而在全球资本主义化的过程中，资产阶级在资本逻辑的支配下走向世界各地，哪里有资本洼地，哪里就有资产阶级。而资本主义的普及化也使得无产阶级走向了团结，无产阶级有自己的祖国，但由于他们一无所有，各国无资产阶级具有高度的同质性，世界各国的无产阶级的命运是一致的。"资本通过世界市场使得其抽象统治在世界范围内得到全面实现，在凸显资本主体性的同时消解和遮蔽了人的主体性，导致'个人受抽象统治'的异己性力量的生成。"②随着世界市场的发展，异化普遍化了。资本

---

① 《马克思恩格斯文集》第1卷，人民出版社，2009，第115页。
② 刘同舫：《资本逻辑的内在张力及其解放方案》，《哈尔滨工业大学学报》（社会科学版）2023年第1期。

主义的世界历史表明，资本主义已经联系起来了，革命不可能在一个国家内取得成功，无产阶级革命必须是世界革命，"单是大工业建立了世界市场这一点，就把全球各国人民，尤其是各文明国家的人民，彼此紧紧地联系起来，以致每一国家的人民都受到另一国家发生的事情的影响"。因此，"共产主义革命将不是仅仅一个国家的革命，而是将在一切文明国家里，至少在英国、美国、法国、德国同时发生的革命"。① 具有高度同质性的全世界无产阶级联合起来进行世界革命，推翻全世界的资产阶级，社会主义革命才能成为现实，也才能取得成功。世界革命的条件固然需要无产阶级去积极建构，但更主要的是，世界革命的条件是资本逻辑塑造出来的。

三　资本逻辑的扬弃与共产主义

共产主义是马克思主义的价值旨归，资本逻辑的扬弃是走向共产主义的一个重要环节。在《1844 年经济学哲学手稿》中，马克思认为，共产主义是对异化劳动的扬弃，是自由自觉的人的类本质的复归，实际上就是对资本逻辑的扬弃和超越。在《1857—1858 年经济学手稿》中，马克思强调资本主义虽然消除了前现代社会的人身依附，却塑造了人依赖于物的社会状态，"物化"是资本主义社会的生存样法。未来共产主义社会要扬弃"物化"，使人们从事一项工作不再是为了谋生。在《哥达纲领批判》中，马克思明确指出，共产主义社会消除了剥削，社会总产品在作了必要扣除之后，以按需分配的方式分配给社会成员。马克思的文本从多个角度阐述了共产主义，但不管从哪个角度看，共产主义都是对资本逻辑的扬弃。

资本逻辑为共产主义创造了极其丰富的物质资料。资本主义的到来是人类的一次巨大进步，它创造了巨大的生产力，但由于资本主义生产资料私有制的生产关系最终成了阻碍生产力发展的障碍，生产力越是高度发达，其社会矛盾就越是突出。资本主义生产力的高度发达为未来共产主义的实现提供了坚实的物质基础，在未来共产主义社会中，这种高度发达的生产力将会被充分继承和利用。恩格斯在《共产主义原理》中指出，在未

---

① 《马克思恩格斯选集》第 1 卷，人民出版社，2012，第 306 页。

来的共产主义社会中，"危机将终止。扩大的生产在现今的社会制度下引起生产过剩，并且是产生贫困的极重要的原因，到那个时候，这种生产就会显得十分不够，还必须大大扩大。超出社会当前需要的生产过剩不但不会引起贫困，而且将保证满足所有人的需要，将引起新的需要，同时将创造出满足这种新需要的手段。这种生产过剩将成为新的进步的条件和起因，它将实现这种进步，而不会像过去那样总是因此造成社会秩序的混乱"①。资本主义生产关系束缚了生产力的发展，而共产主义解放了生产力，使得生产力的发展成为社会进步的动力。资本主义所创造的巨大的生产力，以及所创造的生产手段为共产主义的生产发展提供了坚实的基础，未来共产主义消灭了生产资料私有制，代之以生产资料社会所有制。在共产主义社会，生产不再是为了实现私人资本增殖，生产的社会性与生产的私人性之间的矛盾被消除，物质资料极大丰富，人们不再为了谋生而工作，可以按照自己的意愿从事自己感兴趣的工作。马克思恩格斯早期设想的共产主义革命就是在发达资本主义基础上所进行的世界革命，革命成功之后，资产阶级所取得的物质财富被继承下来，这是共产主义的基础。但到了马克思恩格斯晚年的时候，发达资本主义国家革命形势有新的变化，由于资产阶级采取了一系列保障工人阶级生活的社会政策，也由于资本主义把剥削最严重的产业向殖民地转移，发达资本主义国家内部的阶级斗争有所缓和，革命形势暂时处于低潮。马克思恩格斯开始关注东方社会，在以俄国为代表的东方社会，资本主义并没有充分发展，但世界革命的形势决定了俄国是可以"跨越卡夫丁峡谷"直接进入社会主义的，但在贫穷落后基础上建立社会主义之后一定要大力发展生产力，为此，苏俄（苏联）走出了一条计划经济的社会主义建设道路，但最终走向了失败。改革开放以后，我国把马克思主义基本原理同中国具体实际相结合，摸着石头过河，走出了一条中国特色社会主义道路，把"市场"和"计划"视为经济手段，认为社会主义可以有市场、资本主义可以有计划。有市场就有资本，资本是社会发展的重要力量。习近平总书记提出："我国存在国有资本、集体资本、民营资本、外国资本、混合资本等各种形态资本。"② 如何充分引

① 《马克思恩格斯选集》第 1 卷，人民出版社，2012，第 307 页。
② 《习近平谈治国理政》第 4 卷，外文出版社，2022，第 218 页。

导和规范资本发展是一个重大经济、政治问题,"要发挥资本促进社会生产力发展的积极作用。同时,必须认识到,资本具有逐利本性,如不加以规范和约束,就会给经济社会发展带来不可估量的危害"①。因此要为资本设置"红绿灯",对资本的积极作用"亮绿灯",对资本的消极作用"亮红灯"。应该说,资本主义社会的发展是资本主导的发展,发展过程中出现了严重的两极分化、物质主义、殖民掠夺等问题,而中国特色社会主义的发展则是党引导和规范资本的发展,实现的是驾驭资本逻辑的中国式现代化。

资本逻辑的充分发展暴露了资本主义社会的种种弊端。共产主义是对资本主义的扬弃,充分继承和发展了资本主义社会积极的因素,又彻底摈弃了资本主义社会的种种弊端。资本逻辑既为资本主义创造了巨大的社会财富,也充分暴露了资本主义社会的种种弊端。第一,资本逻辑造成了社会的普遍物化。从前资本主义到资本主义的发展是人类的一次解放,消除了人身依附,资本主义的剥削不依赖于人身依附。资本主义社会是"以物的依赖性为基础的人的独立性"② 状态,在资本主义社会中人被"抽象"所统治③,并没有获得真正的自由,人的不自由体现在社会的普遍物化上。人依赖于物是社会的常态:工人依赖于物而存在,如果挣不到养家糊口的工资,工人的生存就是个大问题;资本家也依赖于物而存在,其忙忙碌碌、东奔西跑实际上是为了实现资本的增殖,他成为实现物增值的手段;人们从事一项职业还仅仅是为了谋生,为了谋生而工作意味着受必然性支配,如果因不喜欢而不去工作,那自身的生存就是个问题;等等。整个社会的人依赖于物而存在,《资本论》所说的"商品拜物教""资本拜物教""货币拜物教"是资本逻辑的产物,也是支配人们思维和生活的内在逻辑。在物面前,人不是主体,相反,人变成了物增值的手段和工具,这是人的不自由的表现。第二,资本逻辑造成了社会的普遍异化。《1844 年经济学哲学手稿》阐释了异化劳动概念,所谓异化就是人所创造的对象同人相分离,并反过来控制人、统治人。《1844 年经济学哲学手稿》探讨了异化劳动的四种表现,分别是人同自己的劳动产品相异化、人同自己的生命活动

---

① 《习近平谈治国理政》第 4 卷,外文出版社,2022,第 219 页。
② 《马克思恩格斯文集》第 8 卷,人民出版社,2012,第 2 页。
③ 冯波:《马克思拜物教批判中抽象与物化的关系》,《哲学研究》2021 年第 10 期。

相异化、人同自己的类本质相异化、人同人相异化①。异化劳动反映的是人的不自由状态，人被自己的劳动对象所宰制，无法实现自由自觉的类本质，这是资本逻辑的必然结果。第三，资本逻辑造就了严重的两极分化和尖锐的阶级斗争。社会财富迅速向资产阶级集聚，而无产阶级日益贫困化，这是资本逻辑发展的必然结果。日益严重的两极分化造成了尖锐的阶级斗争，无产阶级的反抗逐渐走向自觉。阶级斗争不仅表现在经济领域，还表现在政治领域、文化领域、社会领域等，在马克思主义的指导下，无产阶级开始自觉推翻资本主义制度。资本主义必然走向灭亡不是由外部因素决定的，而是资本主义自身发展的必然结果，是资本逻辑发展的必然结果。

资本逻辑塑造了扬弃资本逻辑的各种社会条件。资本逻辑塑造了资本主义社会，同时也塑造了推动资本主义走向灭亡的各种因素。资本主义充分发展起来之后，自身的不合理性就开始逐渐暴露，扬弃不合理因素也是资本逻辑的必然结果。首先，资本逻辑塑造了无产阶级的阶级意识和革命意识。资本逻辑不仅塑造了革命的无产阶级，还塑造了世界历史，为世界革命提供了条件，资本主义的发展正在一步一步地创造出革命的各种条件。革命要想成功，就要使异化成为一种"不堪忍受的"力量，即成为革命所要反对的力量，就必须让它把人类的大多数变成完全"没有财产"的人。②"没有财产的人"过着"不堪忍受"的生活，这是阶级意识和革命意识觉醒的条件，资本逻辑正在逐步地塑造这种阶级意识和革命意识。其次，阶级斗争的实践锻造了无产阶级。"资产阶级无意中造成而又无力抵抗的工业进步，使工人通过结社而达到的革命联合代替了他们由于竞争而造成的分散状态。"③工人之间的竞争是常态，而这种竞争是资本家压低工资的惯常手法，竞争疏远了工人之间的关系，但斗争实践证明，只有联合起来才能获得胜利。工人在阶级斗争中锻炼了自我，尤其是在马克思主义指导之下，无产阶级培养出了自己的先进分子共产党。共产党人能够在革命成功之后，"利用自己的政治统治，一步一步地夺取资产阶级的全部资本，把一切生产工具集中在国家即组织成为统治阶级的 无产阶级手里，并

---

① 《马克思恩格斯选集》第 1 卷，人民出版社，2012，第 58 页。
② 《马克思恩格斯选集》第 1 卷，人民出版社，2012，第 169 页。
③ 《马克思恩格斯选集》第 1 卷，人民出版社，2012，第 412 页。

且尽可能快地增加生产力的总量"①，能够利用无产阶级专政工具巩固无产阶级专政，彻底消除资本主义剥削。最后，资本主义的充分发展为马克思主义成熟奠定了现实基础。马克思主义包括三个组成部分和三个重要来源，但马克思主义最直接的来源是对资本主义实践的分析和认识。马克思四十年如一日地研究资本主义经济问题，写出了被称作"工人阶级圣经"的《资本论》。《资本论》对资本主义社会进行了详细而深入的剖析，马克思主义"两个必然"的论断在这部经典著作中得到了论证。《资本论》对成熟的资本主义进行了深入剖析，没有资本主义的充分发展，没有资本逻辑的充分实践，《资本论》也不可能产生。它是对资本主义的总结，是对资本主义从感性到抽象，再从抽象到抽象的具体的分析研究，也是历史和逻辑的辩证统一，是对资本主义实践经验的概括和提炼。

总之，资本逻辑不仅塑造了资本主义的现代性，也塑造了使资本主义走向灭亡的必然趋势，资本逻辑的发展本身也为共产主义的到来创造了各种社会条件。

---

① 《马克思恩格斯选集》第 1 卷，人民出版社，2012，第 421 页。

第十九章　马克思分配正义概念的
双重语境

马克思分配正义问题之所以成为近年来我国理论界的热点议题，其中一个重要的原因是，艾伦·伍德在《马克思对正义的批判》《马克思论权利和正义：对胡萨米的回复》《马克思反对从正义出发批判资本主义——对段忠桥教授的回应》等文中提出，马克思不认为资本获得剩余价值而工人获得工资的这种资本主义分配方式是不正义的，也就是说，马克思认为资本主义的分配是符合正义原则的。这一观点几乎是在挑战人们的常识，在学术界更是引发热议，相关的争论性文章很多。笔者认为，伍德确实抓住了马克思分配正义的一个重要方面，他的立论虽然还存在问题，但就他的论证体系来看，他的前提假设是合理的，其论证逻辑是有说服力的。问题的关键是他没有区分分配正义的道德批判语境和以唯物史观为理论工具的科学批判语境，只有区分了分配正义的道德批判语境和科学批判语境，我们才能够正确把握马克思的分配正义理论。

一　资本主义道德批判与科学批判的边界及其勾连

道德批判是对某件事的基于道德的批判，它关涉"好"、"坏"与"善"、"恶"等道德价值因素；而科学批判则是基于客观事实的符合科学逻辑的批判，它虽然也涉及真善美与假恶丑，但它更多的是基于客观事实或科学规律的批判。马克思分配正义理论的主要旨趣是批判资本主义，但马克思基于分配正义的资本主义批判却不应该笼统地理解，我们应该讲清楚马克思分配正义的道德批判语境与科学批判语境。

马克思在《资本论》等著作中清晰地阐明了资本主义的分配方式。在资本主义社会，生产资料归资产阶级所有，工人阶级除了自身的劳动力之外一无所有，只能靠出卖自己的劳动力为生，把自己的劳动力出卖给资产阶级。在资本主义分配方式中，工人阶级获得工资，而资产阶级则获得剩余价值，剩余价值是由无产阶级创造的，却被资本家无偿占有。对于这种分配方式，艾伦·伍德认为，马克思并没有认为这种分配方式是不正义的，其理由是马克思曾明确说过，资本主义生产方式是历史的必然，资本家获得剩余价值而工人获得工资的这种分配方式是由资本主义生产方式决定的，也有历史必然性，而且马克思在分配问题上有明确的"只要符合价值规律，就是符合正义"① 的意思，资本主义的分配方式当然是符合"价值规律"的，因此也是"符合正义"原则的。甚至因此有人将马克思归于资产阶级代言人的行列。② 伍德的论证逻辑是有合理性的，也有文本依据，但伍德的结论明显地挑战了人们的常识。众所周知，马克思是资本主义的最激烈的批判者，他不但要从理论上批判资本主义，还要从实践上批判资本主义，号召全世界无产者联合起来推翻资产阶级的统治。这样一个激烈批判资本主义的思想家怎么可能会认为资本主义的分配方式是合理的，是符合分配正义原则的呢？伍德的观点是让人难以接受的。因此胡萨米以及我国学者段忠桥等人进行了针锋相对的批判。胡萨米指出，在资本主义社会中，占社会大多数的无产阶级承担社会最繁重的劳动任务，却享受最少的利益；而占社会少数的资产阶级几乎没有承担社会的体力劳动，却享受着最多的社会福利，这本身就是一种不正义。③ 胡萨米的观点更加符合大众的口味，更加接近于常识。国内不少学者都参与了争论，学界的争论有利于问题的澄清和进一步深化，笔者在广泛阅读学界有关著作和论文的基础上认为，伍德和胡萨米的观点都有其合理性，问题的关键在于双方是在

---

① 孟捷：《论马克思的三种正义概念——也谈资本占有剩余价值在什么意义上是不符合（或符合）正义的》，《中国人民大学学报》2013 年第 1 期。
② 〔美〕齐雅德·胡萨米：《马克思论分配正义》，林进平译，载李惠斌、李义天编《马克思与正义理论》，中国人民大学出版社，2010，第 75 页。
③ 〔美〕齐雅德·胡萨米：《马克思论分配正义》，林进平译，载李惠斌、李义天编《马克思与正义理论》，中国人民大学出版社，2010，第 77 页。

不同的语境中来探讨马克思的分配正义问题的，需要区分道德批判语境中的分配正义和科学批判语境中的分配正义。伍德认定，资本获得剩余价值、工人获得工资的分配方式是人类社会发展到资本主义时代必然出现的分配方式，因此是符合分配正义原则的，他是在科学批判语境中，或者说是在唯物史观语境中来探讨马克思分配正义问题的。而胡萨米不认同伍德的观点，而强调工人阶级是社会的大多数，也是社会财富的创造者，但他们却获得很少的利益，因此他认定马克思认为资本主义的分配是不正义的。这种观点更多的是基于道德批判语境，是基于道德的对资本主义不合理性的批判。

正义是一个历史悠久的学术话题，古希腊就已经开始关注正义问题，但关于正义内涵的争议颇多，不同的学者有不同的解释，但不管认识的差别有多大，有一点是基本上被学者所认同的，那就是正义即"得其应得，失其应失"。正义最主要的是分配正义，所谓分配正义就是分得其应得的东西。① 姚大志与段忠桥有关分配正义的争论②虽然不一定能说服对方，却让读者更加明确了分配正义的关键问题。诠释分配正义的关键是诠释"应得"，不同的学者之所以对分配正义作出不同解释，是因为各自持有不同的应得理论。伍德的分配正义是在科学批判语境中来诠释的，他的"应得基础"是客观历史规律，他的观点是：符合客观历史规律的就是应得的、就是正义的，反之则是不正义的。而胡萨米是在道德批判语境中来讨论分配正义的，他的"应得基础"是道德情感，他的观点是：符合道德情感的就是正义的，否则就是不正义的。

马克思本人并没有明确的分配正义理论，马克思分配正义理论是当代学者从马克思的具体阐述中分析提炼出的有关分配正义的理论。马克思的分配正义概念主要是用于批判资本主义，他在批判资本主义的时候，有时

---

① 姚大志：《应得的基础》，《社会科学研究》2016 年第 5 期。

② 姚大志相继发表了三篇学术论文：《分配正义：从弱势群体的观点看》（《哲学研究》2011 年第 3 期）、《再论分配正义——答段忠桥教授》（《哲学研究》2012 年第 5 期）、《三论分配正义——答段忠桥教授》（《吉林大学社会科学学报》2013 年第 4 期）。段忠桥教授则发表了《关于分配正义的三个问题——与姚大志教授商榷》（《中国人民大学学报》2012 年第 1 期）、《也谈分配正义、平等和应得——答姚大志教授》（《吉林大学社会科学学报》2013 年第 4 期）、《何为分配正义？——与姚大志教授商榷》（《哲学研究》2014 年第 7 期）。

候是在科学批判语境中或者说是在唯物史观逻辑的意义上使用分配正义概念，而有时候则是在道德批判的意义上使用分配正义概念。二者的区别在于：第一，批判的依据不同，科学批判强调客观规律和历史必然性，而道德批判则更多地用"应然"来框定现实；第二，批判的主体不同，科学批判更多的是站在客观的、第三者的中立立场来看问题，而道德批判则更多的是站在无产阶级立场上来看问题；第三，二者所得出的结论不完全相同，一般来讲，道德批判所得出的结论和科学批判所得出的结论是一致的，"应当"的东西一般也是符合历史必然性的东西，但有时候二者未必完全一致，伍德和胡萨米之间的差异就是典型的不完全一致的表现。二者的联系在于他们有很多观点是重叠的，很多结论是一致的。马克思在不同的语境中用不同的批判框架来探讨分配正义问题，只有依据不同的具体语境来研究马克思的分配正义，我们才能够真正读懂马克思的分配正义，也才能合理理解伍德和胡萨米之间的争论。

二　道德批判语境中的分配正义

道德批判更多地强调资本主义的分配方式是不合理的、不应当的，马克思虽然很少使用分配正义概念，但从他的字里行间还是能够看出他对资本主义进行了道德批判。段忠桥教授认为，马克思并无明确的道德批判表述，但是他在《资本论》等著作中探讨剩余价值的时候，经常使用"盗窃""抢劫"等字眼，这些字眼间接地表明了马克思的道德批判因素。[1] 剩余价值是工人创造的却被资本家无偿占有，虽然这一分配方式在资本主义社会是历史发展的必然，但从道德情感上来说，马克思是厌恶这一分配方式的，将资本家获取剩余价值的行为斥责为"盗窃""抢劫"，这是站在无产阶级立场上看待剩余价值、站在批判资本主义的角度看待剩余价值。同样是剩余价值，资产阶级经济学家却用"利润"来指代，"利润"概念本身就消除了道德因素和批判因素，"利润"概念所侧重的根源是资本，利

---

① 段忠桥：《对"伍德命题"文本依据的辨析与回应》，《中国社会科学》2017 年第 9 期，第 31 页。

润就是由资本所带来的增值，它遮蔽了劳动在价值增值过程中的关键作用。"利润"概念不但消除了批判因素，甚至还将"勤快""投资智慧"等褒义意蕴灌注进概念之中。而作为马克思"两大发现"之一的剩余价值理论则凸显了劳动在价值增值过程中的根本作用，剩余价值概念本身就意味着这部分价值是工人创造的，却被资本家无偿占有，概念本身就蕴含着一种不合理，也蕴含着对资本主义的批判。近代以来的自然法早已明确了"劳动创造物权"的法则，霍布斯、洛克等资产阶级思想家认为，自然物没有物权，或者说自然物乃是上帝恩赐给人类的礼物，每个人都对自然物拥有可能的物权。洛克在《政府论》中指出："土地上所有自然生存的果实和野兽都属于人类共有，因为它们都是自然生长物，没有人一开始就对自然之物享有排他性的私有权。既然自然之物是给人类使用的，人类就必须设法对其进行分割，然后某个具体的人才能享用它。"① 那么人类该如何分割所有权呢？上帝"把土地赐给勤劳和有理性的人去使用（他们通过劳动占有它），而不是供给喜好吵闹的人去幻想"②。劳动是个人的一种本领，而凝结了某个人的劳动的物品当然应该归劳动的主体所有，这是近代资产阶级启蒙思想家所论证的观点。但资产阶级思想家在对待工人的时候却不再用这一自然法原则了，商品凝结了工人的劳动，但商品的所有权却不属于工人，而是属于资本家。剩余价值概念本身蕴含着对资本主义分配方式的批判，这部分价值本该是工人阶级的，却被资产者所"抢夺"，概念本身就包含着道德批判的意蕴。正如伍德所论证的，马克思在很多地方也明确资本主义的分配方式是这个时代的必然，但马克思还是从道德上批判了资本主义分配方式的不合理性。我们应该区分道德批判语境和科学批判语境，不能用科学批判混淆道德批判，否则"公说公有理，婆说婆有理"式的口水仗就无法停止。

对于道德批判，我们也可以找到若干文本依据。

马克思在《德国工人党纲领批注》中指出："什么是'公平的'分配呢？难道资产者不是断言今天的分配是'公平的'吗？难道它事实上不是

---

① 〔英〕洛克：《政府论》（下篇），牛新春、罗养正译，载州长治主编《西方四大政治名著》，天津人民出版社，1998，第247页。

② 〔英〕洛克：《政府论》（下篇），牛新春、罗养正译，载州长治主编《西方四大政治名著》，天津人民出版社，1998，第249页。

在现今的生产方式基础上唯一'公平的'分配吗？……难道各种社会主义宗派分子关于'公平的'分配不是也有各种极不相同的观念吗？"① 公平被当作论证资产阶级合理性的工具，但这里的公平概念属于"资产阶级法权"范畴，我们在使用这个概念的时候，需要特别注意这一概念的内涵、法理依据和矛头指向，不能随着资产阶级所设定的逻辑往前走。公平、正义更多的是基于一定的价值观立场和态度的概念，而不只是基于客观规律的事实判断。

恩格斯在《马克思和洛贝尔图斯》中指出："按照资产阶级经济学的规律，产品的绝大部分不是属于生产这些产品的工人。如果我们说：这是不公平的，不应该这样，那末这句话同经济学没有什么直接的关系。我们不过是说，这些经济事实同我们的道德感有矛盾。"② 也就是说，商品是工人生产的，但这些商品却与它的生产者没有关系，在商品的价值构成中，剩余价值是工人阶级抽象劳动的凝结，却被资产阶级拿走，这种现象至少是应该受到道德谴责的，它"同我们的道德感有矛盾"。

恩格斯在1878年发表的《卡尔·马克思》一文中指出，马克思证明了现代资产阶级是靠无偿占有他人劳动致富的，在这一点上现代社会制度与奴隶制度一样，其区别仅仅在于剥削方式不同而已。"这样一来，有产阶级的所谓现代社会制度中占支配地位的是公道、正义、权利平等、义务平等和利益普遍协调这一类虚伪的空话，就失去了最后的根据，于是现代资产阶级社会就像以前的各种社会一样被揭穿：它也是微不足道的并且不断缩减的少数人剥削绝大多数人的庞大机构。"③ 资产阶级也在宣扬公道、正义、权利、平等等观念，但他们的行动却证明了这只是"虚伪的空话"，现代资本主义社会制度就是人剥削人的社会制度。因此，"现今的制度使寄生虫安逸和奢侈，让工人劳动和贫困，并且使所有的人退化；这种制度按其实质来说是不公正的，是应该被消灭的"④。这是一个不公正的社会制度，应该被消灭。

马克思在诸多语境中都是在价值判断的意义上探讨分配正义问题的，

① 《马克思恩格斯选集》第3卷，人民出版社，2012，第361页。
② 《马克思恩格斯全集》第21卷，人民出版社，1965，第209页。
③ 《马克思恩格斯全集》第19卷，人民出版社，1963，第125页。
④ 《马克思恩格斯全集》第21卷，人民出版社，1965，第570页。

但马克思的很多价值判断也同时掺杂着科学判断，毋宁说，马克思在探讨分配正义问题的时候，并没有自觉地区分价值判断和事实判断，因此也没有区分道德批判和科学批判，这是当代学界对马克思分配正义问题存在争议的根源。作为研究者的我们应该区分道德批判语境中的分配正义与科学批判语境中的分配正义。从上述文本能够看出，我们可以从马克思的诸多语境中厘出道德批判框架下的分配正义，也就是说在马克思那里，确实存在道德批判语境中的分配正义问题。

三　科学批判语境中的分配正义

道德批判语境体现了人的主体性，而科学批判语境则更多的是基于客观规律的批判，本文所谓的科学批判是以唯物史观为基础的批判，因此也可以称作唯物史观批判。科学批判的依据是客观规律，马克思在《资本论》的一个注释中这样说："如果一个化学家不去研究物质变换的现实规律，并根据这些规律解决一定的问题，却要按照'自然性'和'亲和性'这些'永恒观念'来改造物质变换，那么对于这样的化学家人们该怎样想呢？如果有人说，'高利贷'违背'永恒公平'、'永恒公道'、'永恒互助'以及其他种种'永恒真理'，那么这个人对高利贷的了解比那些说高利贷违背'永恒恩典'、'永恒信仰'和'永恒神意'的教父的了解又高明多少呢？"[1] 马克思批判了所谓的"永恒观念"，提出唯物史观以科学地观察社会。科学批判就是要以客观历史规律为基础对资本主义进行批判，马克思对资本主义的批判更多的应该属于科学批判，《资本论》经过对资本主义经济运行规律的深入分析，最终得出了资本主义必然灭亡的结论。这一结论不是基于个人道德情感，而是基于客观历史规律，这就是科学批判。

笔者认为，科学批判语境中的分配正义不是一成不变的概念，这个概念本身就具有历史性，[2] 其历史性表现在，在不同的历史时代，分配正义

①　《马克思恩格斯文集》第3卷，人民出版社，2009，第255页注释。
②　郭彩霞、李永杰：《马克思分配正义的历史逻辑及其当代价值——从资本参与分配是否符合正义的争论谈起》，《中共中央党校学报》2018年第6期。

概念的内涵不完全一致。正如前文所述，分配正义的一般性内涵是"得其应得，失其应失"，但在不同的历史时期，"应得"的基础是不同的，"应得"的基础随着历史的发展而有所改变。

在资本主义时代，资本家获得剩余价值、劳动者获得工资的这种分配方式是不违反正义原则的。马克思在回复瓦格纳的一封信中指出，瓦格纳把"剩余价值不合理地为资本主义企业主所得"这个结论硬塞给了他，这是不对的，马克思的观点是，资本主义商品生产是历史发展的必然，在这种生产中"剩余价值"归资本家而不是工人，工人只能获得工资。① 也就是说，在瓦格纳看来，马克思认为资本家获得剩余价值而工人获得工资这种分配方式是不正义的。但马克思明确表示，瓦格纳的解释是一种误解，是把一个错误的结论硬塞给了他。分配方式是被动性因素，它受生产力发展状况的支配，在资本主义时代，生产方式只能如此，这是历史的必然。马克思指出："在雇佣劳动制基础上要求平等的报酬或仅仅是公平的报酬，就犹如在奴隶制基础上要求自由一样。什么东西你们认为是公道的和公平的，这与问题毫无关系。问题在于在一定的生产制度下什么东西是必要的和不可避免的。"② 资本家获得剩余价值、工人获得工资，这在资本主义时代是"必要的和不可避免的"，这是不以人的意志为转移的。而且作为资产阶级法权话语的分配正义本身在形式上也符合"价值规律"，因此在马克思的著作中，我们找不到他认为资本主义的分配是不正义的文本依据。恩格斯也指出："按照资产阶级经济学的规律，产品的绝大部分不是属于生产这些产品的工人。如果我们说：这是不公平的，不应该这样，那末这句话同经济学没有什么直接的关系。我们不过是说，这些经济事实同我们的道德感有矛盾。所以马克思从来不把他的共产主义要求建立在这样的基础上，而是建立在资本主义生产方式的必然的、我们眼见一天甚于一天的崩溃上；他只说了剩余价值由无酬劳动构成这个简单的事实。"③ 马克思批判资本主义从来都是以唯物史观为理论依据的，而不是道德情感。马克思甚至说："我把资本家看成资本主义生产的必要的职能执行者，并且非常详细地指出，他不仅'剥取'或'掠夺'，而且迫使进行剩余价值的生产，

① 《马克思恩格斯全集》第 19 卷，人民出版社，1963，第 428 页。
② 《马克思恩格斯全集》第 16 卷，人民出版社，1964，第 146 页。
③ 《马克思恩格斯全集》第 21 卷，人民出版社，1965，第 209 页。

也就是说帮助创造属于剥取的东西；其次，我详细地指出，甚至在只是等价物交换的商品交换情况下，资本家只要付给工人以劳动力的实际价值，就完全有权利，也就是符合于这种生产方式的权利，获得剩余价值。但是所有这一切并不使'资本家的利润'成为价值的'构成'因素，而只是表明，在那个不是由资本家的劳动'构成的'价值中，包含他'有权'可以占有的部分，就是说并不侵犯符合于商品交换的权利。"①在资本主义社会，资本家是生产职能的执行者，他推动了资本主义生产力的快速发展，有其存在的历史合理性，而剩余价值的生产是资本家存在的基础，因此马克思认为，只要支付工人的工资，资本家"完全有权利"获得剩余价值。在这个意义上，艾伦·伍德的观点是有道理的。资本主义社会的资本家获得剩余价值、工人获得工资的分配方式有它的合理性，资本主义社会不可能采用按劳分配原则和按需分配原则，人类的历史还没有发展到该实行这种分配方式的阶段，资本主义分配方式的"应得基础"就是资本，人格化的资本统治着这个世界，社会产品的分配当然也只能以有利于资本的方式进行。

在资本主义上升时期，资本家获得剩余价值，工人获得工资的分配方式是客观必然的，是不违背正义原则的，但随着历史的发展，到了资本主义即将走向灭亡的时期，这种分配方式的合理性逐渐丧失了，其正义性也在逐渐流失。在马克思看来，未来的社会扬弃了资本逻辑，生产资料归社会占有，因此分配也就不会再以有利于资本家的方式进行。马克思在《哥达纲领批判》中指出："消费资料的任何一种分配，都不过是生产条件本身分配的结果；而生产条件的分配，则表现生产方式本身的性质。"② 消费资料的分配方式是由生产方式决定的，在资本主义社会，生产资料归资产阶级所有，其分配只能按照资本主义的分配方式进行，而社会主义社会（列宁明确将《哥达纲领批判》中所探讨的社会主义的第一个阶段命名为社会主义，第二个阶段即共产主义）则扬弃了生产资料私有制，实行生产资料社会所有制。在社会主义社会中，社会总产品在做了必要的扣除之后，按照按劳分配原则进行分配。也就是说在社会主义社会中，符合正义

---

① 《马克思恩格斯全集》第 19 卷，人民出版社，1963，第 401 页。

② 《马克思恩格斯选集》第 3 卷，人民出版社，2012，第 365 页。

原则的分配方式是按劳分配，依照个人对社会贡献的大小分配产品。相较于资本主义分配方式，这一分配方式具有进步性。资本主义分配正义的"应得基础"是资本，谁掌握资本谁就获得财富的大多数；而社会主义分配正义的"应得基础"是个人的劳动贡献，多劳多得，少劳少得。从资本主义分配方式向社会主义分配方式的转变是人类的一次巨大进步，是由以"资"为本向以"人"为本的转变，是向"自由自觉的人的复归"和"人的自由而全面的发展"的靠近。社会主义按劳分配也是由历史规律决定的，当历史超越了资本主义，但还没有达到物质极大丰富的共产主义高级阶段的时候，只能按照劳动贡献进行分配。

按劳分配也不是绝对正义的分配制度，分配正义从来都不是绝对的。在共产主义第一阶段，按劳分配是符合正义原则的，但这种分配也不是完美的，也存在不足。按劳分配对每个人并不都是公平的，人的劳动天赋是不一样的，有的人劳动天赋高，有的人劳动天赋低，而且有的人的家庭开支大但劳动能力未必强，而有的人的家庭开支小但劳动能力却很强，所以按劳分配"就它的内容来讲，它像一切权利一样是一种不平等的权利"。[①]按劳分配有可能造成收入差距拉大，造成阶层分化。因此，按劳分配也存在不足之处，最为合理、最符合人性的分配方式应该是未来社会的"按需分配"。在共产主义的高级阶段，生产力高度发达，物质资料极大丰富，"迫使个人奴隶般地服从分工的"状态也逐渐消除了，脑力劳动和体力劳动之间的差别消除了，劳动不再只是谋生手段，而成为人的第一需求，社会生产力的发展使得"各尽所能，按需分配"的分配方式成为必然。因此在这个阶段，"按需分配"才是符合分配正义的，这个时候分配正义的"应得基础"是需要。分配不再与个人的贡献挂钩，而是由人的需要决定，这是人的自由而全面发展状态的实现。

马克思科学批判语境中的分配正义是一个历史性概念，它不是一成不变的，我们不能用晚近出现的分配方式去否定先前出现的分配方式，从这个意义上讲，一个时代有一个时代的分配方式，凡是符合时代发展的分配方式就是正义的分配方式。

---

① 《马克思恩格斯选集》第 3 卷，人民出版社，2012，第 364 页。

四 区分道德批判与科学批判才能化解
有关分配正义的纷争

很多学术争议的根源不在于对学术问题有不同见解，而在于对同一个概念有不同解释。虽然所使用的是同一个概念，但双方对这个概念的理解是不一样的，这种争议不利于把学术发展推向深入。笔者认为，区分道德批判语境和科学批判语境是澄清马克思分配正义理论争议的前提。段忠桥教授也曾经对分配正义的内涵进行阐述，他认为在马克思那里，分配正义有两种用法，一种是"基于历史唯物主义的用法"，另一种是"基于不同阶级或社会集团的分配诉求"。① 但笔者认为，"基于不同阶级或社会集团的分配诉求"的说法还不够准确，因此笔者尝试着区分马克思分配正义的道德批判语境和科学批判语境，只有区分这两种语境，我们才能正确地理解马克思的分配正义理论，也才能寻找到学界关于马克思分配正义问题的"重叠共识"。

道德批判语境表明了马克思对资本主义分配方式的立场，而科学批判语境则为道德批判语境奠定了坚实的根基。马克思有明确的对资本主义分配的道德批判，他甚至将资本家获得剩余价值的行为斥责为"盗窃"和"抢夺"，但马克思不是仅仅停留于道德谴责，而是用唯物史观的理论科学分析了资本主义分配方式的不合理性及其走向消亡的历史必然性。这两种批判语境都有其合理性，都是值得我们深入挖掘和研究的。笔者认为，学界有关马克思分配正义的争论实质上就是关于道德批判语境中的分配正义与科学批判语境中的分配正义之争，双方各执一词，都在努力搜寻文本依据，也都能够搜寻到相应的文本依据，但二者的争论并没有在同一个问题域中展开。当然，对分配正义做道德批判语境和科学批判语境之分只是抽象地进行的，在马克思的具体语境中二者并没有明确的边界，道德批判与科学批判常常是混杂在一起进行的。读者对文本的理解常常在道德批判和

---

① 段忠桥：《马克思和恩格斯对正义概念的两种用法——兼评伍德的两个误解》，《中国社会科学》2020 年第 6 期。

科学批判之间"跳跃"，时而用这种理解建构自己的认知，时而又用另一种理解来建构自己的认知。只有自觉区分道德批判和科学批判，我们才能正确理解伍德和胡萨米关于马克思分配正义的争论的实质所在，也才能够准确而深入地理解马克思的分配正义理论。

马克思一生的理论志趣是批判资本主义，不仅从理论上批判，还要从实践上进行批判，不仅认识世界，还要改造世界。探讨分配正义也是为了批判资本主义，不管是从道德批判语境中的分配正义来说，还是从科学批判语境中的分配正义来说，马克思都不可能是"资产阶级的代言人"。在科学批判框架中，马克思虽然承认资本主义生产方式具有历史必然性，似乎资本家获得剩余价值、工人获得工资的分配方式并不违反分配正义原则，但这并不意味着马克思是在为资本主义辩护。马克思的思想是很辩证的，"现实的"确实有其合理性，但"现实的"都是要走向灭亡的，资本主义确实在历史上有其合理性，推动了历史发展和社会进步，对此马克思从不吝啬其赞美之词，但这种合理性随着历史的发展正在走向消解。资本主义无法解决它自身的矛盾，要彻底解决生产社会化与生产资料私人占有之间的矛盾，就要经过社会革命，建立以生产资料社会所有制为基础的未来的理想社会。随着历史的发展，资本主义分配方式的不合理性日益凸显，终将为新的分配方式所代替，我们应该从历史的角度看待分配正义。

第二十章　马克思分配正义的历史逻辑
及其当代价值

　　马克思的正义理论，尤其是分配正义理论的宗旨在于批判资本主义。他认为，在资本主义社会中，劳动和资本所分配到的财富是悬殊的，其分配方式是不正义的。劳动是财富的源泉，所以劳动所创造的财富应该归劳动者所有，近代自然法早已明确了这一点，但在资本主义社会里，劳动所创造的财富却被资本无偿占有，这就是资本主义的分配不正义。在笔者教学过程中，学生对此提出质疑，认为资本虽然不创造财富，却是财富创造的重要条件，没有资本，劳动就无法创造财富，所以资本不应该参与分配这是很难理解的。有学生提出，资本如果不参与财富分配，哪还有人愿意组织生产，所以马克思的分配正义理论存在悖论。对这个问题，笔者思索了好长一段时间，在本章中，笔者试图把自己的研究表述出来，以求得到方家指点。

一　学界对分配正义的基本看法

　　分配正义问题实际上是一个很重要的问题，涉及如何看待马克思的剩余价值学说，而这一问题则源于关于劳动价值论的争论。关于劳动价值论的争论近年来甚嚣尘上，理论界一些人提出了供求价值论、效用价值论、要素价值论、边际效用价值论等观点，以质疑劳动价值论。这些理论试图论证，不是劳动创造价值，而是供求、效用、要素、边际效用决定价值，至少劳动不是唯一的价值源泉。这实际上论证了资本获取"利润"（即马克思所说的剩余价值）是合理的，既然"利润"取决于这些要素，那就意味着谁能够掌握这些要素，谁就能分得财富的大多数。这也就掩盖了马克思所指出的资本主义剥削的不正义性。如果价值的源泉不止劳动，那马克思所谓的分配正义理论也就不能成立了。关于劳动价值论的争论看起来仅仅是学界的一个争论，但实际上却涉及了整个马克思主义的核心问题，因为劳动价值论是剩余价值学说的根基，没有劳动价值论也就没有剩余价值学说，而剩余价值学说则是科学社会主义的主要基石之一。恩格斯在《社会主义从空想到科学的发展》中指出，科学社会主义的理论基石包括剩余价值学说和唯物史观，这也是马克思的"两大发现"。如果劳动价值论被这些所谓的"价值论"证明是错误的，那么整个科学社会主义理论也就崩塌了，所以劳动价值论的争议背后隐含着一个重大的政治性问题。

　　暂时悬置问题背后的政治性，单纯就学术而言，资本参与分配在马克思那里是否符合正义呢？对于这个问题，艾伦·伍德的回答是，马克思并没有认定资本获取剩余价值违背了正义原则，他甚至把马克思归入资本主义的代言人行列。① 伍德也并非主观臆断，马克思在《评阿·瓦格纳的"政治经济学教科书"》中说道，瓦格纳硬是塞给他一个论断："只是由工人生产的'剩余价值不合理地为资本主义企业主所得'……然而我的论断完全相反：商品生产发展到一定的时候，必然成为'资本主义的'商品生产，按照商品生产中占统治地位的价值规律，'剩余价值'归资本家，而不归工人。"② 也就是说，"资本家只要付给工人以劳动力的实际价值，就完全有权利，也就是符合于这种生产方式的权利，获得剩余价值"③。在这里，马克思有"只要符合价值规律，就是符合正义"④ 的意思。依照这种说法，资本家获取剩余价值似乎是符合正义的，这种理解能够成立吗？对此，齐雅德·胡萨米并不认同，他认为伍德断章取义地理解马克思，所以他的理解是错误的。先不说分配内容的多寡，就工人阶级和资产阶级之间

① 〔美〕齐雅德·胡萨米：《马克思论分配正义》，林进平译，载李惠斌、李义天编《马克思与正义理论》，中国人民大学出版社，2010，第 75 页。

② 《马克思恩格斯全集》第 19 卷，人民出版社，1963，第 428 页。

③ 《马克思恩格斯全集》第 19 卷，人民出版社，1963，第 401 页。

④ 孟捷：《论马克思的三种正义概念——也谈资本占有剩余价值在什么意义上是不符合（或符合）正义的》，《中国人民大学学报》2013 年第 1 期。

的生存境遇而言，就存在明显的不正义：无产阶级占社会的大多数，承担社会最多的重负，却享受最少的利益；而资产阶级只是社会的少数，几乎没有什么社会负担，却享受着最多的社会利益。[①] 而且资本主义的生产方式在平等的名义下，掩盖了无产阶级和资产阶级之间存在的严重的生存机会不平等，也以平等交易的名义掩盖了无产阶级的不自由，所以资本获取剩余价值是不正义的。

到底应该如何理解马克思对资本参与分配的态度呢？说他认同资本获取剩余价值是符合正义的固然不对，但如何理解上文中马克思"只要符合价值规律，就是符合正义"的观点呢？这也关系到本章开头笔者的学生提出的问题，如果资本不参与分配，那还有谁愿意组织生产呢？对于这个问题的回答关系到马克思如何看待资本主义，甚至关系到马克思还是不是"无产阶级革命导师"。笔者认为，之所以出现这一看似悖论性的对马克思的理解，是因为我们没有真正理解马克思分配正义的历史性。

二 要历史地看待分配正义问题

马克思从来都不是撇开历史发展而抽象地谈论分配正义问题的，他之所以撰写《哥达纲领批判》，一个最主要的目的就是批判"拉萨尔派离开生产关系空谈'劳动'和'公平分配'的错误观点"[②]。马克思指出："消费资料的任何一种分配，都不过是生产条件本身分配的结果；而生产条件的分配，则表现生产方式本身的性质。"[③] 也就是说，社会选择哪种分配方式是由生产方式决定的，马克思还以资本主义作为例子来说明："例如，资本主义生产方式的基础是：生产的物质条件以资本和地产的形式掌握在非劳动者手中，而人民大众所有的只是生产的人身条件，即劳动力。既然生产的要素是这样分配的，那么自然就产生现在这样的消费资料的分配。如果生产的物质条件是劳动者自己的集体财产，那么同样要产生一种和现

① 〔美〕齐雅德·胡萨米：《马克思论分配正义》，林进平译，载李惠斌、李义天编《马克思与正义理论》，中国人民大学出版社，2010，第77页。
② 《马克思恩格斯选集》第3卷，人民出版社，2012，第1066页。
③ 《马克思恩格斯选集》第3卷，人民出版社，2012，第365页。

在不同的消费资料的分配。"① 在资本主义社会，生产资料掌握在资产阶级手中，这就决定了资本主义的分配必然要向资产阶级倾斜。从历史的角度来看，资本主义的分配方式有其历史合理性，而且这种分配极大地刺激了资本主义的发展。分配方式属于生产关系范畴，它能够反作用于生产力。资本主义的由资本主导的分配方式极大地提升了人们的积极性，人们在资本逻辑的驱动下，充分发掘了自己的潜力。和亚当·斯密同时代的曼德维尔说："如果你想使一个人类社会变得强大，你就必须触发他们的激情。分配土地……对土地的占有会使人们变得贪婪：用激情把他们从懒惰中唤醒，骄傲会驱使他们认真工作，教会他们贸易和手艺。这样，你就会在他们中培养出嫉妒和竞赛……"② 正是追逐利益的贪婪心驱使人们去拼命地工作。康德也说过，追名逐利的竞争乃是成功的阻力，"可是，正是这种阻力才唤起了人类的全部能力，推动着他去克服自己的懒惰倾向，并且由于虚荣心、权力欲或贪婪心的驱使而要在他的同胞们——他既不能很好地容忍他们，可又不能脱离他们——中间为自己争得一席地位。于是就出现了由野蛮进入文化的真正的第一步……"竞争而导致的阻力使人与人之间割裂开来，所以这是一种非社会性的现象，但是如果"没有这种非社会性的而且其本身确实是并不可爱的性质，——每个人当其私欲横流时都必然会遇到的那种阻力就是从这里面产生的，——人类的全部才智就会在一种美满的和睦、安逸与互亲互爱的阿迦底亚式的牧歌生活之中，永远被埋没在它们的胚胎里。人类若是也像他们所畜牧的羊群那样温驯，就难以为自己的生存创造出比自己的家畜所具有的更大的价值来了；他们便会填补不起来造化作为有理性的大自然为他们的目的而留下的空白。因此，让我们感谢大自然之有这种不合群性，有这种竞相猜忌的虚荣心，有这种贪得无厌的占有欲和统治欲吧！没有这些东西，人道之中的全部优越的自然秉赋就会永远沉睡而得不到发展"。③ 资本主义的分配调动了理性人的自利心，同时也调动了整个社会的积极性，所以资本主义的生产力得到了快速的发展，"资产阶级在它的不到一百年的阶级统治中所创造的生产力，比过去

---

① 《马克思恩格斯选集》第 3 卷，人民出版社，2012，第 365 页。
② 〔荷〕伯纳德·曼德维尔：《蜜蜂的寓言：私人的恶德　公众的利益》，肖聿译，中国社会科学出版社，2002，第 10~11 页。
③ 〔德〕康德：《历史理性批判文集》，何兆武译，商务印书馆，1990，第 7~8 页。

一切世代创造的全部生产力还要多，还要大"①。资本主义的分配方式是促进生产力发展的，因而是顺应历史潮流的、是进步的，按照历史唯物主义的基本原理，这也是合理的，所以，从这个意义上说资本主义的分配方式不是不正义的，有其存在的历史合理性。

历史地看待资本参与分配，就能理解马克思"只要符合价值规律，就是符合正义"的观点。其实马克思一直都是用历史的观点来看待社会问题的，分配方式问题当然是社会历史中的重要问题，应该用历史的观点来看待。奴隶社会的分配方式在那个时代是正义的，资本主义的分配方式在资本主义时代是正义的，所以马克思反对庸俗的社会主义者"仿效资产阶级经济学家把分配看成并解释成一种不依赖于生产方式的东西"②，反对抽象地理解分配正义。因此，对于资本分配剩余价值，马克思并不是笼统地加以反对，他的态度取决于站在什么立场上来说这个问题：如果站在历史的角度和立场来看待资本主义的分配，那就是"只要符合价值规律，就是符合正义"的，而如果站在未来的理想正义的标准上来看待，那资本主义的分配就是不正义的。人在评判一个事物的时候，心里总会有一个理想的标准，然后用这个标准来衡量：符合这个标准或者靠近这个标准的就是好的、善的，不符合或者远离这个标准的则是不好的、不善的。而我们之所以说资本主义的分配不正义，是因为我们认为资本主义是不合理的、应该被超越的，作为社会大多数的工人阶级处于悲惨的境地，是因为我们站在超越了资本主义的理想的共产主义社会的立场上来看待资本主义的分配。

三　真正正义的分配是按需分配

共产主义的分配和资本主义的分配有着质的区别。资本主义的分配在一定程度上近似于按贡献进行分配，但资本主义也存在诸多有违这一原则的地方。资本主义社会不是按劳分配的社会，因为在分配过程中，资本所分得的剩余价值要多于工人所分得的工资。工资只是劳动力的价格，而不

---

① 《马克思恩格斯选集》第 1 卷，人民出版社，2012，第 405 页。
② 《马克思恩格斯选集》第 3 卷，人民出版社，2012，第 365~366 页。

是劳动力贡献的等值回报，只是工人在必要劳动时间里创造的价值的体现，而不是整个工作日所创造的价值的体现。而且工人的工资还不一定完全等同于工人在必要劳动时间内所创造的价值，因为追逐利润最大化的资本家会想方设法把工人的工资压到不能再低的程度。在《1844年经济学哲学手稿》中，马克思指出，资本家总是力图把工资降到最低，使得工人刚刚好能够勉强养家糊口，工资仅仅是"使工人种族不致死绝的费用"①，"当资本家赢利时工人不一定有利可得，而当资本家亏损时工人就一定跟着吃亏"②。因此，工人所得的报酬不是按劳分配所应得的，资本家所得的回报就更不是按劳分配所应得的。

马克思在《哥达纲领批判》中首次明确阐述了共产主义社会发展分为两个阶段的思想，这两个阶段实行不同的分配制度。第一个阶段实行生产资料公有制，而生产资料所有制决定了分配的方式，所以在这个阶段对剩余价值的剥削已经不存在了，但即便如此，劳动者所获得的也不是拉萨尔所说的"不折不扣的劳动所得"。共产主义社会也需要扩大再生产，也需要有"用来应付不幸事故、自然灾害等的后备基金或保险基金"，也需要支付非生产性的管理费用，也需要建设学校、保健设施等以满足公共需要，因此在进行个人分配之前需要从社会总产品中做必要的扣除。这里的扣除和资本家占有剩余价值有着质的不同，占有剩余价值也是从社会总产品中扣除，但"扣除"的是资本的"利润"，当然资本家也会用这些"利润"来扩大再生产，而且为了获取更大的"利润"，资本家会将大多数的"利润"用于投资扩大再生产。资本家似乎扮演着促进社会发展进步的"委托人"角色，但在资本主义社会里"利润"归私人所有，能够用于有益于工人的事业上的"利润"并不多。当然，这也表明，社会主义社会（共产主义社会第一阶段）"是刚刚从资本主义社会中产生出来的，因此它在各方面，在经济、道德和精神方面都还带着它脱胎出来的那个旧社会的痕迹"③。不管保留了多少资本主义的"旧痕迹"，共产主义社会的第一阶段的分配方式是按劳分配，劳动者"从社会领得一张凭证，证明他提供了多少劳动（扣除他为公共基金而进行的劳动），他根据这张凭证从社会储

---

① 〔德〕马克思：《1844年经济学哲学手稿》，人民出版社，2000，第7页。
② 〔德〕马克思：《1844年经济学哲学手稿》，人民出版社，2000，第8页。
③ 《马克思恩格斯选集》第3卷，人民出版社，2012，第363页。

存中领得一份耗费同等劳动量的消费资料"①。这一阶段的交换就是劳动的交换，用相同的劳动量换取表现为另一种产品的相同的劳动量。魏小萍将按劳分配命名为"回馈正义"，她指出，分配公正的问题和经济发展动力机制息息相关，社会主义（即共产主义的第一阶段）国家尤其是像中国这样一个在贫穷落后基础上建立起来的社会主义国家更应该强化这种"回馈正义"，它可以充分释放经济活力。② 应该说，改革开放以来，我们所开展的各项改革都是遵循着以按劳分配为主的原则进行的。但是马克思认为，按劳分配的方式会导致不平等："一个劳动者已经结婚，另一个则没有；一个劳动者的子女较多，另一个的子女较少，如此等等。因此，在提供的劳动相同，从而由社会消费基金中分得的份额相同的条件下，某一个人事实上所得到的比另一个人多些，也就比另一个人富些，如此等等。"③ 这就会导致收入差距拉大，就有可能使一些人变得贫困、一些人变得富裕，可能导致阶级分化，所以，按照劳动贡献进行分配的平等事实上是一种不平等，"要避免所有这些弊病，权利就不应当是平等的，而应当是不平等的"④。而体现"权利应当是不平等的"就是共产主义社会第二阶段的分配方式：按需分配。按需分配是一种更加符合人性的分配，是高级共产主义阶段的分配方式。马克思恩格斯早在《德意志意识形态》中就指出："共产主义的最重要的不同于一切反动的社会主义的原则之一就是下面这个以研究人的本性为基础的实际信念，即人们的头脑和智力的差别，根本不应引起胃和肉体需要的差别；由此可见，'按能力计报酬'这个以我们目前的制度为基础的不正确的原理应当——因为这个原理是仅就狭义的消费而言——变为'按需分配'这样一个原理，换句话说：活动上，劳动上的差别不会引起在占有和消费方面的任何不平等，任何特权。"⑤ 这种分配方式使得分配和贡献脱钩，分配多少不是取决于贡献多少，而是取决于你是否需要，使"脑力和智力的差别"与"胃和肉体需要的差别"没有直接的关系，一个"脑力和智力"较低的人不会因为自己的"脑力和智力"低下而

① 《马克思恩格斯选集》第 3 卷，人民出版社，2012，第 363 页。
② 魏小萍：《分配正义的两个抽象原则》，《哲学动态》2015 年第 12 期。
③ 《马克思恩格斯选集》第 3 卷，人民出版社，2012，第 364 页。
④ 《马克思恩格斯选集》第 3 卷，人民出版社，2012，第 364 页。
⑤ 《马克思恩格斯全集》第 3 卷，人民出版社，1960，第 637~638 页。

无法满足自己的"胃和肉体"的需要。这样的分配不会导致出现贫困，也不会导致重新出现阶级分化现象。当然，实行这种分配方式是有前提的，那就是社会的物质资料极大丰富且人的觉悟空前提高，人们参与一项工作不再是为了谋生，而是完全出于自己的兴趣，人们选择职业的时候不用再考虑什么职业能给自己带来更多物质利益，而考虑什么职业能给自己带来快乐。这样的社会是更加符合人性的社会。

四　马克思分配正义的当代启示

理论研究或直接或间接地植根于当下现实，马克思的分配正义思想之所以受到学界关注，一个重要的原因就是，在处于转型时期的我国分配已经成为一个关涉社会和谐稳定的重要问题。马克思的分配正义思想对现阶段的我国具有重要的启示：在现阶段的我国，正义的分配方式不应该是某种单一的分配方式，而应该是混合的分配方式。按照马克思《哥达纲领批判》中的观点，社会主义中国当然应该实行按劳分配，尤其是我国是在生产力比较低下的基础上建设社会主义的，按照个人的劳动贡献进行分配更能够调动人们的劳动积极性，改革开放初所实行的家庭联产承包责任制充分证实了这一点。但我国处于并将长期处于社会主义初级阶段的国情决定我们不可能实行单一的按劳分配，尤其是我国确立了社会主义市场经济体制，还需要按要素分配，这也是符合国情的。按劳分配调动了劳动者的积极性，按要素分配则调动了要素所有者的积极性，多种分配方式并存是为了充分调动社会积极性、发展生产力。不管是按劳分配还是按要素分配，都是根据贡献进行分配，要素也对生产作出贡献，这里的"得其应得，失其应失"都是取决于个体的贡献。这种分配方式的弊端就是有些人会因为家庭负担重、天赋偏低等而陷入贫困，这种贫困是不可能在按劳分配和按要素分配中得到消除的。马克思的分配正义给我们的启示是，要解决这一问题，可以适当借鉴按需分配的原则，那就是在二次分配的时候向那些贫困人口、弱势群体倾斜，用社会政策救济那些弱势群体。

正义的分配不应该是某种单一的分配，而应该是覆盖社会各种需求的分配。从现阶段我国的国情来说，正义的分配应该分为两个层面。第一层面，按照贡献进行分配。每个人所获得的与他对社会的贡献成比例，多贡献的多得，少贡献的少得。现阶段我国所实行的"以按劳分配为主体，多种分配方式并存"的分配方式就在这一层面实现了分配正义。这个层面的分配正义充分调动了人们的劳动积极性，不管是按劳分配，还是与按劳分配并存的其他多种分配方式，都强调按贡献分配。想获得财富，就得付出，不管是付出体力劳动、脑力智慧还是其他的才能，付出越多收获越多，这种回馈正义充分调动了人们的积极性。中国特色社会主义本身就是在经济社会比较落后的基础上发展起来的，它更需要生产力的快速发展，按贡献分配能促进生产力发展。第二层面，按照需求进行分配。笔者的意思是借鉴按需分配的原则，弥补按照贡献进行分配的弊端。这里所说的按照需要进行分配并非按需分配，而只是借鉴按需分配的原则。马克思在《哥达纲领批判》中早已阐明了按劳分配存在的弊端，现阶段我国收入差距扩大在一定程度上就是这种弊端的表现。马克思认为按需分配真正消除了这些弊端，但很明显，我国具体国情决定了我们在现阶段不可能实行按需分配，整个社会几乎不存在按需分配的物质前提。然而不能实行按需分配并不意味着不可以吸收借鉴按需分配的原则。按需分配实现了分配与贡献的脱钩，这就使得那些在收入差距扩大过程中处于弱势地位的群体得到关注和保障。保障这些弱势群体的利益，改革社会体制固然很重要，借鉴按需分配原则、推进社会建设更加重要。所谓借鉴按需分配的原则就是借鉴其分配与贡献脱钩的原则，以使得那些低收入的弱势群体的需求通过社会保障等途径得到满足。在社会基本保障方面满足弱势群体的基本需求，这种满足不与贡献挂钩，而是基于对公民生存权的保障，是社会的兜底机制。我们正在大力推进的社会建设，就是这一层面分配正义的体现。

第一个层面（按照贡献进行分配）是在第一次分配过程中实现的，第二个层面（按照需求进行分配）是在二次分配过程中实现的，实现符合现阶段我国基本国情的分配正义需要合理地处理好二者之间的关系。第一层面的优点是，容易调动人们的劳动积极性、促进生产力的发展，其弊端是无法避免收入差距扩大现象的出现。第二层面的优点是，有助于缩小收入差距、维护社会和谐安定，其弊端是有可能会抑制人们的劳动积极性，福利国家所出现的鼓励懒汉现象在一定程度上就是这种弊端的典型表现。实现符合我国国情的分配正义应该处理好第一层面和第二层面之间的张力。

首先，需要充分发挥按贡献分配对劳动积极性的调动作用，促进生产力的发展。其次，要发挥第二层面对第一层面的矫正作用，使按贡献分配所导致的收入差距缩小，至少保障低收入者有体面的生活。第一层面占主导地位，第二层面处于辅助地位，但不能以第一层面的主导地位抹杀第二层面的重要性，也不能片面强调第二层面而动摇第一层面的主导地位。只有二者处于合理的张力之中，中国特色社会主义才会和谐发展。

第二十一章 从马克思的货币异化概念
到列宁的金融帝国主义概念

一讲到异化，大多数学者会自然想到《1844年经济学哲学手稿》中异化劳动的四个规定，即劳动产品的异化、劳动者与劳动本身的异化、人同自己类本质的异化、人同人的异化，其实在同属《巴黎手稿》的《詹姆斯·穆勒〈政治经济学原理〉一书摘要》（以下简称《穆勒评注》）中，马克思还阐述了交往异化，也可以叫作货币异化。笔者认为货币异化理论对于分析当代资本金融化（即金融帝国主义）是一个很有价值的视角，在这里笔者不揣浅陋，把自己的研究呈现出来，以求教于方家。

一 马克思货币异化理论

异化劳动批判是马克思在《1844年经济学哲学手稿》中批判资本主义的人道主义范式，但资本主义的异化不只是表现为劳动的异化，在同时期的《穆勒评注》中马克思花了一定的篇幅探讨了货币异化（也叫交往异化）。唐正东等学者认为，《巴黎手稿》时期的马克思先后摘录了萨伊的《论政治经济学》和斯密的《国富论》，重点关注的是私有制条件下"财富的异化特征"，马克思在摘录穆勒的著作的时候把注意力放在交往上，在《穆勒评注》中，马克思对穆勒的"生产"和"分配"内容几乎没有发表评论，但对以货币为中介的交换关系进行了大篇幅讨论。① 马克思指出："穆勒把货币称为交换的中介，这就非常成功地用一个概念表达了事情的本质。货币的本质，首先不在于财产通过它转让，而在于人的产品赖以互相补充的中介活动或中介运动，人的、社会的行动异化了并成为在人之外的物质东西的属性，成为货币的属性。"② 交往中介是货币的本质，但这个本来充当中介的货币却反过来变成了人的主人，人的行动被外化为"物质东西的属性，成为货币的属性"。马克思接着指出："既然人使这种中介活动本身外化，他在这里只能作为丧失了自身的人、非人化的人而活动；物的相互关系本身、人用物进行的活动变成某种在人之外的、在人之上的本质所进行的活动。由于这种异己的中介——人本身不再是人的中介，——人把自己的愿望、活动以及同他人的关系看作是一种不依赖于他和他人的力量。这样，他的奴隶地位就达到极端。"③ 货币只是中介，中介本质上只是服务于交往的手段，但货币这个中介却疏远了人，外化为某种支配人、控制人的外在力量。唐正东等学者指出，"货币是人的外化的类活动"，但"资本家通过货币支配了他人的劳动产品，只是获得了一种异化的价值，即交换价值，而没有获得劳动产品的真正'价值'，即人的类本质或生命力之表征的'价值'"。④ 真正的价值是对象化的劳动，而交换价值只是真正价值的表征，但资本家却不去追求真正的价值，而只是去追求作为真正价值表征的交换价值。人是使用中介的主人，中介只是被使用者，但货币的异化使人从主人变成了奴隶，而且货币异化使人的这种奴隶地位"达到极端"。货币异化何以使人的奴隶地位"达到极端"呢？马克思认为，货币异化使得货币获得了控制人的"真正权力"，"很清楚，这个中介就成为真正的上帝。对它的崇拜成为目的本身。同这个中介脱离的物，失去了自己的价值。因此，只有在这些物代表这个中介的情况下这些物才有价值，而最初似乎是，只有在这个中介代表这些物的情况下这个中介才有价值"⑤。在原本的意义上，货币只是物的代表，人们用货币来交换

---

① 唐正东编著《马克思恩格斯哲学原著选读》，北京师范大学出版社，2010，第60~61页。

② 〔德〕马克思：《1844年经济学哲学手稿》，人民出版社，2000，第165页。

③ 〔德〕马克思：《1844年经济学哲学手稿》，人民出版社，2000，第165页。

④ 唐正东编著《马克思恩格斯哲学原著选读》，北京师范大学出版社，2010，第71页。

⑤ 〔德〕马克思：《1844年经济学哲学手稿》，人民出版社，2000，第165页。

实物，货币是手段，实物才是真正的目的，但货币异化却颠倒了"黑白"，追求货币成了目的。人的交往本来是为了便利地获得所需之物，但货币异化让人把单纯追求货币本身当成了目的，货币获得支配人的权力，人变成了匍匐在货币脚下的奴隶，所以说货币异化使人的奴隶地位"达到极端"。货币的异化是私有财产制度下交往的必然结果，因为货币就是财富的象征，但实际上货币只是财富的象征，而不是财富本身，真正的财富是吸纳了人类劳动的商品。财富的象征被等同于财富本身，而且"货币越是抽象，它越是同其他商品没有自然关系"①，尤其是汇票、支票、借据等使得货币更加脱离于商品的自然关系，这使货币异化更加深化。

信贷的出现则是货币异化的进一步发展。马克思指出："在信贷中，人本身代替了金属或纸币，成为交换的中介，但是人不是作为人，而是作为某种资本和利息的存在。这样，交换的媒介物的确从它的物质形式返回和回复到人，不过这只是因为人把自己移到自身之外并成了某种外在的物质形式。在信贷关系中，不是货币被人取消，而是人本身变成货币，或者是货币和人并为一体。人的个性本身、人的道德本身既成了买卖的物品，又成了货币存在于其中的物质。""信贷不再把货币价值放在货币中，而把它放在人的肉体和人的心灵中。"② 从表面上看，信贷似乎使人复归自身，但实际上却是把人变成了物，人本身承担了货币的职能。在信贷中，银行之所以贷款给某个人，根本的原因在于这个人有能力偿还本息，信贷"在人对人的信任的假象下面隐藏着极端的不信任和完全的异化"③。金属货币—纸币—信用货币这一发展过程是货币异化逐渐加深的过程。唐正东指出，货币异化导致资本主义人与人的关系发生了两重异化："第一重异化是人与人之间的关系异化成了物与物之间的关系……第二重异化是已经异化了的物与物之间的关系再次被异化成货币这一异化的中介的自主活动。在马克思看来，交换关系中的中介应该只是帮助这种交换关系得以完成的手段，物与物之间交换关系的本质应该是这种关系本身。而在资本主义社会，作为交换关系之中介的货币已经越出了它原来应有的角色，上升到了

---

① 〔德〕马克思：《1844 年经济学哲学手稿》，人民出版社，2000，第 167 页
② 〔德〕马克思：《1844 年经济学哲学手稿》，人民出版社，2000，第 169 页
③ 〔德〕马克思：《1844 年经济学哲学手稿》，人民出版社，2000，第 168 页。

'真正上帝'的层面。"① 这是异化的深化。不只是在《穆勒评注》中，在《资本论》等著作中，马克思发展了货币异化理论，强调了货币虽然解构了血缘身份所造成的等级，实现了形式上的平等和契约自由，但它却越来越成为一种外在的异己力量，并反过来支配和统治人，货币拜物教变成了一种社会常态。

货币异化还与资本的逻辑存在密切关联。资本的本性在于实现增殖，但资本在追求增殖过程中也走向了异化。从本质上讲，资本所实现的增殖应该是财富增值，而不是货币的增殖；但从现实上来讲，具体的资本家并没有把货币和财富区别开来，在他们心中，追求利润最大化就是在实现资本表现形式——货币的量的最大化。在资本主义发展史上，工业资本家所追求的是财富本身的增值，当然他们也没有自觉地把货币和财富区别开来，而是在追求货币量的最大化的同时实现了财富增值，推动了人类历史的进步。追求货币是自觉的，而实现财富增值则是不自觉的。而金融业则更加赤裸裸地把货币量的增加当成自觉目的，金融业从业者的活动并没有实现财富的增值，他们只是参与了剩余价值分配，实现了货币量的集聚。应该说，金融业的发展就是货币异化的表现，到了列宁所谓的"金融帝国主义"阶段，金融业不再把服务于实体经济作为主要的投资方向，而是把对货币的巧取豪夺变成了主要业务，这是货币异化的典型表现。在马克思看来，人本质上是一种"互相补充和互相依赖"的存在物，交换就是人与人之间"互相补充和互相依赖"的手段，人们所交换的是作为劳动之物化的商品，实际上也就是在"交换"和"相互补充"劳动本身，劳动的"交换"和"相互补充"实际上也就是人格的"交换"和"相互补充"。而在现代交换中，货币作为交换的中介，它把人格的"相互补充"与"交换"物化为物与物的交换。② 金属货币本身具有价值，而纸币本身不具有价值，到了金融时代甚至连纸币也不需要了，金属货币—纸币—信用货币这一发展过程也是人在作为"真正上帝"的货币面前进一步异化的过程。

---

①　唐正东编著《马克思恩格斯哲学原著选读》，北京师范大学出版社，2010，第63页。

②　韩立新：《〈巴黎手稿〉研究》，北京师范大学出版社，2014，第293页。

二 金融帝国主义的种种表现

列宁指出："20世纪是从旧资本主义到新资本主义，从一般资本统治到金融资本统治的转折点。"① 金融资本在20世纪之前也存在，但它只是处于服务实体经济的从属地位，当资本主义发展到了20世纪的时候，金融资本逐渐从工业的服务者上升为了资本主义的统治者，不仅统治着实体经济，而且还统治着资本本身。20世纪晚期的资本主义发展出现了资本金融化趋势，列宁所说的金融帝国主义的一些特征表现得尤为明显。

第一，金融资本越来越疏远生产。在资本主义社会，资本和劳动是分离的。列宁指出："资本主义的一般特性，就是资本的占有同资本在生产中的运用相分离，货币资本同工业资本或者说生产资本相分离，全靠货币资本的收入为生的食利者同企业家及一切直接参与运用资本的人相分离。"② 在资本主义社会，拥有资本的人是不劳动的，而劳动的人却不拥有资本，这就是资本主义的一般特征，资本的所有者与实现资本增殖的人之间的分离到了20世纪初变得尤为突出，"帝国主义，或者说金融资本的统治，是资本主义的最高阶段，这时候，这种分离达到了极大的程度"③。帝国主义阶段把金融资本推高到了统治一般资本，进而统治一切的高度，"金融资本对其他一切形式的资本的优势，意味着食利者和金融寡头占统治地位，意味着少数拥有金融'实力'的国家处于和其余一切国家不同的特殊地位"④。金融资本统治了其他资本，而金融资本家（即食利者）则成为资本家中的资本家，真正有金融实力的国家变成了剥削其他国家的特殊国家，把剥削的范围由一国扩大到了世界。而金融资本的发展进一步疏远了生产，关于这一点有学者指出："金融经济与底层实体经济之间的关系已到了一个决定性的转折点……截至2010年，全球资本已膨胀到约6万亿美元，是过去20年的3倍。如今，金融总资产大约是全球所有商品和服务

---

① 《列宁选集》第2卷，人民出版社，2012，第612页。
② 《列宁选集》第2卷，人民出版社，2012，第624页。
③ 《列宁选集》第2卷，人民出版社，2012，第624页。
④ 《列宁选集》第2卷，人民出版社，2012，第624页。

总量的 10 倍，它们创造了一个由资本构造的世界。"① 金融资本的高回报吸引了大量资本进入金融行业。阿伦特也指出，传统的产业部门盈利在减少，越来越多的资本被吸引到了房地产、股票等市场进行投机，大量资本从生产系统转向了投机系统。② 这导致了一些国家所谓的"去工业化"，实体经济走向弱化。在第二次世界大战结束的时候，美国的制造业产值占世界的比重超过 40%，而到了 2015 年则下降到了不到 20%，虽然奥巴马极力推动"再工业化"，但美国制造业占 GDP 的比重还是从 2010 年的 13.2% 下降到了 2015 年的 12%，过剩的金融资本"不断创造出以股票、利率、汇率等虚拟物为标的的期权、期货、掉期等金融衍生品，造成了经济繁荣的假象"③。金融帝国主义的繁荣只是一种虚假的泡沫繁荣，作为社会发展进步根基的生产力并没有得到实质性的提高，这是资本主义由盛而衰的重要表现。

第二，金融资本从创造价值转向了单纯的财富集聚。随着金融帝国主义的到来，资本的逻辑从工业资本的财富创造逻辑发展到了金融资本的财富集聚逻辑。工业资本主义时代，资本家为了实现资本的增殖逻辑，把资本投向工业领域以实现劳动的物化和价值的增值，这是资本追寻利益最大化的主导逻辑，这个时候资本的作用在于创造价值，它推动了生产力的发展，推动了人类进步，其作用是积极的。这个时候的金融资本为工业服务，它依附于工业，只参与剩余价值的分配。而到了金融帝国主义时代，金融资本和工业资本的分离成为一个发展趋势，金融资本主要不是从工业资本的价值创造中获得增殖，而是把注意力从财富的创造转向了单纯的财富集聚，转向了直接掠夺财富。资本的一般逻辑是追寻自身增殖，根据历史上已经出现的形态，资本的一般逻辑涵盖了两种具体的资本逻辑，即工业资本的逻辑和金融资本的逻辑。工业资本的逻辑是通过创造价值，剥削剩余价值来实现资本的增殖的；金融资本的逻辑是通过各种手段——尤其是投机、欺诈等——把社会的财富集聚到自己手中。前者通过创造价值实

---

① 〔美〕杰瑞·哈里斯：《资本主义转型与民主的局限》，陈珊、欧阳英译，《国外理论动态》2016 年第 1 期。

② 〔美〕汉娜·阿伦特：《帝国主义》，蔡英文译，（台湾）联经出版事业股份有限公司，1971，第 19 页。

③ 邱海平、赵敏：《资本积累逻辑下的美元与新帝国主义》，《马克思主义研究》2017 年第 6 期。

现财富增值，后者则脱离了价值创造而直接实现财富的集聚。资本逻辑的这一转变是资本由社会的积极力量转变为社会的消极力量的表现。也正是在这个意义上，列宁说金融资本是腐朽的、垂死的。在工业资本主义时代，资本家克勤克俭地践行新教伦理，把最主要的精力放在提高社会生产率上，这是人类快速进步的动力，是社会的积极力量；但在金融帝国主义时代，金融资本家背弃了贯穿于资本主义上升时期的新教伦理，不再把主要精力放在兢兢业业、勤勤恳恳、精益求精地生产物美价廉的优质产品上，而是把主要精力放在了从投机中获得财富上。前者客观上推动了社会的快速发展，后者没有真正推动社会生产力的发展。列宁说金融资本家是"食利者"，虽然他们坐拥巨额财富，但他们却几乎不创造财富，不增加社会的价值存量，这是资本主义走向没落的体现。

第三，危机变成了金融资本实现增殖的手段。金融资本不是通过创造来实现财富积累，而是通过集聚，即通过各种巧取豪夺把社会财富集聚到自己手中。这集中体现在金融危机来临的时候，国际金融资本利用一些国家金融政策的漏洞，炒高该国的股票、房地产或者其他产品价格，激发该国非理性的投机狂热，制造虚假的繁荣和严重的经济泡沫，待股票、房地产炒到最高峰值的时候，这些金融资本又大量撤资，使自己赚得盆满钵满，而留给这些国家的则是股票与房地产价值的狂跌，国家最后深陷危机之中。① 金融资本最青睐危机，甚至可以说金融危机就是金融资本制造出来的，金融资本通过金融危机来掠夺财富、实现资本增殖，这就是当代金融资本的逻辑。金融资本大行其道加深了两极分化程度，哈维指出："20世纪70年代后期随着新自由主义政策的实施，美国收入最高的1%人口收入在国民收入中所占份额开始迅速上升，在20世纪末达到了15%。"② 金融资本不仅在国内加剧了两极分化，也使整个世界的两极分化日益严重。乐施会（Oxfam）的一项研究显示，2010年，世界上前388位富豪拥有的财富超过世界半数人口（约36亿人）拥有的总财富；2015年，世界上前62位富豪的财富就已超过世界一半人口的财富总和；2016年，比尔·盖

---

① 〔美〕查尔斯·P. 金德尔伯格、罗伯特·Z. 阿利伯：《疯狂、惊恐和崩溃——金融危机史》，朱隽、叶翔、李伟杰译，中国金融出版社，2017，第37页。

② 〔法〕大卫·哈维：《新自由主义简史》，王钦译，上海译文出版社，2010，第128~129页。

茨、巴菲特等全球前 8 大富豪的资产总和就相当于世界半数人口的财富总额。[1] 金融资本在敛聚财富的同时也制造了资本主义的危机，马克思在《资本论》中指出："生产资料的集中和劳动的社会化，达到了同它们的资本主义外壳不能相容的地步。这个外壳就要炸毁了。资本主义私有制的丧钟就要响了。剥夺者就要被剥夺了。"[2] 资本主义创造了足以撑破资本主义外壳的社会化的生产力，也会制造炸毁这一资本主义外壳的危机。资本的本性是实现增殖，只要有充足的利润，资本根本不会顾及社会是否可以长治久安、资本主义是否可以长治久安。资本主义的灭亡是必然的，它不会因为资本家试图"把历史终结于资本主义"的努力而改变，当然资本主义也不会在它的潜能充分发挥出来之前提前灭亡。

三　金融帝国主义的货币异化

货币只是充当中介的一般等价物，它的出现是为了方便交易。从本质上看，货币的存在是为人类交易服务的，货币的职能无非价值尺度、支付手段、贮藏手段等，这些职能表明它只是财富的一种表征。但货币却是一个特殊的中介，它可以和任何物品交换，这使得它逐渐有了神圣的地位，人们逐渐把这一本来是手段的东西当成了目的、逐渐把货币看成财富本身，开始从追求财富本身转向了追求财富表征。在《论犹太人问题》中，马克思强调金钱是犹太人的神，在这个神面前，一切神都相形见绌，金钱剥夺了整个世界的固有价值，"金钱是人的劳动和人的存在的同人相异化的本质；这种异己的本质统治了人，而人则向它顶礼膜拜"[3]。这种犹太人的精神其实就是现代市民社会的精神，是现代资本主义精神的真实写照。青年黑格尔派的赫斯也强调："上帝对理论生活所起的作用，同货币对颠倒的世界的实践生活所起的作用是一样的：人的外化了的能力，人的被出卖了的生命活动。"[4] 人类的本然状态应该是，人的生存和自由是人的目

---

① 林海虹、田文林：《金融资本时代的战争与和平》，《当代世界与社会主义》2017 年第 3 期。

② 《马克思恩格斯选集》第 2 卷，人民出版社，2012，第 299 页。

③ 《马克思恩格斯全集》第 3 卷，人民出版社，2002，第 194 页。

④ 〔德〕莫泽斯·赫斯：《赫斯精粹》，邓习议编译，南京大学出版社，2010，第 145 页。

的，而"劳动"或"赚钱"只是实现前者的手段，但资本主义的异化却表现为人把赚钱作为第一目的，相反人的生存却只具备了工具性的价值。货币这一"抽象物"变成了统治人的神，而人则自我贬低为匍匐在这一抽象神的脚下的奴仆，这是货币异化的表现。资本主义从工业资本主义向金融资本主义的转变就是货币异化深化的表现，其深化体现在如下几点。

颠倒了财富和货币的关系。马克思在《哲学的贫困》中有句话说得很形象："所有的人都患了一种不从事生产而专谋利润的狂热病"①。资本家已经从资本主义初期的生产力发展的推动者转变成了货币的疯狂聚敛者，已经从历史的积极推动者转变成了腐朽的食利者，金融资本异化了财富和货币的关系。货币和财富并不完全等同，货币只是财富的象征，人们用货币来表征财富，但货币本身仅仅是一个符号，尤其是纸币的发明和使用更加凸显了货币的符号性质，它本身几乎没有价值；财富本质上源于劳动的创造，是劳动的物化和固定化。金融资本的关注点从生产领域转向了分配领域，它不再把提高生产率、生产大量优质商品作为主要目标，不再把创造财富作为主要目标，而是把获取货币作为主要目标。在一定程度上，这是重商主义的表现。重商主义把货币等同于财富，其主张主要有以下几点：第一，货币就是财富，早期重商主义认定只有黄金等贵金属才能充当货币，才是真正的财富；第二，财富来源于流通领域，通过贱买贵卖所赚取的货币就是财富；第三，在国际贸易上追求贸易顺差，顺差所得的货币就是财富，所以重商主义更加强调促进出口而抑制进口。但是重商主义只重视作为财富象征的货币，而忽视了真正创造财富的生产领域。受重商主义影响的早期资本主义国家如西班牙、荷兰、英国等虽然也曾经是世界霸主，但它们的工业、农业等实体经济的发展空间被挤压，这最终导致了这些国家的衰落。

货币本身的集聚成为金融资本家的首要目的。货币本质上只是财富的象征，它本身不是财富，它的产生是为了便于交换，但在普罗大众心目中货币就是财富，财富也就是货币。在马克思看来，货币分为作为货币的货币和作为资本的货币，作为资本的货币曾经发挥了十分积极的作用。在《共产党宣言》中马克思指出："资产阶级在它的不到一百年的阶级统治中

---

① 《马克思恩格斯选集》第 1 卷，人民出版社，2012，第 251 页。

所创造的生产力，比过去一切世代创造的全部生产力还要多，还要大。"①资产阶级能创造这样的生产力，根源于资本的力量，但到了金融帝国主义时代，资本的逐利本性扭曲了财富观念，把集聚货币当作自己的首要目的。货币有推动历史进步的积极的一面，也有消极的一面。在资本主义上升时期，货币的积极一面发挥了主导作用，推动了资本主义的发展，也推动了世界历史的发展，但是到了金融帝国主义时代，货币消极的一面开始逐渐成为主导方面，这是资本主义开始走下坡路的标志之一。

货币的异化就是人的异化。在马克思看来，货币本身就是一种异己的外在力量，人创造了这种力量，这种力量反过来却支配着人，人倾倒在自己创造的异己力量的脚下，世界被货币所物化，人在物化的世界面前变成了异化的"单面人"。到了金融帝国主义时代，人的这种异化发展到了极致。有学者指出，货币具有巨大的颠倒功能，它可以颠倒黑白是非，把人性翻转成物性；把自由选择的主动变成被动接受，把自由的主权让渡给货币，使手段变成目的；它本身是人创造的符号，却将人符号化；货币拜物教让人们在对货币的顶礼膜拜中演绎出人间无数的善与恶、真与假、美与丑的悲喜剧；货币拜物教与市场原教旨主义狼狈为奸，导致社会的物欲横流、魔性大发、人性沦丧；等等。② 货币的异化本质上就是人的异化。

马克思的货币异化理论是反照当代金融帝国主义的一面镜子，让我们更加深刻地认识了金融帝国主义的本质特性。货币有推动历史进步的积极方面，也有抑制社会发展的方面，新时代中国特色社会主义应该制定科学合理的货币政策，既充分利用货币的积极作用，又要防范金融风险，以保障中国特色社会主义市场经济持续健康发展。

---

① 《马克思恩格斯选集》第 1 卷，人民出版社，2012，第 405 页。
② 章忠民：《货币：一种人学的读写》，《学术月刊》2003 年第 8 期。

第二十二章　道德内化：从外在规范
向内在律令的转化

　　道德不同于法律，法律是一种依靠国家公共权力这一强制力量而存在的外在规范，而道德归根结底是靠自我内在良心来维系的。违反了法律，国家将会给予强制的制裁，而违反了道德，则不受国家的强制制裁，而只是受到人们舆论的指责。然而在金钱、权力、美色等强烈的诱惑面前，舆论的指责似乎显得苍白乏力，很难把一些人约束在道德规范之内，这就是道德建设要比法制建设更困难的原因之一。舆论毕竟还是外在的制约，真正坚定的道德信念源自自我内在的良心，所以只有将道德转化为自我内心深处的内在律令，道德才能真正起到规约人的行为的作用，进而真正起到规范社会的作用。道德内化就是由外在道德规范向内在道德律令转化的过程，这一过程是道德建设的关键所在，本章试图对这一现象作较深入的分析。

一　两种不同的道德规范：显性的道德规范
与隐性的道德规范

　　道德的社会功能就在于规约道德主体，为社会提供秩序。从具体的微观层面来讲，道德规范对于道德主体的规约作用则是相当复杂的，根据道德主体的道德自觉程度，道德规范对于道德主体的规约可以分为两类。第一类是显性的道德规范，即在道德主体的心目中，道德还是外在的规范，而不是自我内在的心理品质，在这种情况下，主体是由于恐惧不遵守道德所产生的后果而采取道德行为。这类道德规范的维系主要靠的是外在的社会舆论监督，没有这一外在的压力，道德主体很可能会有违反道德规范的行为产生。这种情况在当代社会是比较常见的，有人在场的时候，尤其是与自己的升迁、获利等方面有直接相关性的人在场的时候，道德主体的行为绝对会中规中矩，符合道德规范，然而一旦没人在场，缺乏监督，情况则可能会不同。道德具有非功利性，而非道德在很大程度上则具有功利性，一般来说，追求利益是人的普遍特性，所以在没有外在监督的情况下，这种道德信念不坚定的道德主体就会追求功利，而抛却道德规范。第二类是隐性的道德规范。即道德主体心目中已经不存在道德规范这一观念了，但在实际行动中却能够中规中矩，自己的一言一行，虽然随心所欲，也会不逾矩。老子《道德经》第三十八章说："上德不德，是以有德；下德不失德，是以无德。"也就说，在心目中没有了道德与不道德的观念，但其行为还能够符合道德规范，道德规范已经成为道德主体自身做人行事的内在行为法则了，这个时候的道德是"上德"；而如果道德主体时刻谨小慎微，唯恐自己违反道德规范，时刻警告自己不要失德，这样的道德是"无德"。比如说，某人谦虚，但是在他心目中根本没有谦虚这个概念，根本不是为了讨好别人，而是认为自己就应该这样做，对道德主体来说，谦虚就是天然法则，是自然而然的事情，这才是真谦虚，而如果道德主体自己心目中明确什么是谦虚、什么是不谦虚，谦虚的行为是人们所赞许的，否则就是人们所厌恶的，在这种观念下做出来的"谦虚"行为则是功利性的，不是"上德"，或者说，他的谦虚还是浅层次的谦虚。朱子家训中说："善欲人见，不是真善，恶恐人知，便是大恶。"意思是说如果一个人做了善事恐怕别人不知道，那么他的善还不是真正的善，只有做了善事而自己认为只是出于自己的本然心愿才是真正的善；做了恶事，又恐怕别人知道，则是恶中的大恶。对于真正有道德的人，道德规范已经不是那种显性的规范，不是那种只有时刻提醒自己不要违反、时刻绷紧道德良心上的弦才能使自己不违反的规范，而是一种似乎已经不存在了的隐性的规范。第二类的道德是最为理想的道德规范，也是最难实现的道德规范，一种道德规范只有在道德主体心目中达到了第二类的层次，道德内化才算真正完成。

二　道德内化的过程分析

道德内化是外在道德规范转化为道德主体内在律令的过程，这是一个非常复杂而又很难实现的过程。一些道德规范能够深入人心，是经过了几十年甚至几代人的社会实践才实现的，要想改变道德主体原有的道德观念，而使新的道德规范内化为道德主体的内在律令则是一个相当艰巨的工程。但这却是我们道德建设过程中必不可少的环节，也是伦理学应该予以重视和解决的难题。道德内化大致是这样一个过程。

首先，形成理想的道德规范体系，这个道德规范体系要科学合理，又要适应本国国情。科学性就在于，道德规范体系符合时代，社会是进步的，道德作为社会的精神维系，也应该与时俱进，否则道德的落后会对社会的发展与进步产生一种精神上的阻力。适合本国国情主要表现在，确立道德规范体系的时候，不要把道德理想确立得过高，道德理想如果太过高于现实，那么它就会显得很空，很难让道德主体信服。道德的发展总是需要一个自然演进的过程，如果人为地打断这种自然演进，而使现实与理想的道德体系之间产生一个巨大的鸿沟，那么道德发展有可能不仅不会跨越这一难以逾越的鸿沟，反而会出现一些混乱。对于道德内化来说，道德规范体系的确立是非常重要的，也是比较难的事情，但相对于使道德体系在人们身上真正奏效来说还是比较容易的。

其次，内化的实现。道德规范体系确立之后，这个道德规范体系对一个社会来说还只是外在的东西。要想使道德规范在社会中起作用，就必须使之内化（internalization）为该社会成员所认可的内在律令而成为道德人格。内化是一个长期的、复杂的过程。对于社会成员来说，内化体现为成员接受道德规范并最终使之成为自己信念的过程。这个过程是外在的道德规范在人心中上升为无意识的内在道德信念的过程。起初人们是刻意地使自己按照道德规范来行事，谨小慎微，唯恐一不小心有违道德规范，这时道德规范还不是真正意义上的内在的道德规范，对社会的个体成员来说，它还是外在的。随着时间的推移，人们逐渐地习惯了，不用谨小慎微也能按照道德规范来行事，这时外在的道德规范就变成了人们内心深处的信念，信念对人的行为的控制经常不是有意识的，其约束力是自然而然地流露出来的。这时道德主体就会不自觉地、自然而然地按照自己内心的道德规范来行事了。孔子《论语·为政第二》所说的"吾十有五而志于学，三十而立，四十而不惑，五十而知天命，六十而耳顺，七十而从心所欲，不逾矩"实质上就是外在的道德规范内化为人们心中内在的道德信念的体现。这个过程正如消化食物一样，食物虽然是身外的东西，但一经摄取消化，就变成我身体内的东西了。道德建设的目的就是要让社会成员完成这一过程。笔者以上所阐述的道德内化过程只是一个简化了的、抽象化了的过程，是为说明问题而进行的必要的抽象，在现实当中，内化还伴随许多问题，这一过程更复杂，但笔者的阐述大致说明了道德建设过程的实质。

最后，道德惩戒强化了内化的效果。在道德规范内化的过程中，总是需要经过多次的道德惩戒来强化道德内化的效果。道德是靠道德主体的内在良心维系的，但是道德良心并不是先天具有的。道德良心是后天形成的，而在道德良心形塑的初期，道德主体可能会违反道德规范，毕竟新的道德规范在这个时候还只是外在的约束，还没有内化为内在律令，只要缺乏监督，道德主体就可能不遵守道德规范。这个时候道德惩戒的作用就表现出来。道德惩戒与法律惩戒不同，道德惩戒没有国家的强制力量来保障实施，而只是给道德主体以舆论压力，让他良心上受谴责，但不要小看舆论的力量，它有着巨大的监督、制约、导向等作用。

三　道德内化的评价机制

微观层面的道德内化评价机制研究必须探讨道德观念形成的选择理论基础，任何一种道德行为都是一种选择，个人的选择行为必然与道德效果存在直接的关系。道德与选择的关系可以从选择的分类角度加以分析。道德主体的选择有如下几类。第一，自愿自主做出的选择。这种情况又可以细分为两类，其一，在做出选择的时候不了解自己的选择会导致什么结果，做出这样的选择完全是为了实现善的预期，在这样的情况下如果产生了恶的结果，道德主体是不必承担良心上的责任的，或者说不必承担太大的责任。当然这里的情况也很复杂，如果道德主体在选择之初对于后果不甚了解，而且是很随意地做出选择，那他还是要承担一定的责任的。其二，在做出选择的时候明明知道自己的选择会产生恶的后果，道德主体仍然做出了这一选择决定，那他必须要承担由这一选择导致的一切恶的后果。第二，不自愿地做出某种行为，而且在做出选择时就知道行为的结果，事实上也造成了恶的后果。理论上来说，不是自愿的选择就不应该承担责任，但是这也比较复杂，可以细分为两种情况。其一，压力来自不可抗拒的力量。一般来说，所谓不自愿地做出选择，必然是在某种压力下做出的选择，如果这种压力是一种不可抗拒的压力，或者说，面对这种压力道德主体也抗争了，但是抗争没有任何作用，对于在这种情况下做出选择而导致的恶的后果，道德主体在理论上是不需要承担责任的。其二，压力是可以抗拒的，而道德主体没有进行有力的抗争，在这种情况下做出的选择（虽然也不是自愿做出的选择）如果产生了恶的后果，道德主体应该为自己没有积极行动承担主要责任。

道德内化是不是已经真正完成是与道德评价标准分不开的，道德评价标准是建立在选择理论基础上的。关于道德评价有两种观点：一种是动机论，即认为只要有为善的动机，有按照道德规范行事的动机，那这个行为就是道德的；另一种是效果论，即认为不管动机如何，只要行为符合道德规范，那这个行为就是道德的。其实这两种观点都是片面的，道德建设是要把外在的道德规范内化为人们的信念，信念决定了人们的动机，所以动机的善是道德内化效果的重要体现。义务论和效果论都只强调某一个方面，忽视了效果与动机的统一，在进行道德评价时应将二者结合起来，既看动机也看效果。一般来说，有了善的动机也就有了善的行为。好心办坏事毕竟只是偶然的、不占多数，同样坏心办好事也不占多数。动机和行为在大多数情况下是统一的，所以我们道德建设的主要目标就是要使人们形成道德的动机，也就是完成道德规范的内化，这也是最不容易做到的一点。使外在的道德规范成为人们内心的心理品质，这样人的行为也就自然而然地、不自觉地按照道德规范来进行了，即便平时"随心所欲"其行为也会中规中矩。在现实当中，道德建设不可能使每个人都那么善良，社会是复杂的，社会中的人也是良莠不齐的，所以只要社会的大多数人具有了高尚的道德品质，那道德建设就算是卓有成效的。但是对于道德理论研究来说，道德内化目标实现的关键在于道德主体的善的动机的形成，只有从内心深处由衷地乐意为善才是内化的真正实现。

四　道德内化的困难及实现条件

　　道德内化的实现是一个复杂的心理过程，是一个触及人的心灵、净化人的精神、升华人的道德境界的过程。不真正触及个人的心灵，道德建设是完不成的。道德规范要想真正入心入脑，需要道德主体对道德规范真正地产生道德情感，由衷地信服，真心愿意按照道德规范行事，而道德规范对道德主体影响的这一层面需要道德规范真正能够触动道德主体的心灵，或者说这一道德规范的作用和意义能够真正打动道德主体的心，而如何真正触动人的心灵则是内化实现的主要困难所在。什么样的事物能够真正打动一个人的心？任何人都是具有独特人格的主体，什么事情能让他感动是一个因人而异的问题，有的人看到一个普普通通的善举就能被感动，有的人则对这些善举无动于衷。人的内心世界是存在非常大的差异的，是其自己独特的学识、独特的阅历、独特的心理气质、独特的生活环境等多种因素的综合影响的结果，任何人都不可能具有与别人相同的这些因素，即便一些外在的环境非常相似，个人的人格气质也不同，所以人与人的内心世界是完全不同的。触动一个人的心灵必定需要一个最能打动他的内心世界的事件出现，而打动不同的人的事件也是不同的，所以，对于一个社会来说，要真正在社会的大多数成员中实现道德内化则是非常困难的。

　　虽然道德内化的实现存在重重困难，但是道德内化并不是不能实现的。历来社会中存在大量的品德高尚的人，虽然人们的情况各有不同，但是复杂社会中存在种种不同的事件，凭借一些偶然的机缘，道德主体还是能够实现道德内化的。根据道德内化的特点，笔者认为，从一般层面来说，要实现道德的内化，或者说要进行道德建设，应该从以下几个方面着手。

　　第一，以经济建设为中心，大力发展我国的生产力。生产力是社会发展的根本动力，包括道德在内的社会各个方面的发展都是根源于生产力的发展的。道德是上层建筑的一部分，它的发展必然会受到生产力的制约，如果没有生产力的提高，道德建设就会流于虚空。"仓廪实而知礼节"，经济发达了，人们首先就不用仅仅为了填饱肚子而去做有违道德的事了，经济的发展为高尚道德的形成创造了条件。而且经济发展也会冲击人们的心灵，使一些人形成高尚的道德。利益是改变人的行为和观念的重要因素，在经济发展中人们发现具有一定的道德品质是企业占据市场、获得利润的重要原因，在利益的驱动下，人们就会主动地形成良好的道德品质。

第二，加强宣传。这里的宣传不是以前的那种空洞说教，说教和在社区书写标语口号的收效不大，因为光靠说教不太容易改变人们的观念，我说的宣传主要指的是用电影、小说、诗歌等艺术形式去感动人，去触动人的心灵，去升华人的心灵。现在我国已全面建成小康社会，人们的温饱已经不成问题了。按照马斯洛的需求层次论，在衣食住行等基本需求被满足的情况下，人们的精神需求就会提到日程上来。文化需求将会是我国今后社会需求的一个重要方面，人们渴求更优秀的艺术作品，这就要求文艺工作者多出好的艺术作品，用它去震撼人的心灵。

第三，加强教育。道德建设是一个长期的、复杂的工程，不是一朝一夕所能完成的。中青年人的世界观、人生观、价值观大都已经定型，再想使他们有所改变是不容易的，而儿童是祖国的未来，他们的道德素质如何关乎我们民族的素质，并且他们的人生观、价值观正处于形成期，道德教育对他们的道德观念的形成具有重要的意义，所以我们要重视对儿童的道德教育。现代人重视孩子的教育，但是大多数人更重视的是智育，德育经常被忽视。教育是道德建设的关键，我们应该加强儿童德育，尤其是农村儿童的教育，农村儿童的教育对我国道德建设有重大意义。在德育上，我认为尤其要重视儿童的家庭教育，家庭教育对孩子的影响深刻而长远。

第四，发扬我国传统文化中优秀的价值观念。我国传统文化中有许多优秀的道德价值观念是适合我国的社会主义市场经济发展的，我们应该把这些价值观念发扬光大。传统的东西对人们的影响是深刻的，尤其是在有着悠久历史的国家中。虽然大多数的人可能并没有意识到这一点，但确实如此。比如"孝"的观念在我国大多数人的心中根深蒂固，这些传统的东西在我们成长的过程中不知不觉地深深印在我们心中，只是现在受到市场经济下利益观念，尤其是不正当利益观念的冲击而暂时不明显了。我们通过以上诸种方式对它进行弘扬，会使人们产生强烈的共鸣，使原有的道德观念又重新复活并占主导地位。

第二十三章　自然法概念的内涵及其所蕴含的理念

　　洛克被公认为近代政治自由主义的奠基人，他同其他近代政治哲学家一样，把自然法作为论证自由主义政治哲学的思想武器。自然法作为与人定法相对应的法则体系，属于价值法的范畴，是人定诸法的思想根基和价值归宿。洛克以自然法为基础论证了政府的产生和资产阶级的自由、民主、平等、博爱等意识形态的合理性，因此，探讨洛克的自然法思想是深入研究其政府论的前提，本章试图在文本解读的基础上，探讨梳理洛克《政府论》下篇中的自然法思想。

一　自然法源于人的理性

　　洛克谈自然法是从自然状态开始的，他所谓的自然状态是政府出现之前的人类存在状态，"人类原本生活在一种完美的自由状态，人们根据自然法的规定，用自己的方式为人处事，不需要听从任何人的指教"①。这就是自然状态，在自然状态下自然法支配着人们的行为。"自然法在自然状态中起着统治作用，每个人都必须遵守它。"② 那么自然法到底是一种什么

---

① 〔英〕洛克：《政府论》下篇，牛新春、罗养正译，载州长治编《西方四大政治名著》，天津人民出版社，1998，第240页。
② 〔英〕洛克：《政府论》下篇，牛新春、罗养正译，载州长治编《西方四大政治名著》，天津人民出版社，1998，第240页。

样的法呢？在罗马法学家看来，"自然"是指在世界存在或发生的，无须主动劳作（即人的表现）的一切情形，而自然法是指不是为体现立法者意志而产生的法。① 自然法是相对于人定法而言的，人定法是体现立法者意志的法律，是人们有意识地、自觉地制定的法律，而自然法则不是立法者刻意制定的法则，是天然存在的规则，它实质上是法的价值理念，其表现形式为习惯、风俗、惯例等自发性、无意识存在的社会规则。自然法源于人的理性。"理性，也就是自然法教育求助于理性的全人类，所有人都是平等的、独立的、任何人都不能侵犯别人的生命、健康、自由和财产。"② 在洛克这里，自然法就是理性的运用。作为自然法基本内容的平等、独立、生命、健康、自由、财产等权利乃是理性要维护的天赋人权。人之为人，而区别于其他动物，一个根本的特质就在于人有理性，能思考自身的事情，有自我意识，能以自己的标准衡量万事万物。古希腊的普罗塔哥拉说："人是万物的尺度，存在时万物存在，不存在时万物不存在。"③ 人是理性的根本，理性之存在根本旨趣在于人的存在。人既然是理性的动物、能自觉自我的存在，那么人也就应该能够自己处理自己的事情，维护自己的基本权利。正是人类在行动中所表现出来的理性精神，生发出维护人类的天赋人权的自然法则。

在近代，理性主要是相对于权威、信仰等盲目的服从而言的，它是经过自身智慧思考而作出判断的能力，不是盲从和迷信。诚如伯里所说："在中古时代，一切信仰都为权威所垄断，权威认为真实的就是真实的，理性是无立足余地的。但理性对于这种强制的信仰，非经他的证明，是不肯承认的。理性的范围是限于经验界，又因为经验界的各部分是相互关联的，互相依倚的，所以界外的领土，非经它的考订，不肯接受，权威非有可靠的证明书，也是不得侵入界内的。"④ 而理性的觉醒源于启蒙，关于启蒙康德在其名作《对这个问题的一个回答：什么是启蒙？》中认为："启蒙就是人类摆脱自我招致的不成熟。不成熟就是不经别人的引导就不能运用

① 鄂振辉：《自然法学》，法律出版社，2005，第63页。
② 〔英〕洛克：《政府论》下篇，牛新春、罗养正译，载州长治编《西方四大政治名著》，天津人民出版社，1998，第240页。
③ 苗力田主编《古希腊哲学》，中国人民大学出版社，1989，第181页。
④ 〔英〕J. B. 伯里：《思想自由史》，宋桂煌原译，余星校译，吉林人民出版社，1999，第7页。

自己的理智。如果不成熟的原因不在于缺乏理智，而在于不经过人引导就缺乏运用自己理智的决心和勇气，那么这种不成熟就是自我招致的。Sape-reaude（敢于知道）！要有勇气运用你自己的理智！这就是启蒙的座右铭。"理性是启蒙的结果，他主张用自己的理智作出判断。"如果我有一本书替我理解，有一位牧师替我具有良心，有一位医生替我判断食谱，等等，那么真的我就不需要操心了。"① 当然这种不用自己操心也就是理性的昧暗，理性就是依赖自身而作出判断，"自由正是在他物中即是在自己的本身中，自己依赖自己、自己是自己的决定者"②。自己的事情由自己来作主，经过自己的理智考虑而作出自己的判断，这是作为自然法的渊源的理性的本质所在，也是自然法体系的基石，自然法主张尊重每一个人的判断和基本权利。

二　自然法诸理念

自然法学说是西方法哲学中一个至今仍在发挥重要影响的理论，它是西方诸国法律制定的价值依据，几乎所有的法律都是自然法价值理念的细化和具体化，众多的法律也都可以从逻辑上追溯到自然法。洛克《政府论》下篇把自然法作为他整个理论大厦的基础，他的自然法理论集中体现在以下几点。

第一，以维护人的生存为第一要旨。在霍布斯那里，保存生命的权利是自然法权利的唯一内容，洛克在承认这一点的同时扩展了自然法权利。③不过维护人的生存权在洛克的自然法理论中仍然是极其重要的内容。他说，自然法的义务可以以两种方式加以陈述："每一个人都有义务保存自己，每一个人都有义务保存全人类。"④ 不管是保存自我，还是保存全人类，都是对人类生存的关切。洛克说，"上帝植入人们中并使之成为他们的本性的原理的第一个和最强烈的欲望便是自我保存"，"因为上帝已将自

---

① 〔美〕詹姆斯·施密特编《启蒙运动与现代性——18世纪与20世纪的对话》，徐向东、卢华萍译，上海人民出版社，2005，第61页。
② 〔德〕黑格尔：《小逻辑》，贺麟译，商务印书馆，1981，第83页。
③ 高建主编《西方政治思想史》第3卷，天津人民出版社，2005，第29页。
④ 〔美〕列奥·施特劳斯、约瑟夫·克罗波西主编《政治哲学史》下册，李天然等译，河北人民出版社，1998，第553页。

己保存自己的生命和存在的强烈愿望作为行为的准则而植入到人们的心中，作为上帝在人们心中的声音的理性就不得不教导他们并使他们确信当他们追随那种保护他们的存在的自然倾向时，他们正遵循着创造者的意愿"。① 自然法在洛克这里常常以上帝的名义阐述出来，"上帝赐给人类的土地和其他一切东西，都是为了人类的生存和生活"②。这是那个时代西方文化的特征。另外，自然法规定单个人的生存不能侵害他人的生存条件，这是对整个人类生命的负责，洛克在《政府论》下篇中多次阐述，自然状态中的人们不得侵犯他人的自由、平等和财产等权利，这种"不侵犯"实质就是为了让整个人类处在和谐的状态中，处在一种各自按照自己的生存方式存在而彼此不相侵犯的自然状态中，即为了整个人类的生存。"根据最基本的自然法，应该尽一切努力保障每一个人的生存权"。生存权是最重要的权利，但是，"当全体人的生存权不能同时得到保证时，无辜者的安全应该优先"。③ 自然法特别保护那些没有侵犯别人权利的人，在战争状态下，那些没有参与侵略的无辜者的生存应该得到保证。如果有人违反了自然法，侵害了他人的权利，那么他就和别人处于战争状态了。"当一个人的言行显示，他不是出于头脑发热，而是经过深思熟虑，对别人的生命有所企图时，他就把自己和对方置于战争状态了。"④ 而战争状态是"只要受害者有能力，就有权置对方于死地"的状态，是一种威胁人们生存的你死我活状态。由此看来自然法允许报复，这种报复也是为维护生存，它可以报复实施侵害的人，这种报复也能够威慑他人，阻止侵害行为的再次发生，以更好地维护人类的生存。但是战争状态绝对不应该危及没有参与战争的无辜者。在各方生命不能得到保证的时候，无辜者的生命应该优先得到保证。

　　第二，劳动产生物权。在最初的自然状态下并不存在私权，或者说，

① 〔美〕列奥·施特劳斯、约瑟夫·克罗波西主编《政治哲学史》下册，李天然等译，河北人民出版社，1998，第555页。

② 〔英〕洛克：《政府论》下篇，牛新春、罗养正译，载州长治编《西方四大政治名著》，天津人民出版社，1998，第351页。

③ 〔英〕洛克：《政府论》下篇，牛新春、罗养正译，载州长治编《西方四大政治名著》，天津人民出版社，1998，第347页。

④ 〔英〕洛克：《政府论》下篇，牛新春、罗养正译，载州长治编《西方四大政治名著》，天津人民出版社，1998，第347页。

人们对任何物品都享有所有权。"土地上所有自然生存的果实和野兽都属于人类共有，因为它们都是自然生长物，没有人一开始就对自然之物享有排他性的私有权。既然自然之物是给人类使用的，人类就必须设法对其进行分割，然后某个具体的人才能享用它。"① 那么应该如何来分割自然之物呢？洛克认为："上帝把世界赐给人类共有的同时，也把理性赐给了人类，让人类应用理性解决生活中的难题。"② 人类的理性认为能够将整个自然之物分割开来，并使具体的个人享有私有权的是人类的劳动，"虽然土地和一切低等动物属于人类共有，但是，人对自己的身体却有排他性的财产权。人的身体进行的劳动和人的手进行的工作，正是属于他自己的。那么，只要他使某个物品脱离其自然存在状态，这个物品里就渗透了他的劳动，包含了他自己的财产，所以，这个物品就是他的财产了。他使这个物品脱离自然存在状态，就已经通过劳动使这个物品附加了一些东西，因此就排斥了别人的共有权。因为劳动是劳动者不容置疑的财产，所以，只有他有权享有渗透着他的劳动的物品，至少在还有足够的、同样好的物品供别人共有时，应该这样"。③ 人类的劳动使人类有了私有财产。作为近代资产阶级利益的代言人，洛克在其著作中是鼓励劳动的，"上帝把世界赐给人类共有，是为了人类的利益，是为了人类最大限度地利用它。不能设想，上帝的意思是让土地永远共有，而不能进行耕种。他把土地赐给勤劳和有理性的人去使用（他们通过劳动占有它），而不是供给喜好吵闹的人去幻想"。④ 劳动真正创造了价值，"正是劳动改变了每件东西的价值"，"劳动创造了绝大部分价值"。⑤ 这些附着在自然物品上的价值真正衍生了私有权。

　　第三，人类的物权以不浪费为限度。人类通过在自然物中渗透自己的

① 〔英〕洛克：《政府论》下篇，牛新春、罗养正译，载州长治编《西方四大政治名著》，天津人民出版社，1998，第351~352页。

② 〔英〕洛克：《政府论》下篇，牛新春、罗养正译，载州长治编《西方四大政治名著》，天津人民出版社，1998，第351页。

③ 〔英〕洛克：《政府论》下篇，牛新春、罗养正译，载州长治编《西方四大政治名著》，天津人民出版社，1998，第352页。

④ 〔英〕洛克：《政府论》下篇，牛新春、罗养正译，载州长治编《西方四大政治名著》，天津人民出版社，1998，第354页。

⑤ 〔英〕洛克：《政府论》下篇，牛新春、罗养正译，载州长治编《西方四大政治名著》，天津人民出版社，1998，第358页。

劳动而享有对该物的物权，但这种物权也并不是无限的。在自然法看来，人们占有物品是为了生存，超过满足生存需要的多余物品会导致物品的浪费，所以人"无权占有多于自己消费能力的东西，也无权拥有自己享用不了的东西"①。"只要是他耕种和收获的东西，在腐烂之前，贮存和利用它们是他特有的权利；只要是他圈占并能饲养和利用的，那这些牲畜和产品就是他的。但是，如果他圈占的草烂在地上，他种植的果子未采集就腐烂了，那么，即使是他圈占过的地，也被认作是无主地，别人仍可所有。"②超过人们消费能力的物品又重新恢复到了自然状态，即任何人都可以对它享有所有权的状态。洛克的这种物权有限理论的实质仍然在于维护人类的生存这一自然法的第一要旨，它规定人类不能无限制地占有物品，因为如果一个人或者一些人无限制地占有自然物品，那么这必然导致巨大浪费（尤其是那些无法储存的物品），也必然会导致另一部分人由于缺乏自然物品而忍饥挨饿，生存受到威胁。自然法是以人类的理性构想出来的一种人类生存的规则，它要维护的是整体人类的生存，一个人通过劳动而占有自然之物不能威胁他人的生存，必须以留给他人充足的自然物品为限度。自然状态是前政府的状态，这种状态中还没有形成阶级，支配着这种状态的规则应该是维护整个人类生存的理性法则，而不是维护某个人、某个利益集团的法则。

第四，人人生而平等、独立，同等条件的人享有同等的权利是自然法的核心理念。自然法是一种源于理性的法，是理性中本然存在的一种理念。近代西方众多的哲学家都认为，自然法来源于上帝的启示，当然也有哲学家认为，人们心目中的理念并非来自某种客观精神的启示，而是来源于感觉，来源于外物在自我意识中的反映。但不管理性——这种人类意识来源于何处，它都是自然法的滥觞，自然法奉理性为圭臬。而平等、独立、同等条件的人享有同样的权利则是理性所标举的基本理念，洛克认为，在自然状态下，"人们享有的一切权利和执行权都是相互的，每个人的权利都是相等的。显而易见，相同种族和相同地位的人生来就享有相同

---

① 〔英〕洛克：《政府论》下篇，牛新春、罗养正译，载州长治编《西方四大政治名著》，天津人民出版社，1998，第357页。

② 〔英〕洛克：《政府论》下篇，牛新春、罗养正译，载州长治编《西方四大政治名著》，天津人民出版社，1998，第357页。

的自然条件，拥有相同的能力，理应相互平等。人和人之间不存在从属和被从属关系，除非大家共同的意志以某种形式表达出来，愿意把一个人置于其他人之上，明确地把无可置疑的统治权和主权交给这一个人"①。自然法规定，人人生而平等，条件相当的人享有同样的机会，这种平等源于天赋，源于自然，但是人们在享有独立、平等的同时不得影响、妨碍他人的权利。"当自身的生存不成问题时，就应当尽可能保护别的人。除了惩处罪犯外，我们不能剥夺和伤害生命，不能阻碍对生命、自由、健康、身体和财产的保护。"② 自由、平等必须以不侵犯他人为条件，否则自由、平等、独立就无法保证，你可以侵犯他人的权利，他人同样也可以侵犯你的权利，这最终又恢复到了无序且无休止的战争状态。不过在自然法中有一个例外，那就是惩处犯罪，"在自然状态中，自然法的执行权属于每一个人，人人都有权依法惩处罪犯，直到没人违反自然法"③。因为自然法如果没有执行人，那就没有法律的效应。但是由谁来执行呢？"在自然状态中，只要有一个人有权惩罚罪犯，那么，人人就都有这个权利。因为在完全平等的状态中，没有任何人能享有对别人的优势和管辖权，所以，只要有一个人能执行自然法，每个人就都有权这样做。"④ 既然必须有人来执行自然法，而只要有一个人有权执行自然法，那其他人就享有这种权利，那就只能是人人都有权执行自然法了。

第五，自主、自愿的理念。自然法理论承认，人在成年之后有权自主决定自己的事情，在未成年时，父母有权对子女的生活给予指导。"我不得不承认，孩子一出生就不是处在完全平等的状态里，尽管他们生来就应该是平等的。在孩子出生和出生后的一段时间里，他们的父母对他们就有一种统治权和管辖权，但这只是临时的。"⑤ 孩子出生之时无力自立，所以

① 〔英〕洛克：《政府论》下篇，牛新春、罗养正译，载州长治编《西方四大政治名著》，天津人民出版社，1998，第342页。
② 〔英〕洛克：《政府论》下篇，牛新春、罗养正译，载州长治编《西方四大政治名著》，天津人民出版社，1998，第343页。
③ 〔英〕洛克：《政府论》下篇，牛新春、罗养正译，载州长治编《西方四大政治名著》，天津人民出版社，1998，第343页。
④ 〔英〕洛克：《政府论》下篇，牛新春、罗养正译，载州长治编《西方四大政治名著》，天津人民出版社，1998，第343页。
⑤ 〔英〕洛克：《政府论》下篇，牛新春、罗养正译，载州长治编《西方四大政治名著》，天津人民出版社，1998，第363页。

需要父母给予照料，"他们出生时都是婴儿，虚弱无助，无知无能。这种身心不成熟只能在逐渐成长的过程中消退，为了弥补这种缺陷，亚当和夏娃以及其后的一切父母，根据自然法，都有保护、供养和教育儿女的责任"。在成年之前，父母有义务抚养子女。成年之后，子女有权独立和自由，"成年带来了理性，也带来了自由"。成年的自由和未成年服从父母并不相矛盾，"生而自由和服从父母是统一的，建立在同一个原则上。孩子正是通过父亲的权利、父亲的知性，享受到了自由，父母的知性一直管教着他，直到他有了自己的知性"①。有了自己的知性也就能够独立了，这个时候父母已经无权过多干涉子女的生活了。除此之外，洛克政府理论中的契约精神也是自主、自愿的自然法理念的体现。"人生来就是自由、平等和独立的，没有本人的许可，不能剥夺任何人的这些权利，不能使任何人服从别人的政治权利。只有一种方式，可以使一个人放弃他享有的这种天生权利，接受公民社会的约束，这就是通过协议，同别的人联合成一个社会，以便每个人都能享有舒适、安全和安稳的生活，保护他们的财产安全，并且有更大的力量来抵御外来侵略。"② 契约是建立在自愿的基础之上的，否则就不叫契约。在自然法理论中，通过契约而建立政府是通过多数原则来实现的。"根据自然法则和理性法则，多数人的行为代表全体的行为，当然，多数人的决定就具有全体的效力了。"③ 否则，如果需要征求所有人的同意的话，那就和自然状态没有什么差别了。"假如只有他自己认为合适的，实际上是他自己同意的规则，他才接受其约束，那么什么是新的义务呢？同订立契约以前相比，他仍然享有同样多的自由，或者同自然状态中的其他人享有同样的自由。因为对于社会的任何法令，只有他自己认为合适时，他才服从或同意。"④ 因此所有人的同意是不太可能的。

---

① 〔英〕洛克：《政府论》下篇，牛新春、罗养正译，载州长治编《西方四大政治名著》，天津人民出版社，1998，第363~364页。
② 〔英〕洛克：《政府论》下篇，牛新春、罗养正译，载州长治编《西方四大政治名著》，天津人民出版社，1998，第382页。
③ 〔英〕洛克：《政府论》下篇，牛新春、罗养正译，载州长治编《西方四大政治名著》，天津人民出版社，1998，第383页。
④ 〔英〕洛克：《政府论》下篇，牛新春、罗养正译，载州长治编《西方四大政治名著》，天津人民出版社，1998，第383页。

三 自然法在政府形成中的作用

洛克将自然状态描述为一幅和平的图景，但他并不认为自然状态可以永远维持下去，他认为自然状态有其自身无法克服的缺陷。首先，自然状态缺少一种公认的、固定的、众所周知的法律，以作为人们判别是非和裁决纠纷的标准。虽然自然法在自然状态下起作用，但是人们往往由于个人利害的偏见，或由于对自然法缺乏研究而无知，不愿意受自然法的约束。其次，在自然状态下，人人都是自然法的裁判者，由于人人有利己之心，所以他们的裁判很容易出现偏差。自然状态缺少一个依照既定法律裁判一切争端的公正的裁判者。最后，在自然状态下，人人可以执行惩罚，这势必引起惩罚者和被惩罚者之间的冲突，使惩罚无法执行。[①] 所以成立政府是人类发展的必然，在成立政府过程中，自然法仍然起着十分重要的作用，而且在政府成立之后，自然法也会发挥作用。

第一，政府的成立必须建立在广大人民认可的基础上，这是自然法的自主、自愿原则的集中体现。自然状态不是人类的理想状态，那是一种"人对人是狼"的社会，而且由于受自己私欲的影响，在惩罚犯罪时人们会有偏见而导致惩罚失当，从而使得人与人之间的冲突不断。为了消除自然状态下的内耗，同时也为了保护人们的生命、自由与财产，人们通过契约组成政府，"不论在什么地方，也不论多少人这样组成了一个社会，每个人都放弃了其执行自然法的权利，把它交给政府，这就是、也只有这才是政治的或公民的社会"[②]。当然，在让渡个人部分权利组成政府的时候，洛克反对专制政府。他说："如果一个人独揽了全部立法权和执法权，那就找不到一个仲裁人。那么，当君主或因君主的命令对别人造成伤害或不便时，就无法向公道无私的、有权威的人投诉，也就不能通过仲裁人的裁决得到解决或补偿。因此，这样的人，不管对他冠以什么名称，不论是叫皇帝、大帝、还是叫别的什么，他同受他统治的所有人，都生活在自然状

---

① 周晓亮主编《西方哲学史》第四卷，江苏人民出版社，2004，第358页。
② 〔英〕洛克：《政府论》下篇，牛新春、罗养正译，载州长治编《西方四大政治名著》，天津人民出版社，1998，第378~379页。

态中。"① 也就是说，如果政府是专制的，那么就又倒退到了自然状态。作为资产阶级政治哲学家的洛克所主张的是民主的政治制度，不管是君主制还是共和制，都应该建立在民主的基础之上，他认为，人们组成政府的最主要目的就是保护个人财产、维护人们的利益，而专制政府的存在显然并不是为了实现这一目的。为了防止专制政府的出现，就必须处理好由人们让渡出来的、由政府机关人员掌管的权力。在政治社会中，最主要的权力机关是立法机关，"（有鉴于政府除了保护财产外，没有任何目的），因此，人们必须把立法权交给一个集体，可以称它为参议院、议院或别的什么名称，只有这样，人们才会感到安全和放心，才会感到自己生活在公民社会中"。这样的社会才不会有专制产生，"通过这样的办法，每一个人同其他最卑微的人一样，都平等地服从法律，而他自己也曾作为立法机关的一部分参与了这个法律的制定"。而且"法律一旦制定，任何人都不能凭借自己的权利逃避法律的约束，也不得以其地位显赫而请求豁免，因而不能再放纵自己或自己的下属为所欲为。……如果有人想做什么就做什么，那么，人们就无法在人间进行投诉，因而也无法弥补由他造成的损害，也无法制止他的损害行为"，"安宁和安全是公民社会创建时的初衷，也是人们加入公民社会的唯一目标"。② 所以，"公民社会"非常关心如何处理权力问题。英国阿克顿勋爵说，权力导致腐败，绝对权力导致绝对腐败，所以必须制约权力。在洛克看来，集体行使立法权是一种比较安全的做法。另外，三权分立而又相互制约的权力制约机制的雏形在洛克的理论中已经形成，比如洛克说："如果由一些人同时掌握行政和立法权，就会对人性的弱点——攫取权利构成巨大的挑战；他们会利用手中的立法和行政大权使自己不受他们制定的法律的约束，并在立法和执法时，以他们自己的私人利益为依据。"③ 不过三权分立的思想在洛克这里并没有得到系统的表述，他的政府理论主要体现在契约论上。

第二，政府成立之后，各种法律的制定以自然法为基础。在霍布斯那

---

① 〔英〕洛克：《政府论》下篇，牛新春、罗养正译，载州长治编《西方四大政治名著》，天津人民出版社，1998，第379页。

② 〔英〕洛克：《政府论》下篇，牛新春、罗养正译，载州长治编《西方四大政治名著》，天津人民出版社，1998，第381~382页。

③ 〔英〕洛克：《政府论》下篇，牛新春、罗养正译，载州长治编《西方四大政治名著》，天津人民出版社，1998，第405页。

里，进入社会状态之后，自然法就归于消失，但在洛克看来，进入社会状态后，自然法所规定的义务并未消失，而是在许多场合下表达得更清楚，而且也会因人定法所附的刑罚而变得更加具有约束力。"自然法之有效乃因其是上帝的意志，而不必非得经过主权者的命令。因而，自然法是立法者以及其他人的'永恒的规范'。它不仅规范主权者自身的行动，而且规范主权者所立之法及人定法，一切与自然法相违背的人定法律及其规定的一切人类制裁都不会是正确的或有效的。"① 自然法可以说是一种价值法，它崇尚的是自由、平等等价值，而人定法则是将这些价值具体化、细化到可操作层面。所以洛克认为，自然法在公民社会状态下不但没有消失，反而表达得更加清楚，变得更加有效。比如，"公民社会"状态中的法律都把公民的生命、自由和财产等权利作为价值目标加以保护，而保护这些权利本身也是自然法的主要宗旨，只不过自然法只是一种习惯法，没有强制力，也没有得到明确的表述而已。不仅如此，自然法在"公民社会"状态下仍然发挥作用还体现在，在没有明确的法律规定的情况下，人们仍然要按照自然法行事。"因为立法机关无法预测，因而也就无法立法保障一切有利于社会的事，那么，在这些国内法没有做出规定的不少领域，在立法机关有机会集会做出规定之前，法律的执行者，依据一般的自然法，享有利用自然法为公众谋利益的权利。"② 在洛克看来，保护公众的利益是最终目的，不一定非得要有人定法的明文规定才行。

第三，如果政府没有维护国民的利益，国民就有不服从的权利，就有推翻政府、另立新政府的权利。洛克认为，即便是进入"公民社会"状态，人们仍然保留一种最高权力，以保护自己不受任何团体尤其是立法者的攻击和谋算。人们让渡自己的部分权利，组建"公民社会"，其原初宗旨就在于维护自己的生命、自由和财产。一旦政府组建成功，公民与政府之间就形成一种委托与被委托的关系，当被委托人的行为违背了人们的委托时，也就是侵害了人们的生命、自由和财产时，人们仍然享有最高的权力来罢免或者更换，从而取消委托，委托一经取消，政府即解散，权力又

① 高建主编《西方政治思想史》第 3 卷，天津人民出版社，2005，第 296 页。
② 〔英〕洛克：《政府论》下篇，牛新春、罗养正译，载州长治编《西方四大政治名著》，天津人民出版社，1998，第 412 页。

回到社会手中。① 洛克在《政府论》下篇中说："不论是谁掌握了政府权力，都是在这一特定的条件下受人之托，其条件是以人们能够拥有和保护财产为目的。"② 这一委托与被委托的关系本身是自然法的重要体现之一，一旦违反了这种自然法，被委托人的地位就自然被取消了，"如果手中有权的人超越了法律授予他的权力，使用手中的武力迫使国民接受违法行为，他作为官员的地位就结束了"③。人们有权推翻那些违背委托契约的政府而另立新政府。

第四，战争中的自然法。自然法就是人们的理性，用自然法评判战争就是用人们的理性评判战争。侵略他人的财产或利益的战争是不义的战争，但是这一基本的论断中包含十分复杂的内容。其一，战争中征服者对于被征服者具有支配人身的权利，却没有占有其财产的权利。"正因为侵略者使用了暴力，对方才有权把他作为野兽一样对待，可以取其生命，可以随意毁灭他。但是，只有他所受的损害，才能使他享有支配别人财产的权利。因此，我能够处死一个拦路抢劫者，但不能（似乎很少有这种情况）取走他的钱财，然后让他走人。如果这样做，我自己倒成为抢劫了。"④ 其二，在战争索赔时应该分析哪些可以索赔，哪些不能索赔。洛克说，"即使正义完全在征服者一方，他拥有的正义如同人能够想象到的一样多，他也没有权利夺取多于战败者应该失去的东西"。比如，被征服者的"财物和劳力可以由胜利者拿去作赔偿，但是，他（被征服者——引者注）妻儿的财物不属于胜利者。妻儿对他的财物也有权利，在他所拥有的产业中也有她们的一份"。⑤ 自然法不会剥夺无辜者基本的生存资料，因为它以维护人的生存为第一要旨。"自然法的根本原则是尽可能地保护全人类，据此，面对征服者的损失和维持子女生存的需要，如果没有足够的财物满足

---

① 高建主编《西方政治思想史》第3卷，天津人民出版社，2005，第296页。

② 〔英〕洛克：《政府论》下篇，牛新春、罗养正译，载州长治编《西方四大政治名著》，天津人民出版社，1998，第403页。

③ 〔英〕洛克：《政府论》下篇，牛新春、罗养正译，载州长治编《西方四大政治名著》，天津人民出版社，1998，第431页。

④ 〔英〕洛克：《政府论》下篇，牛新春、罗养正译，载州长治编《西方四大政治名著》，天津人民出版社，1998，第423页。

⑤ 〔英〕洛克：《政府论》下篇，牛新春、罗养正译，载州长治编《西方四大政治名著》，天津人民出版社，1998，第423页。

双方的要求，生活有富余的人应该降低全额赔偿的要求，让那些没有这些财产就面临死亡威胁的人，享有较大的和优先的权利。"① 所以战争索赔也不能索取那些生活有困难的人的财物，不能索取那些无辜者的财产。

---

① 〔英〕洛克：《政府论》下篇，牛新春、罗养正译，载州长治编《西方四大政治名著》，天津人民出版社，1998，第424页。

第二十四章 马克思对共产主义
概念的多维解读

习近平总书记在党的十九大报告中指出："共产主义远大理想和中国特色社会主义共同理想，是中国共产党人的精神支柱和政治灵魂，也是保持党的团结统一的思想基础。"[①] 理想信念是共产党人的精神支柱和政治灵魂，实现共产主义是共产党人的最高理想，但共产主义社会到底是一种什么样的社会状态，应该如何理解共产主义概念，对于许多共产党人来说则未必都十分明确，而这却是前提性的问题，是坚定理想信念的基础，因此探讨共产主义概念的基本内涵是一个基础性的课题，对当代共产党人坚定理想信念具有重要的现实启迪意义。马克思在不同文本中从多个角度描画过共产主义社会的基本状态，本章力图以马克思的文本为依据，梳理探讨马克思对共产主义概念的多维解读。

一　从人的自由而全面发展的维度解读共产主义概念

马克思终其一生所进行的理论探索的最终志趣就是实现共产主义，因此共产主义概念是马克思主义的核心概念，其他的概念和理论都是为论证共产主义的历史必然性而服务的。共产主义概念是对未来理想社会状态的

[①] 习近平：《决胜全面建成小康社会　夺取新时代中国特色社会主义伟大胜利——在中国共产党第十九次全国代表大会上的报告》，人民出版社，2017，第63页。

指称，马克思在诸多文本中从不同维度阐释过共产主义概念的内涵，展望共产主义社会的美好理想。人的自由而全面发展的维度应该是马克思最重要的解读共产主义概念的维度，共产主义概念最核心的内涵就是实现全人类的彻底解放，共产主义社会是实现了人的自由而全面发展的状态，而对共产主义社会的自由状态，马克思也从多个维度进行阐释。

共产主义是自由自觉的类本质的实现。共产主义是《1844 年经济学哲学手稿》中的一个重要概念，马克思不仅批判了"粗陋的共产主义"，还正面阐述了真正的共产主义。他指出，粗陋的共产主义"只不过是私有财产的彻底表现"，是"用普遍的私有财产来反对私有财产"，"粗陋的共产主义不过是这种忌妒心和这种从想像的最低限度出发的平均主义的完成"，这种共产主义"不仅没有超越私有财产的水平，甚至从来没有达到私有财产的水平"。① 这是对粗陋的共产主义的批判，马克思对共产主义的正面诠解是在批判资本主义异化的基础上进行的，共产主义是对异化的扬弃，"共产主义是私有财产即人的自我异化的积极的扬弃，因而是通过人并且为了人而对人的本质的真正占有；因此，它是人向自身、向社会的即合乎人性的人的复归，这种复归是完全的，自觉的和在以往发展的全部财富的范围内生成的"②。在异化状态下，人的类本质、类生活成为疏远于人并压制人的外在异己力量，而共产主义社会扬弃了异化，实现了人的类本质的积极复归。"共产主义是私有财产即人的自我异化的积极的扬弃，因而是通过人并且为了人而对人的本质的真正占有"③，共产主义就是外在于人、异化于人的类本质向人自身的复归，而人的类本质就是人的"自由自觉"的本性，类本质的复归就是人的"自由自觉"状态的实现，共产主义就是人的自由自觉状态的实现。《1844 年经济学哲学手稿》时期的共产主义概念，还受费尔巴哈人道主义影响，存在诸多不成熟之处。第一，还没有能够从人类历史发展规律必然性的高度看待共产主义，马克思更多地还是从"异化""扬弃异化""本质复归"的正反合的思辨角度来阐释共产主义社会。第二，共产主义还停留于道德批判的层面，马克思虽然已经认识到了无产阶级与资产阶级之间的对立，但毕竟他还没有形成系统的革命理论，

---

① 〔德〕马克思：《1844 年经济学哲学手稿》，人民出版社，2000，第 79 页。
② 〔德〕马克思：《1844 年经济学哲学手稿》，人民出版社，2000，第 81 页。
③ 〔德〕马克思：《1844 年经济学哲学手稿》，人民出版社，2000，第 81 页。

还没有明确提出实现共产主义的依靠力量和具体途径，没有明确而成熟的科学理论作指导。第三，从扬弃异化的角度来解释共产主义，还更多地流于形式化。此时的共产主义概念更多的是为了批判资本主义的"异化"现象而提出的，马克思还没有系统而深入地对共产主义展开研究。但未来共产主义社会是人类真正自由状态的理念已经明确地表达出来了，共产主义是人类自由而全面发展的观点是马克思终生一以贯之的基本观点。

共产主义社会为人的自由而全面发展创造了物质基础。共产主义以生产力的普遍发展为前提，是历史发展的必然。在《德意志意识形态》时期，马克思已经形成了历史唯物主义，并开始用历史唯物主义理论分析人类社会。人类历史的发展从最根本意义上来说是由生产力的发展决定的，资本主义的发展顺应了生产力的发展，是生产力的一次重大解放，但是随着生产力的发展，资本主义将逐渐由生产力的促进者转变为生产力的束缚者，而生产力是最革命的因素，人类历史的发展必然要超越资本主义而进入共产主义。"共产主义和所有过去的运动不同的地方在于：它推翻一切旧的生产关系和交往关系的基础，并且第一次自觉地把一切自发形成的前提看做是前人的创造，消除这些前提的自发性，使这些前提受联合起来的个人的支配。"① 在资本主义社会，"自发形成的前提"不仅没有被人支配，反而成为支配人的异己力量，共产主义推翻了资本主义的这种生产关系，使人成为自觉的支配者。马克思在《资本论》等著作中指出，资本主义的经济危机表明，资本主义的生产关系已经无法再容纳生产力的发展了，生产力的发展已经成为资本主义发展的破坏力量，只有通过经济危机，通过对生产力的大量浪费来延缓资本主义矛盾的彻底爆发，而共产主义社会解放了生产力，使得生产力成为促进社会进步的力量，为人的发展创造丰富的物质基础。物质资料极大丰富是共产主义社会的基本特征，也是人的自由而全面发展的基础。

从事劳动不再是为了谋生。马克思在《詹姆斯·穆勒〈政治经济学原理〉一书摘要》中指出，资本主义的"劳动"只是"直接谋生的劳动"，②劳动的目的就是谋生，从本质上讲，劳动是"个人存在的积极实现"，劳

---

① 《马克思恩格斯选集》第 1 卷，人民出版社，2012，第 202 页。
② 〔德〕马克思：《1844 年经济学哲学手稿》，人民出版社，2000，第 174 页。

动是人的本质活动，是人与普通动物的本质区别，人在劳动过程中应该是实现自我、肯定自己，但在资本主义异化状态下，人在劳动过程中不是肯定自己而是否定自己。"工人生产得越多，他能够消费的越少；他创造价值越多，他自己越没有价值、越低贱；工人的产品越完美，工人自己越畸形；工人创造的对象越文明，工人自己越野蛮；劳动越有力量，工人越无力；劳动越机巧，工人越愚笨，越成为自然界的奴隶。"① 对于工人来说，劳动只是维持自身生存的手段，"他活着只是为了谋取生活资料"②。劳动只是谋生的手段，或者只是为了谋取生活资料，所蕴含的是人受必然性支配。生存是人类存在的前提，为了生存，每个人都必须有物质生活资料，在资本主义社会，劳动就是为了谋取生活资料，谋生的劳动是受必然性支配的劳动，因为不劳动就无法谋取生活资料，人自身就无法生存。无产阶级在谋生面前，除了出卖自己的劳动力之外，别无选择，人受必然性支配，没有自由可言。与资本主义的谋生劳动相比，在未来的共产主义社会是自由劳动，人们从事一项劳动不必考虑能挣多少工资，未来共产主义社会物质资料极大丰富，实行按需分配的分配制度，生存已经不再是问题，这个时候，劳动不再是谋生的手段，而是人的自我实现，是自己乐趣之所在，人在劳动中积极肯定自我、实现自我，人的潜能得到充分的发掘和实现。

摆脱了物的依赖状态。马克思在《1857—1858 年经济学手稿》中认为人类社会依次经历了"人的依赖关系"的社会状态、"以物的依赖性为基础的人的独立性"状态和"建立在个人全面发展和他们共同的、社会的生产能力成为从属于他们的社会财富这一基础上的自由个性"状态。③ 资本主义社会是人被全面"物化"的"以物的依赖性为基础的人的独立性"社会状态，它消除了前资本主义的"人的依赖关系"，农奴与宗主之间的人身依附关系被资本所解构，资本在解构人身依附关系的同时，也消解了前现代社会的道德本位和情感本位，资本"撕下了罩在家庭关系上的温情脉脉的面纱，把这种关系变成了纯粹的金钱关系"，"抹去了一切向来受人尊崇和令人敬畏的职业的神圣光环。它把医生、律师、教士、诗人和学者变

---

① 〔德〕马克思：《1844 年经济学哲学手稿》，人民出版社，2000，第 53 页。
② 〔德〕马克思：《1844 年经济学哲学手稿》，人民出版社，2000，第 175 页。
③ 《马克思恩格斯全集》第 30 卷，人民出版社，1995，第 107~108 页。

成了它出钱招雇的雇佣劳动者"。① 资本用赤裸裸的、冰冷的金钱关系消解了前现代社会的情感温度与德性神圣，用拜金主义祛魅前现代社会。在资本主义社会"中介就成为真正的上帝"，"同这个中介脱离的物，失去了自己的价值"，人的"奴隶地位就达到极端"。② 物化是资本主义社会的基本特征，资本是整个社会的指挥棒，它指挥着资产阶级孜孜以求、奔走呼号，工人阶级因此而被资产阶级盘剥和压榨，原本应该是客体的物摇身一变成为主体，而原本是主体的人却变成了物的奴隶。表面上人自由地追求资本、追求物质，但实际上人却被资本所裹挟、被物所控制。表面上的自由掩饰了实质性的不自由，相对于前资本主义，资本主义社会的人确实获得了解放，但人的解放仅仅是达到了一个较高的阶段，人没有获得真正而彻底的解放。在未来的共产主义社会，物质资料极大丰富，任何人都不会因为物而做自己不喜欢做的事情。总之，未来的共产主义社会消除了人为物役的社会状态，实现了人的真正自由和解放。

共产主义社会是自由人联合体。马克思恩格斯在《共产党宣言》中明确指出："代替那存在着阶级和阶级对立的资产阶级旧社会的，将是这样一个联合体，在那里，每个人的自由发展是一切人的自由发展的条件。"③ 共产主义社会是人的自由而全面发展的状态，是"每个人的自由发展是一切人的自由发展的条件"状态。"自由人联合体"的自由表现在以下几个方面。首先，这样的社会是一个在生产力高度发展的基础上消除了阶级压迫和阶级差别的社会，"当阶级差别在发展进程中已经消失而全部生产集中在联合起来的个人的手里的时候，公共权力就失去政治性质"④。在阶级社会，政治权力是统治阶级实现其统治的工具，而到了共产主义社会公共权力则丧失了其"政治性质"，不再是实现阶级统治的工具，而变为纯粹"公共"的权力，负责管理社会的公共事务。其次，共产主义社会不仅消灭了阶级统治，也消灭了阶级本身。共产主义社会不仅消灭了阶级，还消灭了阶级存在的基础——私有制，它"剥夺地产，把地租用于国家支出"、"征收高额累进税"、"废除继承权"、"没收一切流亡分子和叛乱分子的财

① 《马克思恩格斯选集》第 1 卷，人民出版社，2012，第 403 页。
② 〔德〕马克思：《1844 年经济学哲学手稿》，人民出版社，2000，第 165 页。
③ 《马克思恩格斯选集》第 1 卷，人民出版社，2012，第 422 页。
④ 《马克思恩格斯选集》第 1 卷，人民出版社，2012，第 422 页。

产"、建立国有银行、把运输业收归国有等。① 最后，共产主义社会还消灭了城乡之间的对立和差别，"把农业和工业结合起来，促使城乡对立逐步消灭"②。这是人类实现彻底解放的社会状态。

二　从产品分配的维度解读共产主义概念

人的自由而全面的发展是马克思阐释共产主义概念的主导视角，围绕这一主导视角，马克思还从多个维度对共产主义概念进行阐释，产品分配的维度是马克思理解共产主义概念的重要维度。在历史唯物主义看来，分配是由生产资料所有制决定的，但在具体的社会分配中，分配所依据的标准是不同的，资本主义社会的分配依据是资本，谁掌握资本谁就占主导权，作为共产主义第一个阶段的"社会主义"实行按劳分配，而未来共产主义高级阶段实行按需分配。

关于资本主义社会的分配问题，当代学者艾伦·伍德认为，马克思并不认为资本获得剩余价值而劳动获取工资这种分配方式不符合正义原则，"只要符合价值规律，就是符合正义"③。该论点引发了学界有关马克思分配正义问题的争论，伍德的论点看似怪论，引发了许多学者的批评，但他抓住了问题的关键，资本主义分配的依据是资本主义的生产资料所有制，生产资料私有制决定了资产阶级必然获得剩余价值，而工人只能获得工资，这种分配方式有其历史必然性，受必然性支配的分配方式不可能违背正义原则。实际上正义概念蕴含着道德批判原则，而必然性则以科学规律为根据，作为道德原则的正义概念本质上无法用来评判科学必然性。正义问题不是本章的关注核心，笔者征引艾伦·伍德的观点是想说明，资本主义分配的依据是资本，谁掌握资本谁就分得利益的大头，这种分配方式是资本主义时代的分配方式，有其历史必然性。

共产主义社会的产品分配原则超越了资本原则。马克思在《哥达纲领

---

① 《马克思恩格斯选集》第 1 卷，人民出版社，2012，第 421~422 页。
② 《马克思恩格斯选集》第 1 卷，人民出版社，2012，第 422 页。
③ 孟捷：《论马克思的三种正义概念——也谈资本占有剩余价值在什么意义上是不符合（或符合）正义的》，《中国人民大学学报》2013 年第 1 期。

批判》中首次阐述了共产主义分为两个阶段的思想。共产主义的第一个阶段即共产主义革命成功后建立起来的低级的共产主义阶段，这一阶段后来被列宁称作社会主义；共产主义的第二个阶段才是真正的共产主义社会。共产主义的第一个阶段实行按劳分配，资本主义的分配方式不是按劳分配，在分配过程中，资本所分配的份额远远超过了劳动所分配的份额，而且即便是工资，资本家也会将其压到最低，甚至低到低于劳动力价值。在共产主义第一阶段中，工人所分配的份额也不是拉萨尔所谓的"不折不扣的劳动所得"，在分配之前要做必要的扣除，以用于非生产性的管理、公共支出、应付灾难的公共基金等开支，做了这些扣除后再按照个人对社会的贡献进行分配，即按劳分配。共产主义社会的第一个阶段是资本主义向共产主义高级阶段的过渡阶段，还保留着"以物的依赖性为基础的人的独立性"社会的因素。按劳分配本身是对资本主义分配方式的超越，但按劳分配和资本主义的分配方式本质上都是按照分配主体在生产中的贡献进行分配。在资本主义社会，资本要素发挥着组织管理作用，在社会中占据统治地位，因此分配是以有利于资本的方式进行的；共产主义社会的第一个阶段按照劳动者对社会的贡献进行分配。按劳分配的出现是人类的一次巨大解放和进步，但按劳分配也存在弊端，马克思指出："一个劳动者已经结婚，另一个则没有；一个劳动者的子女较多，另一个的子女较少，如此等等。因此，在提供的劳动相同，从而由社会消费基金中分得的份额相同的条件下，某一个人事实上所得到的比另一个人多些，也就比另一个人富些，如此等等。要避免所有这些弊端，权利就不应当是平等的，而应当是不平等的。"① 按劳分配会导致贫穷和富有，会出现社会分化，而且这一阶段的人们的劳动还是为了谋生，生产力还没有达到高度发达的程度。所以共产主义第一阶段"是刚刚从资本主义社会中产生出来的，因此它在各方面，在经济、道德和精神方面都还带着它脱胎出来的那个旧社会的痕迹"②。这个阶段还不是人类的真正解放，人的自由而全面发展还没有真正实现。共产主义的第二阶段即共产主义的高级阶段，这一阶段的产品分配方式是按需分配，按需分配和按劳分配的最大区别在于分配不再与贡献挂

---

① 《马克思恩格斯选集》第 3 卷，人民出版社，2012，第 364 页。
② 《马克思恩格斯选集》第 3 卷，人民出版社，2012，第 363 页。

钩，分配多少取决于你的需求，不取决于你贡献了多少。这个时候劳动就不再是谋生的手段，人们选择工作就不必考虑谋生问题，而只考虑自己对这项工作是否感兴趣，工作不是为了赚钱养家糊口，而是为了让自己感到快乐，这是人的真正的自由的状态。虽然按需分配如何具有可操作性在马克思那里找不到更多的论述，但可以看出，共产主义社会使人从"物的依赖性"状态解放出来，是人的真正的解放。"共产主义的最重要的不同于一切反动的社会主义的原则之一就是下面这个以研究人的本性为基础的实际信念，即人们的头脑和智力的差别，根本不应引起胃和肉体需要的差别；由此可见，'按能力计报酬'这个以我们目前的制度为基础的不正确的原理应当——因为这个原理是仅就狭义的消费而言——变为'按需分配'这样一个原理，换句话说：活动上，劳动上的差别不会引起在占有和消费方面的任何不平等，任何特权。"① 按需分配是一种更加符合人性的分配模式，共产主义社会是一个更加人性化的社会形态，这种社会使人摆脱了对贫困的恐惧，每个人都可以自由地发展自己的潜能和感兴趣的方面。

三　从"重新建立个人所有制"的维度解读共产主义概念

"重新建立个人所有制"是马克思对共产主义的又一个重要解读视角，但关于这一解读还存在争议。"重新建立个人所有制"的文本依据出自《资本论》第 1 卷第 24 章："资本主义的私有制，是对个人的、以自己劳动为基础的私有制的第一个否定。但资本主义生产由于自然过程的必然性，造成了对自身的否定。这是否定的否定。这种否定不是重新建立私有制，而是在资本主义时代的成就的基础上，也就是说，在协作和对土地及靠劳动本身生产的生产资料的共同占有的基础上，重新建立个人所有制。"② 马克思明确指出，未来的共产主义社会就是"在协作和对土地及靠劳动本身生产的生产资料的共同占有的基础上，重新建立个人所有制"，

① 《马克思恩格斯全集》第 3 卷，人民出版社，1960，第 637~638 页。
② 〔德〕马克思：《资本论》第 1 卷，人民出版社，2004，第 874 页。

在其他文本中，马克思恩格斯都是从社会所有制的角度解读共产主义，强调共产主义社会的生产资料归社会所有，怎么在《资本论》中马克思又认为未来社会是"重新建立个人所有制"的社会呢？到底该如何诠释"重新建立个人所有制"呢？共产主义社会的"个人所有制"与私有制又有什么区别呢？首先，这个"个人所有制"肯定不是资本主义以及资本主义以前的私有制，否则就与马克思恩格斯的很多论述相冲突。《共产党宣言》中明确指出："共产党人可以把自己的理论概括为一句话：消灭私有制。"①不只是在《共产党宣言》中，在很多著作中，马克思都明确提出了"消灭私有制"的主张。其次，"重新建立个人所有制"中的"个人所有制"似乎也不是一般意义上的社会所有制，因为它是一种"个人所有制"。我国学界有学者曾认为"重新建立个人所有制"是"经济学的'哥德巴赫猜想'"，"几乎穷尽了所有可能的理解"也没有能够达成共识。② 一般我们在解读马克思"重新建立个人所有制"的时候都用恩格斯在《反杜林论》中的解读来解释，恩格斯在《反杜林论》中的解释是这样的："靠剥夺剥夺者而建立起来的状态，被称为重新建立个人所有制，然而是在土地和靠劳动本身生产的生产资料的社会所有制的基础上重新建立。对任何一个懂德语的人来说，这就是说，社会所有制涉及土地和其他生产资料，个人所有制涉及产品，也就是涉及消费品。"③ 恩格斯认为，未来的共产主义社会实行生产资料社会所有制，"社会所有制涉及土地和其他生产资料"，实行生活资料"个人所有制"，"个人所有制涉及产品，也就是涉及消费品"。恩格斯把"所有制"区分为生产资料所有制和生活资料所有制，并以此来解释马克思的"重新建立个人所有制"，这一解释一直被奉为对这一学术公案的经典解释。但这一解释也存在逻辑上说不通的地方，我国学者卫兴华认为，恩格斯的解读未必合理，把所有制概念区分为生产资料所有制和生活资料所有制看似能对"重新建立个人所有制"作出自圆其说的解读，但实际上并不符合马克思的语境，在马克思的著作中，所有制概念都是指生产资料所有制，不存在消费资料所有制的用法，而且，消费资料在资本

① 《马克思恩格斯选集》第 1 卷，人民出版社，2012，第 414 页。
② 张燕喜、彭绍宗：《经济学的"哥德巴赫猜想"——马克思"重新建立个人所有制"研究观点综述》，《中国社会科学》1999 年第 5 期。
③ 《马克思恩格斯选集》第 3 卷，人民出版社，2012，第 509 页。

主义社会也是归个人所有，工人用工资购买的消费资料当然就是个人所有的了，既然资本主义社会的生活资料也是个人所有，那就谈不上"重新建立""个人所有制"了。① 卫兴华认为，在马克思的语境中，个人所有制有两种，一种是"孤立的单个人的个人所有制"，另一种是"联合起来的社会的个人所有制"，前者是小私有者所有制，后者则是未来社会的"重新建立"的"个人所有制"，后者是对前者的"否定之否定"，但不管是哪种个人所有制，都是生产资料个人所有制，不存在消费资料个人所有制。我国很多学者参与了讨论，我们认为，不能孤立地理解"重新建立个人所有制"，应该把"重新建立个人所有制"放在人的全面而自由的发展、物质资料极大丰富、按需分配等理论系统中来理解，尤其是应该从人的自由而全面的发展的角度来解读。自由本质上就是依赖自己而存在，如果自己的生存仰赖于某种外在的力量，那事实上自己就无法保障自由。

四　从消除旧式分工的维度解读共产主义概念

马克思恩格斯在《德意志意识形态》中指出，从分工出现开始，人类就被局限于某一个固定的范围，而且这一固定的范围是强加的，不是出于自愿，处于分工中的人不能超越这一范围。这是由旧式分工（或者叫作自然形成的分工）所导致的异化，由分工所导致的异化不仅表现为个人活动范围的固定与不自由，还表现为个体的碎片化为整体的异化提供了条件。"社会活动的这种固定化，我们本身的产物聚合为一 种统治我们、不受我们控制、使我们的愿望不能实现并使我们的打算落空的物质力量，这是迄今为止历史发展中的主要因素之一。"② 分工总是将整个社会分化为诸多的领域和范围，个体的人只能从事某一个具体领域的工作，忙于具体工作的人们无法掌控社会整体，这就为社会整体的异化提供了条件。共产主义社会则扬弃了自然形成的分工，人们参与某项分工不再出于强制，而是出于自愿，且可以自由变换自己的工作，不再固定是一个"猎人、渔夫、牧人

---

① 卫兴华：《马克思"重建个人所有制"再辨析——兼评王成稼的解读》，《江苏行政学院学报》2013 年第 1 期。

② 《马克思恩格斯选集》第 1 卷，人民出版社，2012，第 165 页。

或批判者"。共产主义社会的整体消除了统治职能和压迫职能，也不再是"统治我们、不受我们控制、使我们的愿望不能实现并使我们的打算落空的物质力量"①，而成为实现个人幸福的共同体。

马克思在许多语境中用"自然形成的分工"来指代旧式分工，在马克思看来人类历史的发展是一个逐步超越自然束缚的过程。"人们先是在一定的基础上——起先是自然形成的基础，然后是历史的前提——从事劳动的。可是到后来，这个基础或前提本身就被扬弃，或者说成为对于不断前进的人群的发展来说过于狭隘的、正在消灭的前提。"② 人类最初的劳动受自然必然性支配，人最初是在"自然形成的基础上"从事劳动的，而后来是在人类改造世界的前提下劳动，再往后历史的发展又进一步扬弃了上述"基础"和"前提"，也就是说越往后，人类的劳动就越超越自然的束缚，而接近于实现真正的自由。自然形成的分工导致了人的异化，"只要人们还处在自然形成的社会中，就是说，只要特殊利益和共同利益之间还有分裂，也就是说，只要分工还不是出于自愿，而是自然形成的，那么人本身的活动对人来说就成为一种异己的、同他对立的力量，这种力量压迫着人，而不是人驾驭着这种力量"③。"自然形成的分工"使人类陷入不自由的状态，因为这种分工造就了一种"异己的、同他对立的力量"，这种力量压迫着人，使人不自由。在这一句话中，马克思明确指出了，自然形成的分工的异化的表现就是"不是出于自愿"，"因为共同活动本身不是自愿地而是自然形成的，所以这种社会力量在这些个人看来就不是他们自身的联合力量，而是某种异己的、在他们之外的强制力量"。④ 共产主义社会之前的社会处于自然形成的分工条件下，人是不自由的，不自由的表现就是分工"不是出于自愿"，那未来的共产主义社会中的分工应该是自由的、"出于自愿"的分工。为此，马克思也指出："各个人的全面的依存关系、他们的这种自然形成的世界历史性的共同活动的最初形式，由于这种共产主义革命而转化为对下述力量的控制和自觉的驾驭，这些力量本来是由人们的相互作用产生的，但是迄今为止对他们来说都作为完全异己的力量威

---

① 《马克思恩格斯选集》第 1 卷，人民出版社，2012，第 165 页。
② 《马克思恩格斯选集》第 2 卷，人民出版社，2012，第 750 页。
③ 《马克思恩格斯选集》第 1 卷，人民出版社，2012，第 165 页。
④ 《马克思恩格斯选集》第 1 卷，人民出版社，2012，第 165 页。

慑和驾驭着他们。"① 曾经的异己力量已经被置于自己的控制之下,拜物教被消除了,物不再是控制人的外来力量,而成为服务于人的自由和解放的力量。自然形成的分工的扬弃也消除了工农之间、城乡之间和脑体之间的差别,是人类的真正解放和巨大进步。

---

① 《马克思恩格斯选集》第 1 卷,人民出版社,2012,第 169 页。

第二十五章　马克思"重新建立个人所有制"的当代研究

"重新建立个人所有制"是马克思对共产主义社会所有制形式的一种设想。这一设想引来颇多争议，学者们"几乎穷尽了所有可能的理解"，也没有能够达成共识。[①] 对于这一设想，我国学界自 20 世纪 80 年代以来一直予以关注，几乎每年都有相关的学术论文发表。关于该设想的研究状况，学界已有三篇研究综述发表：张世锋 1997 年发表了一篇题为《马克思"重新建立个人所有制"研究综述》（《资料通讯》1997 年第 12 期）的研究综述；张燕喜和彭绍宗 1999 年发表了一篇题为《经济学的"哥德巴赫猜想"——马克思"重新建立个人所有制"研究观点综述》（《中国社会科学》1999 年第 5 期）的研究综述；严小龙 2011 年发表了一篇题为《近年来关于马克思"重新建立个人所有制"研究综述》（《当代世界与社会主义》2011 年第 3 期）的研究综述。这些研究综述较为客观准确地呈现了学界的研究状况，但近年来学界对这一设想的讨论、争论更加深入，对此学界尚缺乏总体性的评述。本章试图结合学界总体研究，尤其是针对近十年来学界的研究作述评。

一　争议的焦点

"重新建立个人所有制"的文本依据出自《资本论》第 1 卷第 24 章：

[①] 张燕喜、彭绍宗：《经济学的"哥德巴赫猜想"——马克思"重新建立个人所有制"研究观点综述》，《中国社会科学》1999 年第 5 期。

"从资本主义生产方式产生的资本主义占有方式，从而资本主义的私有制，是对个人的、以自己劳动为基础的私有制的第一个否定。但资本主义生产由于自然过程的必然性，造成了对自身的否定。这是否定的否定。这种否定不是重新建立私有制，而是在资本主义时代的成就的基础上，也就是说，在协作和对土地及靠劳动本身生产的生产资料的共同占有的基础上，重新建立个人所有制。"① 大多数的论者还会援引马克思在《资本论》第1卷法文版中的补充以及《共产党宣言》《德意志意识形态》《法兰西内战》《反杜林论》等著作中的相关文字来解读马克思的"重新建立个人所有制"。众多的学术论文争论的主要焦点是如何理解"重新建立个人所有制"。因为《共产党宣言》中明确指出："共产党人可以把自己的理论概括为一句话：消灭私有制。"② 其实不只是在《共产党宣言》中，在很多著作中，马克思都明确提出了"消灭私有制"的主张。重建的"个人所有制"是不是就是私有制？如果是的话那不与马克思的一贯主张相互矛盾？到底什么是重建的"个人所有制"？如何理解"重新建立个人所有制"？"个人所有制"和私有制有什么区别？学界讨论和争议的焦点就在于此，关键是如何理解"重新建立个人所有制"这句话。这是大家争论的关键。

近年来学界关于这个设想讨论最为激烈的莫过于卫兴华与王成稼了。双方都公开发表三篇学术论文进行商榷，二人争论的关键问题是如何理解恩格斯对"重新建立个人所有制"的理解，即对"生产资料社会所有""生活资料个人所有"的不同解释，卫兴华认为恩格斯的这一解释不符合马克思的原意，而王成稼则坚持认为恩格斯的解释是符合马克思的原意的。

对于"重新建立个人所有制"的解释最具权威性的是恩格斯在《反杜林论》中的解读："靠剥夺剥夺者而建立起来的状态，被称为重新建立个人所有制，然而是在土地和靠劳动本身生产的生产资料的社会所有制的基础上重新建立。对任何一个懂德语的人来说，这就是说，社会所有制涉及土地和其他生产资料，个人所有制涉及产品，也就是涉及消费品。"③ 这就是恩格斯对"重新建立个人所有制"的理解，个人所有制离不开社会所有

---

① 《马克思恩格斯选集》第2卷，人民出版社，2012，第299~300页。
② 《马克思恩格斯选集》第1卷，人民出版社，2012，第414页。
③ 《马克思恩格斯选集》第3卷，人民出版社，2012，第509页。

制，"生产资料"社会所有，"消费资料"个人所有。对于恩格斯的解释，卫兴华认为其不符合马克思的原意，马克思在讲到所有制的时候几乎都是指生产资料所有制，很少强调消费资料所有制。卫兴华指出，在马克思的语境中，个人所有制有两种，一种是"孤立的单个人的个人所有制"，另一种是"联合起来的社会的个人所有制"，前者是小私有者所有制，后者则是未来社会"重新建立"的"个人所有制"，后者是对前者的"否定之否定"，但不管是哪种个人所有制，都是生产资料所有制，不存在消费资料个人所有制。为此，卫兴华从五个方面给出充足的理由，分别是：第一，《资本论》中的"否定之否定"是生产资料的"否定之否定"，没有提到消费资料；第二，马克思恩格斯所使用的所有制概念一般都是生产资料所有制，几乎没有强调过消费资料所有制；第三，消费资料个人所有在资本主义社会也存在，工人用工资购买的消费资料就属于个人所有，既然资本主义社会也是"消费资料个人所有"，那未来社会就谈不上"重新建立"；第四，恩格斯对《资本论》的解读也有个别的不符合马克思原意之处；第五，中译本马列著作中，"所有制"几乎都是指生产资料所有制。①卫兴华是在评述王成稼的研究成果的时候发表上述观点的，王成稼主张重建的是"消费资料个人所有制"，而卫兴华则认为"个人所有制"是与公有制相一致的"生产资料个人所有制"。卫兴华的观点也不是孤立的，赵家祥的观点与卫兴华相同，赵家祥认为恩格斯《反杜林论》中的观点存在"不妥之处"，消费品归谁所有的问题根本不属于所有制问题范畴。②而与卫兴华不同的是大多数学者则认同恩格斯的观点，典型的就是与卫兴华商榷的王成稼，王成稼不仅从正面阐释了恩格斯的解读，还"回复"了卫兴华论文中的不同解释，逐一驳斥了卫兴华的解释。王成稼认为恩格斯的解释是符合马克思的原意的，为此他援引《哥达纲领批判》中的观点予以佐证。马克思认为，社会总产品做了必要扣除之后都是要作为消费资料分配给个人的，而"除了个人的消费资料，没有任何东西可以转为个人的财

---

① 卫兴华：《马克思"重建个人所有制"再辨析——兼评王成稼的解读》，《江苏行政学院学报》2013 年第 1 期。

② 赵家祥：《按照资本的逻辑和历史理解"重新建立个人所有制"的含义》，《理论视野》2013 年第 1 期。

产"①, 王成稼认为这一观点和恩格斯在《反杜林论》中的解释是一致的, 所以恩格斯的解释是符合马克思原意的。不仅如此, 王成稼还认为: "卫教授将'个人所有制'解读为生产资料'个人所有制'即'公有制', 这不是马克思的原意, 而是杜林强加给马克思的'混沌世界'。"② 对于卫兴华所指出的, 所有制概念在马克思的语境中基本都是生产资料所有制, 很少单独论及生活资料所有制的论断, 王成稼认为这一论断过于武断, 在上文引述的《哥达纲领批判》中, 就有生活资料所有制概念的使用。学界对于王成稼的观点认同的比较多, 比如吴宣恭明确指出: "恩格斯的解释完全符合马克思设想的本意, 得到马克思的首肯, 无论在辩证逻辑或形式逻辑上都是正确的, 在很长时期被国内外马克思主义理论界所接受。"③ 甚至可以说, 对"重新建立个人所有制"的理解, 恩格斯在《反杜林论》中的解释几乎就是教科书式的解释, 是最权威的解释。

学术商榷与争论是把问题引向深入的一个重要方式, 卫兴华与王成稼之间的争论引起更多的人关注这个问题, 诸多学者从不同角度分析探讨这一问题, 可以说学界对"重新建立个人所有制"这一问题的解答呈现多元化的趋势。

二 学界对"重新建立个人所有制"的多维度解读

学界之所以长时间关注"重新建立个人所有制"却难以形成共识, 关键在于对个人所有制存在不同理解。学术界对"个人所有制"的解读, 力图做到, 第一, 解释得令人信服, 既是"个人所有制", 又与"社会所有制"不相互矛盾, 且解释得有说服力, 令人信服。第二, 解释要有马克思的文本依据, 不能是自己建构一套解释体系, 而缺乏马克思文本依据。第三, 这一解释既令人信服, 也是在马克思主义基本原理的基础上推理出来的, 与整个马克思主义理论体系是相融贯的。参与该问题研究的学者们都

---

① 《马克思恩格斯选集》第 3 卷, 人民出版社, 2012, 第 363 页。

② 王成稼:《按马克思的原意解读"个人所有制"的内涵——复卫兴华教授的第二次批评与指正》,《当代经济研究》2010 年第 4 期。

③ 吴宣恭:《对马克思"重建个人所有制"的再理解》,《马克思主义研究》2015 年第 2 期。

力图做出自己的努力，但不同的学者从不同的角度进行思考和研究，给出了不同的解释，归纳学界近年来的研究，学界的解释大致有如下十种。

第一种观点，认为"重新建立"的"个人所有制"就是在社会所有制基础上的个人所有制。是"联合起来的、社会的个人的所有制"，既是社会所有制，也是个人所有制，从社会整体的角度来看是社会所有制，而从劳动者个体的角度来看就是个人所有制，是个人所有制与社会所有制的统一。诚如马克思在《资本论》中所说，这种个人所有制是在资本主义否定了小生产者所有制之后，再对资本主义私有制进行否定的结果，是个人所有制的"否定之否定"。但这里重新建立的"个人所有制"是更加高级的"个人所有制"，不是简单恢复孤立的、小生产者私有制的"个人所有制"。① 卫兴华就是这种观点的代表人物之一。

第二种观点，认为"重新建立个人所有制"是要在生产资料社会所有制的基础上，建立生活资料的个人所有制。这种观点坚持和维护恩格斯对"重新建立个人所有制"的解读，认为马克思阅读并肯定了恩格斯的《反杜林论》，因此恩格斯的解读是符合马克思的原意的。王成稼不同意卫兴华的观点，认为"重新建立个人所有制"是重建生产资料的个人所有制，并指出"既是个人的又是公共的所有制"是杜林强加给马克思的错误观点。② 王成稼也列举了重组的文本依据。持有这种观点的人比较多，毋宁说这种观点是对"重新建立个人所有制"最为普遍的解释。

第三种观点，从法学的角度解读"重新建立个人所有制"。有学者提出，学界之所以没有达成共识，是因为参与讨论的学者思想僵化。参与讨论的学者大多数有经济学背景，缺乏异域的角度和启迪，缺乏创新思维，

---

① 该观点见于卫兴华的《正确理解马克思关于重建个人所有制的理论观点》（《重庆工商大学学报》（社会科学版）2007 年第 6 期）、《"重建个人所有制"的讨论应持科学态度和求实学风——评王成稼先生的有关观点和学风》（《经济纵横》2010 年第 6 期）、《究竟怎样理解马克思提出的"重建个人所有制"的理论观点——再评王成稼先生的有关见解和辩驳》（《当代经济研究》2010 年第 6 期）、《马克思"重建个人所有制"再辨析——兼评王成稼的解读》（《江苏行政学院学报》2013 年第 1 期）等文。

② 该观点见于王成稼的《再论"重建个人所有制"逐步实现"共同富裕"——回复卫兴华教授的批评与指正》（《当代经济研究》2009 年第 9 期）、《按马克思的原意解读"个人所有制"的内涵——复卫兴华教授的第二次批评与指正》（《当代经济研究》2010 年第 4 期）、《按马克思的原意理解马克思"重建个人所有制"的理论观点——复卫兴华教授的第三次批评与提问》（《河北经贸大学学报》2010 年第 5 期）等文。

讨论"重新建立个人所有制"完全可以从多角度、多学科的视野展开，如可以从法学的角度切入。物权是法学研究中的一个重要内容，也是解读"重新建立个人所有制"的关键所在。"重新建立个人所有制"建立的是公有制基础上的"个人所有制"，所有权归共同体，而"利用权"则保留在个人手中，个人"在利用社会财产的过程中又能获得部分新增财产的所有权"。① 即，所有权归社会，利用权归个人。这种解释既能解释马克思的原文，也与中国改革开放以来所实行的家庭联产承包责任制的具体实际相吻合。陈逸怡和林凤英也撰文支持该观点，认为以"物权法二元结构论"为基础构建的"物权法双重结构论"可解决马克思"重新建立个人所有制"的解释难题。② 虽然这种解释不一定能得到大多数学者的认同，但对这个问题进行多学科、多角度的研究却是十分必要的。

第四种观点，从"资本的逻辑和历史"来解读"重新建立个人所有制"。赵家祥认为，对于"重新建立个人所有制"这句话，"如果从劳动者和劳动的客观条件即生产资料的结合与分离的关系及其'否定的否定'过程方面理解马克思的这个论断，就会相当容易地理解其含义"。③ 所谓"否定的否定"就是说，资本主义消灭了前资本主义小农或小生产者的个人所有制，而共产主义则消灭了资本主义的私有制，否定的否定意味着从更高的层次上"重新建立"个人所有制。这里的所有制应该是生产资料所有制，而不是消费资料所有制。这种重新建立的"个人所有制"就是"社会所有制"。

第五种观点，从生产过程的角度来解读"重新建立个人所有制"。学者谢维俭认为，解读"重新建立个人所有制"的关键在于解读"所有"二字，从重新建立一种所有制的角度去理解，不论是理解为生产资料所有制，还是理解为生活资料所有制，都无法自圆其说。在马克思那里，共产主义的理想社会不在于建立一种什么样的所有制，而在于最终使人从强制分工中解放出来，理想社会的所有制也是为了人类解放而服务的。因此，

① 胡吕银：《"重建个人所有制"的法学求解》，《法制与社会发展》2008 年第 3 期。
② 陈逸怡、林凤英：《个人所有制重建与公有制实现的破解》，《经济研究导刊》2012 年第 5 期。
③ 赵家祥：《按照资本的逻辑和历史理解"重新建立个人所有制"的含义》，《理论视野》2013 年第 1 期。

对"重新建立个人所有制"的最合理的理解应该是从生产的过程来理解这一问题,而这一视角却为学界所忽视。谢维俭认为,我们把德文"Eigentum"一词翻译成"所有制"是不准确的,这种译法是受斯大林教科书体系影响的结果,因此"重新建立个人所有制"应该是"重新建立个人所有",而"所有"包括了"生产条件的所有、生产过程的所有和生产成果的所有"三部分。"重新建立个人所有"不是对生产资料等"生产条件"的所有,也不是对作为生产成果的"消费资料"的所有,而应该是对生产过程的所有。而生产过程则主要表现为"劳动时间",也就是说在未来的理想社会中,"劳动时间和劳动强度"个人所有。在资本主义社会中,工人的劳动力被迫出卖给资本家,工人被迫劳动,共产主义社会是全人类解放的社会状态,人们自由支配了自己的劳动时间,从而也就消除了强制分工和强制劳动,实现了每个人的自由而全面的发展。① 持这种观点的学者确实创新了对这个问题的思维模式,对于学界的研究有一定的启发。

第六种观点,从社会调节生产的角度来理解"重新建立个人所有制"。华德亚和朱仁泽两位学者撰文指出,对于"重新建立个人所有制",不论是重建"生产资料"的个人所有制还是重建"生活资料"的个人所有制,都是不确切的,应该从社会调节生产的角度去理解"个人所有制"。工人原本可以利用剩余劳动时间来自由全面地发展自我,但在资本主义雇佣劳动条件下,工人被迫强制劳动,这根源于生产资料资产阶级私有制,而未来的社会所有制使社会调节生产,人们的生产不再被资本所压榨。② 未来社会将取消商品和货币,生产也不再是为了资本的增殖,"重新建立个人所有制"就是为了实现人的自由而全面的发展。

第七种观点,从现代合约经济学的角度解读"重新建立个人所有制"。于洋、毕秀水、李松涛撰文指出,对"重新建立个人所有制"的理解之所以众说纷纭、莫衷一是,是因为学者们只从所有制理论自身出发思考问题,难以解决问题,他们提出了从合约经济学的角度来理解。他们认为,"重新建立个人所有制"就是"共同占有与个人所有的辩证统一",共同占有与个人所有统一于生产力,这是一种合约经济学的解读。合约经济学认

---

① 谢维俭:《"重建个人所有"之我见》,《毛泽东邓小平理论研究》2008 年第 12 期。
② 华德亚、朱仁泽:《"重建个人所有制"争议及理论再思考》,《当代经济研究》2017 年第 2 期。

为，企业就是"人力资本与非人力资本的协同体"，就是人力资本与非人力资本的合约。前资本主义社会是人力资本与非人力资本合一的状态，所有者就是劳动者。资本主义否定了这种"个人所有制"，造成了人力资本与非人力资本的分离，从而形成了人力资本与非人力资本的合约式生产，只不过在合约式生产中人力资本拥有者与非人力资本拥有者的地位不同，资产者雇佣并压迫无产者。而未来的共产主义社会则否定了资本主义社会的合约，消灭了资本主义私有制，使得个人不仅是自身人力资本的所有者，也是非人力资本的拥有者，在共产主义社会中，"一方面，个人处于人力资本与非人力资本的'合一角色'中，实现了生产资料的共同占有。另一方面，个人仍拥有其人力资本产权，实现了个人所有"①。这种解释从合约经济学的角度论证了个人所有与社会所有的辩证统一。

第八种观点，从马克思法哲学的视角解读"重新建立个人所有制"。刘海江认为，如何理解"重新建立个人所有制"的争论焦点在于如何解释"个人所有制"与"社会所有制"的统一。联系马克思早期的法哲学，刘海江认为，解读"重新建立个人所有制"的关键是如何看待个人与社会的关系问题，总体而言，个人与社会是辩证统一的。在资本主义社会，私人劳动与社会劳动是辩证统一的，私人劳动通过商品交换而转化为社会劳动，但商品交换这一环节有时候会出问题，资本主义的经济危机就是因为这一环节出了问题，所以资本主义无法摆脱"社会实体化和个人孤立化的矛盾困境"。要化解资本主义的这一困境就要扬弃资本主义的所有制形式，社会所有制扬弃了资本主义的私有制形式，实现了私人劳动与社会劳动的统一，社会所有制"意味着个人在与其他人的联合中占有了全部生产资料"，"在自觉的联合中，个人生产出来的劳动产品不再具有私人的性质，而是直接地就是社会产品"，劳动者的产品直接就是社会产品，私人劳动直接就是社会劳动。②对于社会劳动产品，个人看似失去了所有权，但这种"失去"是真正的占有，因为社会实行的是"按需分配"，个人可以按照自己的需求从社会获得任何生活资料。从这个意义上来说，"重新建立"

---

① 于洋、毕秀水、李松涛：《"重建个人所有制"的现代合约经济学解读》，《经济学家》2002 年第 2 期。

② 刘海江：《马克思个人所有制思想的法哲学解读——以"杜林问题"为核心》，《吉首大学学报》（社会科学版）2017 年第 6 期。

的"个人所有制"既是个人所有制，也是社会所有制。

第九种观点，"重新建立个人所有制"就是重新建立"社会总产品"的个人所有制。苏伟认为，"重新建立个人所有制"既不是重建"消费资料"的个人所有制，也不是重建"生产资料"的个人所有制，这两种解读都存在解释困境。"重新建立"的"个人所有制"是"社会总产品"的"个人所有制"，只有实现了社会总产品的个人所有，才能保证生活资料和生产资料的个人所有。而要实现社会总产品的个人所有，首先要实现生产资料的个人所有。这里的个人所有，不管是生产资料的个人所有还是社会总产品的个人所有，都是"自由人联合体"的联合起来的个人的所有，而不是前现代的孤立的社会所有。在理解马克思"重新建立个人所有制"的时候，要跳出"斯大林陷阱"和"科斯陷阱"，既不能单讲"所有制"，也不能单讲"所有权"，这都是局部关注，正确理解马克思的这一命题应该"从整体上，即要从所有制形式、人们在生产中的地位及其相互关系、分配关系三个方面，还要从它们在包含分配、消费、生产、交换等环节的再生产过程中的体现去完整地理解"①。要综合理解个人所有制。

第十种观点，从扬弃资本主义的角度理解"重新建立个人所有制"。马克思认为，共产主义是对前资本主义小生产者的个人所有制的"否定之否定"，是对资本主义的否定，而这里的否定就是扬弃，共产主义扬弃了资本主义。白雪秋、周钧撰文侧重于从扬弃资本主义的角度来解读"重新建立个人所有制"。在资本主义晚期，资本主义生产运行机制突破了资本主义私有制的狭小范围，这个时候对资本主义的扬弃已经开始了，共产主义社会实行社会所有制，"联合起来的个人"成为生产资料所有者，重建的个人所有制之所以超越了资本主义，就在于协作，在于"自由人联合体"，是协作劳动和联合占有基础上的个人所有，也就是社会所有制。② 作者强调从以协作为基础的联合占有来解读马克思的"重新建立个人所有制"。

---

① 苏伟：《从"劳动总产品"角度看"重建个人所有制"的本义——纪念《资本论》第一卷发表 150 周年》，《马克思主义研究》2017 年第 12 期。
② 白雪秋、周钧：《〈资本论〉一卷的私有制批判及其当代启示》，《学术界》2017 年第 11 期。

三 研究特点与努力方向

近年来学术界对"重新建立个人所有制"的研究呈现如下特点。第一，总体上认同恩格斯的解读，但创新意识也十分明显。恩格斯在《反杜林论》中所作的"生产资料社会所有""生活资料个人所有"是最被认可的解读，不仅因为这一解读来源权威，还因为这一解读简单明了，也比较合乎逻辑。但近年来学界对这个问题的研究并没有盲目崇拜权威，而是在深入研究文本的基础上对恩格斯的解读提出了一些不同的看法，这是我国学者用严肃的学术态度对待马克思主义理论的表现。卫兴华敢于质疑恩格斯的解读，并提出了不同于恩格斯的新解读，暂不论这一观点是否得到学界认同，这种科学精神是值得称赞和提倡的，也有助于学术研究向纵深发展。第二，"重新建立个人所有制"这一学术话题引发了诸多学科的学者从不同角度作出解读的尝试。"重新建立个人所有制"是马克思主义的一个重要设想，被称为"经济学的'哥德巴赫猜想'"。参与讨论的多是经济学学者，但近年来参与讨论的学者呈现出学科多元化的趋势，除了经济学学者之外，还有哲学、法学等专业的学者，他们从不同的角度作了不同的解读。虽然这些多元化的解读不一定都能够被学界所接受，但研究所呈现的多元化趋势也表明了学术界对此的关心程度，学者们都在试图寻找到一个能够被大家所接受的答案。第三，对这个命题的研究越来越深入。因为对这个命题的解读总是存在一定程度的解释不通，所以很多学者深入挖掘了相关的理论，比如对近代以来所有权理论进行深入挖掘，试图作出较为合理的解释；把这个命题放在整个马克思主义的语境中，而不仅仅是放在《资本论》的语境中来解读；从人类的自由而全面发展的高度作出解读；等等。为了找到更为合理的答案，学者们深入挖掘了相关领域的理论资源，这些研究使得探讨日渐深入。

马克思所追求的是人类的自由和解放，而"重新建立个人所有制"是理解未来社会的一个重要方面，因此对这个命题的解读意义重大，也正因如此，学界自20世纪80年代以来一直关注这个命题。虽然恩格斯的解读作为教科书式的解读被一般的学者所认同，但并不是所有的学者都完全赞同《反杜林论》中的解释，学界对此众说纷纭、莫衷一是。笔者认为，学界的这种状态是学术进步的表现，是值得肯定的，学术研究就应该"百花齐放、百家争鸣"。笔者在这里不打算肯定其中的某一个观点或提出一个新观点，而是尝试着谈一下解读这一命题的努力方向。第一，从人类解放的高度来解读。在马克思那里，"重新建立个人所有制"只是实现人类解放的手段，无产阶级在资本主义社会中被压迫的根源是资产阶级私有制，要解放包括无产阶级在内的全人类，就要消灭私有制，实现社会所有制。社会所有制是人类解放状态的所有制形式，因此要从有利于人的自由而全面发展的角度来解读"重新建立个人所有制"，而不应该单就所有制问题探讨所有制，"重新建立个人所有制"的最终目的就是实现人类的真正解放。第二，从马克思的总体语境中来理解"重新建立个人所有制"。目前学界对这个问题的解读多局限于《资本论》、《反杜林论》以及《哥达纲领批判》等著作。其实这种解释还是有局限性的，马克思的思想是一个整体，任何一个局部，尤其是十分重要的局部都应该放在整体当中来理解。对于"重新建立个人所有制"不仅要从经济学的角度来探讨，还要把该命题放在科学社会主义、哲学当中来理解，拓展研究视野或许会得到新的启发。第三，从马克思的文本出发来解读"重新建立个人所有制"。在解读马克思的命题时，我们固然强调"一切历史都是当代史"，但也不能脱离文本而自我建构一套解读体系，我们应该用时代视域去"融合"原著文本视域，解释"重新建立个人所有制"要"回到马克思"。不仅要回到马克思的著作文本，还要回到马克思的知识背景、个人经历等思想资源文本。近代资产阶级强调，个体经济权利是自由的保障，没有财产就没有权利，自由乃是"依赖自己而存在"（黑格尔语），没有属于自己的财产就无法"依赖自己而存在"，就没有自由。马克思也曾经深受近代资产阶级思想影响，他的未来社会是对资本主义的扬弃，也是对资产阶级思想的扬弃。从思想史的角度切入，也是深入理解"重新建立个人所有制"的重要方式。

参考文献

《马克思恩格斯选集》（1-4卷），人民出版社，2012。

《马克思恩格斯文集》（1-10卷），人民出版社，2009。

《列宁选集》（1-4卷），人民出版社，2012。

《列宁专题文集》（1-5卷），人民出版社，2009。

《毛泽东选集》（1-4卷），人民出版社，1991。

《毛泽东文集》（1-8卷），人民出版社，2009。

《毛泽东年谱（修订版）》（1-9卷），中央文献出版社，2023。

《邓小平文选》（第1卷），人民出版社，1994。

《邓小平文选》（第2卷），人民出版社，1994。

《邓小平文选》（第3卷），人民出版社，1993。

《习近平著作选读》（1-2卷），人民出版社，2023。

〔德〕沃尔夫冈·弗里茨·豪格主编《马克思主义历史考证大辞典》（第1卷），俞可平等编译，商务印书馆，2018。

〔德〕沃尔夫冈·弗里茨·豪格主编《马克思主义历史考证大辞典》（第2卷），俞可平等编译，商务印书馆，2021。

〔德〕沃尔夫冈·弗里茨·豪格主编《马克思主义历史考证大辞典》（第3卷），俞可平等编译，商务印书馆，2023。

〔德〕李博：《汉语中的马克思主义术语的起源与作用》，赵倩、王草、葛平竹译，中国社会科学出版社，2003。

〔德〕马克思、〔德〕恩格斯：《共产党宣言》（汉译纪念版），陈望道、华

　　岗、成仿吾、博古、乔冠华、陈瘦石译，中华书局，2011。

〔日〕望月清司：《马克思历史理论的研究》，韩立新译，北京师范大学出版社，2009。

〔日〕广松涉编注《文献学语境中的〈德意志意识形态〉》，彭曦译，南京大学出版社，2005。

〔日〕渡边雅男：《马克思的阶级概念》，李晓魁译，社会科学文献出版社，2015。

〔日〕内田庆市、〔日〕沈国威编《字典集成：影印与题解》（珍藏本），商务印书馆，2016。

〔意〕安东尼奥·葛兰西：《狱中札记》，葆煦译，人民出版社，1983。

〔德〕哈贝马斯：《公共领域的结构转型》，曹卫东等译，学林出版社，1999。

〔法〕雅克·勒高夫：《炼狱的诞生》，周莽译，商务印书馆，2022。

〔美〕特伦斯·鲍尔、詹姆斯·法尔、拉塞尔·L. 汉森编《政治创新与概念变革》，朱进东译，译林出版社，2013。

〔英〕伊安·汉普歇尔-蒙克：《比较视野中的概念史》，周保巍译，华东师范大学出版社，2010。

〔美〕特伦斯·鲍尔、〔美〕约翰·波考克主编《概念变迁与美国宪法》，谈丽译，华东师范大学出版社，2010。

〔美〕阿瑟·O. 洛夫乔伊：《存在巨链：对一个观念的历史的研究》，张传有、高秉江译，商务印书馆，2015。

〔德〕汉斯-格奥尔格·加达默尔：《诠释学：真理与方法》（1-2卷），洪汉鼎译，商务印书馆，2021。

〔英〕安德鲁·海伍德：《政治学核心概念》，吴勇译，天津人民出版社，2008。

〔瑞士〕费尔迪南·德·索绪尔：《普通语言学教程》，高名凯译，商务印书馆，1999。

〔美〕乔治·萨拜因著，〔美〕托马斯·索尔森修订《政治学说史（第四版）》（上下册），邓正来译，上海人民出版社，2015。

〔法〕邦雅曼·贡斯当：《古代人的自由与现代人的自由：贡斯当政治论文选》，阎克文、刘满贵译，商务印书馆，2003。

〔德〕黑格尔：《法哲学原理》，范扬、张企泰译，商务印书馆，2009。

〔德〕康德：《历史理性批判文集》，何兆武译，商务印书馆，1990。

〔荷〕伯纳德·曼德维尔:《蜜蜂的寓言:私人的恶德 公众的利益》,肖聿译,中国社会科学出版社,2002。

中共中央文献研究室、中央档案馆编《建党以来重要文献选编(一九二一——一九四九)》(1-26卷),中央文献出版社,2011。

《陈独秀文集》(1-4卷),人民出版社,2013。

《李大钊全集》(1-5卷),人民出版社,2006。

《艾思奇全书》(1-8卷),人民出版社,2006。

《瞿秋白文集(政治理论编)》(1-8卷),人民出版社,2013。

林代昭、潘国华:《马克思主义在中国——从影响的传入到传播》(上下册),清华大学出版社,1983。

吕延勤主编《马克思主义在中国早期传播史料长编:1917-1927)》(上中下),长江出版社,2016。

徐素华:《马克思主义哲学在中国:传播 应用 形态 前景》,北京出版社,2002。

庄福龄编著《中国马克思主义哲学传播史论》,中国人民大学出版社,2015。

肖前主编《马克思主义哲学原理(合订本)》,中国人民大学出版社,1998。

冯天瑜、聂长顺:《三十个关键词的文化史》,中国社会科学出版社,2021。

冯天瑜:《概念的文化史:以"封建"与"经济"为例》,外语教学与研究出版社,2022。

李宏图:《观念的视界》,商务印书馆,2020。

李宏图:《语境·概念·修辞:欧洲近代思想史研究的方法与实践》,复旦大学出版社,2016。

方维规:《什么是概念史》,三联书店,2020。

洪汉鼎:《诠释学:它的历史和当代发展》,中国人民大学出版社,2018。

张江主编《阐释的张力:强制阐释论的"对话"》,中国社会科学出版社,2017。

黄兴涛:《重塑中华:近代中国"中华民族"观念研究》,北京师范大学出版社,2017。

张岱年等著,苑淑娅编《中国观念史》,中州古籍出版社,2005。

〔日〕沈国威:《新语往还——中日近代语言交涉史》,社会科学文献出版社,2020。

沈国威编著《新尔雅：附解题·索引》，上海辞书出版社，2011。

李维武：《马克思主义哲学中国化与中国哲学的现代转型》，北京师范大学出版社。2021。

韦正翔：《〈共产党宣言〉探究——对照中、德、英、法、俄文版》，中国社会科学出版社。2013。

郭若平：《科学化：中共概念史的多重阐释》，福建教育出版社，2024。

靳书君等：《马克思主义经典著作重要术语中国化渊流考释》，人民出版社，2021。

姜海波：《青年马克思的生产力概念》，人民出版社，2014。

李军林：《马克思主义在中国的早期传播及其话语体系的初步建构》，学习出版社，2013。

路宽：《阐释与再造：马克思主义在中国的早期传播（1871—1917）》，人民出版社，2023。

糜海波：《马克思阶级概念的当代演变》，中国社会科学出版社，2012。

闫虹珏、彭兴伟编著《马克思主义核心概念的中国化进程及其当代价值》，清华大学出版社，2015。

中共中央党史研究室：《中国共产党历史》（1-2卷），中共党史出版社，2011。

中共中央宣传部编《中国共产党宣传工作简史》，人民出版社，2022。

顾海良总主编《马克思主义中国化史》（1-4卷），中国人民大学出版社，2018。

后　记

　　马克思主义是外来理论，进入中国也才一百余年，但在这短短的一百余年的时间里，马克思主义深刻改变了中国。我们将马克思主义基本原理同中国具体实际相结合，同中华优秀传统文化相结合，形成了中国化的马克思主义。马克思主义的很多概念在汉语中没有对应的语词，译者在翻译时通过音译，创造了"苏维埃""布尔什维克"等概念，或者从日语借词，或者用古代汉语词语进行对译。探讨马克思主义概念的渊源、内涵及其中国化生成、理解、阐释、接受、运用、演变是马克思主义中国化研究的微观层面，也是学术界"语言学转向"在马克思主义中国化研究中的体现。有一段时间，我对民间组织很感兴趣，但随着时间的推移，我逐渐回归到马克思主义哲学研究，我攻读硕士和博士学位时所学的专业都是马克思主义哲学，因此转向马克思主义哲学是"回归"。回归马克思主义哲学缘起于在中央编译局做博士后研究。我于2012年进入中央编译局博士后工作站做博士后研究，合作导师是杨金海先生，杨老师的主要研究方向之一是马克思主义传播史。在这一时期，我对马克思主义传播史研究产生了浓厚的兴趣。在博士后工作站，我认识了靳书君教授，他比我高一届，同属杨老师门下，是我师兄。我参加了他的国家社科基金项目研究，他的两个国家社科基金项目我都参与了。他的课题主要集中在马克思主义概念史领域，我们逐渐形成了一个概念史研究团队。中共福建省委党校党史教研部郭若平教授在中共党史概念史领域颇有造诣，应该说他是最早在党史领域开展概念史研究的学者，至今这个领域的学者也不多。我从郭老师那里学到了很多东西，了解了科塞雷克、斯金纳、波考克、洛夫·乔伊等人的基本主张，对概念史的方法更加自觉。概念史研究在史学领域比较常见，但在马克思主义中国化领域却刚刚起步。后来在《中共福建省委党校学报》主编程丽香教授的大力支持下，《中共福建省委党校学报》开辟了一个不定期的专栏"马克思主义汉译概念史研究"，基本上每年都会发表一组文章，这些文章均为我们团队的研究成果，已有多篇文章被中国人民大学复印报刊资料全文转载。在参与靳书君师兄课题的过程中，我撰写了一系列关于马克思主义中国化概念史的论文，应该说，近十年来我的主要研究方向就是马克思主义中国化概念史。2023 年我申请到了国家社科基金一般项目"唯物史观核心概念中国化与中国共产党政治话语百年建构研究"（项目编号：23BKS036），呈现在读者面前的这本书应该算是这个项目的阶段性成果，是笔者这些年来撰写的有关唯物史观核心概念的论文的汇集。在论文写作过程中，我曾得到我的博士后合作导师杨金海先生的指导，也曾多次与郭若平教授、靳书君教授商讨并向他们请教。本书所收录的部分论文曾发表在《马克思主义与现实》、《福建论坛》（人文社会科学版）、《北京行政学院学报》、《湖北大学学报》（哲学社会科学版）、《中共福建省委党校学报》等刊物上，文章也充分吸收了这些刊物编辑的意见，感谢他们的辛勤付出。在收录这些论文的时候，笔者也做了一些修改调整。这本书是我学习和思考的一个成果，诚请各位读者批评指正。

李永杰

2024 年 1 月 29 日

图书在版编目（CIP）数据

唯物史观核心概念研究／李永杰著 . --北京：社
会科学文献出版社，2024.12. --（哲学与社会发展文丛
). --ISBN 978-7-5228-4374-2

Ⅰ. B03；D61

中国国家版本馆 CIP 数据核字第 2024SW3615 号

哲学与社会发展文丛
唯物史观核心概念研究

著　　者／李永杰

出 版 人／冀祥德
责任编辑／黄金平
文稿编辑／周浩杰
责任印制／王京美

出　　版／社会科学文献出版社 · 文化传媒分社（010）59367004
　　　　　地址：北京市北三环中路甲 29 号院华龙大厦　邮编：100029
　　　　　网址：www.ssap.com.cn
发　　行／社会科学文献出版社（010）59367028
印　　装／三河市东方印刷有限公司

规　　格／开 本：787mm×1092mm　1/16
　　　　　印 张：21　字 数：337 千字
版　　次／2024 年 12 月第 1 版　2024 年 12 月第 1 次印刷
书　　号／ISBN 978-7-5228-4374-2
定　　价／148.00 元

读者服务电话：4008918866